SOWJETUNION
Aralsee
Amu Darja (Oxus)
Samarkand
Buchara
Mary (Merw)
Balch
(Baktra)
CHORASSAN
MASANDERAN
Tus
Sevad Kuh
Neischapur
Meschede
Keschmar
Herat
m)
IRAN
(PERSIEN)
Ghazni
AFGHANISTAN
IAN
Yasd
Rafsandjan
Kerman
dae
Persepolis
s
KERMAN
PAKISTAN
Indischer Ozean

# Gerhard Schweizer
# Iran

Gerhard Schweizer

# IRAN

## Drehscheibe zwischen Ost und West

Büchergilde Gutenberg

*Für Brigitte*

# Inhalt

# Einleitung: Wir unterschätzen den Iran

## *Unsere aktuellen Vorurteile*

Ein Gespenst geht um im Orient: der Khomeinismus. Je labiler das politische und soziale Gleichgewicht im Nahen Osten zu werden droht, um so naheliegender erscheint uns ein weiterer Vormarsch der Fundamentalisten. Besonders der Iran könnte innerhalb der Gärungsprozesse nach wie vor eine entscheidende Rolle spielen – jener Staat, in dem es radikal-islamischen Ideologen wie nirgends sonst gelungen ist, alle Machtpositionen zu besetzen. Unvergessen sind die Worte des Revolutionsführers Khomeini: Der Iran bilde die geistige Zentrale für Revolutionen in anderen Teilen der islamischen Welt.

Khomeini ist tot. Und doch dominiert in iranischen Amtsstuben und öffentlichen Gebäuden weiterhin das Bild des weißbärtigen, meist streng blickenden Revolutionsführers mit schwarzem Turban wie eine Ikone. Und nicht nur im Iran, hier und da auch in Basarbuden von Schiiten im Libanon, Afghanistan, Pakistan, Indien. Sein Gedankengut scheint Erben zu finden. Ein Gespenst geht um . . .

Das alte Feindbild, das jahrelang die westlichen Medien beschäftigt hat, bekommt neue Aktualität, seit der Golfkrieg von 1991 das Kräftegleichgewicht in der Region grundsätzlich verschoben hat. Nun werden Befürchtungen laut, der Iran könnte aus der Niederlage des Nachbarstaates Irak die meisten Vorteile ziehen und zur maßgebenden Großmacht am Golf aufsteigen, und dies mit einer für uns beklemmenden Perspektive: Falls der Irak durch interne Machtkämpfe, ja durch Bürgerkriegswirren auf Jahre hinaus gelähmt wäre, würden in dem von Diktatur ohnehin geschundenen Land keineswegs gemäßigte Parteien zur Herrschaft kommen, im Gegenteil, dann könnte dem Regime der Ajatollahs und Mullahs von Teheran auf lange Sicht möglicherweise doch noch gelingen, was Jahre zuvor Khomeini verwehrt war – die »islamische Revolution« nach Bagdad zu tragen. Damit würde ein weiteres fundamentalistisches Kräftefeld mit politischer Sprengkraft entstehen.

Unruhig werden könnte es auch in der nördlich angrenzenden Region, den moslemischen Sowjetrepubliken. Aserbeidschan, Turkmenistan, Usbekistan, Kasachstan, Kirgisien – diese Teilrepubliken sind trotz aller Abtrennung und Zerstückelung Bestandteil des iranischen Kulturraums geblieben. Schon beim ersten flüchtigen Blick, wenn man die prachtvollen Moscheen von Samarkand und Buchara im Stil mit denen von Isfahan vergleicht, spürt man die Gemeinsamkeiten. Sollte der Staatsverband der Sowjetunion unter den explosiven Nationalitätenkonflikten auseinanderbrechen, dann könnten sich gerade die über 50 Millionen sowjetischer Moslems wieder verstärkt auf das iranische Erbe besinnen, ja am iranischen Raum orientieren. In diesem Zusammenhang gewinnt die Frage an Gewicht: Werden jene Moslems, sobald sie sich von russischer – »europäischer« – Bevormundung befreit haben, nicht Anlehnung suchen an die »antiwestliche« Ideologie iranischer Fundamentalisten? Vereinzelte Anzeichen in eine solche Richtung hat es immerhin schon gegeben.

Iran . . . Das Land hat es schwer, sein negatives Image im Westen loszuwerden. Mögen auch Khomeinis Nachfolger Anfang der neunziger Jahre erste Schritte setzen, um das Regime zu liberalisieren, wir glauben in der Mehrheit nicht an echte Entwicklungsmöglichkeiten dieser Art. Die Erfahrung lehrt uns ein solches Mißtrauen. Noch ist die Erinnerung zu frisch an die zehnjährige Herrschaft Khomeinis mit überfüllten Gefängnissen, mit Massenhinrichtungen. Hinzu kommt ein Volk, das in seiner Mehrheit weder schreiben noch lesen kann und, so erscheint es uns, angesichts der Erfordernisse moderner Zivilisation ratlos ist. Wir neigen dazu, gerade den Iran als ein Paradebeispiel für religiösen Fanatismus und provinzielle Enge anzusehen.

Blicken wir ein paar Jahre zurück, als noch ein Schah das Land regierte, dann empfinden wir nicht viel anderes. Überfüllte Gefängnisse und Terror gab es damals schon, ebenso verelendete Dörfer und Großstadtslums – in groteskem Gegensatz zu den Ölraffinerien und modernen Verwaltungsbauten aus Beton und Glas, zu einer steinreichen Oberschicht mit wenig Willen zu tiefgreifenden Reformen. Diese Tatsachen lassen uns abschätzig von einem »Entwicklungsland« sprechen.

Im Kontrast zu einer solch deprimierenden Einstufung hat sich zwar auch das Bild vom »märchenhaften Orient« bei uns festgesetzt. Aber es braucht nicht besonders betont zu werden, daß diese Optik kaum auf Realität ausgerichtet ist, sie verknüpft sich eher mit der Sehnsucht, kompensatorisch Gegenbilder zu unserer modernen (»nüchternen«) Industriegesellschaft zu entwerfen.

Ein Land voller Extreme, voller Widersprüche, voller Faszination – dies erscheint nicht nur aus unserem westlichen Blickwinkel so, dies trifft auch auf die soziale, politische und kulturelle Realität zu. Um den Iran differenziert, in seiner ganzen Fülle an Perspektiven und Möglichkeiten zu begreifen, müssen wir seine Geschichte, seine Traditionen kennen. Selbst wenn wir nur verstehen wollen, aus welchen Krisen die siegreiche Revolutionsbewegung iranischer Fundamentalisten hervorgegangen ist, sollten wir mindestens ins 19. oder gar 18. Jahrhundert zurückgehen. Damals war ja schon die islamische Welt, auch der Iran, durch den kolonialistischen Vormarsch der Europäer jäh aus dem gewohnten Selbstverständnis religiöser wie kultureller Überlegenheit gerissen. Damals schon begann jener Schock erste Wirkungen zu zeigen: daß Moslems sich oft schwertun, auf die Herausforderung der abendländischen Moderne eine adäquate Antwort zu finden.

Aber selbst aus solchen historischen Zusammenhängen heraus verstehen wir erst unzureichend, aus welchen Quellen der Iran von heute seine Motivationen schöpft. Der Iran besitzt eine 2500 Jahre alte Geschichte. Mögen auch einem Großteil der Iraner Traditionen aus vorislamischer Zeit nur vage bekannt sein, so leben dennoch viele von ihnen unbewußt mit diesem Erbe. Ja, eine schmale Bildungsschicht knüpft betont wieder an dieses Erbe an. Es wäre ein Mißverständnis zu glauben, die iranische Bildungsschicht würde mehrheitlich in den engen Bahnen eines islamischen Fundamentalismus denken.

Parallel zu den Fundamentalisten, die vorgeben, sich auf »islamische« Ursprünge zu besinnen, gewinnt unter iranischen Intellektuellen eine Rückbesinnung auf 2500 Jahre Geschichte an Boden. Naturgemäß findet in einem derartigen Prozeß der Islam einen wichtigen Platz, aber dessen Kultur wird in ihrer Vielfalt und Kompliziertheit reflektiert. Von einer solchen Haltung könnten zukünftig wesentliche Impulse ausgehen, um die Fehlentwicklung der fundamentalistischen Radikalität zu korrigieren. Umgekehrt könnten Fundamentalisten selber einen Lernprozeß durchmachen, indem sie sich – je mehr sie unter dem Druck stehen, ständig mit der Konkurrenz

Andersdenkender konfrontiert zu sein – differenzierter mit ihrer Kultur auseinandersetzen.

Wir sollten uns nicht von dem eurozentrischen Vorurteil leiten lassen, allein unsere moderne abendländische Aufgeklärtheit biete das geeignete Instrumentarium, tiefgehende Krisen in aller Welt, auch in den uns fremdesten Kulturen, beheben zu können. Zwar huldigt einem solch eurozentrischen Glauben teilweise sogar die Bildungsschicht in den entsprechenden Ländern. Aber: Die Kulturkrise im Orient hat sich gerade dadurch verschärft, daß einheimische Politiker wie Intellektuelle sich radikal »verwestlichen« ließen und auf diese Weise vollends jedes Vertrauen in die Selbstregulierungskräfte der eigenen Kultur verloren.

Um die Auseinandersetzung mit westlicher Moderne kommt heute allerdings kein Moslem herum; zu sehr hat unsere Zivilisation die ganze Welt in einen Veränderungsprozeß mit unabsehbaren Folgen gerissen. Doch gerade von der islamischen Kultur – und hier besonders von der iranischen, die an viel ältere Traditionen anknüpft – sind jahrhundertelang wesentliche Impulse für die gesamte Welt ausgegangen. Je mehr nun Iraner sich auf ein derart weitgefächertes, weltoffenes Erbe besinnen (und, so steht zu hoffen, hierbei auch Schwachstellen innerhalb der eigenen Kultur kritisch reflektieren), um so mehr wird sich der Iran unter dem Eindruck eines solchen Bewußtseinswandels politisch verändern. Möglicherweise ist die Zeit nicht fern, daß die sogenannte »Islamische Revolution« im Rahmen einer gesamtislamischen und gesamtiranischen Perspektive ihren herausragenden Stellenwert verliert.

Bei uns im Westen ist die iranische Geschichte über weite Strecken völlig unbekannt. Nicht zuletzt ist das ein Grund, weshalb wir die iranische Gegenwart überwiegend aus begrenztem Blickwinkel erfassen.

### *Historische Vorurteile*

Natürlich wissen wir alle, daß der Iran (oder »Persien«, wie wir früher sagten) schon bessere Zeiten gesehen hat. Die Ruinen von Persepolis mit ihren äußerst kunstvollen Figurenreliefs, die prächtigen Moscheen von Isfahan mit ihren buntgekachelten, ornamentübersäten Wänden, dominiert von leuchtendem Blau – dies schon gibt uns einen eindrucksvollen Hinweis auf vergangene Größe, und kaum jemand, der die Monumente durch persönlichen Besuch oder auch nur anhand von Fotos kennenlernte, wird sich der Faszination entziehen können. Aber den Iran deshalb zu den bedeutsamsten und genialsten Kulturnationen der Menschheit zu zählen – da beginnt unser Zögern.

Stets haben wir dazu geneigt, dieses »Persien« zu unterschätzen, selbst die größten Leistungen innerhalb seiner 2500jährigen Geschichte haben wir nie uneingeschränkt anerkennen wollen. Zwar verschweigt heutzutage keines unserer Geschichtsbücher, wie bedeutsam doch die Kultur zur Zeit eines Großkönigs Kyros oder Dareios gewesen ist, im selben Atemzug wird aber auf die »überlegene Kultur« ihrer gewichtigen Rivalen, der Griechen, verwiesen. Athen und das hellenistische Alexandria zählen für uns mehr als Susa, Persepolis und Ktesiphon, jene großen kosmopolitischen Metropolen eines asiatischen Weltreiches, ein Sokrates, Platon und Aristoteles mehr als Zarathustra, jener wegweisende Religionsstifter aus dem östlichen Iran. Die Griechen haben das erste Perserreich vernichtet, und wir stützen uns vor allem auf die Geschichtsschreibung der Sieger.

Nicht weniger einseitig beurteilen wir den islamischen Iran, selbst dessen vielgerühmte klassische Epoche. Wir bezeugen zwar Respekt vor den kunstvollen Moscheen, und zumindest unvoreingenommene Europäer scheuen sich nicht, manche dieser Bauwerke im Rang unseren Kathedralen gleichzustellen; auch sind uns zumindest dem Namen nach etliche moslemische Geistesgrößen geläufig, so etwa Avicenna, Omar Chaijam, Firdusi, Saadi und Hafis – aber wer von uns wollte einer solchen Epoche schon eine zentrale Stellung in der Geistesgeschichte der Menschheit zubilligen?

Islam und Kultur . . . Wir tun uns ohnehin noch schwer damit, unvoreingenommen die Leistungen moslemischer Völker, von den Iranern über die Araber bis hin zu den Türken, zu bewerten. Wir sind belastet von der Erinnerung an »Heilige Kriege«, die im Namen Allahs gegen das christliche Abendland geführt wurden, wir denken zuerst einmal an fanatische Glaubenskrieger und grausame Eroberer, bevor uns Bedeutsames zu moslemischen Wissenschaftlern, Philosophen, Dichtern und Künstlern einfällt. Was uns heute in der Engstirnigkeit mancher Fanatiker entgegentritt, bestätigt vielen von uns die Vorstellung vom Moslem, wie er angeblich immer schon war. Aber: Um das Jahr 1000 unserer Zeitrechnung mußten sich die meisten europäischen Staaten als »Entwicklungsländer« betrachten, nicht der Orient. Damals stellten islamische Völker die führenden Mächte innerhalb der Weltzivilisation – und der Iran beziehungsweise Persien galt über Jahrhunderte hinweg als das geistige Zentrum dieser überaus schöpferischen, weltoffenen Kultur.

Inzwischen sind wir zwar dabei, uns von den gröbsten Vorurteilen zu lösen. Wir beginnen zu akzeptieren, daß Europa sehr viel an kultureller Anregung gerade der islamischen Welt verdankt. Mit dieser geänderten Einstellung verfangen wir uns aber oft genug in neuen Einseitigkeiten. Bei aller Aufgeschlossenheit lassen wir gerne außer acht, wie vielfältig und unterschiedlich diese fremden Einflüsse ihrer Herkunft nach sind. Nicht selten setzen wir die Hochleistungen der klassischen islamischen Epoche mit »arabisch« gleich und vernachlässigen, welche Rolle in der Kulturvermittlung zur selben Zeit die Perser (in späteren Jahrhunderten dann die Türken) gespielt haben. Wir sprechen von »arabischen Zahlen«, obwohl diese von persischen Mathematikern aus Indien übernommen wurden. Wir bezeichnen die Algebra und das Rechnen mit Logarithmen gerne als arabische Erfindungen, obwohl ihr Begründer Al Khwarizmi Perser war. Wir neigen dazu, die Märchen aus 1001 Nacht für arabisch zu halten, obwohl viele von ihnen iranischen Ursprungs sind. Wir nennen Bagdad in seiner kulturellen Hochblüte vom 8. bis zum 13. Jahrhundert meist ein arabisches Zentrum, obwohl Perser diese Kultur wesentlich mitgestalteten.

Woher das Mißverständnis? Die arabischen Eroberer hatten im persischen Kulturraum ihre Sprache als Herrschaftssprache eingeführt, sie ist über Jahrhunderte auch Kultursprache der Perser beziehungsweise der Iraner gewesen. Manche persische Gelehrte erscheinen uns bei flüchtiger Kenntnis als Araber, nur weil sie dem Brauch ihrer Zeit gemäß nicht persisch, sondern arabisch schrieben. Das berühmteste Mißverständnis liefern in dieser Hinsicht die arabisch geschriebenen Werke des persisch geprägten Universalgelehrten Avicenna aus dem 11. Jahrhundert. Nichts kann die Iraner von heute mehr irritieren, als wenn wir im Westen »arabisch« und »persisch« nicht auseinanderhalten oder wenn wir behaupten, da gebe es keine großen Unterschiede. Deutsche würden sich schließlich auch mißverstanden fühlen, falls Ausländer ihre Kultur gedankenlos mit der der Engländer, Franzosen, Italiener gleichsetzten.

Die Orientalistik selber trägt zeitweise zu dem Mißverständnis bei. In diesem Zusammenhang ist sogar eines der herausragenden populärwissenschaftlichen Standardwerke zu nennen, das detailreich und exakt beschreibt, wieviel Kulturgut das Abendland dem islamischen Raum verdankt: »Allahs Sonne über dem Abendland« von Sigrid Hunke. Das Buch trägt den Untertitel: »Unser arabisches Erbe.« Korrekter, weil neutraler, müßte es heißen: Unser islamisches Erbe (»islamisch« als ein umfassender Kulturbegriff).

Anhand von 2500 Jahren iranischer Geschichte läßt sich zeigen, wie groß neben dem arabischen Transport östlicher Kultur ins Abendland der Anteil an *persischem, iranischem* Erbe ist.

## *Die einigende Klammer über 2500 Jahre*

Die Geschichte des Iran ist von Extremen geprägt, weshalb es der Betrachter von heute schwer hat, über 2500 Jahre hinweg eine einheitliche Grundlinie aus der vielschichtigen Vergangenheit herauszuarbeiten. Der Iran wurde nicht nur von Iranern regiert, sondern jahrhundertelang auch von Arabern, Turkvölkern und Mongolen, sie alle brachten fremde Denkweisen mit und setzten alten Traditionen oft jäh ein Ende. Es mußte daher als Geschichtsfälschung anmuten, daß der letzte Schah, Mohammed Reza Pahlevi, im Oktober 1971 vor den imposanten Ruinen von Persepolis prunkvoll das 2500jährige Bestehen der »iranischen« Monarchie feiern ließ. Denn eine bruchlose Kontinuität von Kyros bis zur Dynastie Pahlevi gibt es nicht, über Epochen hinweg fehlte der einheimische Monarch. Aber man muß auch an der Betrachtungsweise orthodoxer Moslems zweifeln, wenn sie, wie etwa Khomeini es tat, die Geschichte des Iran erst mit dem Auftreten islamischer Eroberer beginnen lassen wollen und alle vorhergehenden Epochen als für die Gegenwart bedeutungslos abtun.

Der Iran von heute deckt sich nicht mit dem von einst. Das Persien von einst besaß während einiger seiner glanzvollsten Epochen nahezu die Ausdehnung von Westeuropa, dagegen ist der heutige

Staat mit seinen 53 Millionen Einwohnern an Ausdehnung »nur« noch sechsmal so groß wie Westdeutschland (weite Flächen sind Steppe und Wüste, während sich die Menschen in wenigen fruchtbaren Regionen zusammendrängen). Manche Städte, deren Namen mit Höhepunkten persischer Geschichte verknüpft sind, befinden sich außerhalb der heutigen Staatsgrenzen: Ktesiphon und Bagdad im Irak, Balch (das antike Baktra), Herat und Ghazni in Afghanistan, Buchara und Samarkand in der Sowjetunion.

»Persien« oder »Iran«? Hier stoßen wir auf eine weitere Schwierigkeit. Auch diese Namen sind nicht deckungsgleich, selbst wenn wir sie zuweilen wie austauschbar verwenden. Der Begriff »Iran« war ursprünglich umfassender. Er leitet sich von »Aryanam« ab und bedeutet soviel wie »Land der Arier«. Arische Stämme hatten diesen Namen für ihr Herrschaftsgebiet aufgebracht, nachdem sie aus der innerasiatischen Steppe in die weiten Hochlandgebiete zwischen den Flüssen Indus im Osten und Euphrat im Westen eingewandert waren. Parsa – in späterer europäischer Umformung »Persia« – war nur eine dieser Stammesregionen und erstreckte sich um das heutige Schiras. Aber von dort aus unterwarfen die Perser alle übrigen iranischen Stämme, regierten und prägten sie. Und so ist es kein Zufall gewesen, daß schließlich Griechen und Römer sämtliche Iraner für Perser hielten und sie so nannten – die Griechen haben damit begonnen, und die übrigen Europäer hielten bis in unser Jahrhundert ungebrochen an der international geläufigen Bezeichnung fest. Dagegen beharrten die Einheimischen über die vielen Jahrhunderte auf dem ursprünglichen Namen »Iran« und nannten sich selbst »Irani«.

Allerdings liegt in dem Mißverständnis von abendländischer Seite viel Wahrheit, denn die Perser sind lange Zeit für den iranischen Raum so beherrschend gewesen, daß sie das gesamte Erbe zu sammeln vermochten, es mit eigener Schöpferkraft umformten und so an die Nachwelt – besonders an die islamischen Völker – weitergaben. Die gemeinsame, alle ethnischen Grenzen überschreitende Kultursprache der Iraner ist über lange Zeiträume hinweg ohnehin das Persische gewesen, von einer Zwischenphase abgesehen, in der das Arabische dominierte. »Farsi« nennen die Iraner heute ihre Staats- und Amtssprache und leiten den Namen doch nur von der Provinz Fars ab, wie die einstige Provinz Parsa seit Jahrhunderten von den Einheimischen genannt wird. Mit gutem

Recht können wir demnach weiterhin von »persischer« Kultur reden und schreiben.

»Persia« lautete der international eingebürgerte Staatsname bis zum Jahr 1935. Diesen Namen benutzten genauso die Einheimischen, wenn sie mit Ausländern aus Europa und Amerika verkehrten, auch nannten sie sich dann, westlichen Gewohnheiten angepaßt, »Perser« anstatt »Irani«. Reza Pahlevi, der Vater des letzten Schahs, hat 1935 offiziell mit der doppelten Namensführung Schluß gemacht und »Iran« auch als auf internationaler Ebene verbindlich eingeführt. Hierbei ließ er sich einerseits von einem fanatischen Nationalismus leiten, indem er eine Rückbesinnung auf »iranische« Tradition jenseits aller »Überfremdung« forderte. Andererseits besaß seine Entscheidung eine nachvollziehbare politische Logik: Da ja innerhalb der modernen Staatsgrenzen neben Persern andere iranische Volksgruppen sowie Turkvölker und Araber leben, war es sinnvoll, für den »Vielvölkerstaat« mit teils sehr unterschiedlichen Traditionen und lokalen Sprachen einen neutraleren Namen als den bisherigen, Persien, zu wählen.

Und doch rückt selbst diese Umbenennung die Realität nicht exakt zurecht. Im geographischen Sinn dehnt sich das Tafelland von Iran bis an das Hindukusch-Gebirge im nordöstlichen Afghanistan und in die südrussische Steppe hinein. Auch müssen wir zu den Völkern der iranischen Sprachgruppe neben den Persern einen Großteil der Stämme in Afghanistan rechnen; sie sprechen ein dialektgefärbtes Farsi, das der offiziellen Staatssprache des Iran sehr ähnlich ist. Auch die Kurden, die bis weit in die Türkei und den Irak hinein siedeln, sprechen eine iranische Sprache. Andererseits haben die Araber der Provinz Chusistan nahe der irakischen Grenze kaum »iranisches« Blut in den Adern, wenngleich auch sie sich heute als iranische Staatsbürger, als »Iraner« betrachten. Ebensowenig können sich die Aserbeidschaner im ursprünglich historischen Sinn als Iraner bezeichnen; sie sind ein Turkvolk und haben nichts mit den arischen Stämmen aus dem iranischen Kernland gemeinsam. Aber von eben diesem Turkvolk der Aserbeidschaner ging zu Beginn des 16. Jahrhunderts der Anstoß aus, Persien in ein straff zentral regiertes Reich mit mehrheitlich schiitischer Glaubensrichtung zu verwandeln. Der erste schiitische Schah des Iran, Ismail I. von der Dynastie der Safawiden, sprach das Persische nur gebrochen, doch gerade er hatte die festumrissene, überdauernde Form geschaffen, auf der der heutige Nationalstaat Iran beruht.

Auf solche ethnische wie historische Verwerfungen abgehoben, steht sowohl die Bezeichnung »Perser« als auch »Iraner« auf unsicherer Grundlage. Bei »Iran« handelt es sich um eine moderne Sprachregelung, die angesichts der komplizierten Situation von heute politisch Sinn macht. Wenn aber im vorliegenden Buch – besonders im historischen Teil bis zu eben jenem Jahr 1935 – meist von »Persien« oder von »Persern« geschrieben ist, hat auch dieser Sprachgebrauch viel für sich.

Mehr Widersprüchliches, mehr Trennendes als Gemeinsames scheint die Geschichte des Iran zu bestimmen. Aber hinter den Gegensätzen und Umbrüchen findet sich eine Klammer, die selbst vorislamische und islamische Epochen zusammenhält. So sind etwa Zarathustra und Mohammed geistig verwandter, als es uns auf den ersten Blick erscheinen mag – ja, Zarathustra, der Religionsstifter aus dem östlichen Iran, hat gar dem Islam, Judentum und Christentum entscheidende Grundlagen geliefert. Und die altpersischen Gottkönige haben Wesentliches von ihrem Regierungsstil an islamische Kalifen und christliche Kaiser des Byzantinischen Reiches weitergegeben, im Guten wie im Bösen. Ein besonders wichtiges, bisher stets unterschätztes Erbe haben uns bereits die vorislamischen Perser mit ihrem Prinzip einer »Weltkultur« hinterlassen. In ihrem Großreich der verschiedensten Völker und Traditionen sammelten sich wie sonst in keinem damaligen Staat der Erde Wissenschaftler, Philosophen und Künstler aus Ost und West; über den iranischen Raum flossen Kulturströme von China und Indien bis in den Vorderen Orient und weiter nach Europa, ebenso umgekehrt. Für beide Richtungen sind meist Perser, Iraner die entscheidenden Vermittler gewesen. Persien beziehungsweise der Iran bildete die erste Nation der Menschheitsgeschichte, die zu einem Ort des geistigen Austausches großen Stils wurde, zu einer Drehscheibe der Kulturen ohne Beispiel – und diese Funktion hat das Land über Jahrhunderte auch noch in seiner islamischen Zeit beibehalten; es hat gegensätzlichste Einflüsse miteinander verschmolzen und daraus oft genug etwas bahnbrechend Neues hervorgehen lassen. Vieles keimte auf persischem Hoheitsgebiet, was grundlegend für die spätere Menschheit geworden ist, grandiose Schöpfungen, die wir heute nicht selten für »europäisch« halten, ohne ihren eigentlichen Ursprung zu ahnen.

Vor diesem historischen Hintergrund nehmen sich der letzte Schah des Iran wie auch Khomeini grotesk aus. Beide demonstrierten zwar messianisches Sendungsbewußtsein, beide handelten in dem Glauben, einer außerordentlichen Kulturnation anzugehören, die der Menschheit schon sehr viel gegeben hat – beide aber waren zu sehr vom Niedergang der vorhergehenden Jahrhunderte geprägt, als daß sie ihren laut verkündeten Aufbruch in eine große Zukunft hätten wahrmachen können.

Wie aber ist es heute um den Iran bestellt, und was wird morgen sein? Um dies sagen zu können, müssen wir, zumindest in Grundzügen, zunächst Höhen wie Tiefen iranischer Geschichte betrachten. Erst dann können wir, am Schluß des vorliegenden Buches, unseren Blick auf die Zukunftschancen richten.

# I.
# PROPHETEN UND GOTTKÖNIGE

# 1. Also sprach Zarathustra

## *Eine Sternstunde der Religionsgeschichte*

Die Geschichte des Iran begann bei Baktra. Heute heißt die Stadt Balch und liegt in einer fruchtbaren Ebene des nördlichen Afghanistan, kaum fünfzig Kilometer vom sowjetischen Grenzfluß Amu Darja entfernt. Ganze dreitausend Einwohner, die Ruine einer einst prächtigen Moschee, vorislamische Mauerreste zwischen Erdhügeln halb verschüttet und unkrautüberwuchert – das ist alles, was die einstige Bedeutung vage ahnen läßt. Aber: Noch bevor dort ein Statthalter im Namen der ersten Gottkönige regierte, lebte hier ein Mann, der wie kaum ein anderer entscheidend für den Nachruhm der persischen Kultur werden sollte. Er war ein Religionsstifter und hat Persien, das zu seinen Lebzeiten noch eine unbedeutende Provinz war, den geistigen Halt gegeben. Mehr noch: Er hat ein Weltbild geschaffen, das selbst auf unsere Kultur eingewirkt, ja sie in wichtigen Teilen mitgeformt hat. Dieser Mann war Zarathustra.

Im Iran leben heute noch an die vierzigtausend Anhänger seiner Religion, in Indien sind es dreimal soviel – eine mehr als bescheidene Schar, die nicht einmal mit der Einwohnerzahl einer mittleren Großstadt konkurrieren kann. Wer mag da schon an die welthistorische Bedeutung ihres Begründers denken. Als die Araber Persien eroberten und den Islam verbreiteten, verschwand die altiranische Religion fast gänzlich aus ihrem Kernland, weshalb Zarathustra für die Nachwelt lange Zeit nur als ein Prophet galt, dessen Lehre von gewichtigeren Religionsstiftern – Jesus Christus, Mohammed, Buddha – übertroffen und verdrängt wurde. Ein Mann also, den die Geschichte unwiderruflich überrollt hat. Aber manche wegweisenden Ideen, deren Ursprung wir bislang bei jüdischen Propheten suchten, sind bereits in Zarathustras Schriften vorgeformt. Das ist Grund genug, zu fragen, ob die jüdische Religion – und in der Nachfolge das Christentum und der Islam – nicht wesentlich von ihm beeinflußt wurde.

Über den Menschen Zarathustra wissen wir nach wie vor wenig. Lange genug stritten sich die Historiker, wann er geboren wurde, wo er gelebt und gewirkt hat. Verläßliche Hinweise gibt es kaum, denn fast alle Lehren wurden erst Jahrhunderte nach seinem Tod schriftlich gefaßt – mit Ausnahme der Gathas, der Verspredigten, die man Zarathustra selbst zuschreibt; aber auch sie schildern nur in vagen Umrissen die Lebensgeschichte des Propheten. In späteren Schriften regiert die Legende. Stützt man sich auf sie, so muß Zarathustra irgendwann zwischen 1000 und 500 vor unserer Zeitrechnung gelebt haben und irgendwo im östlichen Teil des Iran geboren worden sein. Damit bleibt die Gestalt mehr in mythisches Dunkel getaucht als selbst so legendenumworbene Religionsstifter wie Jesus oder Buddha. Heute – nach mühsamen Sprachstudien und Textvergleichen aller altiranischen Schriften – sind die meisten Forscher zu dem Schluß gekommen, Zarathustra müsse um das Jahr 630 vor unserer Zeitrechnung bei Baktra geboren sein.

Er war demnach kein Perser, sondern Baktrier, wie man damals die Bewohner seines Landstrichs nannte. Aber er gehörte wie die Perser zu den Ariya, einem großen Stammesverband, der seit dem dritten Jahrtausend vor unserer Zeitrechnung aus den Steppen Innerasiens unaufhaltsam nach Süden vorgerückt war. Ariya war ein Name, den sich diese kriegerischen Nomaden selbst gegeben hatten, er bedeutet soviel wie »die Edlen« und sollte den Abstand deutlich machen, mit dem sie sich von den unterworfenen Völkern absetzen wollten. Einige Stämme waren um das Jahr 1900 vor unserer Zeitrechnung nach Indien eingedrungen und hatten dort im Verlauf der nächsten zehn Generationen die Kastenordnung der Hindus errichtet, andere waren zur selben Zeit in die fast menschenleeren Hochebenen mit ihren Steppen, Wüsten, Gebirgen und fruchtbaren Tälern geströmt, die sie schließlich »Iran«, »Land der Arier«, nannten.

Als Zarathustra 630 vor unserer Zeitrechnung bei Baktra geboren wurde, waren eineinhalbtausend Kilometer westlich die Meder zum mächtigsten Stamm der Iraner aufgestiegen. Sie herrschten von den gebirgigen Hochebenen südwestlich des heutigen Teheran bis an die Grenzen des Zweistromlandes von Euphrat und Tigris, im Süden dehnten sie ihre Herrschaft bis in die dünnbesiedelte Steppe aus. Sie hatten auch die Gebiete um das heutige Schiras unterworfen und deren Bewohner – den iranischen Stamm der Perser – zu Vasallen gemacht. Nichts deutete zu jener Zeit darauf hin, daß nur noch acht Jahrzehnte zu vergehen brauchten, bis der persische Provinzfürst

Kyros einen Stamm nach dem andern unterwarf und so die Herrschaft Persiens bis Baktra ausdehnte.

Die Iraner lebten damals überwiegend in unscheinbaren Lehmdörfern oder gar noch in Nomadenzelten, die meisten trieben Ackerbau und Viehzucht. Städte gab es allein in ein paar fruchtbaren Hochebenen des sonst kahlen Steppen- und Wüstenlandes, einige von ihnen besaßen allerdings schon ein hohes zivilisatorisches Niveau, besonders Ekbatana, die Residenz der Meder, die nach dem Vorbild babylonischer und assyrischer Metropolen gebaut war.

Wie Baktra zu Lebzeiten des Zarathustra ausgesehen hat, wissen wir nicht. Zu weit entfernt von Babylon, Ninive und Ekbatana lag dieser Ort, als daß man dort in ähnlicher Art gebaut haben dürfte. Das Industal mit seinen uralten Lehmziegelstädten lag näher. Baktra war wohl eine Siedlung nach indischem Muster, allerdings viel bescheidener in den Ausmaßen, ein Handelszentrum eben, das den Vorzug hatte, an der belebten Karawanenstraße von Ostasien nach dem Vorderen Orient zu liegen. Es wird etliche große Karawansereien gegeben haben, in denen Kaufleute aus Indien und China ebenso nächtigten wie aus Babylon und Damaskus. Eine weltoffene Stadt also, in die mit den vielen Fremden immer wieder neue Ideen gelangten und die Baktrier beschäftigten. Und doch war Baktra auch wieder eine sehr ländliche, bäuerliche Siedlung, denn in der fruchtbaren Ebene lebten vor allem Bauern und viehzüchtende Nomaden. Zarathustras Name deutet darauf hin, daß er selber aus einer Familie reicher Viehzüchter stammte, er lautet übersetzt: »Der, der mit Kamelen zu tun hat.« Sein Vater hieß Porushaspa, »Der mit Falben-Rossen«, so berichten uns die noch erhaltenen Bruchstücke des Awesta, der zarathustrischen Bibel. Wenn man der legendären Überlieferung aus dem Awesta glauben möchte, dann kam Zarathustra als dritter Sohn von fünf Kindern zur Welt, Sproß einer damals sehr angesehenen Adelsfamilie, der Spitama. Der Vater scheint Priester eines Stammes von viehzüchtenden Nomaden gewesen zu sein, die keinen Tempel kannten, sondern unter dem freien Himmel der Steppe ihre Opferriten vollzogen. Große Viehherden, Nomadenzelte, Weideland, Berge – dies dürfte der vertraute Anblick für den heranwachsenden Zarathustra gewesen sein. Und immer wieder besuchte er das nahe Baktra mit seinen weitgereisten Kaufleuten. Geistig von der Nomadentradition seines Stammes und dem Stadtleben Baktras geprägt, war er schon sehr früh dazu ausersehen, in die Fußstapfen seines Vaters zu treten und ebenfalls Priester zu werden. Priester aber welcher Religion?

Schriftliche Überlieferungen aus dieser Zeit finden sich nur spärlich, aber sie genügen, um uns ein ungefähres Bild zu machen. Die Iraner – von den Baktriern über die Meder bis zu den Persern – teilten ihre Götter in zwei Klassen: in erhabene Lichtgestalten, die im Kosmos wohnten, »Ahuras«, und in niedere Geisterwesen, die in der Erde, dem Wind, dem Wasser und dem Feuer hausten, »Daevas«. Aber kein Mensch fühlte sich in der Lage, das Walten dieser Götter zu durchschauen, man empfand sie das eine Mal ohne erkennbaren Grund als freundlich und helfend, das andere Mal als grausam und vernichtend. Noch fehlte der Prophet, der mit seiner Botschaft eine tiefergreifende, erklärende Ordnung hätte stiften können. Die Iraner konnten nur darauf hoffen, die rätselhaften, unheimlichen Götter durch Lobgesänge und Opfergaben gnädig zu stimmen. Bei diesen kultischen Feiern mußte reichlich das Blut von Stieren und Rindern zu Ehren höherer Wesen fließen, um die Angst vor dem unberechenbaren Schicksal zu dämpfen. Priester und Volk tranken zu bestimmten Anlässen ein berauschendes Getränk, das sie nach dem Namen ihres Ekstasegottes Haoma nannten, und steigerten sich durch endlosen rhythmischen Tanz in Trance, um wenigstens für kurze Momente wie die Götter das beglückende Gefühl der Unsterblichkeit zu haben.

Zarathustra empfand schon sehr früh ein Ungenügen an diesen Ritualen und ihrem Sinn, denn – so berichtet uns knapp eine Textstelle aus den Gathas, seinen Verspredigten – im Alter von zwanzig Jahren verließ er seine Heimat und wanderte in die Einsamkeit. Er, der sich selber einen »Zaotar«, einen sakralen Dichter und Prediger, nannte, kehrte dem Priesterberuf den Rücken. Zehn bis zwanzig Jahre dürften die Wanderjahre des religiösen Suchers gedauert haben. Wie und wo er meditierte, ob er fastete und sich meist von den Menschen fernhielt, ob er ins nahe afghanische Bergland zog oder in der turkmenischen Ebene blieb, wissen wir nicht. Im Awesta heißt es nur, schließlich habe sich ihm am Fluß Daitya ein Engel offenbart. Dies könnte am Ufer des Amu Darja gewesen sein, des weitaus größten Flusses in der Nähe Baktras, der mit seinem Oberlauf die heutige Grenze zwischen Afghanistan und Sowjetrußland bildet. Dort, in der weiten Ebene mit ihrem fruchtbaren Weideland, ihren Nomadenzelten und den kahlen Bergen als ferner Kulisse, dort hätte sich demnach eines der folgenreichsten Ereignisse der Religionsgeschichte vollzogen. Zarathustra empfing die Vision vom kosmischen Kampf guter und böser Mächte, von Gott und Satan, von der Auferstehung der Toten am Tag des Jüngsten Gerichts, vom Weiterleben nach dem Tod im Paradies oder in der Hölle – lange bevor Propheten anderer Religionen solche Gedanken verkündeten. Es ist in den Jahren 610 bis 590 vor unserer Zeitrechnung geschehen, falls die Vermutungen der Historiker stimmen. Dies wäre also sechshundert Jahre vor Jesus Christus gewesen, zwölfhundert Jahre vor Mohammed; aber sechshundert Jahre nach Moses.

Am Fluß Daitya erschien – so berichten die Gathas – dem religiösen Sucher nach langer Meditation der Engel Vohu Manu (»Gute Gesinnung«) im strahlenden Lichtgewand und führte ihn vor den Thron des Gottes Ahura Masda (»Weiser Herr«). Zarathustra begrüßte den Gott mit einer Hymne, die in den Worten gipfelte: ». . . Ich erstrebe damit, Dich zu erkennen, Allweiser, den Schöpfer aller Dinge durch den Heiligen Geist.«

Noch Jahre dauerte es, bis Zarathustra nach dieser Vision aus der Einsamkeit zurückkehrte und in der Hauptstadt seines Heimatlandes zu predigen anfing. Das Volk hörte ihm nur mit mäßigem Interesse zu, die Priester und die Adligen lehnten ihn gar heftig ab, so erfahren wir aus den Gathas. In seinen Verspredigten schlägt die Enttäuschung heftig durch. »Fern von Adel und Priesterschaft hält man mich«, so liest sich dort seine Klage, »nicht stellen mich zufrieden die Landgemeinden, um die ich mich mühe, / noch gar des Landes lügenknechtische Gewalthaber. / Wie soll ich da nur Dich, Allweiser Herr, zufriedenstellen? . . .« Wenige Anhänger scharten sich um ihn und begleiteten ihn auf seinen Predigtreisen zu städtischen Marktplätzen, zu Dörfern und Nomadenzelten. Auf Zarathustra traf – wie später auf Jesus und Mohammed – das Bibelwort zu, daß ein Prophet im Heimatland nichts gelte. Nach Jahren der Enttäuschung und Verfolgung, Genaueres wissen wir nicht, verließ er schließlich Baktrien und kam mit seinen wenigen Schülern in das Königreich Chorasmien. König Vishtaspa nahm ihn freundlich auf, pflegte lange Gespräche mit ihm und bekehrte sich zu dem neuen Glauben: ein entscheidender Durchbruch. Dem Beispiel des Königs folgten bald die

Adligen am Hof, schließlich auch etliche Priester. Zarathustra konnte mit seinem Aufbauwerk beginnen. Unter der Schutzherrschaft des Königs errichtete er vor den Toren des Städtchens Keschmar sein berühmtes Feuerheiligtum, an dessen Altar nun die Priester unter freiem Himmel ihre Gesänge anstimmten und das Volk lehrten. Keine blutigen Tieropfer waren mehr nötig, um die Götter gnädig zu stimmen. Wer nach den Geboten des »Allweisen Herrn«, des Ahura Masda, handelte – rechtschaffen, arbeitsam und ehrlich zu sein –, durfte fortan auf die Gnade Gottes hoffen. Keschmar wurde Zarathustras Wohnsitz, dorthin strömten Neugierige, um ihn predigen zu hören, von dort aus zogen seine Schüler als Missionare in ferne Provinzen und Königreiche.

Chorasmien – Zarathustras legendäre zweite Heimat. Die Historiker haben lange gerätselt, wo dieses Königreich nun tatsächlich gelegen haben mag. Heute neigt man zu der Ansicht, es müsse sich um jene Landschaft handeln, die später die moslemischen Perser »Chorassan«, »Land des Ostens«, nennen sollten. Dies wären die weiten Steppen um die Oase Merw bis hin zum Mittellauf des Amu Darja – heute sowjetrussisches Gebiet –, die wüstenartige Gegend mit dem fruchtbaren Tal des Herirud und der Oase Herat – heute Afghanistan – und die karge Ackerlandschaft um Mesched – heute der Staat Iran. Keschmar, wo Zarathustra sein zentrales Heiligtum errichtet haben soll, erklären viele Historiker identisch mit jenem Städtchen Keschmar, das etwa hundert Kilometer südwestlich von Mesched, der heutigen Hauptstadt der iranischen Provinz Chorassan, liegt. Dieses Keschmar unserer Tage ist eine unscheinbare Ortschaft mit Lehmziegelbauten, die so gelbgrau wirken wie die umgebende Landschaft. Nichts mehr deutet auf die einstige Bedeutung hin.

Zarathustra kehrte nicht mehr nach Baktrien zurück. Er blieb am Ort seiner Erfolge, heiratete eine vornehme Adlige und lebte in bescheidenem Wohlstand, ein häufiger Gast am Königshof. Aber unangefochten lebte er dennoch nicht. Der alteingesessene Priesteradel hielt hartnäckig an der bisherigen Religion fest und verbündete sich mit den Fürsten benachbarter Staaten gegen den Neuerer. Krieg sollte den Religionsstifter und seinen Schutzherrn, König Vishtaspa, beseitigen. Zarathustra antwortete seinen Gegnern nicht minder kriegerisch, wie eine Stelle seiner überlieferten Verspredigten zeigt: »Keiner von euch horche hinfort auf die Sprüche und Unterweisungen des Lügenknechtes! / Denn dieser stürzt Haus und Dorf, Gau und Land / in Elend und Verderben. Darum wehret ihm mit der Waffe!« Es kam zum ersten Religionskrieg auf persischem Boden. Für Zarathustra endete er mit einer Katastrophe. Als die feindlichen Truppen in die Hauptstadt eindrangen, erschlugen sie den siebenundsiebzigjährigen Greis, bevor sie sich wieder fluchtartig zurückziehen mußten. Zarathustra starb als Märtyrer – wie so viele Religionsstifter. Es geschah um das Jahr 553 vor unserer Zeitrechnung.

## *Einfluß auf Judentum, Christentum und Islam*

Der Legende nach wurde Zarathustras Lehre noch zu seinen Lebzeiten mit goldener Tinte auf 12000 Ochsenhäute geschrieben und später in der Königsbibliothek von Persepolis aufbewahrt. Von diesem Original ist uns nichts mehr überliefert, es soll angeblich im Jahr 330 vor unserer Zeitrechnung verbrannt sein, als Soldaten Alexanders des Großen die Brandfackel in die eroberte Stadt schleuderten. Was uns blieb, sind Abschriften, wie sie an die sechshundert Jahre später Priester aus anderen Exemplaren des Awesta anfertigten, aber auch sie sind nur noch in Bruchstücken erhalten, weil die Araber auf ihrem Eroberungszug Teile davon vernichteten. Diese Reste jedoch geben uns genug Aufschluß über die Lehre. Nur: Handelt es sich tatsächlich immer um Zarathustras ursprüngliche Ideen? Angeblich soll sich seit den tausend Jahren der ersten Niederschrift wenig geändert haben, aber für den kritischen Religionsforscher bieten solche Auskünfte von Priestern wenig Sicherheit. Ungewiß bleibt es bis heute, was der Prophet selber lehrte und was spätere Anhänger hinzufügten. Zarathustra hat – wie viele Religionsstifter – wenig Geschriebenes hinterlassen. Von dem, was uns erhalten ist, dürften allein die Gathas (Verspredigten) in den Büchern Yasna (Opferriten) auf ihn direkt zurückgehen, sind sie doch in einem dem Sanskrit ähnlichen Dialekt geschrieben, wie er damals in Baktrien üblich war. Dies sind spärliche Anhaltspunkte. Trotz allem läßt sich bereits aus den Gathas ungefähr rekonstruieren, was das Grandiose und Einmalige seiner Lehre ausmacht.

Zarathustra wandte sich gegen den Glauben seiner Väter, die eine Vielzahl von Ahuras, Lichtgestalten, und Daevas, Dämonen, kannten. Er erklärt einen dieser Ahuras zum alleinigen Gott: Ahura Masda, »Weiser Herr«. Ahura Masda tritt den Menschen nicht mehr wie die bisherigen Ahuras zuweilen in sichtbarer Gestalt entgegen, heiratet keine Göttinnen und zeugt keine Kinder, er ist auch keine launische Gottheit mehr, die undurchschaubar den Menschen mal Gutes, mal Böses beschert. Sein Ahura Masda ist gestaltlos, allgegenwärtig, abstrakt und ewig; weit entfernt von allen menschlichen Leidenschaften verkörpert er ein klar durchschaubares Prinzip: das Gute. Aber dieser alleinige Gott besitzt einen Widersacher mit dem Namen Angra Mainyu, »Böser Geist«. Dieser Gegenspieler, seiner Herkunft nach ein Daeva, läßt nichts unversucht, um die Menschen vom Glauben an das Gute abzubringen.

Die gute und die böse Macht besitzen Helfer, es sind Geister und Dämonen, in ihren Eigenschaften bisherigen Gottheiten nachgebildet. Auf Ahura Masdas Seite steht vorrangig Spenta Mainyu, »Heiliger Geist«; er tritt zuweilen als Verkörperung des alleinigen Gottes auf, manchmal auch als ein von ihm verschiedenes Wesen, als bedeutsamster Verkünder göttlichen Willens. Diener dieses »Heiligen Geistes« sind Lichtgetalten, Amesha Spentas, »Unsterbliche Geister« – Engel; sie werden gewöhnlich ausgesandt, um den Menschen Botschaften zu überbringen. Vohu Manu, »Die gute Gesinnung«, ist ein solcher Engel, er ist Zarathustra erschienen, um ihn vor den Thron Gottes zu geleiten. Auf der Seite des »Bösen Geistes« Angra Mainyu stehen die Daevas, die Dämonen. Zu ihnen gehört die Mehrzahl jener Götter, die von Zarathustras Zeitgenossen verehrt wurden, sie sind nun dumpfe Geister im Dienst des Bösen.

Gott ist ewig, aber der Kampf zwischen Gut und Böse, Licht und Dunkel hat nur eine begrenzte Dauer, so lehrte Zarathustra. Seiner Überzeugung nach begann der Kampf, nachdem Gott eine sündlose Welt mit einem Idealmenschen und einem Idealtier geschaffen hatte. Damals trat in das Lichtreich Ahura Masdas der Widersacher Angra Mainyu, der Gottes Idealschöpfung verneinte und nach seinen Bedürfnissen umformen wollte. Dreißigtausend Jahre verstrichen, bis es dem Bösen Geist gelang, in die sündlose Welt einzudringen und den Idealmenschen wie das Idealtier zu erschlagen. Von nun an verbreiteten sich die von Angra Mainyu geschaffenen niederen Dämonen über die Erde. Aber der Böse Geist erreichte es nicht, den Einfluß des Guten aus der Welt zu drängen, denn der erschlagene Idealmensch wie das Idealtier hatten ihren Samen hinterlassen, und aus diesen Samen entstanden auf wunderbare Weise das erste Menschenpaar wie die ersten Tiergattungen. Nur: In diesen neuen Lebewesen sind Gut und Böse vermischt, das Goldene Zeitalter des kampflosen, sündlosen Paradieses ist vorbei. Damit begann die Weltgeschichte mit ihren dramatischen Konflikten und Verstrickungen, nun war und ist der Mensch dazu aufgerufen, sich in die Heerschar des Guten oder des Bösen Geistes einzureihen. Dreißigtausend Jahre dauerte auch diese Epoche. Dann beschloß Gott, den Menschen zu helfen und ihnen einen Propheten zu senden: Zarathustra. Aber dieser Prophet wird nur von einem Teil der Menschen anerkannt, und je länger seine Zeit zurückliegt, um so mehr werden die Gläubigen sich von Moral und guter Sitte abwenden. Dann wird Gott die irdische Welt in einer Katastrophe von Überschwemmungen, Feuersbrünsten und Kriegen zugrunde gehen lassen, dann blasen seine Engel die Posaunen des Jüngsten Gerichts. Nun stehen alle Menschen aus ihren Gräbern auf und müssen sich vor dem Thron des Allerhöchsten verantworten, ob sie die Verkündigung des Propheten angenommen oder verweigert haben. Während für die Gläubigen ein »Ewiges Leben« im Gottesreich beginnt, wartet auf die anderen die »Ewige Qual« der Hölle.

Manches an dieser Lehre war neu, bisher noch von keinem Menschen gedacht und gepredigt. Dabei handelt es sich oft genug um Ideen, die den Christen, Juden und Moslems bei allen Abweichungen im Detail sehr vertraut, ja selbstverständlich sind. Aber: All dies wurde sechshundert Jahre vor Christi Geburt verkündet! Allerdings: Die Lehre entstand ein halbes Jahrtausend nach Moses und gut ein Jahrhundert nach dem Auftreten der großen jüdischen Propheten Jesaja, Jeremia und Elia.

Wie schöpferisch war Zarathustra wirklich? Und wie folgenreich? Was hat er von fremden Vorbildern übernommen, was an spätere Weltreligionen weitergegeben? Bis heute streiten sich die Religionswissenschaftler darum, ob Zarathustra Vorgefundenes nur deutlicher ausformte oder radikal Neues schuf. Manches an ihren Forschungen kann aber bereits als gesichert gelten, und dem wollen wir uns im folgenden zuwenden.

Beginnen wir mit dem Glauben an den *einen* und alleinigen Gott. Zarathustra hat eine monotheistische Religion begründet – aber: Er war keinesfalls der erste Verkünder eines Eingottglaubens. Juden, Christen und Moslems schreiben diesen Rang dem hebräischen Stammesführer Abraham zu, der um das Jahr 2100 vor unserer Zeitrechnung von Mesopotamien nach Kanaan einwanderte. Abraham lebte eineinhalb Jahrtausende vor Zarathustra, aber auch Moses und Jesaja, weitere große Verkünder des Eingottglaubens, sind zeitlich vor dem Religionsstifter aus dem östlichen Iran aufgetreten. Hat sich Zarathustra von diesen jüdischen Propheten beeinflussen lassen?

Baktra war immerhin eine Handelsstadt an einer belebten Karawanenstraße, auf der Kaufleute von den Mittelmeerländern bis nach Indien und China zogen. Eine weltoffene Stadt also, wo Ideen aus West und Ost zusammentrafen. Doch ist es kaum wahrscheinlich, daß jüdisches Gedankengut bis nach Baktra gedrungen ist, zeigten doch die Juden damals wenig Neigung, derart weit zu reisen und gar ihre Religion fremden Völkern zu predigen. Zarathustra muß seine Anregungen aus einer anderen Richtung empfangen haben. Aber aus welcher? Kein Volk seiner Zeit glaubte außer den Juden an einen einzigen Gott, der für alle Menschen galt. Doch ein Volk hatte bereits vorbereitende Schritte in diese Richtung unternommen: die arischen Inder.

Die Inder hatten schon ein Jahrhundert vor Zarathustra im philosophischen Teil ihres »Weda«, den »Upanischaden« (»Geheimlehren«), eine neue Form der Religion zu entwickeln begonnen. Nicht wenige ihrer wegweisenden Denker nahmen an, daß hinter der verwirrenden Göttervielfalt eine magische Urkraft, eine alles schaffende »Weltseele« steht, und nannten dieses Urprinzip »Brahman«. Es ist ein abstraktes Prinzip, für die Volksmassen kaum greifbar. Die einfachen Bauern und Handwerker glaubten weiterhin nur an Schiwa, Wischnu und tausend andere Gottheiten – für die intellektuellen Priester aber bedeuteten diese Götter nur Erscheinungsformen des unerschöpflichen »Brahman«. Einheit hinter all der Vielfalt! In vagen Umrissen zeichnete sich bei den Indern schon die Idee des einen Gottes ab. Kannte Zarathustra diese Schriften? Es ist zu vermuten, gar zu sehr, so gibt der amerikanische Orientalist Richard Frye zu bedenken, erinnern seine Verspredigten, die Gathas, in Wortwahl und Rhythmus an das »Weda« der indischen Brahmanen. Selbst der Titel des Gesamtwerkes »Awesta« (»Wissen«) ist dem indischen religiösen Sammelwerk »Weda« (»Wissen«) nachempfunden. Unnötig zu betonen, daß es nicht schwergefallen sein dürfte, die »heilige Sprache« der arischen Inder, das Sanskrit, zu lesen, war es doch seinem eigenen Dialekt sehr verwandt. Es muß zu jener Zeit noch eine innige Verbindung zwischen den arischen Priestern des östlichen Iran und Nordindiens bestanden haben. Demnach hat Zarathustra konsequent weiterentwickelt, was bei hinduistischen Gelehrten aufkeimte, er hat – unabhängig von jüdischen Propheten, mit Blick nach Indien – der Idee eines »Urprinzips«, einer »Weltseele« eine neue Richtung gegeben. Bei Baktra, weit entfernt von Palästina, der Heimstatt hebräischer Gottesverkünder, formte sich noch einmal in einem genialen Schöpfungsakt der Glaube an einen einzigen Gott.

Zu einem überragenden Genie der Religionsgeschichte mußte Zarathustra deshalb allerdings noch nicht werden. Er dachte nur, was die Juden ähnlich ohnehin schon besaßen. Hätte er nicht gelebt, so würde sich die Idee vom Glauben an den einen Gott bei anderen Völkern nicht langsamer durchgesetzt haben. Wo lag dann das Einmalige, das vor ihm noch kein Prophet verkündet hatte? Wo das Neue, das entscheidend auf spätere Weltreligionen einwirken konnte?

Heute ist sich ein Großteil der quellenkritischen Religionswissenschaftler mit ihrem Urteil in einem Punkt einig: Sie sehen Zarathustra als den ersten Propheten an, der neben dem alleinigen Gott den Satan als selbständige Macht kannte. Erst Zarathustra hat die irdische Welt als einen Kampfplatz von Gut und Böse angesehen, und niemand vor ihm hat die Menschen dazu aufgerufen, zwischen diesen beiden allumfassenden Mächten frei zu entscheiden. Zarathustra hat, wie es einmal sein späterer Bewunderer und Kritiker Friedrich Nietzsche in *Ecce homo* ausdrückte, »zuerst im Kampf des Guten und des Bösen das eigentliche Rad im Getriebe der Dinge gesehen – die Übersetzung der Moral ins Metaphysische«. Zwar besitzt dieses Weltbild Vorläufer – arische Inder und Iraner schieden schon früh zwischen guten und bösen Göttern, ja teilten das ganze Universum in zwei entgegengesetzte Welten –, aber es blieb Zarathustra vorbehalten, in dieser noch vagen Ordnung klare Linien zu ziehen. Er erst predigte eine Auferstehung der Toten am Tag des Jüngsten Gerichts, wo der Mensch sich vor dem Thron Gottes für seine guten und bösen Taten zu verantworten habe. Den Gedanken an ein Jenseits, an ein Paradies für die Rechtschaffenen, an eine Hölle für die Schlechten, hat es vor Zarathustra nicht gegeben. Auch bei den Juden nicht. Was viele von uns für eine jüdische Schöpfung halten, wurde nicht in den Wüsten Judäas und nicht am Jordan visionär gedacht, sondern in den Bergen wie Steppen des nördlichen Afghanistan und an den Ufern des Amu Darja.

Die Juden zu Lebzeiten Zarathustras kannten zwar die Zehn Gebote eines Moses und glaubten, daß ein Sünder den Zorn Gottes heraufbeschwört. Aber: Die Strafe drohte im Diesseits durch einen Richter, und manchmal kam es vor, so berichten legendär die älteren Teile des Alten Testaments, daß Gott selbst eingriff und in seinem Zorn die Frevler mit Krieg und Seuchen heimsuchte. Eine ausgleichende Gerechtigkeit im Jenseits war unbekannt. Auch noch den Propheten Jesaja und Hesekiel, die fast schon Zeitgenossen Zarathustras waren. Zwar findet sich in ihren Schriften bereits die Verheißung, Tote würden wieder lebendig, doch diese Propheten verkündeten bildhaft eine Auferstehung des Staates Israel nach einer Zeit des Niedergangs, sie dachten diesseitsbezogen und politisch. In der Phantasie der Juden existierte nur ein Schattenreich, wo alle Toten dahindämmerten, nicht geschieden nach Verdienst und Strafe, nicht aufgeteilt in ein Paradies und die Hölle. Ein solches Schattenreich war dem Hades der Griechen verwandt.

Auch kannten die Juden noch nicht den Teufel als mächtigsten Gegenspieler Gottes. In den biblischen Schriften jener Zeit trat Satan nur als Vollzugsperson Jahves, als strafender Geist auf und mußte stets den Anordnungen seines höchsten Herrn Folge leisten. Noch war der Teufel nicht der eigenwillige Dämon, der mit Hilfe der Menschen über Gott zu triumphieren versucht. Auch stellten sich die Juden noch nicht die Menschheitsgeschichte als einmaligen Ablauf vor. Noch gab es für sie nicht das erste Menschenpaar Adam (hebräisch: Mensch) und Eva (hebräisch: Erde), noch nicht die dramatische Wende durch das Auftreten des Teufels, noch nicht den Sündenfall, noch nicht die zielgerichtete Entwicklung des Weltgeschehens auf das Gericht am Ende aller Tage hin. Die Juden hielten die Menschheitsgeschichte für eine endlose Wiederholung ähnlicher Ereignisse, ohne erkennbaren Zweck. Sie lebten zu jener Zeit in den Vorstellungen wie alle damals hochentwickelten Völker, angefangen von den Indern und Chinesen über die Babylonier und Ägypter bis hin zu den Griechen und Römern.

Drei Jahrhunderte nach Zarathustras Tod allerdings dachten die

Juden anders. Dann waren in ihren biblischen Schriften alle jene Ideen zu finden, die wir heute so selbstverständlich als jüdisch, im übertragenen Sinn als christlich und letztlich als europäisch ansehen. Aber bis Zarathustras Ideen so umfassend wirken konnten, mußte sich erst eine politische Macht finden, die stark genug war, die neue Religion auf Dauer wirksam gegen ihre Widersacher zu schützen. Erst dann war die Chance gegeben, daß Zarathustra über die iranischen Grenzen hinaus bekannt wurde und gar andere Religionen maßgebend beeinflussen konnte.

Diese Macht war zu Zarathustras Lebzeiten bereits im Entstehen: das Reich der Perser.

## *Der Prophet Daniel lernt von Zarathustra*

Im Jahr 539 vor unserer Zeitrechnung, vierzehn Jahre nach Zarathustras mutmaßlichem Tod, eroberte der Perserkönig Kyros II. das Babylonische Reich. Kyros – wir werden an anderer Stelle noch ausführlich auf ihn und seine Nachfolger zu sprechen kommen – war damit zum mächtigsten Herrscher des Vorderen Orients aufgestiegen. Nichts jedoch deutet darauf hin, daß dieser Perser selbst schon von dem Propheten aus Baktra gewußt hätte. Auch sein Nachfolger Kambyses II. scheint Zarathustras Lehre noch nicht gekannt zu haben, zumindest wissen wir von keiner Inschrift, die das Gegenteil beweisen würde. Wir können nur mutmaßen, wann etwa die Perser die neue Lehre annahmen.

Erste Anzeichen kennen wir aus der Zeit des Großkönigs Dareios I., denn an seinem Grab, der Felswand von Naksch-i-Rustam nahe der Residenz von Persepolis, finden sich zwei gut erhaltene, aufschlußreiche Inschriften. Die eine lautet: »Ein großer Gott ist Ahura Masda, der die Erde hier schuf, der den Himmel dort schuf, der den Dareios zum König machte, den Einen zum König über viele.« Und in der zweiten Inschrift heißt es: »So sagt der König Dareios: Was von mir getan wurde, das alles tat ich nach Ahura Masdas Willen. Ahura Masda gab mir Beistand, bis ich es ausführte. Möge mich Ahura Masda schützen vor dem, was widerwärtig ist, ebenso mein Geschlecht und dieses Land.« Von demselben König aber kennen wir auch eine unter den Trümmern von Persepolis gefundene

Steintafel mit den Worten: »... Ahura Masda ..., der größte der Götter.« Der größte! Nicht der einzige! Dareios hat wahrscheinlich nicht ausschließlich an den einen Gott geglaubt.

Auf den ersten Blick anders erscheint es bei Xerxes I., seinem Sohn und Nachfolger. Ein Dokument aus dem Jahr 480 vor unserer Zeitrechnung ist uns erhalten, in dem der Großkönig über seine eroberten Provinzen sagt: »Stätten gab es, da man ehedem die Daevas [falsche Götter] anbetete. Aber nach dem Willen Ahura Masdas rottete ich diesen Daeva-Kult aus, und ich erließ ein Edikt und befahl: Betet nicht mehr zu den Daevas!« Aber auch hier melden nicht wenige Religionswissenschaftler ihre Zweifel an. Besonders einer der profiliertesten Kenner der altiranischen Religionen, Geo Widengren, bestreitet, daß die Großkönige des ersten persischen Weltreiches ernsthaft an Zarathustras Lehre geglaubt hätten. Diese Könige, mehr Politiker als religiöse Menschen, hätten von der neuen Religion höchstens den einen oder anderen Glaubenssatz übernommen, im übrigen sich aber gehütet, allzusehr in Konflikt mit bestehenden Traditionen zu kommen.

Also wieder einmal eine ungeklärte Frage. Wie so oft, wenn es um die frühe persische Geschichte geht. Nur eines ist sicher: Zarathustras Lehre hat sich während der folgenden Zeit im Iran ausgebreitet, und mehr noch: Mancher persische Statthalter und Staatsbeamte förderte die neue Religion in den eroberten Provinzen, im Osten bis hin zum Industal, im Westen bis hin in das Zweistromland von Euphrat und Tigris, nach Kleinasien, Syrien, Palästina und Ägypten. Nirgendwo zwangen die Perser zwar ein unterworfenes Volk, Zarathustras Lehre anzunehmen, im Gegenteil, sie ließen jedermann den eigenen Glauben – aber: Allen Untertanen stand es offen, sich mit der neuen Religion zu beschäftigen. Und dies sollte weitreichende, damals kaum absehbare Folgen haben. Besonders für eines der unterworfenen Völker sollte die Begegnung mit Zarathustra zu einem religiösen Wandel großen Ausmaßes führen – die Juden. Die Folgen waren welthistorisch.

Die Juden jener Zeit durchlebten die größte Krise ihrer Geschichte. Im Jahr 587 vor unserer Zeitrechnung hatte Nebukadnezar, König von Babylon, die jüdische Hauptstadt Jerusalem bis auf die Grundmauern zerstören lassen und einen Großteil der Bevölkerung, vor allem Schriftgelehrte, Priester, Verwaltungsbeamte, Kaufleute,

Soldaten, gefangen ins Zweitstromland von Euphrat und Tigris geführt. Nun gab es keinen jüdischen Staat mehr, die gesamte geistige Elite und mit ihr viel Volk lebte unter der Herrschaft fremder Vögte, weit weg von der angestammten Heimat. Diese Epoche – unter dem Namen »Babylonische Gefangenschaft« in die Geschichte eingegangen – fand ein Ende durch Kyros, den Großkönig der Perser; er entließ die Juden wieder in das Land ihrer Väter, nachdem er das babylonische Königreich erobert hatte. Aber die Heimgekehrten waren im Denken und Fühlen anders als ihre Vorfahren, sie waren geprägt durch das Leben in der Fremde, durch den Zusammenprall mit einer völlig andersartigen und doch faszinierenden Kultur. Herausgefordert und zutiefst verunsichert begannen ihre Priester, intensiv wie schon lange nicht mehr nach dem Sinn des Daseins zu fragen; auch zeigte sich das Volk empfänglicher für neue Botschaften von Propheten. Während jener Zeit entstanden wesentliche Teile des Alten Testaments, inspiriert durch fremdes Ideengut. Zuerst einmal durch Babylon: Von dorther nahmen die Juden den Mythos von der Erschaffung des ersten Menschenpaares aus Lehm und die Sintflutsage. Dann aber lernten sie auch von Persien.

Wie aber können wir wissen, daß sich die Juden wirklich durch Zarathustras Lehre beeinflussen ließen? Darüber besitzen wir ein sehr aufschlußreiches Dokument. Es findet sich im Alten Testament: das Buch Daniel. Die Verfasser kennen wir nicht, wahrscheinlich ist das Buch erst ein oder mehrere Jahrhunderte nach dem Tod des jüdischen Propheten abgefaßt worden. Legendäres mag sich hier mit tatsächlichen Geschehnissen mischen, trotzdem können wir daraus einige wichtige Schlüsse ziehen. Sehen wir uns den Lebenslauf des Propheten Daniel einmal an – soweit er sich aus der biblischen Überlieferung rekonstruieren läßt –, so werden wir stutzig. Daniel wuchs am Hof des babylonischen Königs Nebukadnezar auf; dorthin hatten ihn hohe Verwaltungsbeamte geholt, die nach dem Auftrag handelten, unter den gefangenen Juden die schönsten, klügsten und verständigsten für den Königsdienst auszuwählen. Daniel machte Karriere am Königshof, denn er verstand es, die Träume Nebukadnezars überzeugend zu deuten, und dies hieß viel in einem Land, wo man aus Träumen die Zukunft abzulesen pflegte. Er stieg zum hohen Verwaltungsbeamten auf. Als Kyros Babylon eroberte, wechselte der geschätzte Fachmann an den persischen Hof nach Susa und wurde dort

Jahrzehnte später ein wichtiger Berater des Großkönigs Dareios. Soweit sein Lebenslauf. Angeblich ist Daniel in persischen Diensten gestorben, es gibt ein sogenanntes »Grab des Daniel«, das persische Fremdenführer heute noch dem Touristen bei Susa zeigen. Es ist für unser Thema allerdings belanglos.

Entscheidender sind die Worte, die die späteren Verfasser dem Propheten Daniel in den Mund gelegt haben. Im zwölften Kapitel des nach ihm benannten Buches lesen wir: »Und viele, so unter der Erde schlafend liegen, werden aufwachen, etliche zum ewigen Leben, etliche zu ewiger Schmach und Schande . . . Du aber, Daniel [spricht Gott], gehe hin, bis daß das Ende komme; und ruhe, daß du aufstehest zu deinem Erbteil am Ende der Tage.« Solche Sätze hatten sich bisher noch nicht in den Schriften des Alten Testaments gefunden. Einem Juden in persischen Diensten werden diese Gedanken zugeschrieben, ihm, der in Susa wohl täglich mit Anhängern Zarathustras zu tun hatte. Zum ersten Mal hat ein Jude die Auferstehung der Toten am Tag des Jüngsten Gerichts verkündet. Im selben Buch liest man erstmals auch von einem zielgerichteten Ablauf der Geschichte auf ein Ende hin: dem zwangsläufigen Untergang unserer unvollkommenen Welt und dem strahlenden Beginn eines ewigen Gottesreiches.

Das Buch Daniel beweist den Einfluß der Zarathustra-Religion auf das jüdische Denken. Es sollte nicht der letzte Einfluß sein. Während des dritten und zweiten Jahrhunderts vor unserer Zeitrechnung griffen die Juden auch die Lehre von den Engeln und Dämonen, von Gott und Satan als den universalen Widersachern in dieser irdischen Welt auf. Nun glaubten die Juden nicht mehr, daß Gutes und Böses gleichermaßen von Gott ausgehe und hingenommen werden müsse, nun begannen sie, alles Böse teuflischen Mächten zuzuschreiben, die aus einem eigenständigen Reich der Finsternis heraus wirkten und gegen die man tatkräftig Widerstand leisten müsse.

Im zweiten Jahrhundert vor unserer Zeitrechnung war die jüdische Religion dann weitgehend so geformt, wie Jesus sie antraf. Wesentliches dieser neuen Ideen hat er dann übernommen. Und nicht nur er. Sechshundert Jahr nach ihm schuf Mohammed aus jüdischem und christlichem Erbe den Islam, und auch dieser Prophet predigte, die Menschen seien in die Welt gestellt, um zwischen Gott und Satan zu wählen; auch er lehrte eine Auferstehung der Toten am Tag des

Jüngsten Gerichts, auch er verkündete das Paradies als Lohn für die Rechtschaffenen und die Hölle als Strafe für die Frevler.

Es ist paradox: Zarathustrier bilden in unserer heutigen Welt eine verschwindende Minderheit von nicht einmal zweihunderttausend Menschen, aber das Denken ihres Stifters hat die Weltreligionen entscheidend mitgeformt – und deren Anhänger zählen zusammen mehr als die Hälfte der Erdbevölkerung. Dies macht Zarathustra unsterblich!

## *Mani und Mazdak als Revolutionäre*

»Mögen mich Ahura Masda, Anahita und Mithras vor allem Bösen bewahren!« Diesen Spruch finden wir an der Wand einer Palastruine von Susa eingemeißelt; er stammt von Großkönig Artaxerxes II., der im Jahr 404 vor unserer Zeitrechnung gekrönt wurde.

Was hätte Zarathustra zu solch einem Spruch gesagt? Er hätte dagegen protestiert, denn seiner Lehre nach hätte es neben dem alleinigen Gott nur noch dienstbare Geister geben dürfen. Nun aber kehrte Mithras auf seinen einstigen Platz als Sonnengott und Schirmherr aller Vertragsabschließenden zurück, ja mehr noch als Gott des Kriegsglücks und oberster Beschützer aller Iraner. Auch Anahita, früher als Erd-und Fruchtbarkeitsgöttin verehrt, nahm ihren alten Platz wieder ein. Und sie waren nicht die einzigen Gottheiten, die ihre Tempel gebaut bekamen. Schon vier Jahrzehnte zuvor hatte Artaxerxes I. einen neuen persischen Kalender einführen lassen und dabei die zwölf Monate nach Göttern benennen lassen. Ahura Masda galt zwar als der oberste Herr, aber nicht als der alleinige Beherrscher des Universums.

Während wir über die Religiosität der Großkönige Dareios und Xerxes nur mutmaßen können, wissen wir es bei ihren Nachfolgern genau: Sie hatten Zarathustras Lehre im Kern nicht angenommen, sie zeigten sich nicht bereit, sich völlig den Visionen des Religionsstifters zu beugen. Und das nicht ohne Grund. Eine Reihe einflußreicher Priester, mächtige Adlige und erst recht das Volk hatten sich geweigert, alle Brücken zu jahrhundertealtem Glauben abzubrechen, und die Könige paßten sich dem an. Wo nach Zarathustras Willen nur Altäre unter freiem Himmel zu stehen hatten und allein die Flamme als Symbol des »gestaltlosen« Ahura Masda zu verehren war, entstanden nun wie in früheren Jahrzehnten Tempel mit einer Vielzahl von Götterstandbildern. Zarathustras Lehre drohte, im althergebrachten Heidentum zu versinken. Es sei denn, es kämen Erneuerer.

Und die Erneuerer traten seit dem dritten Jahrhundert unserer Zeitrechnung auf!

Es begann damit, daß um das Jahr 225 nach Christi Geburt das Persergeschlecht der Sassaniden den Iran eroberten und ein »Neupersisches Reich« gründete. Sie brachten Zarathustras Religion entschiedener als frühere Herrscher zu Ehren. Deutlich setzte ihr erster großer König Ardaschir I. ein Zeichen, indem er an seinen Hof Zarathustrapriester rief, die seiner Ansicht nach an der »reinen Lehre« festhielten, und beauftragte sie, die Tempel zu »säubern«. Götterbilder verschwanden. Unter seinen Nachfolgern wurden die Texte des Awesta neu geordnet, bisher mündlich überlieferte Verse aufgezeichnet und mit Kommentaren ergänzt. Unter dem Namen »Zend Awesta« (kommentiertes Awesta) entstand jene Heilige Schrift, deren Bruchstücke uns überliefert sind.

Die Verse und Kommentare waren allerdings nicht mehr in der Sprache des Propheten verfaßt, denn Zarathustras Dialekt, dem indischen Sanskrit verwandt, galt damals bereits als altertümlich und wurde von den meisten Iranern nicht mehr verstanden. Man schrieb jetzt in Pahlevi, einem Dialekt, der sich aus dem Altpersischen des Achämenidenreiches, der Zeit des Dareios, entwickelt hatte. Zarathustra hieß in den neuen Schriften »Zardoscht«, Ahura Masda »Ormazd«, Angra Mainyu »Ahriman«. Aber trotz dieser Abweichungen konnten die Priester für sich in Anspruch nehmen, die Lehre gereinigt zu haben. Von nun an wurde streng monotheistisch geglaubt – ähnlich wie in anderen maßgebenden Religionen dieser Zeit, dem Judentum und Christentum.

Im »Zend Awesta« finden sich allerdings auch Gedanken, wie sie nach Ansicht vieler Religionswissenschaftler kaum schon von Zarathustra selber verkündet sein konnten. Etwa die Verheißung des Erlösers Saoshyant (»Helfer«). Dieser Prophet wird von einer Jungfrau geboren, nachdem sie in einem See gebadet hat, wo über Jahrhunderte der Same Zarathustras ruhte und auf wundersame Weise in ihren Leib gelangte. Der neue Prophet wächst heran, und sobald er sich als der verheißene Erlöser zu erkennen gibt, werden auf Gottes

Befehl die Toten von ihren Gräbern auferstehen und sich unter die Heerscharen des »Helfers« oder des bösen Geistes Ahriman einreihen. Im gewaltigen Endkampf wird Saoshyant die Widersacher besiegen und in die Hölle hinabstürzen, während er seine Mitstreiter ins Paradies führt. Der verheißene Erlöser, durch eine Jungfrau geboren – ein uns sehr vertrauter Mythos taucht hier auf. Für die Zarathustrier gilt diese Botschaft bis heute als ursprüngliche Vision ihres Propheten. Westliche Religionswissenschaftler aber glauben in ihrer Mehrzahl, daß christliche und jüdische Verheißungen auf die geistig verwandte Religion zurückgewirkt haben.

Ob von Zarathustra selber gepredigt oder nicht – eines jedenfalls hatte seine Anhänger im dritten Jahrhundert unserer Zeitrechnung erreicht: Die Religion lebte wieder auf, mehr Volk denn je strömte zu ihren Andachtsstätten. Ausdrücklicher als zuvor bekannten sich die Perserkönige zur »reinen Lehre« und unterstützten tatkräftig die strenggläubigen Zarathustrapriester. Und trotzdem: Vier Jahrhunderte später wurde diese Religion hinweggefegt vom Ansturm des Islam. Der vielgepriesenen Erneuerung folgte alsbald der nächste Zerfall.

Es lag an der neuen Priesterkaste. Ihre Religiosität war nicht so tief, wie es im ersten Moment erschien. Kaum sahen sich die ranghohen Priester an den Hof des Königs geholt und durch seine Gunst verwöhnt, stand für sie ein Bedürfnis im Vordergrund: die neugewonnene Macht rasch abzusichern. Schroff grenzten sie sich von den gewöhnlichen Gläubigen ab und betonten ihre Einmaligkeit. Sie beanspruchten, allein zu wissen, durch welche Handlungen man nach dem Tod ins Paradies oder in die Hölle gelangte. Wehe dem Gläubigen, der angesichts der detaillierten Gebote nicht sie, die erhabenen Wächter der absoluten Wahrheit, ständig um Rat fragte; er mußte sich verloren vorkommen bei den unübersichtlichen Vorschriften und Verboten, er mußte sich geradezu der leitenden Hand eines Priesters anvertrauen, um das ewige Heil zu erlangen. Aber nicht Moral war den Geistlichen besonders wichtig, sondern Ritual: angefangen vom heiligen Feuer, vor dem jede Familie in ihrem Haus zu bestimmten Tages- und Nachtzeiten zu beten hatte, bis hin zu den täglichen, komplizierten Reinigungsvorschriften. Je mehr die Priester mit immer neuem Regelwerk das Volk einschüchterten, um so mehr schieden sie sich als »Wissende« vom einfachen Gläubigen, um so mehr entrückten sie in das mystische Dämmerlicht des Geheimnisvollen. Ihr Titel lautete »Magi« – in unserem Sprachgebrauch ist daraus »Magier« geworden, man meint damit bezeichnenderweise Zauberer und Sterndeuter. Naturgemäß blieb den Gläubigen bei den ständig vermehrten Ritualen immer weniger Zeit zu eigenständigem Denken. Es entstand, so formulierte es der amerikanische Kulturwissenschaftler Richard Frye, »eine Religiosität, der es mehr um Riten und Bräuche als um das Credo geht; es war eine formalistische Gesellschaft, die vielleicht am ehesten der hinduistischen Kastengesellschaft oder dem Mandarin-China ähnelt«.

Diese neue Prieserkaste der Magi mit ihrem ausgeprägten Hierarchiebewußtsein war intolerant. Anders als die Zarathustrapriester früherer Epochen betrachteten sie Andersgläubige prinzipiell als »Feinde des Guten«. Ein Jahrhundert nur dauerte es, bis die Magi ihre Könige dazu bewegen konnten, Andersgläubige mit einer hohen Sondersteuer zu belegen, sie aus allen Staatsämtern zu entfernen, ja manchen gar mit Verbannung oder Tod zu drohen. Juden und Christen im Westen des Assanidenreiches, Buddhisten im Osten waren die Leidtragenden; ihre Anhänger galten schließlich ausnahmslos am Tag des Jüngsten Gerichts als für das Höllenfeuer bestimmt und konnten schon deshalb im irdischen Dasein mit entsprechender Geringschätzung behandelt werden. Vorbei waren die Zeiten, daß im Perserreich die verschiedensten Völker mit eigenen Religionen friedlich nebeneinander leben konnten. Persische Priester und Könige verhielten sich zunehmend wie ihre römischen Nachbarn, sie proklamierten eine »alleinseligmachende« Religion und erklärten sämtliche Andersgläubigen zu Heiden oder Ketzern. Im Römischen Reich jener Zeit gab es eine christliche, im Persischen Reich eine zarathustrische Staatskirche. Es war eine reiche Kirche ohne soziales Gewissen, eine allwissende Kirche, die sich Kritik der »Unwissenden« streng verbat, eine erstarrende Kirche – der Zerfall zeigte sich in vielerlei Formen.

Es gab allerdings Perser, die diesen Zerfall abwenden wollten, unter ihnen wortgewaltige Theologen, Philosophen und Mystiker. Die meisten aber endeten auf dem Richtplatz, sofern sie nicht rechtzeitig widerriefen. Sie starben oft auf besonders grausame Weise vor den Augen einer schaulustigen Volksmenge. Zwei dieser »Ketzer« haben mit ihren Namen die Zeiten überdauert. Der eine wollte eine neue Religion begründen, der andere die alte Religion grundsätzlich reformieren. Beides erschien der Staatskirche als Gotteslästerung; sie reagierte mit Mordbefehlen. Damit trieb sie um so rascher ihrem eigenen Untergang entgegen. Die Namen dieser tragischen Märtyrer, die für einen Neuanfang hätten stehen können, waren Mani und Mazdak.

Über Mani berichten die Chroniken viel. Man weiß, daß er im Jahr 216 unserer Zeitrechnung bei Ktesiphon, der Hauptstadt des Sassanidenreiches, geboren wurde und seine Eltern vornehme persische Adlige waren. Sie gehörten einer Täufersekte an, die aus christlichen und zarathustrischen Elementen eine neue Lehre geformt hatte. In diesem Milieu glaubenseifriger Sektierer wuchs Mani heran, löste sich aber bereits früh, im Alter von zwölf Jahren, so weiß es die Legende, von seinen Eltern, zog in die Einsamkeit, meditierte und kehrte dann nach Jahren als Prediger in die Städte an Euphrat und Tigris zurück. Er, der adlige Perser, predigte aber nicht dem Volk, sondern diskutierte mit Priestern, Gelehrten, Ministern, Fürsten. Seine vornehme Herkunft brachte ihm eine Audienz beim »König der Könige« am Hof von Ktesiphon ein. König Schapur I. hörte dem wortgewaltigen Denker aufmerksam zu und erlaubte ihm, seine Lehre zu verbreiten. Eine ungeheuerliche Entscheidung, so mußte dies den orthodoxen Zarathustrapriestern vorkommen. Denn Mani sah in Zarathustra nicht den alleinigen Sendboten Gottes, sondern nur den bedeutsamen Vorläufer seiner eigenen Lehre. Als weitere Vorläufer erschienen ihm Jesus und Buddha. All diese Propheten, so Mani, seien nicht universal genug gewesen, sie hätten nur einen Teil der ganzen Wahrheit erfaßt. Außerdem hätten sie ihre Lehre nicht selber niedergeschrieben, weshalb die Schüler die ursprünglichen Aussagen hätten verfälschen können. Er, Mani, sei der Prophet der »letzen Offenbarung«. Mani erregte mit seinen Predigten Aufsehen, wohin er auch kam. Er unternahm ausgedehnte Missionsreisen durch den Iran und kam bis nach Indien, seine Anhängerschar wuchs. Mit Sorge, ja Entsetzen sahen die Magi, daß der Großkönig selber Sympathie für diese Mischreligion aus zarathustrischen, christlichen und buddhistischen Glaubensinhalten zeigte, anstatt den Abtrünnigen töten zu lassen.

Fünfunddreißig Jahre später, 277, starb der Prophet als Märtyrer. Den ranghohen Magi war es gelungen, einen Nachfolger Schapurs,

Bahram I., zu einem Gerichtsverfahren gegen den Ketzer zu überreden. Mani verschwand hinter Gefängnismauern. Wie er starb, darüber streiten die Historiker. Die einen meinen, er sei im Gefängnis verhungert oder einer Krankheit erlegen, die andern, man habe ihn wie Christus auf einem Hügel vor der Stadt ans Kreuz geschlagen. Märtyrer seines Glaubens war er jedenfalls. Aber wie das bei Märtyrern oft ist, wuchs die Zahl der Anhänger nach dem Tod des Meisters erst recht. Sie, die Manichäer, verbreiteten sich von Persien aus nach Nordafrika, Indien und China. Zu ihren prominentesten Anhängern zählte eine Zeitlang der spätere Kirchenvater Augustinus, bevor er sich zum Christentum bekannte. Verfolgt wurden die Manichäer von vielen Machthabern und Religionsrichtungen, den Zarathustriern, Christen, Buddhisten und später den Moslems. In Europa rottete man sie während des 6. Jahrhunders vollständig aus, in Persien, Indien und China jedoch sind sie noch bis zum 14. Jahrhundert urkundlich erwähnt, dann verschwanden sie auch dort. Ausgelöscht war die Lehre, die nach dem Willen ihres Stifters die überragende Weltreligion hätte werden sollen. Aber ihre Gegner hatten zu diesem Vernichtungswerk mehr als sechshundert Jahre gebraucht.

Zweieinhalb Jahrhunderte nach Mani trat Mazdak auf. Und dieser Mann sollte noch in viel stärkerem Maß eine Herausforderung an die Staatskirche werden. Über seine Person wissen wir fast nichts. Angeblich stammte er aus dem Städtchen Madaraya am Ostufer des Tigris nicht weit von Ktesiphon. Andere Chroniken wiederum nennen die Gegend um Täbris seine Heimat. Die einen sehen in ihm einen verkappten Manichäer, die andern einen abtrünnigen Zarathustrapriester. Bewiesen ist weder das eine noch das andere, wahrscheinlicher ist das letztere. Gar zu eifrig haben sich spätere Generationen bemüht, das Andenken an seine Person auszulöschen. Aber wenn auch der Mensch Mazdak wieder ins Dunkel der Geschichte zurückgetaucht ist, so sind uns doch die Grundzüge seiner Lehre in den Schriften der Feinde, im Für und Wider heftiger Diskussionen deutlich genug erhalten.

Mazdak lehrte, Zarathustras Vision werde von den Magi nicht in ihrer ursprünglichen Form verkündet. Er hingegen sei gekommen, um den Weg zur eigentlichen Botschaft Ahura Masdas zu weisen. Haß und Zwietracht in unserer irdischen Welt gebe es nur, weil die Menschen durch den Einfluß dämonischer Kräfte habgierig geworden seien. Auf der einen Seite der steinreiche Großgrundbesitzer, der sein Leben im Müßiggang verbringe, auf der anderen Seite der bettelarme Bauer, der sich trotz harter Arbeit nicht einmal sattessen könne – dies sei das Werk des Satans. Gott aber wünsche, daß kein Mensch mehr Eigentum als der andere besitze, Gott habe alle Menschen gleich geschaffen, und gleich müßten sie auch in dieser irdischen Welt leben können.

Mazdak predigte in den Städten und Dörfern an Euphrat und Tigris. Aber anders als Mani war er nicht bei den Priestern, den Gelehrten, den Adligen zu finden. Er, der vermutlich selbst ein Priester war, verließ die kostbar ausgestatteten Tempel, mied die Villenviertel und zog in die Vorstädte, wo sich fensterlose Lehmziegelbauten aneinanderreihten, wo die Menschen wie Vieh auf engstem Raum zusammenlebten: Tagelöhner und Sklaven, die nur dazu da waren, die reichen Kaufleute, Adligen und Magi zu bedienen. Mazdak zog in die armseligen Dörfer, wo die Bauern inmitten fruchtbarer Felder kaum die nötigste Nahrung für sich selber behalten durften. Die Massen scharten sich begierig um den Prediger. Sie jubelten ihm zu, weil er die herrschenden Verhältnisse als »gottlos« bezeichnete und »Erlösung« vom »Reich des Satans« versprach. Das Reich Gottes sei nahe. Gleiches Eigentum für alle!

Was Mazdak predigte, war religiöser Kommunismus. Wieweit er hier im Sinne Zarathustras sprach, ist schwer zu beurteilen. Für eine eindeutige Anwort müßten wir das ganze Awesta, die zarathustrische Bibel, kennen, es ist uns aber nur in Bruchstücken erhalten. Wie verhielt sich der Mensch Zarathustra selbst? Soviel wir wissen, war er ein Mann aus dem vornehmen Adel und hat zuerst einen König und seinen Hofstaat bekehrt, nicht Bauern und einfache Leute. Dies könnte Magi und Adligen als Beleg dienen, der Prophet habe eine gewisse Klasse vor anderen für auserwählt gehalten. Andererseits aber hatte Zarathustra jeden Menschen, hoch oder niedrig, vor die Wahl gestellt, sich für das Gute oder das Böse zu entscheiden, und am Tag des Jüngsten Gerichts würden sie ohne Ansehen ihres Ranges und ihrer Herkunft entweder in das Paradies einziehen oder in die Hölle hinabstürzen; vor Gott zähle nur die moralische Qualität. Es wäre sehr wohl denkbar, daß Mazdak sich auf diese Stelle seiner Lehre bezog und daraus radikalere Folgerungen zog als alle bisherigen Priester.

Denkbar ist auch, daß Mazdak sich von einer fremden Religion hat anregen lassen, in der solche Gedanken viel eindeutiger ausgeprägt waren: dem Christentum. Jesus müßte in manchem nach dem Geschmack des revolutionären Persers gewesen sein, denn Jesus hat das ungeheure Wort gesprochen, eher gehe ein Kamel durch ein Nadelöhr, als daß ein reicher Mann ins Himmelreich gelange. Jesus ergriff Partei für die Zöllner und gegen die Pharisäer, für die Verachteten und gegen die Mächtigen, für die Hungrigen und gegen die Satten. Nachweislich scharten sich um ihn wie um Mazdak fast nur ärmere Leute: Handwerker, Bauern, Fischer, Tagelöhner und Sklaven. Für uns heute ist Jesus der erste Prophet der Religionsgeschichte, der die Schwachen und Benachteiligten so entschieden gegenüber den Mächtigen und Besitzenden aufgewertet hat. Die soziale Revolution hat Jesus allerdings nie gepredigt, und dies ist der Grund, weshalb christliche Theologen diesen Gedanken selten aufgriffen oder höchstens am Rand behandelt haben. Das Reich Gottes bereits auf Erden – diese Vision einer paradiesischen Gesellschaft schon in unserem irdischen Dasein, wo jeder Mensch zu seinem Recht zu kommen hat – blieb einigen wenigen radikalen Theologen und »Ketzer«-sekten vorbehalten.

Mazdaks Lehre hatte Folgen. Bauern und Sklaven rotteten sich in den feuchtheißen Ackergebieten von Euphrat und Tigris zusammen, zogen vor die Villen ihrer reichen Gutsherren, forderten Anteil an deren Besitz, ließen sich nicht durch barsche Antworten abweisen, plünderten Herrschaftshäuser, erschlugen einige der Großgrundbesitzer. Die Unruhen wuchsen sich zum Aufstand aus, auch in anderen persischen Provinzen erhoben sich die Bauern, es war, als hätten die unterdrückten Volksmassen nur auf den Prediger gewartet, der in ihrem Namen sprach. Großkönig Kavad zögerte anfangs, einen Vernichtungsfeldzug gegen die Rebellen zu führen, ja er neigte dazu, einigen Reformforderungen Mazdaks nachzugeben. Aber die ranghohen Magi, verbündet mit dem mächtigen Adel, zwangen ihn schließlich, rücksichtsloser vorzugehen. Kavads Sohn und Thronfolger Chosru I. war bereit, die blutige Arbeit mit der nötigen Härte und Skrupellosigkeit durchzuführen. Seine Soldaten gingen gegen die Aufständischen ähnlich brutal vor wie ein Jahrtausend später die europäischen, christlich getauften Fürsten gegen ihre rebellischen Bauern. Chosru ließ Mazdak und dreitausend seiner treuesten Anhänger vor dem Haupttor der Reichshauptstadt Ktesiphon lebendig begraben: Mit dem Kopf nach unten, allein die nackten Füße sahen noch aus der Erde heraus und vermoderten – eine schaurige Warnung für die Bewohner der armseligen Vorstädte und alle auswärtigen Besucher. Nur wenige Rebellen überlebten die Masssaker der Jahre 528 und 529.

Die zarathustrische Staatskirche hatte es wieder einmal verstanden, mit Unruhestiftern fertig zu werden. Nach außen hin erschien sie gefestigter denn je; kein Prediger trat nun mehr öffentlich auf, um Priester und Adlige zu kritisieren, kein Bauer hob mehr seine Hand gegen einen Großgrundbesitzer. Aber in den Dörfern und Großstadtslums war die Sehnsucht nach einem Propheten und Erlöser nicht auszurotten, der jene Gerechtigkeit bringen sollte, die ihnen die herrschende Kirche und der Adel vorenthielten. Das Andenken an Mazdak blieb über Jahrhunderte lebendig.

Durch Mazdak hätte die zarathustrische Staatskirche noch einmal eine Chance gehabt, sich grundsätzlich zu erneuern. Sie hatte die Chance versäumt und damit jeden Rückhalt im einfachen Volk verloren. Eine solche Kirche kam in Gefahr, daß ihr die Gläubigen in Scharen davonliefen, sobald ein neuer Prophet auftrat, ein Prophet nicht nur mit einer Verheißung, sondern auch mit einer siegreichen Armee . . .

Ein solcher Prophet nahte ein Jahrhundert nach der Hinrichtung des Mazdak. Er kam aber nicht aus Persien, er wollte auch nicht die bestehende Religion reformieren, sondern umstürzen – es war Mohammed, er brachte aus Arabien den Islam.

## *Die Wende zum Islam*

Das Jahr 637: Arabische Mudschaheddin, »Glaubenskrieger«, eroberten die persische Hauptstadt Ktesiphon und drangen unaufhaltsam nach Norden, tief ins Innere des Sassanidenreiches, vor. Fünf Jahre später besiegten sie das Heer des Großkönigs auf der Hochebene von Nihawend, und der Widerstand brach vollends zusammen.

Die Katastrophe für die zarathustrische Staatskirche war vollständig. Kaum ein Bauer und kaum ein Bewohner der armseligen Vorstädte hielt seiner alten Religion die Treue, sie jubelten den fremden Eroberern zu, begrüßten sie als Befreier und bekannten sich in Massen zum Islam. Auch viele Adlige wandten sich von ihrer bisherigen Religion ab und hielten es für vorteilhaft, sich den Siegern anzupassen. Zurück blieben eine ratlose Priesterkaste und ein harter Kern von Anhängern, meist vornehme Perser, die sich nie hatten korrumpieren lassen und Zarathustras humane Idee ernst genommen hatten. Höchstens ein Drittel aller Perser bekannte sich während der arabischen Eroberungsstürme weiterhin zur angestammten Religion, ihre Zahl jedoch verringerte sich während der folgenden zwei Jahrhunderte rasch, entweder traten auch sie zum Islam über, oder sie wanderten aus.

Im Iran finden sich heute noch an die 40000 Zarathustrier, sie machen nicht einmal ein Prozent der Gesamtbevölkerung aus. Die meisten von ihnen leben in Teheran und in den Gebieten von Kerman und Yasd. Kein persischer Moslem hindert sie daran, wie in alten Zeiten sich um das heilige Feuer zu versammeln und zu Ahura Masda zu beten, man gewährt den Zarathustriern Religionsfreiheit. Hier machen auch schiitische Fanatiker keine Ausnahme, obwohl gerade sie im Ruf stehen, unduldsam zu sein. Aber nach dem islamischen Gebot darf keine Religion behindert werden, die den Glauben an den *einen* Gott lehrt. Moslems erkennen den Zarathustraglauben als eine Vorform des Islam an, und dieser Umstand erlaubt es den Verehrern Ahura Masdas bis heute, in ihrem Ursprungsland zu überleben.

Außerhalb des Iran finden sich Zarathustrier in größerer Zahl noch in Indien, wohin sie bereits im 8. Jahrhundert geflohen waren. Dort nennt man sie die Parsen, was nichts anderes als »Perser« bedeutet. Ihr Zentrum ist die Millionenstadt Bombay und die umliegenden Städte. Sie haben sich auffallender als die Zarathustrier des Iran der Nachwelt ins Gedächtnis eingegraben, konnten sie doch in der religiös toleranteren Gesellschaft der Hindus ungestörter ihre Bräuche entfalten. Kein Zufall ist es deshalb, daß ausgerechnet in Bombay europäische Religionswissenschaftler erstmals auf die Lehre Zarathustras aufmerksam wurden. Die Zahl der Parsen beschränkt sich auf etwa 130000. Nimmt man die Zarathustrier des Iran noch hinzu, so kommt man im ganzen auf etwa 170000 Gläubige, die sich von dieser einst bahnbrechenden Religion erhalten haben.

Der Zarathustraglaube ist nie Weltreligion geworden. Er hat aber auch nie versucht, es zu werden. So wie wir diese Religion kennen, müssen wir vermuten, daß ihre Anhänger nicht das Bedürfnis verspürten, als Missionare zu fremden Völkern zu predigen. »Gehet hin in alle Welt . . .«, dieses Gebot Jesu, das Mohammed in abgewandelter Form übernommen hat, fehlt bei den Zarathustriern. Sie verhielten sich wie die Juden, denen es genügte, den Glauben an den einzigen Gott im eigenen, »auserwählten« Volk wirksam zu sehen. Die altpersischen Könige haben diese Selbstbeschränkung unterstützt, sie fanden es besser, den fremden Völkern deren Religion zu lassen, schon um des politischen Friedens willen. Auch aus diesem Grund mußte der zarathustrische Glaube jäh an Einfluß verlieren, sobald einmal die Macht seiner Staatskirche durch die Moslems gebrochen war.

## *Nietzsche deutet Zarathustra um*

Die Entdeckung Zarathustras für unser europäisches Bewußtsein begann im Jahr 1771. Damals lernte der französische Religionswissenschaftler und Orientalist Abraham Anquetil-Duperron in Bombay die Parsen kennen und, was noch wichtiger war: ihre heilige Schrift, das Awesta, besser gesagt: jene gewichtigen Bruchstücke, die alle Vernichtungsstürme im Verlauf der Jahrhunderte überstanden haben. Anquetil-Duperron nahm ein Exemplar mit nach Paris und übersetzte es ins Französische. Die Pioniertat wurde zur Sensation, bereits fünf Jahre später lag eine Übersetzung ins Deutsche vor, so reges Interesse fand diese Arbeit bei Fachgelehrten und einem gebildeten Leserpublikum im Nachbarland.

Es war kein Zufall, daß dies im Zeitalter der Aufklärung geschah. Damals, in der zweiten Hälfte des 18. Jahrhunderts, konnten sich Dichter, Philosophen und Wissenschaftler aus der Bevormundung der Kirche lösen und sich ungehindert bemühen, vorurteilslos andere Kulturen, ja, auch andere Religionen zu verstehen. Diese Neuerer wünschten Toleranz und verurteilten engstirnige Dogmatiker, die nur wahrnehmen wollten, was in ihr angestammtes Denken paßte. In jenen Jahren schrieb Lessing sein Toleranzdrama *Nathan der Weise* (1779), wo er Verständnis für die bisher angefeindeten Religonen

Judentum und Islam forderte, er relativerte auf besonders bildhafte und wirksame Weise das Ideal der absoluten Wahrheit. Aufbruchstimmung herrschte im gebildeten Bürgertum, das sich nun sogar den Werten bisher unbekannter Religionen zu öffnen begann. Mozart führte Zarathustra als Oberpriester und Magier Sarastro in seine Oper *Die Zauberflöte* ein, und Goethe beschäftigte sich mit dem altiranischen Propheten in seinem *Westöstlichen Diwan.*

Noch aber blieb die zentrale Bedeutung Zarathustras einem größeren Leserkreis weitgehend unbekannt, noch hielten ihn viele bestenfalls für einen Propheten, den spätere Religionsstifter erfolgreich zur Seite drängten, einen Mann also, den die Geschichte unwiderruflich überrollt hat. An dieser Anschauung änderte sich auch nichts wesentlich, als im 19. Jahrhundert immer mehr Orientalisten nach Persien und Indien reisten, dort immer neue Abschriften des Awesta sammelten, übersetzten, kommentierten und die Abweichungen textkritisch miteinander verglichen. Dabei enthüllte sich den Forschern vollends, wie sehr die Lehre Zarathustras Gedanken vorwegnahm, die man bisher nur dem Judentum und dem Christentum zugeschrieben hatte. Aber solche Forschungsergebnisse fanden in breiten Bevölkerungskreisen Widerstand. Denn diese Wissenschaftler verstießen gegen ein Tabu: Sie wagten zu behaupten, das Christentum beziehe seine Glaubensinhalte nicht allein durch Jesus Christus und die Propheten des Alten Testaments, sondern auch noch durch einen Religionsstifter aus einer völlig fremden Kultur. Sollte dies etwa heißen, daß der christliche Glaube auf genauso vielschichtige und widersprüchliche Weise in den Gehirnen von Menschen entstanden war wie etwa die übrige Kultur, anstatt von Gott direkt und als unumstößliche Wahrheit übermittelt zu werden? Der Schluß lag nahe. Und damit wurde die Entdeckung Zarathustras für das christliche Abendland zur Herausforderung, ja für viele zur unerträglichen Provokation.

Der größte Provokateur allerdings für herkömmliche Glaubensvorstellungen wurde Friedrich Nietzsche. Er machte in den achtziger Jahren des 19. Jahrhunderts Zarathustra zur Titelfigur seines Hauptwerkes *Also sprach Zarathustra*. Den Titel hat Nietzsche aus dem Awesta der Parsen entnommen, wo maßgebliche Wahrheiten mit dieser stets wiederkehrenden Redewendung eingeleitet werden. Nietzsche erreichte, was bisher jedem Religionswissenschaftler verwehrt geblieben war: den Namen Zarathustra einem breiten Publikum bekannt zu machen. Dies ist paradox genug, denn Nietzsches Buch, das 1892 zum ersten Mal in einer vierbändigen Gesamtausgabe erschien, hat nichts mit der tatsächlichen Lehre des altiranischen Religionsstifters gemeinsam.

Nietzsche sah zwar in Zarathustra eines der größten Genies der Religionsgeschichte, ja, der Prophet hat seiner Ansicht nach jene geistigen Koordinaten gesteckt, nach denen wir heute noch weitgehend leben – aber: was Zarathustra an Neuem in die Welt gebracht habe, sei ein »gigantischer Irrtum«, der wieder rückgängig gemacht werden müsse. Nietzsche wählte bewußt die Figur dieses Religionsstifters für sein Hautpwerk, um die »große Umkehr« zu demonstrieren. Der von ihm erfundene Zarathustra geht noch einmal meditierend in die Einsamkeit, um seine erste geniale Schöpfung – den Glauben an den universalen Kampf zwischen Gut und Böse, an ein Jenseits mit ausgleichender Gerechtigkeit, ja an Metaphysik überhaupt – als Täuschung zu erkennen und zu entlarven. Zarathustra wird zum Symbol des schöpferischen Menschen, der zerstört, was er geschaffen hat, um Neues hervorzubringen – und auch dieses Neue wird eines Tages seinem bohrenden Erkenntnisdrang nicht mehr standhalten, und er wird es wieder zerstören.

»Alles fließt«, es gibt keine absolute Wahrheit, es gibt nur das Werden und Vergehen von Erkenntnissen; diese Einsicht, die einst schon der griechische Philosoph Heraklit lehrte, rückt in Nietzsches Hauptwerk erneut in den Mittelpunkt. Zarathustra ist bei Nietzsche geradezu das Gegenteil von dem geworden, was er ursprünglich war: Nicht der Mensch, der sich an eine höhere Ordnung gebunden fühlt, sondern der Mensch, der illusionslos das »Nichts« erkennt und nur kraft seiner Phantasie »spielerisch« sich selber Ordnungen schafft – wohl wissend, wie vergänglich sie sind.

Bis heute ist dieser Zarathustra, wie ihn Nietzsche prägte, uns geläufiger als der tatsächliche Religionsstifter. Aber bei aller Umdeutung, ja gerade bei der Heftigkeit, mit der Nietzsche den eigentlichen Zarathustra abwehren muß, beginnt man eines zu ahnen: Bisher wurde unterschätzt, was das alte Persien an grundlegendem Denken dem Abendland weiterreichte.

## 2. Glanz und Elend der persischen Antike

### *Das erste Weltreich der Geschichte*

Sie tranken Wasser und keinen Wein. Sie nahmen nur einmal am Tag eine karge Mahlzeit zu sich. Sie kleideten sich in Leder und rauhes Leinen, weiche Stoffe verschmähten sie. Ihre Söhne erzogen sie nach dem Ideal: Reiten, Bogenschießen, die Wahrheit sagen. Auf Lesen und Schreiben legten sie keinen besonderen Wert.

So schildern uns griechische Geschichtsschreiber die Perser am Anfang ihres Aufstiegs. Griechen sind es, von denen wir am meisten über das Eroberervolk aus Asien erfahren, Griechen, deren Sehweise durch eine Mischung aus Ablehnung, Furcht und geheimer Bewunderung gekennzeichnet ist, lernten sie doch die Perser als ihre mächtigsten Gegner kennen. Nur wenig ist uns aus einheimischen Chroniken oder denen anderer Völker Asiens, etwa der Babylonier oder Assyrer, erhalten. Notgedrungen bekommen wir dadurch ein einseitiges Bild, und trotzdem können wir aus den oft wenig zufriedenstellenden Berichten auf die überragende Bedeutung der vorislamischen Perser schließen.

Anfangs waren die Perser ein rauhes, hartes, unverbrauchtes Volk. Sie lebten in Parsa, einer von Wüsten, kahlen Bergen, Steppen und wenigen fruchtbaren Flußoasen geprägten Landschaft im Südwesten des Iran. Heute heißt die Provinz Fars, dort befindet sich eine der berühmtesten, traditionsreichsten Städte Persiens: Schiras. Aber im sechsten Jahrhundert vor unserer Zeitrechnung, als Zarathustra tausend Kilometer nordöstlich davon seine Lehre verbreitete, gab es in Parsa vor allem Nomadenzelte, Dörfer aus Lehmziegeln und einige wenige, nicht nennenswerte Städte kleinerer Ausdehnung. Die Perser nannten ihr noch mäßig entwickeltes Land ein Königreich, seit um das Jahr 700 vor unserer Zeitrechnung der Stammeshäuptling Hachamanisch eine Dynastie begründet hatte. Dieser Mann heißt in den Schriften der Griechen Achämenes, und mit diesem Namen ist sein Geschlecht auf uns zugekommen: das der Achämeniden. Im Jahr 559 vor unserer Zeitrechnung wurde einer seiner Nachkommen, der Perser Kurusch, König. Wir kennen ihn besser unter dem griechisch umgeformten Namen Kyros; er wurde zum Begründer der persischen Großmacht – des ersten Weltreiches der Menschheit. Aber nichts deutet bei seinem Regierungsantritt darauf hin, daß die Achämeniden einmal an die zweihundertdreißig Jahre lang ein Reich von zuvor unerreichten Ausmaßen regieren würden. Im Jahr 559 war der König von Parsa noch ein Provinzfürst, der den mächtigen Nachbarn, den Medern, Tribut zu zahlen hatte.

Aller Glanz lag damals bei Ekbatana, der Hauptstadt der Meder. Persische Gesandte kamen zuweilen in den Palast des Mederkönigs, besuchten die Tempel und Basare, um dann nach ihrer Rückkehr in die kargen Dörfer mit Neid von der bestaunten Pracht zu berichten. Die Meder, ein verwandter iranischer Volksstamm, hochgewachsen, hellhäutig, einen ähnlichen Dialekt sprechend, waren wie die Perser ein halbes Jahrtausend zuvor als rauhes Kriegervolk aus den Steppen Innerasiens in das iranische Hochland eingewandert, aber sie hatten alle anderen Stämme an Bedeutung rasch überflügelt. Anfangs zahlreicher und stärker, waren sie mit ihren Reiterscharen siegreich bis in das Zweistromland von Euphrat und Tigris vorgedrungen, hatten dort die glanzvolle Stadtkultur der Assyrer kennengelernt und nach einem grausam geführten Krieg die Metropole Ninive zerstört; sie waren jedoch als lernwillige Schüler in das iranische Hochland zurückgekehrt. Im langen Troß ihrer Gefangenen hatten sie zahlreiche assyrische Beamte, Baumeister und Gelehrte mitgeführt, die den Siegern helfen sollten, nach dem Vorbild mesopotamischer Städte eine Residenz zu bauen. Die Frucht dieser Begegnung war Ekbatana. Im Angesicht dreitausend Meter hoher, während des Winters schneebedeckter Berge hatten die Meder ihre Hauptstadt errichtet. Sieben Mauern sollen diese Stadt umgeben haben, wie Herodot in seiner Geschichte des Perserreiches berichtet, die Lehmziegelwände waren mit goldglänzenden, azurblauen und orangefarbenen Glasurplatten belegt, ein mächtiger Tempel überragte die mehrstöckigen Häuser und zog schon von weitem die Blicke der Ankommenden auf sich. Nichts mehr ist von dieser Pracht erhalten, die spärlichen Ruinenreste sind heute nahezu vollständig von der modernen Stadt Hamadan überbaut.

Um das Jahr 600 vor unserer Zeitrechnung hatte diese Stadtkultur der Meder ihre höchste Blüte erreicht. Damals hatte das iranische Kriegervolk von den Assyrern bereits die Keilschrift übernommen und selber einen Beamtenstab herangebildet, wie er am glanzvollen Hof von Ninive üblich gewesen war. Die medischen Adligen hatten zudem innerhalb einer Generation das rauhe Leinen und Leder gegen weiche Stoffe vertauscht, sie kleideten und pflegten sich nach dem Vorbild der Assyrer, rieben sich mit Duftstoffen ein, ließen sich das früher offen fallende Haar in zahlreiche Löckchen drehen und die Bärte durch Öle steifen. Eine eigene Modeerfindung hatten sie beizusteuern gewußt: Als erstes uns bekanntes Volk trugen die Meder Hosen, eng anliegend, ein guter Schutz gegen das rauhe Winterklima. Die Meder, innerhalb von drei Jahrhunderten vom Krieger- und Nomadenvolk zu hochkultivierten Städtern geworden, glaubten damit allen Grund zu haben, auf die anderen iranischen Stämme herabzusehen. Auch auf die Perser. Sie hatten das benachbarte Volk unterworfen und verachteten es wegen seiner fehlenden Kultur – fürchteten es aber auch wegen seiner unverbrauchten Energien. Den Medern mußte das Perservolk im Süden wie ein roher Riese im Schlaf erscheinen, den man möglichst nicht wecken sollte.

Eine Furcht, die nicht unbegründet war. Während sich in Ekbatana die Adligen zunehmend für prächtige Villen, kostbare Mode und gutes Essen zu interessieren begannen, dagegen die Staatsgeschäfte stark vernachlässigten, lieferten die Perser immer zögernder ihren Tribut in die Reichshauptstadt. Das Vasallenvolk im Süden spürte die Schwäche seines Herrn. Vorerst aber fehlte ihm der Führer, der den Medern die Macht hätte entreißen können; dieser aber kam mit Kyros II. Im Jahr 550 vor unserer Zeitrechnung vermochte er, die Meder zu besiegen, die den abgehärteten, an Strapazen gewöhnten Persern nichts Gleichwertiges mehr entgegenzusetzen hatten. Kyros, der eben noch ein Vasall gewesen war, zog nun an der Spitze seiner Truppen in Ekbatana ein und machte sich zum König der vereinigten Reiche der Perser und Meder. Damit begann der Aufstieg eines Provinzfürsten zum Herrscher eines geachteten, schließlich eines Weltreiches. Siebzig Jahre später regierte sein Nachfolger Dareios I. bereits von der Westküste Kleinasiens bis nach Indien, von Ägypten bis in die südrussische Steppe. Nicht genug damit: Das rauhe Kriegervolk, das um das Jahr 500 in seiner Mehrzahl weder lesen noch schreiben konnte, sollte später mit einer hohen Kultur in mancherlei Hinsicht vorbildlich für andere Großreiche werden.

Eine ungeheuerliche, auf den ersten Blick fast unwahrscheinliche

Leistung. Aber man muß bedenken, die Perser waren nicht als beutegierige Nomaden in die Hauptstadt ihrer Gegner gekommen – im Gegenteil, sie wollten dieses hochkultivierte und reiche Ekbatana für sich erhalten, nicht plündern und zerstören. Ungebildet, aber unverbraucht und lernbegierig traten sie auf. So wie zuvor die Meder von den Assyrern, lernten jetzt die Perser von den Medern. Kaum etwas änderte sich am Erscheinungsbild der glanzvollen Metropole, nachdem Kyros im Palast der Mederkönige residierte. Die Hofbeamten in ihren prunkvollen Gewändern und mit ihren gesalbten Knebelbärten waren dieselben wie zuvor; sie, die Meder, wurden zu guten Ratgebern des neuen Königs, der klug genug war, ihr Leben zu schonen, ja ihnen all ihren bisherigen Besitz zu lassen. Sie unterstützten ihn auch, im Kernland der Perser eine neue Residenz zu errichten: Pasargadae, »Feld der Perser«, an jenem Ort, wo der König die Meder besiegt hatte, unweit vom heutigen Schiras entfernt.

Kyros II. muß eine überragende Persönlichkeit gewesen sein. Dies geben selbst die griechischen Geschichtsschreiber zu, die bei den meisten späteren Perserkönigen in ihrem Urteil eher ablehnend waren. Ja, der Athener Xenophon ließ sich in seiner Beschreibung des Kyros gar zu der Bemerkung hinreißen, schon der Knabe habe die Menschen durch seinen Mut, seine Klugheit, seine rasche Auffassungsgabe, seine Ehrlichkeit und auch durch seine körperliche Schönheit begeistert. Aus der Feder eines Perserfeindes bedeutet solch ein Lob viel. Kyros ist demnach – sofern wir dies aus den wenigen exakten Beschreibungen und den zahlreichen Legenden erschließen können – selbst bei seinen Gegnern in ehrendem Andenken geblieben. Kein Wunder, denn nie verfuhr er gegen Besiegte grausam, im Gegenteil, er ließ ihnen das Leben, einen Großteil ihres Besitzes und ihre angestammte Kultur; das einzige, was er verlangte: nun an die Perser Steuern zu bezahlen, nun ihrem Heer die Krieger zu stellen.

Die Meder lernten als erste diesen milden Herrn kennen. Ihnen folgten bald weitere Völker des Vorderen und Mittleren Orients. Kaum regierte Kyros von Ekbatana und Pasargadae aus vier Jahre ein durchschnittlich großes Reich, besiegte er das kleinasiatische Lydien und die griechischen Stadtstaaten an der ägäischen Ostküste. Noch einmal brauchte er vier Jahre, dann war er in die zentralasiatische Steppe vorgedrungen, überquerte den Fluß Amu Darja, wo Jahrzehnte zuvor Zarathustra seine Erleuchtung hatte, und unterwarf die dortigen iranischen Völker. Dies geschah im Jahr 541. Für die Geschichtsschreibung bedeutet dieser Zeitpunkt eine entscheidende Zäsur, denn von nun an befanden sich *alle* iranischen Stammesgebiete unter der Herrschaft eines Perserkönigs, von nun an war »iranisch« deckungsgleich mit »persisch« – über Jahrhunderte hinweg, ja, von einigen Unterbrechungen abgesehen, bis in unsere Gegenwart.

Neunzehn Jahre regierte Kyros, bis er zu seinem bedeutsamsten Unternehmen aufbrach: das Neubabylonische Reich zu erobern. Im Jahr 540 verließ er das kühle Hochland von Ekbatana und zog mit seinen Truppen, einem inzwischen gigantisch angewachsenen Heer, in das hitzeflimmernde Zweistromland von Euphrat und Tigris. Der Krieg dauerte einige Monate, eine kurze Zeit, um ein Reich niederzuringen, das zu seinen Provinzen Palästina, Phönizien (den heutigen Libanon) und Syrien zählte. Aber dieses Reich war nicht mehr so gefestigt, wie es nach außen hin erschien. Nachdem Babylons bedeutender König Nebukadnezar gestorben war, hatten unfähige Nachfolger und korrupte Beamte den Staat verkommen lassen; sie lebten selber in Luxus, während das Volk unter willkürlich hohen Steuern verarmte und seinen Herren den Tod wünschte. Kyros, an Siege gewohnt, siegte diesmal besonders leicht. Nach der ersten Schlacht führte ihm ein babylonischer Gouverneur seine eigenen Truppen zu, vereint zogen nun Perser, Meder und Babylonier gegen die Hauptstadt. Kampflos öffnete Babylon dem Eroberer seine Tore. »Grüne Zweige wurden vor ihm ausgebreitet«, so heißt es in einer zeitgenössischen Chronik, »wie Eingekerkerte sind sie [die Besiegten], wie Gefangene, wenn sich das Gefängnis auftut«. Die Chronik war von einem babylonischen Hofbeamten geschrieben, aber dieser hatte Grund genug zum Jubel. Denn wieder zeigte Kyros den Besiegten gegenüber ungewöhnliche Milde, er ließ die meisten Adligen in ihren Ämtern, als ob nichts geschehen wäre. Sie hatten nur einem neuen Herrn zu dienen, der sich bemühte, gerechter und unbestechlicher zu sein als der abgesetzte König. Mit seiner Großzügigkeit erreichte Kyros abermals, daß ihm eine erfahrene Führungsschicht mit Eifer diente.

Babylon wurde für das noch wenig gebildete Erobervolk aus dem Iran noch bedeutsamer als die Mederhauptstadt Ekbatana. Bab-ilani, »Tor der Götter«, wie die Residenz ursprünglich hieß, galt in ganz Vorderasien als Stadt der Städte, als Krönung hochentwickelter Zivilisation. Nirgends im damaligen Orient, ja, wohl nirgends in der Welt fand sich eine Hauptstadt mit einer derartig ausgedehnten Fläche und einer entsprechend imposanten Einwohnerzahl: 350000 Menschen. Babylon mag zu Zeiten des Königs Kyros nicht viel anders ausgesehen haben, als es der griechische Geschichtsschreiber Herodot bei seinem Besuch neunzig Jahre später angetroffen und beschrieben hat. An den Euphratufern erhoben sich hinter üppigen Palmenalleen Tempel und Paläste, deren Mauern mit Glasurziegeln in leuchtendem Blau und Gelb ausgestattet waren, dahinter erstreckte sich ein Häusermeer mit meist vierstöckigen Lehmziegelbauten, wie man sie in dieser Häufung bisher nicht gekannt hatte. Wir heute können uns durchaus noch eine Vorstellung von der Pracht machen, haben doch deutsche Archäologen im 19. Jahrhundert aus den Trümmern Babylons eine ganze Prozessionsstraße ausgegraben und im Pergamonmuseum von Berlin originalgetreu wieder aufgebaut; dort können wir als besonders markantes Bauwerk das vierzig Meter hohe Ischtar-Tor bewundern, das Nebukadnezar um das Jahr 580 hatte errichten lassen: ein Tor, mit Glasurziegeln bedeckt, die Grundfläche in Blau gehalten, während die stilisierten Löwen in Goldtönen schimmern. Diese Kunst mußte die Perser sehr beeindruckt haben, denn Jahrzehnte später fanden sich blauglasierte Grundflächen und goldgelbe Ornamente auch bei ihren Prunkbauwerken.

Aber aus Babylon, der Stadt aller Städte, übernahmen die Perser ungleich mehr als nur einen imposanten Baustil. Babylon besaß damals die größten Bibliotheken und Universitäten Vorderasiens, die bestausgebildeten Verwaltungsbeamten, Künstler und Wissenschaftler, vor allem Mathematiker, Astronomen und Mediziner. Sie alle standen von nun an im Dienst des Großkönigs aus dem Iran und sollten während der folgenden Jahrhunderte viel dazu beitragen, daß die Perser nicht nur ein Volk von Kriegern und Eroberern blieben.

Die Perser im Zweistromland von Euphrat und Tigris! Dies war ein bedeutungsvoller Einbruch, der für mehr als ein Jahrtausend Folgen hatte. Von nun an strömte aus dem uralten Kulturland der Sumerer, Akkader, Assyrer und Babylonier ständig reiches Gedankengut in das Hochland von Iran. Und von dort sollten bald auch Ideen zurückwirken. Das Zweistromland, »Mesopotamien«, wie es die Griechen nannten, »Irak«, wie es die Perser und später die Araber hießen, sollte unter der Oberhoheit persischer Könige und Minister für lange Zeit zu einem zentralen Begegnungsort der Kulturen aus dem Vorderen Orient und dem Iran sowie dem aufstrebenden Griechenland, Ägypten und Indien werden. Zuerst war Babylon das Zentrum dieser Mischkultur, dann Susa, später sollte es Ktesiphon unter der neupersischen Dynastie der Sassaniden sein, zuletzt Bagdad unter der islamischen Dynastie der Abbasiden. Doch davon später. Nur so viel sei vorweggenommen: Irak und Iran gehören fast eineinhalb Jahrtausende untrennbar zusammen, nichts geschah von nun an im Irak, was nicht Folgen für den Iran gehabt hätte und umgekehrt.

Irak und Iran – die ähnlichen Namen verblüffen. Gibt es etwa eine Wechselbeziehung? Die Vermutung liegt nahe. Womöglich ist Irak aus Iran abgeleitet und bedeutet soviel wie »Provinz der Arier« im Gegensatz zu Iran, »Land der Arier«. Diese These des persischen Kulturhistorikers Ali Mazaheri hat viel für sich, wenngleich bis heute nicht exakt die Wortwurzel von Irak geklärt ist.

Kyros hatte Außergewöhnliches erreicht. Begonnen hatte er im Jahr 559 als Provinzfürst unter der Oberhoheit der medischen Könige, nun, zwanzig Jahre später, konnte er mit Stolz einen Satz in Tontafeln eingravieren lassen, der ähnlich auch für die meisten seiner Nachfolger gelten sollte: »Ich bin Kyros, der König, der über alles herrscht . . ., der Mächtigste der vier Weltgegenden.« Er regierte über ein Reich, das von der östlichen Provinz Baktrien bis zur Ägäis reichte.

Nun gab es für den Großkönig nur noch einen begehrenswerten Staat, der außerhalb seines Machtbereichs lag: Ägypten. Aber Kyros fehlte die Zeit, auch noch dieses Land zu erobern. Er mußte zurück in den Iran, um dort die Provinzen zu ordnen, Statthalter zu ernennen und Gesetze zu erlassen. Neun Jahre blieb Kyros im Iran, ohne aber Ägypten zu vergessen. Doch es sollte ihm nicht mehr vergönnt sein, die legendenumwobenen Pharaonenresidenzen mit eigenen Augen zu sehen. Unruhen riefen ihn an die Nordgrenze des Reiches, er selber zog an der Heeresspitze in die Schlacht – was nach ihm kein Perserkönig mehr tun sollte –, verfolgte die Nomadenhorden bis weit in die südrussische Steppe und fiel überraschend in der Schlacht gegen den Nomadenstamm der Skythen.

Der plötzliche Tod des Großkönigs im Jahr 529 bedeutete eine

Katastrophe. Aufstände in verschiedenen Provinzen des Iran folgten. Kyros' Sohn schlug die Rebellionen schließlich nieder, und ihm gelang auch, was dem Vater noch versagt war: Ägypten zu erobern. Der Sohn hieß Kambudschija, uns besser unter dem griechisch umgeformten Namen Kambyses geläufig. Im Jahr 525 nahm er, der »König der Könige«, auch noch den Titel Pharao an und drang mit seinen Truppen bis weit nach Libyen und in den Sudan vor. Dann starb er, gerade acht Jahre an der Macht.

Wieder drohten Unruhen, dieses Mal im Kernland Parsa. Auch dies war aber nur ein kurzes Zwischenspiel, die Dynastie der Achämeniden war schon zu gefestigt, um solche Erschütterungen nicht zu überstehen. Ein entfernter Vetter des verstorbenen Königs schlug die Aufständischen in neunzehn Schlachten und bestieg dann im Jahr 522 unangefochten den Thron. Sein Name: Daryawahusch. Mit ihm begann ein goldenes Zeitalter, er setzte Maßstäbe für Jahrhunderte. Uns ist dieser König besser unter seinem griechisch umgeformten Namen bekannt: Dareios.

## *Die zukunftsweisende Ordnung des Dareios*

Dareios »der Große«. Neben Kyros ist er der einzige Achämenide, der von Geschichtsschreibern diesen ehrenden Titel erhalten hat. Ja, nicht wenige Historiker halten ihn für bedeutender als den Begründer des persischen Weltreiches. Dareios I. regierte von 522 bis 486, sechsunddreißig Jahre lang. Er zählt zu den wenigen wirklich zukunftsprägenden Herrschern – und dies in einer Zeit, da die Menschheit ohnehin nicht arm war an wegweisenden Gestalten. Damals schuf in Athen der Staatsmann Kleisthenes die Grundlagen der griechischen Demokratie, begründete Buddha in Indien eine neue Weltreligion, lehrte Konfuzius in China.

Was Kyros begonnen hatte, vollendete Dareios. Er war nicht nur ein bedeutender Feldherr, sondern ein noch fähigerer Verwaltungsplaner, zudem aufgeschlossen für Wissenschaft und Kunst.

Zunächst handelte er als Feldherr. Im Osten dehnte er das Reich bis ins Industal, das heutige Pakistan, aus, im Westen bis nach Thrakien – und damit betraten persische Truppen erstmals Europa. Es war ein riesiges Reich, wie es die Menschheit bisher noch nicht kennengelernt hatte, es umfaßte die Fläche von fünf Millionen Quadratkilometern, an Einwohnern zählte es an die fünfzig Millionen – für damalige Verhältnisse nahezu unvorstellbar. Achtundzwanzig Provinzen sammelten sich unter der Herrschaft des persischen Großkönigs, und hierzu gehörten die gegensätzlichsten Völker: in Nordafrika die Ägypter, Libyer und Abbessinier, in Kleinasien Lyder und ionische Griechen, in Vorderasien die Assyrer, Babylonier, Juden, im Iran die Perser, Meder, Baktrier, Belutschen, Parther, im Industal Inder. Es war der erste Vielvölkerstaat der Geschichte, geprägt von den unterschiedlichsten Rassen und Kulturen. Wie aber ließ sich diese Vielfalt zu einem dauerhaften Gebilde ordnen?

Wichtig war es, dieses Riesenreich zuerst einmal durch eine einheitliche Verwaltung zusammenzufügen. Dareios stellte jeder Provinz einen Satrapen (Statthalter) vor, der fast immer aus einer vornehmen persischen Adelsfamilie stammte und nicht selten mit dem König verwandt war. Auch andere hohe Beamte waren Perser, oft auch Meder, sie leiteten die Provinzämter, führten den Vorsitz bei Gerichten, ordneten wichtige Bauarbeiten an, führten die Oberaufsicht über die Steuerbehörde und befehligten die Garnisonen. Sie galten auch als »Auge« und »Ohr« des Königs, denn sie hatten durch detaillierte Protokolle in die Residenz zu berichten, was sich in den entferntesten Winkeln des Reiches abspielte. Ihnen untergeordnet waren die zahlreichen Verwaltungsfachleute einer weitverzweigten Bürokratie, sie alle Einheimische der jeweiligen Provinzen, die als Landeskundige die persischen und medischen Amtsvorsteher zu beraten hatten.

Eine solche Verwaltung konnte aber nur funktionieren, wenn ihre Beamten in allen Teilen des ausgedehnten Vielvölkerstaates dieselbe Amtssprache benützten. Welche aber? Ein Herrscher mit weniger Weitblick hätte sich wahrscheinlich für die eigene Sprache entschieden, das Persische, Dareios jedoch befahl: das Aramäische. Die Aramäer waren ein nordsemitisches Volk, das um das Jahr 2000 vor unserer Zeitrechnung aus arabischen Steppengebieten nach Mesopotamien und Syrien eingedrungen war und seine Sprache schließlich in Vorderasien durchgesetzt hatte, jeder weitgereiste Kaufmann und Diplomat beherrschte sie, in nicht wenigen Gegenden auch das einfache Volk. König Dareios übernahm damit schon etwas Bekanntes. Vorteilhafter hätte er gar nicht handeln können, denn viele Beamte konnten sofort in der ihnen vertrauten Sprache weiterarbeiten, ohne erst das Persische lernen zu müssen, sie waren von einem Tag auf den andern für den neuen Dienstherrn einsatzbereit. Auch konnten sich die Unterworfenen in dem Gefühl sonnen, alles laufe wie früher, man zwinge ihnen nichts Fremdes auf. Nur am Hof und in den Adelsschlössern sprach man das Persische. Aber sobald der König oder einer seiner Minister einen Brief diktierte, saß sofort ein zweiter Schreiber dabei, um das Gesagte in die übliche Verkehrssprache der Kaufleute und Diplomaten zu übersetzen. Das Aramäische hat sich lange im Nahen Osten halten können – weit über den Untergang des ersten Perserreiches hinaus. Auch Jesus predigte noch in Aramäisch (nicht in Hebräisch, dies war die elitäre Priestersprache der Juden).

Einen weiteren Zusammenhalt für den riesigen Vielvölkerstaat bot ein ausgeklügeltes Straßen- und Nachrichtensystem, wie es bisher unbekannt gewesen war. Dareios ließ über Tausende von Kilometern neue Straßen anlegen, wo zuvor nur Maultierpfade oder unscheinbare Karawanenwege verliefen. Die berühmteste von ihnen wurde die sogenannte »Königsstraße«, die von der Reichshauptstadt Susa bis an die Ägäis führte, eine Entfernung an die 2700 Kilometer. Auf dieser Strecke gab es, so weiß Herodot zu berichten, vier schwerbefestigte Kastelle, über zwanzig Kurierstationen und über hundert Karawansereien von meist vortrefflicher Qualität. Die Gasthäuser lagen nur so weit auseinander, daß ein Reisender zu Fuß bequem an einem Tag von der einen Raststätte zur andern gelangen konnte, und ständig begegnete er dabei berittener Polizei, die Schutz vor Räuberbanden bot. Diese Straße wurde Vorbild für alle anderen im riesigen Reich. Auf ihnen konnten sich Kaufleute, Boten und auch Truppen schneller bewegen als je zuvor auf den Verkehrswegen einer Großmacht. Vor allem aber erfuhr Dareios rascher als je ein König vor ihm, was in den entferntesten Provinzwinkeln vorging. Er verbesserte dieses System sogar noch, indem er eine berittene Reichspost schuf: Im Abstand einer Tagesreise wartete jeweils ein Reiter auf den anderen, um die besondes wichtige Botschaft zu übernehmen und mit ihr weiterzujagen. Herodot berichtet, ein Brief von der Ägäis bis in die 2700 Kilometer entfernte Reichshauptstadt Susa sei nur sieben Tage unterwegs, wogegen eine Karawane für dieselbe Strecke drei Monate benötigte.

Dareios hatte aber für Katastrophenmeldungen ein noch wirksameres System bereit. Er ließ Signaltürme bauen, auf denen die Nachricht – etwa ein Aufstand in einer weit entfernten Provinz – durch Blinkzeichen nach Art unseres Morsealphabets weitergeben wurde; hierbei deckten Wächter eine Flamme in Abständen auf und zu, was man vom nächsten Turm aus sehen konnte. Auf diese Weise verloren die Perserkönige nicht die Kontrolle über ihr Riesenreich; ihre Verwaltung und Heeresposten arbeiteten schneller und zuverlässiger als je zuvor in einem Staat. Später hat sich Alexander der Große von diesem System beeindrucken lassen und es übernommen, von ihm wiederum übernahmen es die Römer. In Persien selber sind die Signaltürme noch im 19. Jahrhundert in Gebrauch gewesen, bis man daran ging, den elektrischen Telegraphen einzuführen.

Dareios machte noch durch eine weitere Schöpfung von sich reden, die neue Maßstäbe setzte: ein Gesetzbuch; Perser und Nichtperser sollten ihn deshalb auch bald bewundernd den »Gesetzgeber« nennen. Er und seine Ratgeber erließen detaillierte Vorschriften für alle Lebensbereiche, den Handel, die Landwirtschaft, die Familie, das Militär. Er schuf eine ausgewogene Rechtsprechung, durch die Arme und Wehrlose nicht mehr von den Reichen und Mächtigen übervorteilt werden sollten. Am schlimmsten ließ der König Richter bestrafen, denen man Bestechung durch einen reichen Geldgeber nachweisen konnte. Zu Recht durfte so Dareios auf seine Grabwand folgende Inschrift meißeln lassen: »Mein Gesetz, das wird gehalten, daß der Arme vom Mächtigen nicht Unrecht erdulde.«

Eine gut funktionierende Verwaltung, ein ausgeklügeltes Nachrichtenwesen, eine zukunftweisende Gesetzgebung – solche Schöpfungen konnten allerdings nicht innerhalb von ein, zwei Generationen völlig neu erdacht sein. Vorbilder gab es genug. Die Perser konnten auf eine nahezu perfekte Reichsverwaltung der Meder zurückgreifen, die wiederum von den Assyrern und Babyloniern beeinflußt war. Auch gab es ein gut entwickeltes Straßen- und Nachrichtensystem bereits vorher in Mesopotamien. Und erst recht wäre das Gesetzwerk des Dareios ohne das Vorbild der viel älteren Gesetzestafeln des babylonischen Königs Hammurabi (um 1700 vor unserer Zeitrechnung) nicht vorstellbar gewesen. Aber die Perser haben das Vorgefundene in einem Maß weiterentwickelt und umgeformt, daß sie es wesentlich verbessert an die Nachwelt reichen konnten.

Dies ist eine erstaunliche Leistung für ein Volk, das noch ein Jahrhundert zuvor in seiner Mehrzahl weder lesen noch schreiben konnte.

Politisch weitsichtig waren ihre maßgeblichen Planer außerdem. Sie gaben ihren Untertanen das Gefühl, diese nicht wesentlich in ihrem Eigenleben zu stören. Nicht nur, daß sie ihnen ihre bisherige Verkehrssprache, das Aramäische, ließen, sie tasteten auch sonstige Gewohnheiten und Sitten nicht an, am wenigsten die fremden Religionen. Die siegreichen Perser erwiesen den fremden Göttern sogar ihren Respekt, wie wir aus mehreren Urkunden entnehmen können. In Babylon brachte der Eroberer Kyros dem Gott Marduk ein Räucheropfer und ehrte damit den Glauben seiner neuen Untertanen. Uns besonders bekannt geworden ist das Edikt, mit dem er den Juden erlaubte, in Jerusalem einen neuen Tempel zu bauen, und ihnen dafür sogar die nötigen Geldmittel bereitstellte: »So spricht Kyros, der König von Persien: Alle Reiche der Erde hat mir der Herr, der Himmelsgott, verliehen. Er hat mich beauftragt, ihm in Jerusalem ein Haus zu bauen, das in Juda liegt. Wer unter euch zu seinem Volk gehört, mit dem sei sein Gott. Er ziehe hinauf nach Jerusalem in Juda und baue das Haus des Herrn, des Gottes Israels.« Ein solches Edikt war geeignet, die Dankbarkeit der Juden zu gewinnen, sie bleiben zweieinhalb Jahrhunderte treue Untertanen. Andere, ähnlich behandelte Völker verhielten sich ebenso.

Welche Motive auch die Perserkönige zur Toleranz bewogen haben mögen, das Ergebnis jedenfalls war eindrucksvoll: es entstand ein kosmopolitisches Weltreich, in dem freimütig Ideen ausgetauscht werden konnten – ein fruchtbarer Nährboden für geniale Neuschöpfungen.

## *Susa und Persepolis*

Hauptstadt des persischen Weltreiches wurde Susa.

Dareios I. war es, der diese Stadt zur Residenz machte. Er befahl bereits zu Beginn seiner Regierungszeit, dort die ersten Paläste und Verwaltungsbauten zu errichten; nie hielt er sich in Pasargadae, dem Regierungssitz seiner Vorgänger, auf. Ein Jahrzehnt später hatten bereits viele persische Beamte Babylon zu verlassen und 350 Kilometer ostwert zu reisen, wo die neue Residenz auf flachen Hügeln, unweit einer fruchtbaren Ebene mit Palmenhainen und zahlreichen Wasserarmen, sie erwartete. Es war eine Landschaft nicht wesentlich anders als bei Babylon, aber das iranische Hochland lag nahe, dieser Standort erschien dem König strategisch günstiger.

Susa war zu dieser Zeit bereits eine uralte Stadt, ja man zählt sie zu den ältesten uns bekannten Städten überhaupt. Hier hatten schon im dritten Jahrtausend vor unserer Zeitrechnung die Elamer, ein Volk unbekannter Herkunft, gebaut, sie hatten im Verlauf von etwa tausend Jahren ihre Residenz Susa zum bedeutenden Anziehungspunkt gemacht, zuweilen an Glanz und Größe vergleichbar mit Ur, Babylon und Ninive. Im Jahr 645 zerstörten die Assyrer das Reich von Elam, verwüsteten auch die glanzvolle Hauptstadt, aber selbst die heruntergekommene Metropole besaß für die Nachbarvölker noch genug Anziehungskraft. Besonders für die Perser.

Dareios ließ aus allen Teilen seines Reiches Baumeister und Handwerker kommen, und nun entstanden zahlreiche Paläste, Festungen und Prachtstraßen ganz im Stil babylonischer und assyrischer Städte. Auch in Susa gab es bald die Lehmziegelwände, die mit blau oder grün glasierten Kacheln bedeckt waren und auf deren leuchtendem Grund sich prachtvolle Reliefs von Königen, Höflingen und Kriegern abhoben. Einige wenige Reliefs dieser Art sind uns noch erhalten, am berühmtesten die lebensgroßen Bogenschützen an einer Palastwand, die heute im Louvre von Paris zu besichtigen ist. Am Originalort findet sich fast nichts mehr. Wer heute die iranische Kleinstadt Shush, nur fünfzig Kilometer von der irakischen Grenze entfernt, besucht und über die nahegelegenen Ruinenfelder von Susa geht, der kann sich bei den kümmerlichen Resten kaum vorstellen, daß hier vor zweitausend Jahren eine der großartigsten, buntesten und lebhaftesten Städte ihrer Zeit gestanden hat. Vermutlich haben dort an die 400000 Einwohner gelebt. In den Straßen Susas drängten sich Menschen aus allen Provinzen des Weltreiches; für zweieinhalb Jahrhunderte ist es für an die fünfzig Millionen Untertanen selbstverständlich gewesen, in Susa den »Mittelpunkt der Welt« zu sehen.

Ihr ehrgeizigstes Bauvorhaben verwirklichten aber die Könige von der Dynastie der Achämeniden nicht an ihrem Regierungsort, sondern an die fünfhundert Kilometer weiter südöstlich, in ihrer Heimatprovinz. Dort, nordöstlich des heutigen Schiras, ließ Dareios eine zweite Residenz planen und nannte sie nach seinem Stammland »Parsa«. Uns ist die Stadt besser unter ihrem griechischen Namen bekannt: Persepolis, »Stadt der Perser«. Weshalb aber eine zweite Hauptstadt? Lange gab dies den Historikern Rätsel auf. Heute neigen sie überwiegend zu der Ansicht, die Könige wollten kein zweites Verwaltungszentrum bauen, auch keine Wohnstadt, sondern eine Weihestätte – ein geheiligter Ort, wo Könige sich krönen und beerdigen ließen, wo die Herrscher mit allem Pomp einmal im Jahr hofhielten und in Prunkzeiten außerhalb der Palastmauern Gesandte aus den Provinzen und Nachbarstaaten wohnen ließen. Im Jahr 520, seinem zweiten Regierungsjahr, gab Dareios bereits den Befehl zum Baubeginn von Persepolis. Fern aller sonstigen Behausungen entstanden die ersten weiträumigen Paläste mit Vorhöfen, Terrassen und Treppenaufgängen, dies alles an die Felsenhänge eines kahlen Berges geschmiegt, von wo der Blick weit über die Ebene ging. Hier, im Herzen der Kernprovinz Parsa, war die Luft trocken und klar, die Tage nicht zu heiß und die Nächte kühl, mancher Wintertag brachte gar Schnee, es war für die Perser das gewohnte Klima – auch dies dürfte für Dareios ein Grund gewesen sein, neben Susa, das in der schwülheißen Tiefebene lag, eine zweite Residenz zu wählen.

Was der Großkönig an Palästen und Tempeln plante, übertraf alles bisher Dagewesene. Dareios selber erlebte die Vollendung nicht mehr, erst der Nachfolger und Sohn Xerxes I., der eifrigste Bauherr von Persepolis, konnte in die noch immer nicht völlig vollendete Residenz einziehen – etwa zu jener Zeit, als im fernen Athen die Griechen auf der Akropolis den Parthenon errichteten. Als Baumeister und Handwerker wirkten an der monumentalen Anlage von Persepolis Babylonier, Assyrer, Ägypter und Griechen mit, wie die Archäologen heute aus den verschiedenen erhaltenen Stilmerkmalen schließen können – kein »persischer« Stil also. Die Perser des Achämenidenreiches haben nicht zu einer eigenen Ausdrucksform in der Baukunst gefunden, dazu bestand ihr Staat zu kurz; zweihundertdreißig Jahre sind kein Zeitraum, um sich vom einfachen Kriegervolk zu einem originellen Kulturvolk zu entwickeln. Aber wie die Perser sich das Können fremder Völker zunutze zu machen wußten, zeugt auch von Genialität!

Persepolis wirkt auf den heutigen Besucher viel eindrucksvoller als etwa die dürftigen Reste von Susa, wurden doch die Trümmer dieser Stadt – nachdem Alexander der Große 330 Persepolis hatte zerstören lassen – unter Steingeröll und Flugsand begraben. So blieben sie im trockenen Hochlandklima optimal konserviert. Zerstört sind zwar die hochragenden Gebäude wie der monumentale Thronsaal, die »Halle der fünfhundert Säulen«; erhalten blieben aber unter dem Schutt von über zwei Jahrtausenden die Grundmauern, sechzehn Säulen, etliche Treppenaufgänge und – für uns heute besonders bedeutsam – die zahlreichen Figurenreliefs an den Terrassensockeln. Bestechend klar abgebildet sehen wir dort die Abordnungen von Gesandten aus nah und fern, die dem Großkönig huldigen, dazu persische wie medische Hofbeamte, Priester, Krieger, Diener. Diese Figuren geben bis heute den wertvollsten Aufschluß darüber, wie sich die einzelnen Völker der damaligen Zeit kleideten. Man hat unter anderem folgende Nationalitäten feststellen können: Perser, Meder, Parther, Baktrier, Skythen, Babylonier, Assyrer, Elamer, Phönizier, Lydier, ionische Griechen, Juden, Araber, Ägypter, Abbessinier, Inder – ein Völkergemisch, wie man es in ähnlichen Ausmaßen erst wieder ein halbes Jahrtausend später in der Weltstadt Rom finden konnte.

Susa war die Regierungs- und Verwaltungsstadt, Persepolis die Zeremonien- und Weihestätte, Ekbatana die zeitweilige Sommerresidenz, Babylon die kulturell blühendste Großstadt. Dies ist in etwa die Rangordnung, nach der man die bedeutendsten Metropolen des achämenidischen Weltreiches einstufen muß.

### *Der Ursprung des Gottkönigtums*

Alle Macht konzentrierte sich in der Residenz. Dort liefen die wichtigen Reichsstraßen zusammen, dorthin sandten die Beamten ihre Berichte, schickten die Provinzen einen Teil ihrer Steuern, von dorther erwarteten die Statthalter Ägyptens bis Indiens allein die maßgeblichen Befehle. Es war ein straff organisiertes, zentralistisch aufgebautes Weltreich.

Im Zentrum dieser Macht thronte der König. Er regierte, gestützt auf die vornehmsten persischen Adelsfamilien und eine Leibgarde von zehntausend Elitekriegern, über die Masse von fünfzig Millionen Untertanen. Außer den wenigen mächtigen Adelssippen mit den wichtigsten Gouverneuren, Generalen und Hofbeamten konnte niemand den Großkönig beeinflussen oder durfte ihn gar kritisieren. Was im Namen eines Dareios befohlen wurde, trug auch tatsächlich den Stempel dieser Persönlichkeit.

Dareios war es, der ein streng geregeltes Hofzeremoniell einführte, um seine absolute Königsmacht zu betonen. Seit seiner Regierungszeit galt ein Protokoll, das selbst für die alltäglichsten Geschäfte detaillierte Regeln vorsah. Der König achtete auf Abstand zu seinen Untertanen. Ihm durfte sich nur nähern, wer vorher bei Hofbeamten um Erlaubnis gefragt hatte. Den meisten wurde die Bitte verweigert, ja sie konnten sich glücklich schätzen, wenn ihnen wenigstens ein Höfling der mittleren Ränge, im seltenen Fall ein Minister, das Ohr lieh. Die Auserwählten aber, die tatsächlich zum Gespräch bei der Majestät vorgelassen wurden, schritten durch zahlreiche Säulengänge und Hallen, vorbei an schwerbewaffneten Wachen und prunkvoll gekleideten Dienern, und bei jedem Schritt, mit denen sich diese Untertanen dem Königssaal näherten, mußte ihnen das Einschüchternde des Zeremoniells um so deutlicher werden. Der Untertan hatte vor den Thron zu treten, dessen viele Stufen wiederum Abstand geboten. Der Thron stand im Halbdunkel und war durch Vorhänge abgeschirmt, hinter denen sich die Gestalt des Herrschers nur in Umrissen wahrnehmen ließ. Untertanen mit weniger bedeutendem Rang mußten sich zuerst einmal niederwerfen und den Boden küssen, dann hatten sie zu warten, bis der Kämmerer sie aufforderte, sich zu erheben. Ein Wink durch das goldene Königszepter aus dem Halbdunkel gestattete ihnen zu reden. Sollte jemand unaufgefordert das Wort ergreifen, so bedeutete dies sein Todesurteil. Hohe Adlige mußten sich nicht ganz so unterwürfig verhalten, sie durften von Anfang an stehen bleiben, hatten sich aber tief zu verneigen, mußten die eigene Hand küssen und stumm auf die Redeerlaubnis warten.

Selten zeigte sich der König seinem Volk. Verließ er den Palast, dann niemals zu Fuß, sondern in einer Sänfte oder zu Pferd, umgeben von Sklaven, Höflingen und Soldaten. Der gewöhnliche Bürger erblickte kaum das Gesicht des Großkönigs, denn er hatte sich ja flach auf den Boden zu werfen, und wenn er sich aufrichten durfte, sah er höchstens noch von fern zwischen Lanzen und Baldachinen den königlichen Purpur aufleuchten. Gab der Herrscher im Thronsaal von Susa oder Persepolis eine Massenaudienz für mehrere hundert Gesandte, so blieb seine Gestalt auf dem Thron wiederum in Halbdunkel getaucht, den profanen Blicken der vielen Besucher nur in Andeutungen erkennbar. Selten nahm der König sein Essen mit anderen Menschen zusammen ein, und sollte er sich einmal herablassen, mit geladenen Gästen in einer großen Halle zu speisen, so blieb er, nicht anders zu erwarten, durch Vorhänge von den übrigen abgeschirmt. Bei solchen Gastmählern zeigte sich der besondere Prunk der Hofhaltung, und dies nicht ohne Grund: Die Geladenen sollten den Eindruck bekommen, in der Nähe des Großkönigs befänden sie sich im Paradies. Eine Ahnung von dieser protzigen Pracht bekommen wir aus einem Bericht des Buches Esther im Alten Testament, dort wird ein Gastmahl des Königs Xerxes I. geschildert: »Da hingen weiße, rote und blaue Tücher, mit leinenen und scharlachnen Seilen gefaßt, in silbernen Ringen auf Marmorsäulen. Die Bänke waren golden und silbern auf Pflaster von grünem, weißem, gelbem und schwarzem Marmor. Und das Getränk trug man in goldenen Gefäßen . . .«

Besonders abgehoben von der Masse der Untertanen, ja selbst von ranghohen Adligen, war der Großkönig in seinem Umgang mit Frauen. Nur er durfte sich einen eigenen Palast halten, der für seine rechtmäßig angetrauten Gattinnen, Konkubinen und Sklavinnen bestimmt war, ein streng abgeschirmtes Gebäude, von Eunuchen bewacht. Für einen Fremden hätte es den sicheren Tod bedeutet, auch nur den Versuch zu machen, in diese Räume einzudringen. Tausend Jahre später, zu islamischen Zeiten, wird man ein solches Gebäude mit dem arabischen Wort »Harem« (das »Abgeschlossene«) benennen. Eine islamische Erfindung sind diese Gemächer also nicht, ja, der »Harem« ist sogar schon lange vor den Persern bei den Herrschern des Vorderen Orients üblich gewesen, man denke nur an die Hunderte Frauen des Königs Salomo.

Es war ein unglaublicher Luxus, in dem der Großkönig und sein Gefolge lebten. Schroff hoben sie sich mit ihrem Reichtum von der Mehrheit des Volkes ab. Während sie buchstäblich in »goldenen« Palästen wohnten, lebten drei Viertel aller Untertanen in niederen, fensterlosen Lehmziegelbauten mit nur einer Tür als Öffnung, so die Bauern, Tagelöhner und Handwerker, noch schlechter die Sklaven. Diesen vielen erschien es allerdings unvorstellbar, sich über den Glanz bei Hof zu empören, sie begehrten höchstens auf, wenn die königlichen Steuereintreiber gar zu hart gegen sie vorgingen. In späteren Jahrhunderten sollten sich Bauern und Sklaven zwar immer wieder in blutigen Rebellionen gegen den Adel erheben, nicht aber unter der Regierung des Dareios, denn der große Gesetzgeber sorgte dafür, daß auch die Armen genügend zum Leben hatten. Die sonstigen Unterschiede zwischen reich und arm erschienen als von den Göttern (oder Gott) gewollt.

Dem Großkönig die höchste Ehre und den höchsten Luxus! Dies hatte als das Natürlichste der Welt zu gelten. Aber die Untertanen nahmen noch mehr hin. Sie fanden es richtig, daß der König sich für den leibhaftigen Stellvertreter Gottes oder der Götter auf Erden hielt. Ja, der König konnte sich gar selbst für einen Gott ausgeben, ohne auf Widerspruch zu stoßen. Seit Dareios besaßen die Perser ihren Gottkönig; er erhob als erster Herrscher seiner Dynastie einen derartigen Anspruch. Er, eine Persönlichkeit mit überragender Machtfülle und genialen Fähigkeiten, konnte den Schritt zur eigenen Vergöttlichung wagen. Was aber mag ihn dazu bewogen haben? Und woher nahm er seinen Anspruch?

Ursprünglich kannten die Perser kein Königtum. Als die Perser noch Nomaden waren und aus der südrussischen Steppe in das Hochland von Iran einströmten, bestimmten sie ihren Anführer noch durch Wahl, ähnlich wie die arabischen Beduinen ihren Scheich. Doch allmählich entwickelte sich der Brauch, daß die Söhne und Enkel erfolgreicher Anführer den Platz der Väter einnahmen. Wir besitzen dafür ein relativ zuverlässiges Datum: um das Jahr 700 vor unserer Zeitrechnung Damals regierte Achämenes, und seit ihm blieb das Amt in der Sippe der Achämeniden. Gewählt wurde zwar weiterhin, zu den Wahlmännern jedoch zählten aber seitdem nur noch die Vornehmsten der eigenen Großfamilie. Auf diese Weise kam Kyros II. an die Macht. Er war noch kein absolut regierender Fürst, sondern Vorsitzender eines Thronrates und klärte alle Fragen mit den Versammelten. Aber er war stark genug, um schon zu seinen Lebzeiten einen Nachfolger zu bestimmen, und so hielten es von nun an die meisten Perserkönige. Allerdings blieb er noch weit davon entfernt, sich für unantastbar wie einen Gott zu halten. Auch von seinem Nachfolger Kambyses II. kennen wir keine entsprechenden Äußerungen; dieses blieb Dareios vorbehalten.

Seit Dareios I. gab es die königliche Tracht, wie sie für alle späteren Achämenidenherrscher selbstverständlich war: eine purpurrote Tunika mit einem weißen Mittelstreifen, dazu eine rot und weiß gestreifte, hochgewölbte, perlenbesetzte Haube (Tiara), die Kleidung mit Sternenmustern besät. Eine symbolkräftige Tracht. Die Farbe Rot war seit jeher das Abzeichen der iranischen und indoarischen Kriegerkaste gewesen, die Farbe Weiß stand für das Priestertum, und die Sterne wiesen auf den Kosmos hin; der König als der »Göttliche« war der entscheidende Mittler zwischen den Menschen und den kosmischen Mächten. Selbstverständlich vollzog dieser König an hohen Festtagen im Tempel die Opferriten, auch beanspruchte er, unfehlbar zu wissen, was richtig und falsch sei; er wollte nicht nur absolut die Richtlinien der Politik bestimmen, sondern auch der höchste Schiedsrichter in Moral- und Glaubensfragen sein.

Aus unserer heutigen Sicht muß dies als ein vermessener Anspruch erscheinen. Keinesfalls aber aus dem damaligen Verständnis. Viele Völker des persischen Weltreiches kannten solch ein Denken schon lange vor der Regierungszeit des Dareios. Von Herodot wissen wir, daß bereits die Herrscher der Meder als Gottkönige auftraten und sich nicht mehr als gewöhnliche Sterbliche fühlten. Aber auch diese Könige hatten jenen Anspruch nicht erfunden, sondern von den Assyrern übernommen, die Assyrer von den Babyloniern, diese möglicherweise von den Sumerern oder Ägyptern; über den letztlichen Ursprung wissen wir nichts Genaueres. Dareios mochte gespürt haben, daß seine Untertanen von Mesopotamien bis Ägypten nur darauf warteten, wieder von einem Gottkönig regiert zu werden, und schon aus diesem Grund nahm er, der wendige Machtpolitiker, diese Rolle an. Hatte sich Kyros noch mit dem Hinweis begnügt, seine Herrschaft sei »von den Göttern verliehen«, so behauptete Dareios von sich, in ihm wirke ein Gott. Welcher Gott?

Häufig berief sich Dareios in seinen Inschriften auf Ahura Masda, den »Größten der Götter«. Er sah sich als Vertreter Ahura Masdas auf Erden an. Aber er fühlte sich doch durch einen weiten Abstand von dieser Gottheit getrennt, er wußte sich von ihr erschaffen und hatte sie demütig um Hilfe zu bitten wie alle anderen Menschen auch. Dareios konnte sich nicht als die irdische Erscheinung Ahura Masdas empfinden, denn der »Allweise Herr« galt als ein unsterbliches, ewiges, sündloses, über alle Leidenschaften erhabenes Wesen. Der Gott, den Dareios in sich wirken fühlte, erschien menschlichen

Vorstellungen näher. Er hieß Yima. Den Persern war er schon seit Jahrhunderten vertraut, er war eine beliebte Gestalt aus den iranischen Sagen. Yima, so wird dort erzählt, stammte von den höchsten Göttern ab und wurde von ihnen auf die Erde geschickt, um die Menschheit zu regieren. Er war ein lebenslustiger, leidenschaftlicher Held, der tatkräftig regierte, aber auch heiratete und Liebesaffären nicht abgeneigt war, großherzig, den Menschen an Fähigkeiten weit überlegen und doch anfällig wie sie, denn er war launisch und konnte in Gefahr kommen, von anderen Göttern oder bösen Geistern gar getötet zu werden. Zarathustra hatte diese Gestalt als dienstbaren Engel unter die Herrschaft des alleinigen Gottes Ahura Masda gestellt. Dareios aber – und mit ihm wohl viele Perser – verehrten ihn weiterhin als eine Gottheit minderen Ranges. Der Sage nach wurde Yima von Dämonen getötet, und seitdem, so heißt es, werde die Menschheit von unzulänglichen Herrschern regiert. An diese Sage knüpfte der König an. Er fühlte in sich Yima, den göttlichen Diener Ahura Masdas, »wiedergeboren«; er sah sich gesandt, die Menschheit in ein neues, ideales Zeitalter zu führen.

Ein hoher Anspruch! Kein Untertan stritt Dareios diesen Rang ab. Er, der große Organisator, Gesetzgeber und Feldherr, strahlte so viel Autorität aus, daß es ihm gelang, ein überzeugender Gottkönig zu sein. Ein Anspruch allerdings mit beträchtlichem Risiko; denn sobald ein Herrscher dieses Amt nicht mehr mit derselben Überzeugungskraft ausfüllte, drohte die Krise.

## *Die Griechen besiegen einen »Gott«*

Die Krise zeichnete sich noch zu Lebzeiten des Dareios in ihren ersten Umrissen ab.

Es begann mit einer Schlacht. Ihr Schauplatz ist uns zum Begriff geworden, ja hat legendären Ruhm gewonnen: Marathon. Im Jahr 490 landeten persische Truppen in der attischen Bucht von Marathon, und mehr als zehntausend persische Krieger gingen an Land, bereit zum Marsch auf das nur vierzig Kilometer entfernte Athen. Aber noch hatten sich die Reihen nicht geordnet, da tauchten auf den kahlen Hügeln ringsum griechische Soldaten auf, die im Eilmarsch aus der bedrohten Stadt herbeigezogen waren. Sie stürzten sich, obwohl völlig erschöpft, dem Feind entgegen. Die Überraschung glückte. Die Perser fanden nicht die Zeit, in Schlachtordnung anzutreten, sie wichen in Panik vor der geschlossenen Phalanx der zahlenmäßig weit unterlegenen Gegner zurück, versuchten, auf die Schiffe zurückzukehren. Tausende wurden erschlagen, während die Schiffe wieder Segel setzten und flohen. Eine Niederlage mit unabsehbaren Folgen! Denn obwohl sich ein Großteil des persischen Heeres hatte retten können, war ein Mythos erschüttert: Ein »Gott« war besiegt worden. Der vom Erfolg verwöhnte Dareios mußte erstmals erleben, daß ein Gegner ihn in Schranken wies.

Für Dareios hätte dieser Feldzug nur einer unter vielen werden sollen. Der Gottkönig hatte wie selbstverständlich an alle griechischen Stadtstaaten Sendboten geschickt mit der Aufforderung, sich ihm zu unterwerfen, und fast alle Betroffenen – selbst die Griechen der Insel Ägina dicht vor den Toren Athens – hatten sich der Forderung gebeugt. Nur die Führungsmächte Athen und Sparta nicht; ihnen galt die Strafexpedition. Dareios sah in diesen beiden Stadtstaaten die letzten Gegner, die nahe seinem Machtbereich noch ernst zu nehmen waren: mit einem geschulten Heer, einer beachtlichen Handelsflotte und einer eigenständigen, aufstrebenden Kultur. Politisch waren sie trotzdem als Zwerge anzusehen, verglichen mit den Dimensionen des persischen Großreiches; Dareios hatte deshalb an einem Sieg nicht zweifeln können. Um wieviel mehr mußte ihn die Niederlage vor Marathon erschrecken. Zu allem blieb ihm nicht die Zeit für eine weitere Schlacht, denn gar zu verwirrt, gar zu verstört waren seine Truppen, und so erschien es ihm besser, vorerst nach Susa zurückzukehren, um erneut – und sorgfältiger – zu einem Feldzug zu rüsten. Aber mitten in den Vorbereitungen starb der König. Er war 64 Jahre alt geworden und hatte 36 Jahre regiert. Die Bilanz seines Lebens erschien zwar eindrucksvoll, denn er hatte dem Großreich die dauerhafte Form gegeben, und unbestritten galt er für Freund und Feind als der mächtigste Herrscher der Welt – aber seinem Sohn und Nachfolger hinterließ er ein ungelöstes Problem: Dareios, der »Göttliche«, war nicht so strahlend und makellos von der Bühne der irdischen Welt abgetreten, wie er es seinem Anspruch nach hätte tun müssen.

Der Nachfolger hieß Khschaijarscha; er ist uns besser unter dem griechisch umgeformten Namen Xerxes bekannt. Auf ihm lastete von Anfang an der Druck, zu vollenden, was sein Vater in Gang gesetzt hatte, er mußte beweisen, daß es für einen Gottkönig keine Niederlage auf Dauer geben konnte. Nach vier Jahren Rüstung gab Xerxes I. den Marschbefehl. 200000 persische Soldaten und 1200 Schiffe bewegten sich auf Griechenland zu, nach Schätzungen der Historiker die zahlenmäßig stärkste Streitmacht, die bis dahin in der Menschheitsgeschichte aufgeboten worden war. Xerxes selber schien am Sieg keine Sekunde gezweifelt zu haben, denn sonst wäre sein Ausspruch »Alle Länder machen wir zu einem einzigen Reich und ziehen durch ganz Europa« kaum verständlich.

Die Folgen sind bekannt. Kein Ereignis der altpersischen Geschichte hat so sehr Eingang in unser Bewußtsein gefunden wie dieser Krieg: Xerxes mit seiner zahlenmäßig weit überlegenen Streitmacht verlor ihn. Bei Salamis nahe Athen wurde seine Flotte im Jahr 480 von den Griechen geschlagen, ein Jahr später erlag die persische Armee in einer Feldschlacht bei Plataä dem vereinten Ansturm der Athener und Spartaner, im selben Jahr noch wurde eine zweite persische Flotte nahe der Halbinsel Mykale vernichtet.

Für Xerxes, den »Göttlichen«, blieb diese Niederlage unfaßbar. Besaß er nicht die zahlenmäßig weit überlegene Armee? Verfügte er nicht über mehr Geld und Waffen als jeder andere Herrscher der Welt? Aber noch während des Feldzugs hatte er erkennen müssen, daß Masse und Rüstung allein noch keinen Sieg begünstigten. Die persische Armee war zu groß, um noch beweglich genug zu sein. Zudem zogen in diesem Heer zu viele Völker mit verschiedenen Waffen, Lebensgewohnheiten und Sprachen mit; es fehlte der Feldherr, der dieses Konglomerat wirksam unter seinem Kommando hätte ordnen können. Und noch etwas machte der Riesenarmee zu schaffen, was aber der Großkönig am wenigsten einzusehen vermochte: Die Offiziere waren an Luxus gewöhnt und scheuten Strapazen; dadurch unterschieden sie sich kraß von ihren Vorgängern aus den Eroberungszügen eines Kyros und Dareios. Geringschätzig äußert sich Herodot in einem Bericht: »Sie leuchteten durch reichen Goldschmuck hervor. Reisewagen führten sie mit sich, in denen sich ihre Kebsweiber und eine große, wohlausgerüstete Dienerschar befanden.« Persiens Offizieren fehlte die Disziplin von einst. Vom Erfolg früherer Generationen geblendet, neigten sie zur Bequemlichkeit – und, was noch gefährlicher war: die eigene Kraft zu überschätzen, den Gegner zu unterschätzen.

Das fatale Beispiel gab ihr oberster Kriegsherr Xerxes. Er war im Luxus aufgewachsen und hielt ihn für unentbehrlich. Mehr noch: Er war prunksüchtig, liebte rauschende Feste, Gastmähler mit Tausenden von Menschen, aufwendige Prozessionen in Purpur und Gold vor protzigen Monumentalbauten, vor allem aber liebte er die Frauen, ließ für sie einen riesigen Harem errichten und war bald mehr in dessen Gemächern zu finden als im Ministerkreis. Nicht gewohnt, daß jemand ihn, den »Göttlichen«, kritisierte, umgab er sich mit Schmeichlern und Schönrednern. Das Ergebnis war abzusehen: Er verlor jeden Maßstab, die politische Lage und die eigenen Fähigkeiten richtig einzuschätzen. Die Niederlage gegen die Griechen wertete er bald als geringfügig ab. Im gewissen Sinn hatte er auch recht, denn das Perserreich bestand ja in Asien und Nordafrika ungebrochen weiter, und die griechischen Truppen wagten es nicht, über die Grenzen vorzustoßen. Aber die langfristigen Folgen begriff Xerxes nicht. Persien galt von nun an nicht mehr als unbesiegbar; und damit hatte das Weltreich in den Augen der Gegner den Zenit seiner Macht überschritten.

Xerxes verdrängte solche Probleme, zog sich mehr und mehr in seine Paläste zurück und hatte schließlich nur noch eines im Sinn: bauen, bauen, bauen. Unter seiner Regierung entstanden zahlreiche Paläste in Susa und vor allem in Persepolis, diese Bauten sollten ihm in erster Linie ein würdiges Denkmal für die Nachwelt setzen. Was ihm an Führungsqualitäten fehlte, kompensierte er durch äußere Pracht. Er war der mittelmäßige, komplexbeladene Sohn eines genialen Herrschers, mächtig genug, um seine glanzlose Begabung hinter pompösem Hofzeremoniell zu verbergen. Wenn er den Thronsaal betrat, mußten sich die Untertanen vor ihm zu Boden werfen und konnten nicht wagen, ihn anzusehen, dies gab ihm weiterhin das trügerische Gefühl überragender Bedeutung. Hinter seinem Rücken allerdings, und dies war neu, begannen die Höflinge, Intrigen zu schmieden, den Gottkönig falsch zu unterrichten, ihm Wichtiges zu verschweigen. Anstelle des Königs regierten bald Minister, Generale, Bürokraten und Haremseunuchen. Ingesamt verachteten sie den Schwächling auf dem Thron.

Xerxes starb auch anders als seine Vorgänger. Er, der »Göttliche«, wurde von ganz gewöhnlichen Sterblichen, nämlich gedungenen Soldaten, im Prunkbett seines Schlafzimmers erschlagen. Die Anstifter waren die Führer der Palastwache und der Oberkämmerer. So sehr hatte das Ansehen des Königs seit dem verlorenen Krieg gelitten, daß seine Höflinge nicht mehr davor zurückschreckten, ihn gewaltsam zu beseitigen. Ein Besserer sollte möglichst rasch an seine Stelle treten.

Ein Besserer kam nicht. Die Kronprinzen waren alle Mittelmaß wie Xerxes, sie hätten vielleicht gute Beamte oder Sodaten werden können, aber keinesfalls Könige, erst recht nicht Gottkönige. Zu groß war der Anspruch dieses Amtes, um von einem mäßig begabten Menschen auch nur annähernd ausgefüllt zu werden. Zu konzentriert liefen alle Fäden der Macht beim »König der Könige« zusammen, so daß es abermals einer genialen Persönlichkeit wie eines Kyros oder Dareios bedurft hätte, um das Perserreich auf der Höhe seiner Macht zu halten. So aber konnte der Zerfall nicht ausbleiben. Unbedenklich erpreßten die Herrscher von Bauern, Handwerkern und kleinen Kaufleuten immer höhere Steuern, um den Luxus am Hof zu finanzieren. Widerstand ließen sie erbarmungslos bestrafen. Die Ehrfurcht vor der überragenden Persönlichkeit des Gottkönigs wich der nackten Furcht. Dabei war der König selber meist nur halb so gefährlich wie manche seiner Minister, Generale, Gouverneure und Eunuchen, die in seinem Namen handelten. Bezeichnend ist, daß keiner dieser Könige eines natürlichen Todes starb; alle sechs Nachfolger des Xerxes, angefangen von Artaxerxes I. bis hin zu Dareios III., dem letzten Archämeniden, endeten durch Mord, angestiftet von Hofbeamten oder Gouverneuren.

Für den Niedergang brauchte das Perserreich genauso lange wie für den Aufstieg: etwas mehr als ein Jahrhundert. Den Augen der Welt bot sich nun das Persien, wie es uns zur Genüge aus den Schilderungen griechischer Geschichtsschreiber geläufig ist: despotisch und korrupt, mit glanzvollen Fassaden, das tragende Fundament aber unterhöhlt. Ein entschlossener Gegner brauchte nur zu kommen, um diesem morschen Gebäude einen tödlichen Stoß zu geben; und er trat im Jahr 334 vor unserer Zeitrechnung auf: Alexander der Große.

Über Alexanders glanzvollen Sieg ist schon viel geschrieben worden, so daß man sich mit einer knappen Bemerkung begnügen kann. Alexander siegte nicht allein wegen seines militärischen Genies, sondern auch, weil er auf ein Großreich traf, dessen Kraft verbraucht war. Auch kulturell schien das Perserreich am Ende zu sein – Architekten, bildende Künstler und Dichter ahmten nur noch erstarrte Formen nach –, und so konnte es kein Wunder sein, daß nun die griechische Kultur in Asien über die Trümmer persischer Städte hinweg ihren Siegeszug antrat. Man baute in den neuen Machtzentren griechisch, sprach griechisch, schrieb und dachte griechisch. Ein welthistorischer Umbruch also. Endgültig schien es vorbei zu sein mit Asiens Führungsrolle in der Weltzivilisation, die es zwei Jahrtausende hatte behaupten können.

Bereits ein Jahrhundert vor dem Zusammenbruch des Perserreiches fühlten sich die Griechen ihren Gegnern kulturell und moralisch überlegen. Sie empfanden sich damals schon als Träger einer zukünftigen, weltumfassenden Kultur. Stellvertretend für solch eine Sicht sei hier eine Textstelle aus Platons Werken zitiert: »Die Perser sind heute sehr heruntergekommen. Der Grund liegt unserer Ansicht nach darin, daß sie durch allzu große Beschränkung der Freiheit des Willens und durch gebührliche Steigerung der despotischen Willkür die Brüderlichkeit und den Gemeingeist im Staate zugrunde gehen ließen.« Dieses Urteil hat Schule gemacht! Es hat für spätere Generationen und Epochen nur allzuoft das Vorbild abgegeben, wenn es galt, das Perserreich im ganzen einzuschätzen. Bis heute ist diese Sicht für viele bestimmend gewesen. Sehen wir einmal von dem Religionsstifter Zarathustra ab, dann scheint nicht viel übrigzubleiben, womit sich die Perser mit der aufstrebenden Kulturmacht Griechenland hätten messen können. Da wir die persische Geschichte fast zwei Jahrtausende lang vorwiegend aus den Quellen griechischer Schriftsteller sowie dem Alten Testament kannten, haben wir ihre einseitigen Darstellungen nicht selten schon für die ganze Wahrheit genommen. Erst an der Schwelle zum 20. Jahrhundert haben wir begonnen, die Überlieferung kritischer zu sehen und tradierte Vorurteile abzubauen.

Da ist zunächst einmal der vielzitierte Gegensatz von griechischer

Demokratie und persischer Despotie. Nur allzuoft hat man eine »freie«, »schöperische« Gesellschaft gegen eine »unfreie«, letztlich »unschöpferische« ausgespielt. Wie unfrei aber waren die Perser wirklich? Und wie frei die Griechen?

Es stimmt zwar: Ein Gottkönig regierte mit wenigen einflußreichen Ratgebern absolut. Über seine Herrschaft durfte nicht diskutiert werden, sie war über jede Kritik erhaben; Zweifler kamen in Gefahr, als Staatsfeinde verfolgt zu werden. Aber: Das persische Reich bevormundete seine Untertanen nicht in Fragen der Religion, der Kunst und der Wissenschaft. Unverändert durften die Babylonier, Ägypter, Syrer, Juden, Inder und Griechen an ihren herkömmlichen Traditionen festhalten, kein Prediger wurde je wegen seines Glaubens verfolgt, kein Philosoph wegen seiner Ideen beargwöhnt (es sei denn, er rief zum Widerstand gegen den Großkönig und seine Beamten auf). Vielfalt im Glauben und Denken galt als selbstverständlich – kein anderer Staat gewährte seinen Untertanen zu jener Zeit mehr Freiheit als Persien.

Es stimmt zwar: Zur selben Zeit, als in Persien Gottkönig Dareios unantastbar und weit über alle übrigen Sterblichen hinausgehoben regierte, wurde im Stadtstaat von Athen bereits eine »Herrschaft der Bürger« eingeführt. Im Jahr 510 vor unserer Zeitrechnung war dort der Tyrann Hippias gestürzt worden, der Politiker Kleisthenes hatte die Führung übernommen und durch seine entscheidenden Reformen die Grundlagen der athenischen Demokratie geschaffen. Jeder Bürger war nun berechtigt, von seinesgleichen in ein hohes Amt gewählt zu werden und aktiv das Leben im Staat mitzubestimmen. Jeder politische Führer mußte sich Wahlen stellen, konnte von der Volksversammlung zur Verantwortung gezogen und abgesetzt werden. Perikles, der Führer der Volkspartei, verbesserte das System, indem er auch ärmeren Bürgern die Chance gab, in hohen Ämtern zu wirken. Aber: Wer durfte sich im Stadtstaat von Athen als »Bürger« betrachten? Nur der Freie und der alteingesessene Bewohner. Nicht jedoch die zugewanderten Handwerker und Bauern, erst recht nicht die Tagelöhner und Arbeiter mit zu geringem Einkommen, um Steuern zahlen zu können. Vor allem aber nicht die noch weit größere Masse der Unfreien: die Sklaven und Kriegsgefangenen, die auf den Äckern von Großgrundbesitzern, in Hafendocks, auf Galeeren und in Bergwerken die schwerste Arbeit zu verrichten hatten. Eine

Statistik aus dem Jahr 400 ist aufschlußreich genug. Damals zählte der Stadtstaat Athen etwa 18000 wahlberechtigte Vollbürger, an die 10000 rechtlose Zugewanderte und über 400000 (!) Sklaven. Die überwältigende Mehrheit der Bevölkerung fristete kaum ein besseres Leben als die Masse der persischen Kleinbauern, Handwerker und Sklaven, sie verbrachten ihr Dasein ebenso rechtlos und in ständiger Furcht, ins Schuldgefängnis gebracht, ausgepeitscht und gefoltert zu werden.

Nun das zweite Vorurteil: Griechenland sei eminent kulturschöpferisch gewesen, es habe mit seinen Philosophen, Künstlern und Wissenschaftlern Maßstäbe für zwei Jahrtausende abendländischer Kultur gesetzt, der Rivale Persien dagegen habe kaum Dauerhaftes der Nachwelt überlassen, habe vor allem für Europa wenig Folgenreiches geschaffen.

Wir sind geblendet von Glanz der griechischen Klassik. In der Tat haben sich die Griechen nach dem Sieg über die Perser zu einem kulturellen Höhenflug aufgeschwungen, der grundlegend für das spätere Schicksal Europas werden sollte. Unsere heutige Philosophie wäre undenkbar ohne die Ideen eines Sokrates, Platon und Aristoteles, um nur die wichtigsten Namen zu nennen. Dramatiker wie Aischylos, Sophokles und Euripides schufen mit ihrer Form der Tragödie das Vorbild unserer neuzeitlichen Dramatik, Geschichtsschreiber wie Herodot und Thukydides wurden zu den vielzitierten »Vätern« unserer Methodik der Geschichtsbetrachtung. Und nicht zu vergessen sind die politischen Denker, die bildenden Künstler, die Naturwissenschaftler, die Mathematiker, sie alle trugen das Ihre zu jenem Grundgerüst bei, aus dem sich unser modernes Europa formen sollte – ein Europa, das heute einen Großteil der Welt geistig beeinflußt, »europäisiert«, »verwestlicht« hat.

Doch auch das alte Persien hat in manchem unsere abendländische Kultur entscheidend mitgeprägt, selbst wenn dies auf den ersten Blick nicht so sichtbar ist. Wissenschaftler des Perserreiches wirkten auf die Griechen, die Griechen gaben deren Gedanken in veränderter Form an spätere Epochen weiter. Manches halten wir deshalb für europäisch, was in seinen Ursprüngen weit älter ist. Das persische Weltreich verlor zwar unter den Nachfolgern des Großkönigs Dareios rasch an Kraft, hierbei zerfiel jedoch nur die politische Macht. Dagegen gedieh das geistige Leben besonders in den Provinzen, wo unter der Schirmherrschaft persischer Gouverneure die Gelehrten, Dichter und Künstler weiterhin ungestört ihrer Arbeit nachgehen konnten. Die Ergebnisse waren beträchtlich. Viele Dichter und bildende Künstler ahmten zwar nur vorgefundene Formen nach, Naturwissenschaftler und Mathematiker jedoch schufen die Grundlagen für jenes Wissen, das dann die Griechen begierig aufnahmen und weiterentwickelten. Diese Pioniere waren zwar fast alle keine Perser, sondern in ihrer Mehrzahl Babylonier, Ägypter, Inder oder Griechen aus Kleinasien, aber sie alle konnten nur im Perserreich so rasch zu ihren grundlegenden Erkenntnissen gelangen. Denn zum ersten Mal in der Menschheitsgeschichte gab es einen politisch geeinten Vielvölkerstaat, wo sich ungehindert die verschiedensten Kulturen zu begegnen vermochten und wie nie zuvor ihre wesentlichen Erkenntnisse austauschten. In zahlreichen Akademien arbeiteten unablässig Übersetzer, in den großen Bibliotheken hortete man erstmals auf engstem Raum Werke aus der ganzen damals bekannten Welt. Kyros und Dareios, ja auch schwächere Nachfolger haben diesen Vorgang bewußt gefördert. Sie haben damit etwas in Bewegung gesetzt, was später für die Weltoffenheit der hellenischen Griechen und der Römer zum Vorbild werden sollte – es war der Anfang einer *internationalen* Kultur. »Wenn man die Leistungen der achämenidischen Perser richtig einzuschätzen versucht«, so formulierte es treffend der amerikanische Kulturhistoriker Richard Frye, »war zweifellos das Konzept der ›Einen Welt‹, die Verschmelzung von Völkern und Kulturen in einer ›Oekumene‹, eines der bedeutendsten Erbstücke, die sie Alexander und den Römern hinterlassen haben . . . Angehörige ferner Stämme und Völker wurden durch den Perserfrieden miteinander in Beziehung gebracht. Es war sicher ein gegenseitiges Geben und Nehmen . . .«

Auch das iranische Kernland selbst hatte manches zu geben. Nicht nur das Beispiel Zarathustra lehrt uns dies. Zahlreiche iranische Lehnwörter finden sich in der hebräischen, aramäischen und syrischen, ja auch in der griechischen Sprache, so gibt uns einer der besten Kenner des alten Persiens, der Schwede Geo Widengren, zu bedenken. Umgekehrt sind wenig semitische oder griechische Lehnwörter im Altpersischen auszumachen. »Schon eine vorläufige Analyse zeigt also klar, in welche Richtung der Kultureinfluß gegangen ist«, so folgert Widengren. Er meint, man müsse noch mit manchen

Überraschungen rechnen, wenn erst einmal die vergleichende Sprachforschung sich genauer mit dem alten Persien befasse.

Wir wissen heute, daß die Griechen fasziniert waren vom geistigen Leben des persischen Weltreiches. Dies ist eine verblüffende Einsicht, kannten wir doch lange genug in erster Linie abfällige Äußerungen von Griechen über ihre mächtigsten Feinde; dazu gehört ja auch Platons herbe Kritik. Aber gerade Platon betrat mehrmals persisches Hoheitsgebiet, besonders Ägypten, um sich in den dortigen Bibliotheken Anregungen für das eigene Denken zu holen. Seine Kritik betraf in erster Linie das politische System, weniger die Kultur. Er hatte sich gründlich mit den Sitten, den Erziehungsmethoden und dem religiösen Weltbild der Perser vertraut gemacht. Intensiv hatte er sich auch mit der Lehre Zarathustras befaßt. Es wäre durchaus denkbar – und nicht wenige Forscher vertreten ernsthaft diese These –, daß Platon sich in seiner Morallehre, ja auch in seiner Metaphysik von dem großen Religionsstifter aus dem östlichen Iran hat beeinflussen lassen. Aber noch sind solche Fragen bisher zu wenig untersucht worden, um hier ein endgültiges Urteil abzugeben.

Platon war nicht der einzige unter den maßgeblichen griechischen Geistesgrößen, der wissensdurstig Bibliotheken in persischen Provinzen besuchte. Griechische Mathematiker, Astronomen und Physiker reisten in großer Zahl nach Osten, um dort von einer wesentlich weiter entwickelten Wissenschaft zu lernen. Es war eine Begegnung mit welthistorischen Folgen. Demokrit brachte aus Babylon die Grundlagen der räumlichen Geometrie nach Athen, ebenso eine zuverlässige Methode, den Standort von Sternbildern zu berechnen, und nicht zuletzt die Vorstellung, daß die Erde einen Nord- und einen Südpol habe. Thales von Milet übernahm aus Ägypten die Idee, das Jahr nach 365 Tagen zu messen. Aus Ägypten empfing auch Pythagoras wesentliche Anregungen.

Ein reicher Kulturschatz also, den das persische Weltreich kurz vor seinem Untergang noch an die Nachwelt Europas und Asiens weiterzugeben hatte. Man kann dies nicht genug betonen. Denn nach wie vor ist viel zuwenig be- und anerkannt, was unter der Schirmherrschaft der Achämenidenkönige tatsächlich geleistet wurde.

# 3. Modell für ein Jahrtausend

## *Zeit des Umbruchs*

Im Jahr 330 vor unserer Zeitrechnung starb Dareios III., der letzte Gottkönig aus dem Geschlecht der Achämeniden. Er starb wie viele seiner Vorgänger: Gedungene Soldaten erschlugen ihn. Der Tod ereilte ihn mitten in der Einsamkeit der Wüste, wohin er sich mit wenigen Getreuen zurückgezogen hatte, verfolgt von den siegreichen Reitern Alexanders des Großen. Er war auf dem Weg zu dem Statthalter von Baktrien, von dem er sich die letztmögliche Hilfe erwartete. Aber ein machtloser Herrscher besitzt kaum Freunde; der Statthalter empfand den Flüchtling nur als lästig, und damit war das Todesurteil über den glücklosen Gottkönig gesprochen.

Mit ihm wurde endgültig eine Epoche zu Grabe getragen. Seit jenem Jahr 330 war Persien aus dem Zentrum des Weltgeschehens verdrängt, dazu verurteilt, wieder wie einst eine Statistenrolle zu spielen. Mehr als ein halbes Jahrtausend blieb dies so. Einst klingende Namen wie Susa, Persepolis, Ekbatana und Babylon verblaßten im Bewußtsein der Völker; die ehemaligen geistigen Zentren sanken meist zu unbedeutenden Provinzstädten herab oder wurden gar zu vergessenen Ruinenfeldern. Neue Namen rückten glanzvoll in den Mittelpunkt: Alexandria auf ägyptischem Boden wuchs sich zur geistigen Hauptstadt einer griechisch-hellenischen Weltkultur aus, Ephesus und Pergamon auf kleinasiatischem Gebiet formten sich zu weiteren entscheidenden Metropolen, Athen wurde zur legendären Sachwalterin der griechischen Klassik, Rom stieg zur Hauptstadt einer bald unumstrittenen Weltmacht empor. Der Schwerpunkt an Macht und Kultur verlagerte sich von Asien nach Europa. In Persien selber regierten mehr als ein Jahrhundert lang die Seleukiden, ein Geschlecht, das von Seleukos, einem General Alexanders des Großen, abstammte; naturgemäß blieb der Blick dieser Herrscher nach Westen, nach Griechenland, gerichtet.

Persien am Rande des eigentlichen Weltgeschehens – daran änderte sich auch wenig, als um das Jahr 250 vor unserer Zeitrechnung der iranische Volksstamm der Parther die Griechen vertrieb. Iraner regierten nun wieder den Iran, aber die neuen Herrscher von der

Dynastie der Arsakiden behielten das Griechische als Amtssprache bei, mehr noch, sie bauten nicht wenige ihrer Tempel im griechischen Stil und ließen in ihren Theatern die Dramen eines Sophokles und Euripides aufführen. Die Parther hielten Abstand zur altpersischen Tradition, ihnen galt die hellenische Kultur als fortschrittlicher, und so lebten sie »europäisch«. Der amerikanische Kulturhistoriker Richard Frye hat sicherlich recht, wenn er die damalige Hellenisierung des Ostens mit der heutigen Verwestlichung der islamischen Länder vergleicht. Griechen wie Parther gestalteten radikal die großen Zentren um, ließen aber die Dörfer, ja auch kleinere Städte weitgehend von den Neuerungen unberührt. Immer mehr spitzte sich damit der Gegensatz zwischen alter und neuer Tradition zu, und so kam der dramatische Moment, daß sich abseits der großen Städte Rebellen gegen die »Europäer« erhoben und die Rückkehr zu eigenen Ursprüngen forderten. Dies geschah im Iran um das Jahr 250 unserer Zeitrechnung, als die Parther bereits fünf Jahrhunderte an der Macht gewesen waren. Zentrum dieser Rebellion wurde die Provinz Parsa, das Kernland der Perser.

Der Mann, der den Umsturz herbeiführte, hieß Ardaschir. Er war Fürst von Parsa und ein Vasall der Partherkönige. Die Geschichte wiederholte sich in diesem Fall doch bis zu einem gewissen Grad. Der Vasall kündigte den Gehorsam, besiegte seinen Herrn und zog im Triumph in dessen Residenz ein. Achthundert Jahre nach Kyros II. war wieder ein Perser aus seinem Stammland aufgebrochen, um ein großes Reich zu begründen. Ardaschir I. war sich dieser Parallele durchaus bewußt, ja er bekannte sich ausdrücklich zu seinen »ruhmreichen Vorfahren«, den Gottkönigen aus dem Geschlecht der Achämeniden. Mehr noch: Er gab sich für einen Blutsverwandten der ehemaligen Königsfamilie aus, entsprossen aus einer verschollen geglaubten Seitenlinie. Das Volk glaubte ihm, obwohl er keine Beweise vorlegen konnte. Aber man wollte ihm vertrauen, denn viele sehnten sich aus ihrer grauen Gegenwart zurück nach jenen »großen Zeiten«, die man nur noch aus Legenden kannte. Ardaschir setzte nach seinem Schlachtensieg für alle sichtbar ein Zeichen, er besuchte die Ruinen von Persepolis und ließ wie einst die Achämeniden ein Relief an die Felswand von Naksch-i-Rostam einmeißeln. Das heute noch gut erhaltene Bild zeigt ihn, wie er von Gott Ahura Masda das Diadem der Königswürde entgegennimmt.

Persien sollte wieder persisch werden, dies war sein Ziel. Folgerichtig hatte das Griechische als Amts- und Hofsprache zu verschwinden, offizielle Sprache wurde nun das Pahlevi, ein Dialekt, der sich während eines halben Jahrtausend aus der Hofsprache der Achämeniden entwickelt hatte und eng mit der Volkssprache der Parther verwandt war. Dieses Pahlevi wurde später von den Sprachwissenschaftlern als »Mittelpersisch« eingestuft im Unterschied zum Altpersischen. In Pahlevi lautete der traditionsreiche Herrschertitel »König der Könige« erstmals »Schah-in-Schah«; in dieser Form ist er auf unsere Gegenwart gekommen.

Ardaschir empfand sich als neuer Kyros, dem es aufgegeben war, Persien zu alter Größe zu führen, wieder zu einem »Mittelpunkt der Welt« zu machen. Ihm genügte nicht, die Parther besiegt zu haben, er wollte den Herrschaftsbereich ein zweites Mal bis an das Mittelmeer und nach Indien ausdehnen. Ihm und seinem ehrgeizigen Nachfolger Schapur I. glückte dieser ehrgeizige Plan auch beinahe. Persische Truppen drangen siegreich im Irak ein, stießen über das Gebiet des heutigen Afghanistan bis in die südrussische Steppe vor und erreichten das Industal. Im Westen erklärten die Könige kühn dem Römischen Reich den Krieg und forderten von ihren Gegnern die Provinzen Syrien und Ägypten. Dem Großkönig Schapur gelang ein einmaliger Triumph: Er konnte im Jahr 260 nach siegreicher Schlacht den römischen Kaiser Valerian gefangennehmen und in Ketten mit sich fortführen. Der Kaiser eines Weltreiches gefangen! Solch eine Schmach hatte Rom noch nicht erlebt. Schapur hielt sich den vornehmen Gefangenen bis an sein Lebensende wie einen Sklaven; jedesmal, wenn der Perserkönig sein Pferd bestieg, mußte sich der entmachtete Kaiser auf den Bauch legen, und Schapur benutzte seinen Rücken als Schemel. Deutlicher konnte der Perser nicht demonstrieren, daß die Weltmacht Rom im Niedergang begriffen war und ein neues Großreich im Kommen: Persien. Selbstbewußt nannte er sich »König der Könige von Iran und Nichtiran«. Sein letztes Ziel erreichte er allerdings nicht: Er konnte nicht bis zum Mittelmeer vorstoßen, Syrien und Ägypten blieben weiterhin römisch. Aber Schapur regierte immerhin über ein Reich, das von den Grenzen Anatoliens über den Irak bis nach Indien reichte.

Damit war Persien neben Rom zur zweiten Weltmacht aufgestiegen, war wieder aus seiner Statistenrolle heraus ins Zentrum des Geschehens getreten. Dies sollte vier Jahrhunderte so bleiben, so lange regierte die neue Dynastie und übertraf an Dauer das Herrschergeschlecht der Achämeniden fast um das Doppelte. An Leistung kam sie dem Vorbild nahe. Acht Jahrhunderte nach Kyros II., fünfeinhalb Jahrhunderte nach der Ermordung Dareios' III. erhoben sich die Perser zum zweiten Höhenflug ihrer Geschichte, politisch wie kulturell. Und wieder verschmolzen während dieser Epoche die Namen Iran und Persien zu einer Einheit, wurden austauschbar. Daran hat sich bis in unsere Gegenwart dann nichts mehr geändert.

Die neue Dynastie nannte sich nach Ardaschirs Vater Sassan. Die Sassaniden schufen jenes Persien, das alte Traditionen schöpferisch aufnahm, sie nach eigenem Ermessen formte und dann maßgeblich an den Islam weiterreichte.

### *Die wegweisende Kultur der Sassaniden*

Nicht Susa, nicht Persepolis, nicht Ekbatana – die neuen Großkönige vom Geschlecht der Sassaniden entschieden sich gegen die traditionsreichen Residenzen der Achämeniden. Sie wählten den bisherigen Regierungssitz der Parther zu ihrem Zentrum: Ktesiphon.

Die Stadt lag am linken Ufer des Tigris, ungefähr hundertdreißig Kilometer nördlich von Babylon (und an die vierzig Kilometer südöstlich vom späteren Bagdad). Ktesiphon war eine relativ junge Stadt, von den Parthern erst vor vierhundert Jahren gegründet. Es war aber eine vitale Stadt, sie übertraf bereits während der ersten drei Jahrhunderte an Bedeutung die altehrwürdigen Metropolen im persischen Kernland, auch das legendäre Babylon. Doch erst die Sassaniden machten aus der Residenz eine Metropole von Weltrang, eine Stadt, auf deren Prachtstraßen sich Besucher aller damals bekannten Völker trafen: neben Persern und Irakern Syrer, Ägypter, Afrikaner, Araber, Römer, Griechen, Juden, Inder, ja vereinzelt auch Chinesen. Wie einst Babylon und Susa, so wurde nun Ktesiphon ein Sammelpunkt der gegensätzlichen Kulturen. Zu ihren Glanzzeiten zählte die Stadt am palmenbestandenen Tigrisufer über eine halbe Million Einwohner.

Wir können uns heute nur noch ein vages Bild davon machen, wie die Metropole ausgesehen hat. Von der ganzen Pracht sind nur die

Trümmer des Königspalastes erhalten geblieben; eine imposante, jedoch stark verwitterte Fassade, die einst mit bunten Fayencekacheln verziert gewesen war, und ein einziger mächtiger Mittelbogen, von dessen Art einst ein halbes Dutzend den monumentalen Krönungssaal überspannt hat. Vieles wurde durch Kriege zerstört, und was der Feind übrigließ, zernagte zwei Jahrtausende lang ein beißender heißer Wüstenwind, bei den ohnehin porösen Lehmziegeln vieler Bauten keine Schwierigkeit. Aber durch islamische Geschichtsschreiber wissen wir, daß diese Stadt von den arabischen Eroberern bestaunt wurde und späteren persischen Baumeistern als Vorbild diente. Ktesiphon war nach dem Muster ostiranischer Städte mit kreisrundem Grundriß angelegt, die Außenmauern von Tempeln, Palästen und Akademien hatte man meist mit blauen und grünen Glasurziegeln belegt, wie das schon in Susa und Babylon der Fall gewesen war. Viele Bauten trugen als Dach mächtige Kuppeln. Dies mußte bei ausländischen Besuchern Aufsehen erregen, denn zu jener Zeit kannten weder die Griechen noch die Römer noch sonst ein Volk die Kuppel. Die ersten Bauten mit einem derartigen Dach waren in Susa, der Hauptstadt der Elamer, um das Jahr 2200 vor unserer Zeitrechnung entstanden, die Achämeniden hatten sie übernommen, aber erst die Sassaniden entwickelten aus dem Vorbild freischwebende Kuppeln von gewaltigen Ausmaßen. Ktesiphon wurde so zu jener Stadt, von der aus der Kuppelbau seinen Siegeszug in der übrigen Welt antrat: im Orient wie im Abendland, bei Moscheen wie bei christlichen Kirchen.

Wir wissen auch, wie die Menschen dieser pulsierenden Weltstadt und anderer persischer Metropolen gekleidet waren. Entsprechende Beschreibungen verdanken wir dem byzantinischen Geschichtsschreiber Ammian, der mehrmals die Kernprovinzen des Sassanidenreiches bereist hat. Von ihm erfahren wir, daß Männer wie Frauen weite bauschige Hosen, Pumphosen, trugen, Männer außerdem einen Turban. Beides ist ursprünglich persische – oder genauer: iranische – Mode. Enganliegende Hosen besaßen bereits die Meder, Pumphosen trugen schon zur Zeit eines Dareios und Xerxes zumindest die Bewohner der iranischen Wüste, wie wir aus den Wandreliefs von Persepolis ersehen können; jetzt aber, in dem schwülheißen Klima des Irak, war diese luftige Bekleidung zur beherrschenden Mode auch der Stadtbevölkerung geworden. Den Turban kennen wir ebenfalls schon aus Reliefs von Persepolis, aber auch er ist erst unter der Regierungszeit der Sassaniden allgemein üblich geworden.

Und mit noch einem anderen Kleidungsstück machten die Sassaniden »Mode«. Ihre Krieger trugen eiserne Helme und Brustpanzer und darunter ein Kettenhemd, eine leichte Rüstung, die den Hals und die Arme besonders gut gegen Schwerthiebe und Pfeilschüsse schützte, ohne die eigene Bewegungsfähigkeit allzusehr einzuschränken. Diese Rüstung, ursprünglich schon von den Parthern entwickelt und von den Sassaniden nur verbessert, übernahmen später die Araber, nachdem sie unter dem Banner des Islam Persien erobert hatten. Die Araber verbreiteten Helm, Panzer und Kettenhemd iranischer Herkunft im Verlauf der nächsten Jahrhunderte bis ins maurische Spanien. Besonders das Kettenhemd faszinierte die Völker über die islamischen Grenzen hinaus, bald trugen es auch die Ritter des christlichen Abendlands, ja, sie machten es geradezu zu ihrer unverwechselbaren Schutzkleidung. Sosehr dann auch Europas Ritter die Rüstung eigenen waffentechnischen und kulturellen Bedürfnissen anpaßten – der ursprüngliche Impuls kam aus dem persischen, iranischen Raum.

Mehr noch: Die ganze höfische Kultur hatte im vorislamischen Iran ihren Anfang genommen. Alle Wesenszüge, die wir von einer Ritterkultur erwarten, waren im Reich der Sassaniden vorgebildet: die Hierarchie von Lehensherrschaft und Lehensdienst, der religiös fundierte Ehrenkodex mit »ritterlicher« Kampfmoral, Turniere mit Zweikämpfen zu Pferd, eine höfische Literatur mit Minnedienst. In all diesen Details erwiesen sich die islamischen Araber als die entscheidenden Mittler zwischen sassanidisch- und abendländisch-höfischer Kultur. Vom maurischen Adel Spaniens übernahmen als erste die Franzosen – ungeachtet aller religiösen Gegensätze – iranische Rittersitte und reichten sie an die Fürstenhöfe des Deutschen Reiches weiter. Derselbe Einfluß sollte ein bis zwei Jahrhunderte später auch aus Vorderasien und Ägypten, bedingt durch die Kreuzzüge, verstärkt ins christliche Europa gelangen.

Die iranische Ritterkultur gab wesentliche Impulse aber nicht nur an den islamischen Orient und das Abendland, sondern mit der gleichen Intensität an den Fernen Osten. Turkvölker Zentralasiens zeigten sich beeindruckt von der überlegenen Bewaffnung wie dem höfischen Lebensstil der Sassaniden und trugen diese Errungenschaften während ihrer Eroberungszüge im 4. Jahrhundert bis nach Nordchina. Und nur noch zwei weitere Jahrhunderte sollte es dauern, daß die Chinesen die Ritterkultur von der Bewaffnung über das Lehnswesen bis zum Turnierkampfstil und einem »ritterlichen« Ethos an die Japaner weitergaben. Sosehr sich dann ein Samurai in vielen Wesenszügen von einem persischen, arabischen und erst recht von einem europäischen Ritter unterschied, änderte sich das Grundmodell kaum in den sonst sehr verschiedenen Kulturräumen.

Für unsere eurozentrische Perspektive ist es bezeichnend, daß solche Zusammenhänge weitgehend unbekannt bleiben. Wir wissen genug über das Byzantinische Reich mit seiner glanzvollen spätrömischen Kultur, genug über einen Kaiser wie Justinian, wenig aber über die epochalen Kulturleistungen des Sassanidenreiches zur gleichen Zeit. Dabei stehen die Großen unter den sassanidischen Königen in nichts an Bedeutung den Großen unter den byzantinischen Kaisern nach, im Gegenteil.

Ardaschir I. und Schapur II. standen glanzvoll am Anfang des neupersischen Aufbruchs, sie setzten die entscheidenden Maßstäbe. Die größte Blüte aber erreichte das Sassanidenreich unter den Herrschern Chosru I. und Chosru II., sie vollendeten zwei Jahrhunderte später, was ihre Vorgänger in Gang gesetzt hatten.

Überragende Bedeutung gewann vor allem Chosru I., der von 531 bis 571 regierte, ein Zeitgenosse des Kaisers Justinian, er hat sich wie kein anderer Sassanide im Gedächtnis von Freund und Feind eingegraben. Bei den Griechen wurde er unter dem Namen Chosroes bekannt, die Araber nannten ihn Kisra. Ihm sind – ähnlich wie einst Dareios – so ehrende Beinamen wie »der Gesetzgeber« und »der Baumeister« zuerkannt worden, die Perser nannten ihn gar »Anushirvan«, »unsterbliche Seele«. Sein Ruhm kam nicht von ungefähr: Er hat dem Sassanidenstaat endgültig jene Form gegeben, die zum Modell für ein ganzes nachfolgendes Jahrtausend geworden ist, weit in das islamische Zeitalter hinein. Und dies im Guten wie im Bösen. Chosru I. war eine schillernde, widerspruchsvolle Persönlichkeit, in ihm spiegelten sich die höchsten Tugenden und auch Laster des Sassanidenreiches. Er war ein hervorragender Verwaltungsfachmann und Jurist, ein fähiger Feldherr, ein Bauherr mit schöpferischer Phantasie, ein feinsinniger Ästhet und ein weltoffener Gelehrter – aber auch ein machtbesessener, skrupelloser Despot, der in Kriegen die Besiegten bedenkenlos niedermetzeln ließ und im Frieden selbst den zaghaftesten Widerspruch seiner Untertanen mit grausamen Strafen ahndete.

Seine Laufbahn begann düster. Er war noch Kronprinz, als ihn sein Vater Schah Kavad beauftragte, gegen den religiösen Sozialrevolutionär Mazdak und seine Anhänger vorzugehen. Wir haben an anderer Stelle schon gesehen, was geschah: Chosru ließ die aufständischen Bauern zu Tausenden abschlachten und ihre Dörfer niederbrennen. Er prägte sich den Untertanen zuerst einmal als ein brutaler Zuchtmeister ein, bevor er überhaupt den Thron bestieg. Aber kaum an der Macht, schuf er neue Steuergesetze, die auch den Bauern mehr Gerechtigkeit bringen sollten, Gesetze, die wenigstens die schlimmste Not milderten. Er ließ im ganzen Reich neue Dämme, Brücken und Straßen bauen, zusätzliche Ländereien urbar machen und förderte maßgebend den Handel. Die Staatsordnung gestaltete er entscheidend um: Er minderte den Einfluß des Feudaladels und verhalf einer fähigen Beamtenschaft aus dem Bürgertum zur Macht; außerdem löste er das Lehensheer auf und ersetzte es durch ein Berufsheer, das nur ihm, dem Großkönig, verpflichtet war. All dies machte ihn zum Vorbild späterer islamischer Herrscher. Seine größte, epochemachende Leistung war jedoch zweifellos die eines genialen Förderers der Kultur.

Chosru rief an seinen Hof in Ktesiphon Philosophen, Gelehrte und Ärzte aus allen Teilen seines Reiches, auch bot er prominenten Ausländern das Gastrecht an. So sammelten sich in der Nähe des Herrschers neben bedeutenden Persern und Irakern bald auch Griechen, Römer, Inder und Chinesen, Männer mit völlig verschiedener Kultur und Religion. Chosru lud sie zu Diskussionen ein, hörte sich aufmerksam die verschiedensten Standpunkte an, so gegensätzlich sie auch sein mochten, und belohnte die Gelehrten nicht selten mit gutbezahlten Lehraufträgen an einer seiner Akademien. Bei der Auswahl achtete er vor allem auf den wissenschaftlichen Rang, er sah kein Hindernis durch eine fremde Religion, mochte es sich bei den bevorzugten Gelehrten um Christen, Juden, Hindus, Buddhisten, Anhänger des altgriechischen Götterglaubens oder gar Atheisten handeln, wichtig war nur, daß sich diese Männer nicht kritisch über den Gottkönig oder die zarathustrische Staatskirche äußerten. An keiner Residenz der damals bekannten Welt ließ man so viel

Toleranz gegenüber Andersdenkenden walten wie am persischen Hof von Chorsu I. Daß diese Weltoffenheit in krassem Gegensatz zur Intoleranz der Priesterkaste stand, ja, daß sich schließlich der zarathustrische Klerus mit seiner harten Verfolgung Andersgläubiger durchsetzte und das blühende Staatswesen auf lange Sicht kulturell veröden ließ, ist an anderer Stelle schon beschrieben worden.

Chosru I. war zu mächtig, als daß die Priesterkaste der Magi maßgeblichen Druck auf ihn hätte ausüben können. Ungehindert setzte er sich – und mit ihm eine schmale Bildungsschicht des Adels und bürgerlicher Beamter – über alle orthodoxen Widerstände hinweg, er füllte die Bibliotheken mit Büchern, die sich kaum mit dem engstirnigen Glaubensverständnis der Magi vertrugen. Bezeichnend ist eine Episode, die uns der griechische Jurist Agathias aus jenen Jahren übermittelt. Namhafte Philosophen aus Athen, so berichtet er, kamen eines Tages nach Ktesiphon und baten um Aufnahme, weil sie aus ihrer Heimat vertrieben worden seien. Für sie, die »Heiden«, gab es keine Bleibe mehr in einem christlich gewordenen Römerreich; Kaiser Justinian persönlich hatte angeordnet, ihre Akademien zu schließen und die Schriften eines Platon, Aristoteles und anderer aus den Bibliotheken zu entfernen. Diese Männer brachten nun die verfemten Bücher ins Sassanidenreich, wo sie von Gelehrten des persischen Königs studiert und gutgeheißen wurden. Chosru gab den Befehl, die Werke von Platon und Aristoteles ehrenvoll in den heimischen Bibliotheken aufzubewahren, außerdem sollten sie ins Persische übersetzt werden. Ein folgenreicher Befehl! Denn nun fanden die Klassiker der griechischen Philosophie Schutz vor der Zerstörungswut jener christlichen Fanatiker, die im Römischen Reich alles vernichten wollten, was »heidnisch« war. Diese Bücher überlebten vor allem im persischen Großreich der Sassaniden die ersten Jahrhunderte christlicher Unduldsamkeit.

Ktesiphon wurde internationaler Treffpunkt der Kultur wie keine andere Stadt ihrer Zeit. Denn nur in ihren Akademien sammelte sich ein derart umfassendes Wissen aus West und Ost, wurden Übersetzungen aus Europa, Vorderasien und Indien, ja China gleichermaßen gelesen. Auch an Handelsgütern war Ktesiphon international wie sonst kaum eine Metropole. Es sollte kein Zufall sein, daß gerade damals das in Indien schon länger bekannte »Königsspiel« zu den Persern gelangte; Jahrhunderte später sollte es nach Europa weitergereicht werden – unter seinem persischen Namen »Scha(c)h« = König. Aus China brachten Kaufleute die Seide nach Ktesiphon, bisher in Vorderasien völlig unbekannt, und auch dieser wertvolle Import sollte bald auf Handelswegen weiter nach Europa gelangen. Umgekehrt gaben die Perser zu jener Zeit das Polospiel, eine Erfindung bereits aus dem 7. Jahrhundert vor unserer Zeitrechnung, in Richtung Osten weiter. Mehr als ein Jahrtausend florierte Polo in Indien und Ostasien, bevor Mitte des 19. Jahrhunderts britische Kolonialoffiziere das beliebte aristokratische Spiel übernahmen. 1859 wurde in England der erste Polo-Club gegründet, in unserem Jahrhundert schließlich hat Polo als populäre Sportart seinen Siegeszug in Amerika angetreten – wobei kaum noch jemand Bescheid weiß über den persischen Ursprung.

Im 6. Jahrhundert unserer Zeitrechnung war der Iran wieder einmal zum großen Umschlagplatz der Handelswaren wie der geistigen Güter geworden – eine Drehscheibe der Kulturen zwischen Asien und Europa. Nicht zum letzten Mal, wie wir noch sehen werden.

## *Das böse Erbe des Gottkönigtums*

Die Sassanidenkönige schufen aber auch Fragwürdiges. Sie griffen auf das alte Herrscherideal der Achämeniden zurück und erklärten sich zu Gottkönigen. Dabei gingen sie noch über ihr Vorbild hinaus und legten sich hochtrabende, bisher unübliche Titel zu. Im Hofprotokoll wurde nun als Anrede vorgeschrieben: »König der Könige, Genosse der Sterne, Bruder der Sonne und des Mondes.« Auf Münzen ließen sie unter ihr Bildnis prägen: »Aus dem Samen der Götter.« Mehr noch als zur Zeit der Achämeniden hielten sie Abstand zu ihren Untertanen und schüchterten selbst die ranghohen Bittsteller durch eine Vielzahl detaillierter Vorschriften ein. Wie einst hatten sich rangniedrige Besucher, sofern sie überhaupt von den maßgeblichen Protokollbeamten zur Audienz vorgelassen wurden, vor dem Thron flach auf den Bauch zu legen, mußten aber jetzt zur Begrüßung den König mit folgender Formel anreden: »Möget Ihr unsterblich sein, o Erster der Menschen.« Wie einst blieb der Gottkönig für rangniedrige wie ranghohe Untertanen nur schemenhaft hinter Gazevorhängen auf seinem goldblitzenden Thron sichtbar, aber er trug jetzt eine Krone, die so groß und schwer war, daß man sie an dünnen, vergoldeten Seilen in unsichtbarem Abstand über seinem Haupt aufhängen mußte. Bewegungslos saß der Gottkönig in seinen edelsteinblitzenden Gewändern, nahezu zur Statue erstarrt, ein leibhaftiger Götze, der, so sollte es erscheinen, alles gewöhnlich Menschliche abgestreift hatte. Wer zu ihm sprach, mußte sich ein Taschentuch vor den Mund halten, damit sein ordinärer Atem nicht den göttlichen Herrscher entweihte. Reiste der König, dann trugen allein sieben Kamele seinen Thron, auf einhundert Kamelen ritt seine Dienerschaft, auf tausend Pferden seine Leibwache. Der Luxus war unvorstellbar und – wie einst unter den Achämeniden – beabsichtigt. Nicht nur die eigenen Untertanen, auch ausländische Besucher, Kaufleute und Diplomaten von Europa bis hin zum Fernen Osten, sollten eingeschüchtert werden durch die überragende Macht eines »Königs der Könige«, der zugleich Herrscher und Gott war.

Dieses Gottkönigtum hat in der Tat bei fremden Völkern einen beträchtlichen Eindruck hinterlassen. Mehr noch: Es wurde nachgeahmt. Den Anfang machten ausgerechnet die mächtigsten Gegner des Sassanidenreiches: die Römer. Bereits Kaiser Diokletian, eine überragende, aber auch machtbewußte Persönlichkeit, führte um das Jahr 290 an seinem Hof ein Zeremoniell nach persischem Vorbild ein. Wer den »Herrn der Welt« sehen wollte, hatte bei Kammerherren und Eunuchen um Erlaubnis anzusuchen, bevor er in den Audienzsaal vorgelassen wurde, wo er sich vor dem Thron niederwerfen mußte. Eine derartige Distanz zwischen Herrscher und Untertanen hatte es bisher im Römischen Reich nicht gegeben. An diesem Zeremoniell änderten auch die nachfolgenden Kaiser nichts, die sich zum Christentum bekannten. Zwar verbot die neue Lehre, daß sich ein Herrscher für einen Gott hielt, aber die Kaiser fanden einen Ausweg: Sie sahen sich als »Stellvertreter Gottes« auf Erden an. Hierbei ahmten auch sie die sassanidischen Gottkönige nicht nur im Auftreten nach, sie übernahmen von ihnen sogar die perlenbesetzte Königsmütze, die sogenannte Tiara (Tiara ist ein persisches Wort!) – eine Prunkhaube, die schließlich im 8. Jahrhundert die Päpste von Rom für sich wählten und mehr als zwei Jahrhunderte trugen.

Besonders eifriger Nachahmer persischen Hofzeremoniells wurde Kaiser Justinian, Persiens unversöhnlichster Gegner auf dem Schlachtfeld, ein Herrscher, der sich seiner christlichen Frömmigkeit rühmte und in Konstantinopel die Hagia Sophia erbauen ließ. Justinian war, wie schon erwähnt, ein Zeitgenosse des Gottkönigs Chosru I., aber gerade er, der Perserfeind und Christ, sah die Königswürde als etwas Göttliches an, ungeniert bezeichnete er sich selbst als »heilig«. Nicht zufällig ließ er sich auf Bildnissen mit einem Heiligenschein, dem sogenannten »Nimbus«, verewigen, so etwa auf dem weltberühmten Mosaikbild der Kirche San Vitale in Ravenna. Dem Herrscher hatten die Untertanen religiöse Verehrung entgegenzubringen. Dieser Regierungsstil der byzantinischen Kaiser ist als »Byzantinismus« in unseren Sprachschatz eingegangen – berühmt und berüchtigt. Die Byzantiner wiederum gaben ihren Stil an die Zaren von Rußland weiter. In Konstantinopel wie in Moskau fungierte der Kaiser beziehungsweise der Zar und nicht etwa der ranghöchste Bischof als der maßgebende Richtungsweiser in religiösen, kirchenpolitischen Fragen – kaum anders, als in Ktesiphon der Gottkönig mit seiner religiös-politischen Entscheidungsgewalt noch über dem ranghöchsten Priester stand.

Eine letzte – »moderne« – Ausformung dieses »persischen« Byzantinismus reicht bis weit in unser Jahrhundert herein: durch Josef Stalin. Indem der kommunistische Despot seine Person durch gezielte Propaganda ins unnahbar Geheimnisvolle rückte und sich selber zu einer sinnstiftenden Instanz der Unfehlbarkeit stilisierte – im Namen zwar einer weltlichen, aber doch mit pseudoreligiösen Attributen durchsetzten Ideologie –, unterschied sich Stalin nur in spezifischen Details, nicht aber im Grundsätzlichen von der Anmaßung der Zaren (Seine Gegner haben ihn nicht zufällig als »roten Zaren« eingestuft). Jeder Stalinist lehnt zwar von seinem Selbstverständnis her eine solche Parallele als böswillige Unterstellung ab, erst recht einen historisch weiter zurückreichenden Bezug auf die byzantinischen Kaiser oder gar die persischen Gottkönige. Geschichtliche Entwicklungen weisen jedoch zuweilen beharrliche Grundkonstanten auf, denen gegenüber sich aller »moderner« Wandel nur als eine neue Variante einer einmal eingeschlagenen Richtung ausnimmt.

Der stalinistische Byzantinismus warf schließlich seine Schatten noch bis ins Jahr 1989: durch den monströsen Pomp und Personenkult des rumänischen Diktators Nicolae Ceauşescu. Bezeichnenderweise ließ sich der bis zur Lächerlichkeit größenwahnsinnige Despot, der wie Stalin im byzantinischen Kulturraum aufgewachsen war, mit folgenden Titeln huldigen: »Erlöser der Erde«, »Erster Denker dieser Erde«, »Schatzkammer der Weisheit«, »Licht, das selbst der Sonne trotzt«. Dieses pseudoreligiös aufgeladene Vokabular, mit dem sich ein atheistischer Diktator des späten zwanzigsten Jahrhunderts als unfehlbarer Herrscher und Sinnstifter zugleich ausweisen wollte, erinnert ebenfalls – über das unmittelbare Vorbild des Stalinismus und Byzantinismus hinaus – an die viel weiter zurückliegenden Entartungen des altpersischen Gottkönigtums, so verschlungen und indirekt die Wege der Vermittlung auch sein mögen.

In Persien selber schien das Gottkönigtum am Ende, als die Araber das Reich der Sassaniden zerschlugen. Die Araber brachten aus der Wüste die Stammesdemokratie mit – aber ein Jahrhundert später regierten ihre Herrscher, die Kalifen, im Stil der Gottkönige. Zwar verbot der Islam, nicht anders als das Christentum, daß ein Mensch sich für einen Gott halten durfte, die Kalifen jedoch fanden denselben Ausweg wie die byzantinischen Kaiser: Sie erklärten sich zu Stellvertretern Gottes auf Erden. Ähnlich verhielten sich nach ihnen die Sultane des Osmanenreiches, dann die islamischen Schahs von Persien seit dem 16. Jahrhundert – bis hin zur Dynastie Pahlevi. Doch davon später.

Anspruch und Zeremoniell überlebten, das Reich zerfiel. Als Chosru II. im Jahr 628 nach einem verlorenen Krieg gegen das Byzantinische Reich ermordet wurde, folgten nur noch Schwächlinge auf dem Thron, willenlose Werkzeuge von Generalen und hohen Hofbeamten. Keiner von ihnen regierte mehr als ein paar kurze Jahre, alle endeten sie durch gedungene Mörder.

Während dieser Jahre predigte bereits ein gewisser Mohammed in Arabien. Mit seinem Auftreten kündigte sich für zahlreiche Staaten – auch für den Iran – eine neue Epoche an.

# II.
# IRAN UND ISLAM

# 1. Mohammed und die Folgen

## *Die Botschaft des Propheten*

Jasrib, eine mittelgroße Oase im Herzen Arabiens, um das Jahr 630 unserer Zeitrechnung: Die aus niederen Lehmbauten bestehende Siedlung inmitten weiter Palmenhaine und Felder zählte an die dreitausend Einwohner, es waren Kaufleute, Handwerker, Bauern, Hirten. Geld spielte bei den einfacher lebenden Menschen keine allzu große Rolle, Güter des täglichen Bedarfs erwarben sie sich oft noch im Tausch, Gewürze gegen Tee, Felle gegen Stoffe. Weitgereiste Kaufleute Persiens und des Mittelmeerraumes wußten daher nicht viel über diesen Marktflecken, der damals von ihren Einwohnern einen neuen Namen erhielt: Medinet al Nabi, »Stadt des Propheten« – ein Name, aus dem später der Einfachheit halber »Medina« wurde, eben »Stadt«.

Stadt? Diese Bezeichnung für eine staubige Lehmsiedlung ohne nennenswerte Bauwerke, ohne gepflasterte Straßen, ohne Bäder, ohne Bibliotheken konnte bei den Einwohnern der großen Metropolen Persiens oder des Byzantinischen Reiches nur Spott provozieren. Und Prophet? Was vermochte Arabien mit seinen räuberischen Beduinen den hochentwickelten Kulturstaaten schon anderes zu bieten als simplen Aberglauben? Wenn ein Kaufmann aus dem Norden etwas mit den Arabern zu tun haben wollte, dann allein wegen des begehrten Weihrauchs. Man sah arabische Handelspartner bestenfalls als lerneifrige Leute an, die sich redliche Mühe gaben, etwas von der großen persischen oder griechischen und römischen Zivilisation zu erfassen – jedoch als Herausforderung, militärisch oder gar geistig, brauchte man ihr Land deshalb noch lange nicht zu fürchten. So erschien es vielen damals.

Im besagten Jahr 630 diktierte ein arabischer Kaufmann, der zum Scheich der Oase Jasrib aufgestiegen war, an den sassanidischen Großkönig Hormaz V. einen Brief. »Im Namen Allahs, des Allbarmherzigen, des Allerbarmers, von Mohammed, dem Diener und Gesandten Allahs . . .«, so begann er in seiner Anrede und fuhr fort: Er, der Prophet des alleinigen Gottes, fordere Hormaz, den Herrscher eines großen Reiches, auf, sich dem Willen Allahs zu ergeben. Der

König solle mit seinen Untertanen zum Islam übertreten, dessen Missionare in sein Land unterwegs seien, nur dann werde er nach seinem Tod Frieden im Paradies finden. Falls er sich aber weigere, die Botschaft des Propheten anzunehmen, werde sein Land von den Glaubenskämpfern Allahs mit dem »Heiligen Krieg« überzogen . . .

Nur arabische Quellen berichten von diesem Schreiben. Im Bewußtsein der übrigen Welt wäre es lächerlich erschienen, daß der Scheich eines nur wenig bekannten Marktfleckens einem Großreich drohte, und schon deshalb konnte der Brief in persischen Chroniken keine Erwähnung finden. Wahrscheinlich hatten die Sendboten ohnehin nie den prunkvollen Audienzsaal in Ktesiphon zu Gesicht bekommen, geschweige denn den »König der Könige« selbst. Ja, vermutlich durften die bäuerlich einfach gekleideten Beduinen ihre Botschaft gerade noch einem untergeordneten Beamten in den Vorbezirken des weitverzweigten Palastes aushändigen. Dieser Beamte hatte wahrscheinlich die Araber hochnäsig abgefertigt und ihren Brief routinemäßig in den Archiven der Staatsbürokratie verschwinden lassen, ohne ihn je an eine höhere Stelle weiterzuleiten. Ähnlich mochte es den Sendboten ergangen sein, die im selben Jahr am Hof des byzantinischen Kaisers Heraklios I. in Konstantinopel eintrafen; auch dort ist es nie zu einer Antwort an den Absender gekommen.

Der, der diesen Brief abgefaßt hatte, wohnte in einem schmucklosen Würfelbau aus Lehm, zur ungepflasterten Straße hin ohne Fenster, nur zum Hof hin geöffnet. Als Sitz diente ihm eine Matte aus Palmstroh, der Boden bestand aus bloßer Erde und war hitzerissig, Wasser gab es lediglich aus dem nahen Schöpfbrunnen – dies war die Residenz eines Mannes, der sich vermessen genug zeigte, die Mächtigen der Welt zur Unterwerfung aufzufordern. Aber zwei Jahrzehnte nach seinem Tod regierten arabische Statthalter im Namen Allahs über persische wie byzantinische Provinzen, und der Name des zuvor so verächtlich beiseite geschobenen Propheten Mohammed wurde zwischen dem Mittelmeer und Indien zum bekanntesten überhaupt.

Was dieser Mann aus der Wüste Arabiens in Bewegung setzte, sollte die persische Hochkultur gründlicher und folgenreicher umgestalten, als es je ein Herrscher vermochte.

Mohammed wurde um das Jahr 570 in Mekka geboren, einer reichen Kaufmannsstadt, die beherrschend an der sogenannten

»Weihrauchstraße« von Palästina in den Jemen lag. Er, ein Sohn aus vornehmer, aber verarmter Familie, wuchs in dieser Stadt heran, vor deren Tore oft hunderte, manchmal über tausend Lastkamele lagerten, hinter deren schützenden Mauern es jedoch nur einstöckige Lehmhäuser und ungepflasterte Gassen gab. Keine Schulen, keine Bibliotheken. Die Mehrheit ihrer Einwohner konnte weder lesen noch schreiben, aller Vermutung nach auch der jugendliche Mohammed nicht. Aber die relativ ungebildeten Araber waren stolz auf ihre Stadt, denn Mekka galt als Wallfahrtszentrum. Hier war vor undenklichen Zeiten ein Meteorit vom Himmel gefallen, der als Botschaft der Götter galt, und seitdem pilgerten einmal im Jahr einen Monat lang Beduinen aus nah und fern zum Heiligen Stein, beteten dort und errichteten ihren Göttern Altäre. Die geschäftstüchtigen Einwohner Mekkas hatten um den Stein ein würfelförmiges Gebäude errichtet, die Kaaba, und waren eifrig darauf bedacht, daß jeder Beduinenstamm seine eigene Gottheit im Gehäuse aufstellte und ihr Opfer brachte; einen wesentlichen Teil der Gaben kassierten die Verwalter des Heiligtums. Als Mohammed in Mekka heranwuchs, gab es in der Kaaba bereits mehr als dreihundert Standbilder von Lokalgottheiten, die die unterschiedlichsten Moralgebote symbolisierten und nicht selten untereinander als verfeindet galten – ein getreues Abbild sowohl für die geistige Enge als auch Zerrissenheit Arabiens.

Mohammed brachte die Wende. Er, der sensible und geistig hochbegabte Mann, litt unter der Rückständigkeit seiner Heimat, ohne vorerst zu wissen, wie dem abzuhelfen sei. Er vermißte bei den Beduinenstämmen seiner Umgebung, was er an den Christen und Juden bewunderte: eine Gottheit, die über allen Sippen und Volksstämmen thronte – eine Gottheit, die Einheit statt Zerrissenheit verkörperte. Christen und Juden kannte er genug. Zum einen waren es die Weihrauchhändler aus Syrien, Palästina und Ägypten, die auf ihrer Reise in den Jemen in Mekka Rast machten, hier zuweilen über ihre Religion sprachen und nicht selten ihre Verachtung gegenüber dem »heidnischen« Wallfahrtsrummel zeigten. Zum andern waren es Araber, die sich in etlichen Handelsstädten entlang der vielbereisten »Weihrauchstraße« bereits zum Glauben an den einen und einzigen Gott bekannten, sei es in einer christlichen oder jüdischen Gemeinde. Zweifler an altarabischer Götterverehrung gab es damit bereits in den eigenen Reihen, Mohammed war nicht der erste. Vor allem sein Stammesklan der Koreischiten war von der heidnischen Religion früherer Generationen abgerückt. Zwar förderten gerade ihre Führer besonders eifrig den Götterverehrungsrummel rund um die Kaaba von Mekka, aber sie stellten im Kultraum eine Gottheit auf, die nicht mehr wie andere Stammesidole einen persönlichen Namen trug, sondern einfach nur noch »der Gott« hieß – auf arabisch: »Al Lah.« Damit ist der Name Allah älter als die islamische Religion, und der Zufall will es, daß Mohammeds Vater Abdallah hieß (Abd al Lah = Diener Allahs). Der Sohn hat nur noch den letzten, wenn auch entscheidenden Schritt zu einer arabischen Form des Eingottglaubens unternommen.

Mohammed war an die vierzig Jahre alt und inzwischen ein wohlhabender Kaufmann geworden, als er eines Tages seine stattliche Karawanserei verließ, ausgerüstet nur mit einem Ziegenfellschlauch voll Wasser, dazu Datteln und Brotfladen, um in der Einsamkeit der Wüste zu meditieren. Man schrieb das Jahr 610 unserer Zeitrechnung. Wochen blieb Mohammed aus dem Blickfeld der Menschen verschwunden, grübelte und sann auf halber Höhe des Berges Hira wenige Kilometer nordöstlich von Mekka. Beängstigende Einsamkeit umfing ihn. Kahle Felsen, durch Wind und Erosion bizarr zerklüftet, ragten vor ihm auf, und weit unter ihm dehnte sich eine hitzeflimmernde, leblose Ebene. Von Hunger, Durst, Tageshitze und Nachtkälte gequält, kreiste er mit seinen Gedanken um Textstellen aus der Bibel und der Thora, wie er sie in Gesprächen mit Christen und Juden kennengelernt hatte. Jetzt verdichteten sich die Bruchstücke zu einem Ganzen, einer Idee: Er, Mohammed, sei dazu ausersehen, den Glauben an den einzigen Gott seinem Volk, den Arabern, zu verkünden. Umfassender dachte er vorerst nicht – so sehen dies zumindest europäische Religionswissenschaftler. Drei Jahre hindurch zog er immer wieder für einige Wochen in die trostlose Einsamkeit der Wüste, noch unsicher, ob ihm der Engel Gabriel als Bote Allahs schon die ganze Wahrheit zugetragen oder ob ihn nur böse Geister genarrt hätten. Dann aber, erfüllt von seinen Visionen, begann Mohammed, in Mekka zu predigen. Dies geschah um das Jahr 613.

Zum ersten Mal sprach er öffentlich von »Al Lah«, der nicht ein Gott unter vielen, sondern der Gott schlechthin sei. Die Hauptpflicht der Gläubigen bestehe im »Islam« (»Hingabe« an Gott), und der Betende dürfe sich stolz »Moslem« (einer, der sich dem Willen Gottes hingibt) nennen. Vor Allah seien alle Menschen gleich, ob König oder einfacher Krieger, ob reicher Geschäftsmann oder Bettler, ob Araber, Grieche, Römer oder Perser, entscheidend sei weder Rang, Volk noch Rasse, sondern allein der Gehorsam gegen Allahs Gebote, dessen oberstes laute: gerecht und mildtätig zu sein gegenüber den Schwächeren. Mohammed verurteilte denjenigen, »der die Waise wegstößt und die Seinen nicht dazu anhält, den Armen zu essen zu geben«.

Ähnlich hatte einst ein Jesus von Nazareth gesprochen. Und Mohammed machte kein Hehl daraus, daß er die Worte eines großen Propheten wiederholte. Er sah in Jesus einen bedeutenden Vorläufer, erblickte im Neuen Testament der Christen ein »heiliges Buch«. Darüber hinaus verehrte er auch die Propheten des Alten Testaments, besonders vier Gesandte Gottes erschienen ihm dort wichtig: Ibrahim (Abraham), der als erster überhaupt den Glauben an den einzigen Gott verkündet hatte, dann Musa (Moses), Jesaja und Elia. Ihm galt jedoch Isa (Jesus) als der größte unter all den Propheten, denn jener hatte seiner Meinung nach die bisher umfassendste Botschaft von Al Lah, »dem Gott«, gepredigt.

Warum aber, so muß man sich angesichts dieser geistigen Verwandtschaft fragen, ist er nicht selber Christ oder Jude geworden? Mohammed sah, je länger er mit fremden Kaufleuten, vor allem aber mit Rabbinern diskutierte, auch Trennendes. Den Christen warf er vor, daß sie aus Jesus einen Sohn Gottes machten. »Es gibt nur einen einzigen Gott! Fern von ihm, daß er einen Sohn habe!« so grenzte er sich später in der 4. Koransure, Vers 172, von den Christen ab. An den Juden bemängelte er, daß sie sich überhaupt weigerten, Jesus als Propheten anzuerkennen. Er, Mohammed, sei dazu ausersehen, die Botschaften der großen Gottesverkünder – von Abraham bis Jesus – von allen Verfälschungen zu befreien und in ihrer ursprünglichen »Reinheit« wiederherzustellen. Mohammed begriff sich als den Höhepunkt und Abschluß der bedeutenden Propheten; nach ihm werde kein »Gesandter Gottes« mehr den Menschen erscheinen. Der Islam bedeute unwiderruflich die höchste und letzte Religionsoffenbarung. Damit fühlte er sich aufgerufen, seine Lehre nicht nur den Arabern zu bringen, sondern sämtlichen Völkern. »Gehet hin in alle

Welt ...« Auch dieses Gebot eines Jesus von Nazareth machte Mohammed schließlich zu dem seinen.

Bei aller Abgrenzung bewahrte aber der Prophet des Islam seinen Respekt gegenüber Christen und Juden. Ihnen räumte er unter den »Ungläubigen« eine Sonderstellung ein. Da sie wie die Moslems an den »einen Gott« glaubten, durfte man sie nicht wie die Heiden wegen ihrer Religion unterdrücken oder gar mit Gewalt zum Islam bekehren, man hatte lediglich eine Kopfsteuer von ihnen einzuheben, die ein Moslem nicht zu zahlen brauchte. Mohammed ging in seinem Respekt sogar noch einen Schritt weiter: Ausdrücklich gestattete er seinen männlichen Anhängern, sich mit Christinnen oder Jüdinnen zu verheiraten, ohne daß die Frauen ihren Glauben wechseln müßten. In den eroberten Gebieten ist es dann später auch oft genug zu solchen Ehen gekommen. Für einen Christen der damaligen Zeit unvorstellbar!

Wie aber hielt es Mohammed mit den Anhängern Zarathustras? Glaubten nicht auch sie an den »einen Gott«? Beim Durchblättern des Korans fallen die zahlreichen Hinweise auf christliche und jüdische Glaubensvorstellungen auf, dagegen fehlt weitgehend die Auseinandersetzung mit persischem Gedankengut. Vermutlich war Mohammed nie mit persischen Kaufleuten und Priestern zusammengetroffen, hatte nie über Zarathustras Lehre diskutiert, anders läßt sich seine Zurückhaltung nicht erklären. Hätte er über diese Religion mehr erfahren, dann müßte er auch dort Gemeinsames entdeckt haben: den Glauben an einen einzigen Gott, an einen Tag des Jüngsten Gerichts, an Engel und einen Teufel, an ein Jenseits. Folgerichtig haben die Moslems späterer Generationen die Gemeinsamkeiten genug gewürdigt und die Zarathustrier als »Schriftbesitzer« anerkannt, in gleichem Rang wie Christen und Juden. Auch Zarathustrier durften nicht gezwungen werden, ihrer Religion abzuschwören, auch sie waren zu schätzen als halbe Brüder im Glauben. Welch eine Entscheidung! Sie sollte welthistorische Folgen haben. Denn damit begegneten die Araber nicht nur den Völkern des Byzantinischen Reiches mit Respekt, sondern auch den Persern. Kein religiöses Vorurteil sollte später die islamischen Sieger daran hindern, sich allen überlegenen Kulturen der Nachbarstaaten lernend zu öffnen.

Aber zu Mohammeds Lebzeiten deutete noch wenig darauf hin, daß sich die neue Religion über die halbe Welt verbreiten würde.

Anfangs ähnelte sein Predigerdasein eher dem eines Jesus von Nazareth, er war genauso gefährdet. Er, der einen rechtgläubigen Sklaven für wertvoller einschätzte als einen machtgierigen König, fand seine Anhänger zunächst einmal unter den Armen und Verachteten; Lastträger, Kameltreiber und Sklaven scharten sich auf den Marktplätzen um ihn. Vornehme kamen selten, hielten sich unwillig im Hintergrund und verschwanden dann wieder. Ihnen erschien dieser »Gesandte Gottes« als ein Störenfried, der das einträgliche Geschäft mit den Wallfahrern gefährdete und außerdem die Armen gegen die Reichen, die Sklaven gegen ihre Herren aufhetzte. Sie schickten bezahlte Banden gegen die Anhänger des Propheten, ließen die Versammelten auseinandertreiben, verprügeln, gar erschlagen.

Neun Jahre konnte sich Mohammed in seiner Heimatstadt Mekka halten, dann mußte er fliehen. Asyl fand er in der vierhundert Kilometer entfernten Oase Jasrib (dem späteren Medina), dort schützten ihn Männer, die schon immer neidisch auf Mekkas Ruhm als Wallfahrtszentrum und beherrschende Handelsstadt gewesen waren. In Jasrib schätzte man den Flüchtling bald als klugen Ratgeber und Vermittler zwischen verfeindeten Sippen: Er, der Fremde und Unparteiische, konnte so oberster Richter, schließlich Scheich der Oase werden. Hier begann sein siegreicher Aufstieg zum anerkannten Propheten des Islam. Das Jahr der Flucht wurde zum entscheidenden Wendepunkt seiner Laufbahn – und nicht zufällig beschlossen später die Moslems, hier mit ihrer eigenen Zeitrechnung zu beginnen. Das Jahr 1 der Hedschra (= Flucht, Auswanderung, Übersiedlung) entspricht dem Jahr 622 unserer Zählung. Mohammed war damals zweiundfünfzig Jahre alt.

Mohammed wuchs in dieser kleinstädtischen, ja teils bäuerlichen, von Stammesdenken geprägten Oasengesellschaft über die Rolle des Religionsstifters hinaus und wurde zum Politiker. Gänzlich undenkbar wäre diese Konsequenz für Jesus oder Buddha gewesen, sie hatten in hochentwickelten Staatswesen gelebt und konnten sich damit begnügen, für die »Seele« des Menschen zu sorgen. Die äußere Welt zu ordnen, überließen sie den Herrschern und beanspruchten nur, die Religion solle das Gewissen der Mächtigen sein. Mohammed aber war geistliches und weltliches Oberhaupt zugleich, er regierte über einen »Gottesstaat«, wo selbst die praktischen Alltagsgesetze als unmittelbar vom Wort Allahs inspiriert galten – ein Ideal, das bis in unsere Tage herein im Islam weiterlebt, ja erst jetzt wieder voll wirksam wird. Sollen doch fast 1400 Jahre nach dem Tod des Propheten im Namen einer »islamischen Revolution« jene Zustände wiederhergestellt werden, wie sie zu Zeiten Mohammeds herrschten. Wir werden an anderer Stelle sehen, daß besonders iranische Geistliche, allen voran Ajatollah Khomeini, sich ausdrücklich auf diese frühe Gesellschaftsform berufen.

Mohammed hatte als Einsiedler in der Wüste nahe Mekka die visionären, religiösen Verse verfaßt, in Medina schuf er die eher nüchternen, gesetzgeberischen Texte des Korans. Bis ins Detail gab er nun Anordnungen für das tägliche Leben, die Gesetzgebung, das Eherecht und Wirtschaftsfragen – eine gesetzgeberische Leistung, die angesichts der bis dahin wenig ausdifferenzierten Rechtslage als ein Markstein in der arabischen Entwicklung angesehen werden muß. Die durchschlagende, unantastbare Autorität solcher Gesetze erreichte Mohammed, eben weil er sie alle als eine persönliche Anordnung Gottes verkündete.

Aber noch eine Aufgabe wuchs dem Religionsstifter und Gesetzgeber zu: Er hatte auch oberster Kriegsherr zu sein. Denn nur indem er die neue Religion mit Waffengewalt verteidigte, konnte er sie in der brodelnden, von ständigen Stammesfehden erschütterten Welt Arabiens vor dem Untergang bewahren. Die Erfahrung hatte ihn gelehrt, daß friedliche Mission allein nicht genügte, gar zu oft waren seine Anhänger erschlagen worden, hatte man sein eigenes Leben bedroht. Den wahren Glauben durch das Schwert zu verbreiten, dies erschien ihm bald die einzig vorstellbare Form. Gewalt und Raub galten als verwerflich, aber gegen »Ungläubige« durften Kriege aus Gründen der Notwehr oder um einem erwarteten Angriff zuvorzukommen, geführt werden, »Heilige Kriege«. Mit dieser Deutung konnte er besonders die Beduinen gewinnen, die nicht bereit gewesen wären, in wirtschaftlichen Notzeiten auf ihre Beutezüge zu verzichten.

Den ersten »Heiligen Krieg« führte Mohammed gegen Mekka, seine Heimatstadt, die ihm die Anerkennung verweigert hatte. Bei Badr, einer Karawanenstation südwestlich von Mekka, siegte er im Jahr 2 der Hedschra entscheidend über seine Gegner, sechs Jahre später zog er siegreich in Mekka ein, ließ die Kaaba von allen Götzen säubern und weihte sie dem unsichtbaren, gestaltlosen, einzigen Gott.

Mohammed lebte noch zwei Jahre. Während dieser Zeit unterwarfen seine »Glaubenskrieger« in raschen Feldzügen sämtliche Beduinenstämme Arabiens und forderten sie zum Islam, zur »Hingabe« an Gott, auf. Dreiundsechzigjährig starb er in seiner schmucklosen Lehmziegelwohnung von Medina. Man schrieb das Jahr 10 der Hedschra, das Jahr 632 unserer Zeitrechnung.

## *Der Schah weicht dem Kalifen*

Drei Jahre später eroberten die Araber die byzantinischen Provinzen Syrien und Palästina. Fünf Jahre später umzingelten sie Ktesiphon, die Hauptstadt des Sassanidenreiches am Tigrisufer, und rückten nach äußerst blutigen Gefechten in die bereits halb zerstörte Residenz ein. Schahz Yesdegerd III. floh ins Innere Persiens, sammelte noch einmal seine Panzerreiter und stellte sich bei Nihawend zur zweiten Entscheidungsschlacht, wurde abermals geschlagen und floh weiter. Er war der 25. Gottkönig aus dem Geschlecht der Sassaniden – und der letzte. Im Jahr 651, neunzehn Jahre nach Mohammeds Tod, erschlug ihn ein unzufriedener Offizier nahe der Oase Merw im Nordosten seines Herrschaftsgebiets. Zu dieser Zeit hatte das Byzantinische Reich bereits drei seiner wichtigsten Provinzen, Palästina, Syrien und Ägypten, an die Araber verloren, Persien aber war politisch völlig ausgelöscht.

Wie konnte dies geschehen? Es war nicht neu, daß Beduinenstämme aus dem Innern Arabiens in persische und byzantinische Provinzen einbrachen, dies hatte sich seit Jahrhunderten immer wieder ereignet, wenn in arabischen Oasen Bewässerungskanäle versandeten oder die ohnehin kargen Weiden noch mehr zusammenschrumpften. Doch meist hatten diese Raubkrieger nur danach getrachtet, reiche Städte zu plündern und dann wieder in die Weite der Wüste zurückzukehren, oder sie hatten zwangsweise den überlegenen Truppen der Großreiche weichen müssen. Dieses Mal aber waren sie getrieben von einer religiösen Idee, sie zeigten einen bisher unbekannten Kampfesmut und Fanatismus – angestachelt durch die Prophezeihung Mohammeds, jeder gefallene Glaubenskrieger werde sofort ins Paradies eingehen.

Trotz allem hätte der Sturmangriff aus dem Innern Arabiens Episode bleiben können. Denn der byzantinische Kaiser wie der persische Schah wären noch mächtig genug gewesen, neue Armeen zu rüsten – nur hätten Christen wie Zarathustrier tatkräftig mithelfen müssen, das »Joch der Heiden« abzuschütteln. Sie taten es nicht. Im Gegenteil: In Persien jubelte das unterdrückte Volk den arabischen Eroberern zu, massenhaft wandten sich gerade einfache Bauern, ausgebeutet durch unmenschlich hohe Steuern, dem Islam zu. In den byzantinischen Provinzen Syrien, Palästina und Ägypten war es nicht viel anders. Kaisertreue Beamte mußten fassungslos mit ansehen, wie Christen die »Heiden« als Befreier begrüßten und zu der neuen Religion übertraten. Christen wandten sich von einer Kirche ab, in der sie sich nicht mehr geborgen fühlen konnten. Längst waren ihre hohen Würdenträger zu Großgrundbesitzern geworden und hatten wie die Fürsten willkürlich Steuern aus den Pachtgütern ohnehin schon notleidender Bauern eingetrieben. Die Kirche Christi, einst eine Fürsprecherin der Armen und Unterdrückten, war zu einem (gut verdienenden) Handlanger der Mächtigen geworden – nicht anders als die zarathustrische Staatskirche in Persien. Christen und Zarathustrier mußten von einer neuen Religion fasziniert sein, die in Grundzügen der ihren ähnelte, ja fast dieselben moralischen Ideale besaß, aber diese Ideale noch mit unverbrauchter Energie verkündete. Der Islam verhieß den Mühseligen und Beladenen eine bessere Welt – wie einst auch das Christentum. Wieder einmal erschien es so, als ließe sich alles Fragwürdige und Morsche der alten Kultur umstürzen und erneuern.

Nach einer Folge von Katastrophen stand der Iran abermals an einem verheißungsvollen Wendepunkt.

Perser spielten anfangs keine Rolle in der Geschichte des Islam. Griechen, Römer und Syrer standen während der ersten Jahrzehnte den neuen Herrschern näher.

Ein historischer Zufall hatte dem nachgeholfen. Im Jahr 661 war es dem arabischen Statthalter von Syrien, Muawija, gelungen, sich als Führer der moslemischen Truppen durchzusetzen; folgerichtig machte er seine Residenz Damaskus zur Hauptstadt der eroberten Provinzen und bevorzugte an seinem Hof ehemalige Untertanen des byzantinischen Kaisers als Ratgeber: griechisch und römisch gebildete Verwaltungsfachleute, Architekten und Wissenschaftler. Die Nachfolger – wie Muawija aus dem Geschlecht der Omaijaden – handelten nicht anders. Das Ergebnis sehen wir noch heute an den erhaltenen Moscheen, die zu den ältesten des Islam überhaupt gehören: So ist etwa die Omaijadenmoschee von Damaskus nach dem Muster einer römischen Basilika gebaut und hat in ihrem Innern Mosaiken nach byzantinischem Geschmack vorzuweisen; und nicht zufällig läßt die Omar-Moschee, der legendäre »Felsendom« von Jerusalem, mit kreisrundem Grundriß und mächtiger Kuppel das Vorbild der Hagia Sophia von Konstantinopel ahnen.

Das Geschlecht der Omaijaden, so benannt nach seinem Stammvater Omaija, einem entfernten Verwandten der Prophetenfamilie, war geübt im Herrschen. Schon in vorislamischen Zeiten hatte der Klan in Mekka die Führer gestellt, jetzt standen die erfahrenen Taktiker der Macht wieder an der Spitze und regierten mit Routine. Sie ließen die zerstörten Städte und Bewässerungskanäle herrichten, bauten neue Schulen, Krankenhäuser und natürlich Moscheen. Araberfürsten, die ein Jahrhundert zuvor nur über halbzivilisierte Beduinenstämme geherrscht hatten, waren plötzlich zu solchen Leistungen fähig, konnten erneuern, weiterführen und umformen, was byzantinische und persische Statthalter vernachlässigt hatten. Ihnen war es gelungen, fast sämtliche Verwaltungsbeamte, Baumeister und Lehrer der alten Oberschicht für wichtige Aufbauarbeiten zu gewinnen, indem sie ihnen gestatteten, ihrem bisherigen Glauben treu zu bleiben. Es war kein ungewöhnliches Bild, daß Juden, vor allem aber Christen in den Palästen von Damaskus so häufig ein und aus gingen wie ranghohe Moslems.

Die Omaijaden regierten unter dem Titel »Kalif«, was soviel wie »Nachfolger« bedeutet; dieser Name hatte sich bereits unmittelbar nach Mohammeds Tod für den ranghöchsten Herrscher der Gläubigen eingebürgert. Unter der Dynastie der Omaijaden konnten die Moslems vollends das mächtige Reich der damals bekannten Welt schaffen, kein nachfolgendes Geschlecht vermochte, das Imperium noch weiter auszudehnen. Um das Jahr 730 – ein Jahrhundert nach Mohammeds Tod – beherrschten die Eroberer ein Reich, das von Spanien bis an die Grenzen Indiens reichte. Griechen, Römer, Berber, Perser und Turkmenen sammelten sich nun neben den Arabern in den Moscheen und verneigten sich in Richtung Mekka, sie alle fühlten sich verbunden durch den Islam und eine neue Amtssprache, das Arabische. Zentrum dieses Riesenreiches blieb neunzig Jahre lang Syrien mit Damaskus, während die einstige Residenz Medina immer mehr in den provinziellen Dämmerschlaf jener Zeit zurücksank, als die Oase noch Jasrib hieß.

### *Die Perser gewinnen an Einfluß*

Für den Iran zeigten die Kalifen kein besonderes Interesse. Das Land lag ihnen zu weit im Osten und ließ sich nicht besonders gut überwachen, und so erschien ihnen die am weitesten östlich gelegene Provinz Chorassan gerade gut genug, um dorthin unliebsame Beamte und weniger zuverlässige Truppen strafzuversetzen.

Jahrzehnte später war alles anders. Plötzlich rückten Perser ins Zentrum des Geschehens, mit einem Mal bestimmten sie maßgebend die Geschicke der islamischen Welt. Für die Omaijaden bedeutete dieser Wandel eine Katastrophe. Im Jahr 750 zogen rebellische Soldatenhorden durch die Reichshauptstadt Damaskus, plünderten die Paläste, zerschlugen das kostbare Mobiliar, und während der folgenden Wochen vermoderte auf einer Lanzenspitze der Schädel des Omaijadenkalifen Merwan II., der in der Schlacht gefallen war. Ein Aufstand hatte die Dynastie der Omaijaden hinweggefegt – ein Aufstand, der in der ostpersischen Provinz Chorassan, dem Sammelbekken aller Unzufriedenen, begonnen hatte.

Grund zur Unzufriedenheit gab es genug. Die Omaijaden hatten nicht so makellos regiert, wie es vielen Gesandten aus europäischen Fürstenhöfen bei ihren meist flüchtigen Beobachtungen erscheinen mochte. Zwar hatten die Kalifen mit Hilfe ihrer griechischen und römischen Berater ein blühendes Staatswesen geschaffen, aber neubekehrte Moslems hatten alsbald feststellen müssen, daß sie keinesfalls dieselben Rechte in Anspruch nehmen durften wie die arabischen Eroberer, ja nicht einmal Vorrechte, wie sie christliche Verwaltungsspezialisten am Hof besaßen. Römer, Griechen, Perser und Turkmenen, die jubelnd die Araber als Befreier begrüßt hatten und zum Islam übergetreten waren, mußten plötzlich wie alle anderen Unterworfenen eine hohe Kopfsteuer bezahlen. Wie das? Schrieb der Koran nicht vor, daß nur »Ungläubige« diese Steuer zu entrichten hatten? Die Kalifen scherten sich wenig um solche Einwände, sie brauchten zusätzlich Geld für ihre Prachtbauten und schickten deshalb Polizeitruppen in Dörfer und Städte der moslemischen Steuerverweigerer, ließen die Rebellen massenweise verhaften, manchmal auch niedermetzeln. Sie regierten nicht anders als in vorislamischen Zeiten: despotisch, ohne Rücksicht auf die Schwachen, ihnen galt in erster Linie die eigene Sippe etwas, dann der eigene Stamm, dann erst das eigene Volk, und nach einem weiten Abstand zählten für sie erst andere Völker. Damit fanden die Omaijaden zu jener engstirnigen Beduinentradition zurück, gegen die Mohammed so leidenschaftlich gekämpft hatte. Neubekehrte Gläubige sagten diesen Herrschern den Kampf an; Griechen, Römer, Berber, Perser, aber auch zahlreiche Araber fanden sich unter ihnen, die sich nie mit der Vorherrschaft der Omaijadensippe hatten abfinden wollen. Aufstände erschütterten das Reich. Viele der Rebellionen konnten die Kalifen im Keim ersticken, so in Arabien, in Syrien, im Irak – nicht aber in der ostpersischen Provinz Chorassan, sie lag zu weit von Damaskus entfernt.

Es waren unruhige Jahrzehnte, gefährlich für die Zukunft der jungen Weltreligion. Mohammed war noch kein Jahrhundert tot, und schon standen sich moslemische Heere kampfbereit gegenüber, verfluchten sich gegenseitig im Namen Allahs und seines Propheten, rückten mit dem donnernden Schlachtruf »Allahu akbar!« (Gott ist am größten) gegeneinander vor. Während jener Epoche zeichnete sich in vagen Umrissen bereits die Tragödie der islamischen Religionsspaltung ab. Noch ein Jahrhundert sollte es dauern, bis die verfeindeten Gruppen ihre eigenen Namen besaßen: Sunniten und Schiiten.

Ein Perser war es, der im Jahr 749 die Aufständischen zum Entscheidungskampf gegen die Kalifen in Damaskus sammelte, und Perser vor allem marschierten unter seinen Fahnen. Dieser Mann aus der Provinz Chorassan hieß Abu Muslim – der erste Perser von Rang und Namen in der Geschichte des Islam. Der neue Kalif? Er, der Perser, konnte es nicht sein, denn allen Moslems war es damals noch selbstverständlich, »Herrscher der Gläubigen« durfte nur ein Araber werden, der mit Mohammed blutsverwandt war. Abu Muslim nannte sich bescheiden einen »Stellvertreter« seines »Herrn«. Sein Herr, ein Araber, trat dann auch bald aus dem Hintergrund und gab sich als der eigentliche Führer des Aufstandes zu erkennen. »Durch die Verwandtschaft mit dem Gesandten Allahs sind wir über alle anderen erhaben«, so verkündete er in seiner ersten Rede vor dem versammelten Heer, »wir sind aus demselben Stamm wie er entsprossen. Allah hat uns im Islam einen hohen Rang zugewiesen . . .« Dieser Mann hieß Abu al Abbas. Sein Urahne war ein Onkel Mohammeds gewesen, enger mit dem Propheten verwandt als die gestürzten Omaijaden. Abu al Abbas ließ sich zum neuen Kalifen ausrufen und verkündete das sehnsüchtig erwartete Gesetz: gleiche Rechte für alle Moslems, unabhängig von Rasse und Nation, keine steuerzahlenden Gläubigen, keine Vorrechte für Araber mehr. Die fremden Völker jubelten ihm zu. Nichts mehr würde zukünftig fähigen Syrern, Griechen, Römern und Persern im Weg stehen, höchste Ämter im Großislamischen Reich einzunehmen. Eine Entscheidung von ungeheurer Tragweite war gefallen.

Kalif Abu al Abbas begründete eine neue Dynastie, die der Abbasiden. Ihre Herrschaft sollte den größten kulturellen Aufschwung islamischer Geschichte bescheren, ja, eine der eindrucksvollsten Zivilisationsepochen der Menschheit überhaupt werden. Historiker sprechen übereinstimmend von dem »goldenen Zeitalter des Islam«. Während der folgenden fünf Jahrhunderte überflügelten moslemische Wissenschaftler, Philosophen, religiöse Denker, Dichter und Künstler bei weitem die Leistungen abendländischer Christen. Die maßgebenden Männer aber waren oft keine Araber, nur ihre Sprache blieb arabisch. Seit dem Sturz der Omaijaden war es im islamischen Großreich mit der Vorherrschaft der Eroberer vorbei, nun drängten endgültig neubekehrte Moslems jener unterworfenen Völker in den Vordergrund, die den Eroberern aus der Wüste an Bildung und Kultur überlegen waren. An ihrer Spitze: Perser.

Ein Zufall war das nicht. In Persien hatte der entscheidende Aufstand begonnen. In Persien hatten auch die Abbasiden seit Generationen gelebt, einige in westlichen Landstrichen nahe Euphrat und Tigris, andere weit im Osten, in Chorassan. Sie waren Araber nach Herkunft, im Charakter und der Bildung aber hatten sie schon viel von ihrem Gastvolk angenommen, fasziniert von dessen höher entwickelter Kultur. Viele von ihnen hatten bereits persische Frauen geheiratet und Söhne gezeugt, die ihre arabische Heimat nur noch vom Hörensagen kannten. Was also lag näher, als daß die neue Herrscherdynastie vor allem Perser als Berater an ihren Hof holte. Und verständlich war es, daß diese Kalifen weder in Arabien noch in

Syrien die Hauptstadt wünschten. Nun mußte sich das Zentrum des Großislamischen Reiches nahezu zwangsläufig nach Osten verlagern. Kalif Abu al Abbas kehrte Damaskus den Rücken und ließ sich in Haschimija am Euphrat nieder. Sein Nachfolger Mansur baute aber am Tigris unweit den Ruinen von Ktesiphon jene Reichshauptstadt, die fast fünfhundert Jahre lang zum glanzvollen Mittelpunkt der islamischen Welt, ja, zum überragenden Symbol eines ganzen Zeitalters werden sollte: Bagdad.

## 2. Bagdad: Das Persische an der »Hauptstadt der Welt«

### *In der Nachfolge der Gottkönige*

So mag es gewesen sein: Prächtig gekleidete Reiter hielten in Sichtweite des Handelsstädtchens Bagdad, die Bauern auf den umliegenden Feldern zogen sich eingeschüchtert zurück, und währenddessen betrachtete der Reiterführer, von Leibwächtern und Sklaven umgeben, prüfend die Gegend. Dieser Mann war Kalif Mansur. Er war auf der Suche nach einer neuen Residenz, denn Haschimija, die Hauptstadt seines verstorbenen Halbbruders und Vorgängers Abu al Abbas, lag ihm zu ungeschützt in der Ebene, dort trieb der Wind oft Sand und Staub der nahen Wüste durch die Straßen. Ein christlicher Mönch, so weiß es die Legende, hatte dem Kalifen von dem Standort des Städtchens Bagdad geschwärmt, wo die Nächte nicht so heiß und zudem frei von Mücken seien. Nun war Mansur hier und sah vor sich eine weite fruchtbare Ebene mit Palmenhainen, dahinter die silbrig glitzernden Fluten des Tigris. An diesem Tag mochte er die entscheidenden Worte gesprochen haben, die ihm die Chroniken zuschreiben: »Bei Allah, ich werde die Stadt bauen . . . Sie wird ohne Zweifel die prächtigste Stadt der Welt werden.«

Im August des Jahres 762 legte der Kalif den Grundstein zu den ersten Gebäuden. Seinem Willen nach sollte die Stadt »Medinet as Salam«, »Stadt des Friedens«, heißen, aber die späteren Bewohner blieben bei dem alten Namen, den der Marktflecken am Kreuzpunkt wichtiger Karawanenwege schon zu Zeiten der Babylonier besessen hatte: Bagdad, »Gottesgeschenk«.

Eine riesige Baustelle entstand während des nächsten Jahrzehnts, bevölkert von Hunderttausenden von Menschen. Jede Provinz des Großislamischen Reiches hatte ihre fähigsten Architekten, Kunsthandwerker und Arbeiter zu schicken. Die bedeutendsten Baumeister kamen aus dem Zweistromland selber oder aber aus dem Innern Persiens, in erster Linie aus Chorassan, wo die Abbasiden ihre treuesten Anhänger besaßen. Die neuen Machthaber ließen eine Stadt bauen, die nichts Arabisches mehr an sich hatte: eine kreisrunde Anlage, im Zentrum das Regierungsviertel mit hohen Festungsmauern und Wachtürmen, umzogen von einem breiten Wassergraben, hermetisch abgeschirmt gegen die Wohnviertel mit ihren Basaren, lärmenden Geschäftsstraßen, Schulen, Spitälern und Bädern, erst recht von den niedrigen Lehmbauten der ärmeren Bevölkerung. Keinem gewöhnlichen Bürger war es vergönnt, ohne Erlaubnis auch nur die ersten Festungsmauern zu passieren. Weithin sichtbar überragten die Prunkbauten des Kalifenpalastes mit ihren leuchtendgrünen Fayencekuppeln das Häusermeer und blieben für den Normalsterblichen doch so unerreichbar wie der Mond. Rasch allerdings konnten sich die Tore des äußersten Bezirks öffnen, und berittene Polizei preschte heraus; so unnahbar der Herrscher seinem Volk auch war, so nah blieben seine Soldaten. Dies war eine total kontrollierte Stadt, in deren Mitte die Regierung wie ein Auge saß, nach dem Modell der Festungsstädte von Chorassan, ähnlich aber auch der Sassanidenresidenz Ktesiphon, deren Bauten nur vierzig Kilometer südöstlich von Bagdad zerfielen.

Ein Araber, der eine solche Stadt bauen ließ, mußte von einem anderen Geist beseelt sein als seine Vorfahren aus Mekka und Medina. Von Geburt her hatte Mansur zwar keinen einzigen Tropfen persisches Blut in seinen Adern, der Vater war Araber, die Mutter eine Berbersklavin, geprägt jedoch hatten ihn persische Lehrer aus Chorassan. Er, der mit eigentlichem Namen Abu Dschafar hieß und sich erst später »Al Mansur«, »der Siegreiche«, nennen ließ, trat so ganz anders auf, als es Araber bei ihren Fürsten gewohnt waren. Auf den ersten Blick soll er auf den Betrachter angenehm gewirkt haben, er war hochgewachsen, schlank, trug einen schwarzen Vollbart und besaß durchdringende Augen, aber bei näherem Hinsehen erschien er düster und verschlossen. Er liebte die menschliche Nähe nicht, um so mehr schätzte er prunkvolles und steifes Zeremoniell, das jedes persönliche Gefühl verbarg und Abstand zwischen ihm und den anderen schuf. Mansur befahl seiner Familie, sich nur in kostbaren Seidengewändern und reich parfümiert den Höflingen zu zeigen, für andere Menschen sollten sie völlig unsichtbar bleiben. Stets mußten schwerbewaffnete Reiter und ein großes Gefolge von Sklaven die Mitglieder der Kalifenfamilie bei Ausritten vor den Blicken der gewöhnlichen Sterblichen abschirmen, und jeder Bürger hatte sich vor den Vorbereitenden tief zu verneigen – ein Verhalten, das den Arabern bisher völlig unbekannt war.

Selten zeigte sich der Kalif mit seiner Familie einem größeren

Kreis von Menschen, dies nur bei Botschaftsempfängen, Siegesfeiern und beim Freitagsgebet in der Moschee, hier aber mit allem nur erdenklichen Pomp. Kein moslemischer Fürst war bisher so aufgetreten. Weitgereiste Zeitgenossen, besonders Gesandte, mochten sich hier an das Gebaren der byzantinischen Kaiser erinnert fühlen. Perser und Iraker hingegen brauchten nicht über ihre Landesgrenzen hinauszusehen, sie fanden das Vorbild in ihrer eigenen Geschichte: bei den Gottkönigen.

Völlig undenkbar war es, daß ein Bittsteller sofort zum Kalifen selbst vordringen konnte, selbst hohen Staatsbeamten war es nicht ohne weiteres vergönnt, bis vor den Thron zu treten und dem Herrscher ins Gesicht zu blicken. Je niedriger ein Untertan im Rang war, um so rascher wurde er aufgehalten im Labyrinth von Sälen, Fluren und Empfangszimmern, vor deren Türen schwerbewaffnete Wachen und prunkvoll gekleidete Kammerherren den Besucher furchteinflößend kontrollierten und ihn warten hießen. Allein besonders begünstigte Würdenträger durften schließlich den Thronsaal betreten, dort aber blieb der Kalif durch einen Gazevorhang von den Versammelten getrennt, nur schemenhaft waren die Konturen seiner Gestalt sichtbar, nur zu erahnen blieben der gleißende Brokatstoff der Gewänder, die blitzenden Edelsteine am Turban aus schwerer Seide. Nicht mehr zu erkennen war aus der respektvollen Entfernung der Untertanen das Augenpaar, das durch den dünnen Vorhang jede Bewegung im Saal verfolgte. Für alle deutlich sichtbar, ja ins helle Licht gerückt blieben dagegen die zahlreichen Schreiber und Verwaltungsbeamten auf der untersten Stufe der Thronpyramide, sichtbar auch die Kämmerer und die Minister etwas höher. Vor ihnen mußte sich der Untertan niederwerfen, den Boden küssen und dann sein Gesuch vortragen. Je nach Rang des Untertanen antwortete ein niedriger oder höherer Beamter aus der Hierarchie. Der Kalif äußerte sich nur zu den wichtigsten Fragen selber, für nicht wenige Untertanen mußte es bange Minuten des Wartens bedeuten, bis endlich der ranghöchste Minister die Antwort an rangniedere Beamte weitergab. Und so mancher nervöse Blick war zuvor seitlich zur Thronpyramide geglitten, wo eine lederne Decke ausgebreitet war und dahinter mit gezogenem Krummsäbel ein Henker stand. Es konnte geschehen, daß Wachposten einen Würdenträger von einer Minute auf die andere zu der ledernen Decke zerrten, Sekunden später rollte der

Kopf. Der Kalif hatte ein Urteil gefällt, ohne einen Richter zu befragen, er selbst verkörperte das absolute Recht, war nur »Allah« verantwortlich.

Ein einschüchterndes Hofzeremoniell. Bis in Einzelheiten erinnerte es an das Ritual des Schah-in-Schah am Hof von Ktesiphon. Nichts mehr war am Kalifenhof Bagdads von der Tradition beduinischer Stammesführer zu spüren, wie sie die Omaijaden noch gepflegt hatten. Ein Kalif in Damaskus ließ zwar auch nicht mehr jeden Untertanen vor seinen Thron treten, wie dies noch bei den ersten Nachfolgern Mohammeds in Medina selbstverständlich gewesen war, aber stets blieben die Herrscher für eine Anzahl Stammesfürsten zu sprechen, die freimütig Kritik üben durften. In Bagdad dagegen gingen die Kalifen dazu über, ehemalige Sklaven zu Generalen und Ministern zu machen – Männer, die keine Bindung an eine mächtige Adelsfamilie kannten, sondern nur noch ihrem Herrn und Besitzer bedingungslos (!) ergeben waren. Auch dies hatten die Abbasiden von den Gottkönigen gelernt.

Entsprechend verhielten sich die Abbasiden in der Wahl ihrer Frauen. Anders als die Omaijaden bevorzugten sie keine arabischen Prinzessinnen, sondern persische Sklavinnen, in späteren Jahrhunderten auch kriegsgefangene Türkinnen, alles Frauen, die ihnen von vornehmen Vasallen als Tribut gestellt werden mußten. Die neuen Machthaber wollten den selbstbewußten Beduinenadel nicht nur von den Ministersesseln und aus Staatskanzleien verdrängen, sondern auch aus den Frauengemächern. Sie, die Abbasiden, ließen sich, je länger ihre Dynastie an der Macht war, um so mehr nur noch von unmündigen Sklavinnen ihre Söhne gebären, damit keine einflußreiche Sippe sich einer Verwandtschaft zur Herrscherfamilie zu rühmen vermochte und daraus etwa selber einen Thronanspruch ableitete. Übernommen hatten die Kalifen von Bagdad diesen Brauch ebenfalls vom Königshof der Sassaniden. So aber schufen die Abbasiden einen neuen Maßstab, Frauen zu bewerten: Frauen in ihrem Umkreis galten als völlig rechtlos – eine Bewertung, die sich in späteren Jahrhunderten in anderen Bevölkerungskreisen immer mehr durchgesetzt hat. Den Arabern war dies bis dahin fremd gewesen. Zwar galt auch ihnen die männliche Überlegenheit als selbstverständlich und heirateten manche von ihnen nach Erlaubnis des Korans mehrere Frauen, Begüterte hielten sich zusätzlich noch etliche Kurtisanen – aber streng bewacht und abgeschlossen hatten ihre Gattinnen niemals leben müssen. Wir wissen, daß etwa die Frauen des Propheten sich ungehindert unter Männern hatten bewegen können, ja Mohammeds erste Gattin Chadidscha gar ein Handelsunternehmen besessen und geführt hatte.

Die zunehmend nachteilige Entwicklung für die Frauen bis hin zur total despotischen Unterdrückung hat sich allerdings nicht innerhalb weniger Jahrzehnte, sondern über mehrere Jahrhunderte hinweg vollzogen. Erste Schritte hatte bereits der Omijadenkalif Walid II. im Jahr 743 eingeleitet, als er nach dem Vorbild achämenidischer wie sassanidischer Gottkönige seine Frauen vor den Blicken der Öffentlichkeit strikt abschirmte und ihnen sogar, falls sie ihre Gemächer verließen, einen Gesichtsschleier verordnete. Schon unter seiner Herrschaft war das arabische Wort »haram« (heilig, verboten, abgeschlossen) für den Bereich der Frauengemächer verwendet worden; ursprünglich galt die Bezeichnung nur für das Innere der Kaaba von Mekka, das zu bestimmten Zeiten den Gläubigen verwehrt blieb. Aber der »Harem« wie der Gesichtsschleier der Frau setzte sich erst während der folgenden fünf Jahrhunderte, ausgehend von der maßstabsetzenden Zentrale in Bagdad, als fragwürdig elitäre Einrichtung an islamischen Fürstenhöfen weitgehend durch; hierbei ließen jedoch manche der herausragenden Herrscher (selbst bei den Abbasiden) ihren Hauptfrauen noch relativ viel Bewegungsfreiheit. Daß dieser im Grunde unislamische Brauch schließlich während des 17. und 18. Jahrhunderts bis weit in Kreise einfacherer Volksschichten drang, ohne durch reformerische Gegenkräfte gebremst zu werden, demonstriert den allmählichen Niedergang einer einst hochstehenden Kultur.

Zurück zur speziellen Entwicklung bei den Abbasiden. Perserinnen bevölkerten zunehmend die Haremsgemächer und gebaren den Herrschern die Söhne, Perser stellten die Leibgarde des Kalifen, Perser rückten in die Ministerämter auf und wurden zu den einflußreichsten Beratern der arabischen Herrscher. Arabische Gefolgsleute empfanden bald genug Unbehagen an diesem neuen Auswahlsystem, manche äußerten offen ihre Kritik und mußten eilig Bagdad verlassen, um dem Zorn des Kalifen zu entgehen.

Was aber, so muß man sich fragen, blieb dann noch am Hof von Bagdad arabisch?

Die ranghohen Korangelehrten blieben Araber. Undenkbar erschien es selbst den Abbasidenkalifen, diese Ämter ihren Verbündeten aus Chorassan zu übertragen, hatte doch nach Auffassung der Moslems Gott auf arabisch zu Mohammed gesprochen. Kalif Mansur ließ die angesehenen Korangelehrten aus Mekka und Medina an seinen Hof rufen, er übertrug ihnen die Aufgabe, die richtige Auslegung des Heiligen Buches zu überwachen. Die bedeutendsten islamischen Lehrer sollten durch Diskussion alle Streitigkeiten in Glaubensfragen beseitigen, und worauf sie sich einigten, hatte als richtig zu gelten. Hier folgte Mansur dem bisher üblichen Brauch: Besonders befähigte Geistliche und nicht der »Herrscher aller Gläubigen« urteilten über die Religion. Nur betonte Mansur stärker als seine Vorgänger, daß der Kalif Schiedsrichter im Widerstreit der Koranauslegungen sein müsse. Zum Zeichen seiner religiösen Erhabenheit legte sich Mansur den Titel »Schatten Allahs auf Erden« zu und trug bei religiösen Festen einen Mantel, den angeblich auch Mohammed getragen hatte.

Weit über die gewöhnlichen Sterblichen hinausgehoben – im Stil eines altpersischen Gottkönigs –, regierte so der Kalif von Bagdad. Aber er konnte nicht auf einen maßgeblichen Helfer und Ratgeber verzichten, der eine Brücke zwischen ihm und den Untertanen schlug. Zu diesem Zweck schuf Mansur das Amt des Wesirs. Spätere Kalifen gingen dazu über, mehrere Wesire zu ernennen und an ihre Spitze einen Großwesir zu berufen. Der Titel ist arabisch und bedeutet »Der die Lasten tragen hilft«, das Amt aber ist persisch. Wie einst am Hof der Gottkönige von Ktesiphon ein ranghöchster Minister, so durfte jetzt allein ein Wesir ständig mit dem Herrscher reden und ihm dabei ins Gesicht blicken. Der Wesir leitete die Staatsgeschäfte und stieg neben dem Kalifen zum mächtigsten Mann im Reich auf.

Über Jahrzehnte stellte eine einzige Familie die Wesire. Selbstverständlich war dies eine persische Sippe, und nicht zufällig kam sie aus Chorassan, wo Kalif Mansur aufgewachsen und erzogen worden war. Es war die Familie Barmak. Sie wurde zum leuchtenden Symbol eines neuen Zeitalters, mit ihr rückten zum erstenmal traditionsbewußte, hochgebildete Perser ins Zentrum der islamischen Macht. Diese Männer – noch vornehme Adlige und keineswegs, wie später üblich, ehemalige Sklaven am Hof – eröffneten dem Kalifen ganz neue Perspektiven. Hatten die arabischen Eroberer in Palästina, Syrien und Ägypten meist nur griechische und römische Wissenschaften kennengelernt, so erschlossen ihnen die Wesire der Barmakiden die Schätze persischer Bildungsstätten: neben Werken aus dem alten Iran und der griechischen Antike zahlreiche Bücher babylonischer, indischer und chinesischer Herkunft – aus Kulturkreisen, in denen sich niemand so gut zu Hause wußte wie die Barmakiden, waren doch ihre Vorfahren Buddhisten mit beträchtlichen Kontakten nach Indien, Tibet und China gewesen.

Die ersten bahnbrechenden Folgen dieses neuentdeckten Bildungsguts zeigten sich bereits im Jahr 773 unserer Zeitrechnung. Damals ließ der Wesir Chalid ibn Barmak dem Kalifen Mansur einen Mathematiker aus Indien zur Audienz melden. Dieser Gelehrte – die Chroniken nennen ihn Kankah – brachte das Zahlensystem von Null bis Neun mit, ein System, das die Mathematik des Vorderen Orients und Europas von Grund auf revolutionieren konnte, denn dann war man nicht mehr gezwungen, nach den umständlichen griechischen und römischen Buchstabenzahlen zu rechnen. Kalif Mansur befahl, die indischen Schriftrollen und Bücher ins Arabische zu übersetzen. Fortan sollten seine Gelehrten mit den indischen Ziffern umgehen, sie würden damit den Mathematikern aller anderen Kulturnationen überlegen sein. Eine welthistorische Entscheidung!

Der Wesir führte dem Kalifen auch den berühmtesten persischen Arzt seiner Zeit zu, Dschurdschis, einen Christen. Dies sollte ebenfalls weitreichende Folgen haben. Dschurdschis war gerufen worden, um chronische Verdauungsstörungen Mansurs zu kurieren, keiner der arabischen Ärzte hatte Erfolg gehabt. Dem persischen Mediziner gelang es, worauf er zum Leibarzt ernannt wurde. Nicht genug damit: Mansur wurde dadurch auch auf die medizinische Hochschule von Dschundischapur aufmerksam, aus der sein Arzt hervorgegangen war, und er befahl, sämtliche ihrer Bücher ins Arabische zu übersetzen. Diese persische Hochschule sollte zum Ausgangspunkt für die höchstentwickelte Medizin des Mittelalters werden, nicht nur des islamischen Orients, sondern der ganzen Welt.

Aber diese Hochblüte erlebte Mansur nicht mehr, er starb im Jahr 775. Einundzwanzig Jahre hatte er regiert. Und während dieser Zeit hatte er, der Herrscher eines Weltreiches, späteren Generationen die Richtung gewiesen. Kalif Mansur war es, der begonnen hatte, die islamische Kultur »persisch« zu gestalten – im Guten wie im Bösen.

### *Harun al Raschid – Legende und Wahrheit*

Es geschah in Bagdad zur Zeit des Kalifen Harun al Raschid . . .

So und ähnlich beginnen zahlreiche Sagen, Märchen, Lehrfabeln und auch realistische, sozialkritische Erzählungen aus dem gewaltigen Sammelwerk mit dem arabischen Titel *Alif leila waleila*, zu deutsch: *Tausendundeine Nacht*.

Die erste Nachricht über die uns wohl bekannteste Dichtung des Orients stammt von dem Perser Al Masudi; er berichtet um das Jahr 930 unserer Zeitrechnung von einem persischen Buch mit dem Titel *Hazar Afsana, Tausend Erzählungen*. Zu jener Zeit muß es gewesen sein, daß die Dichter Bagdads das monumentale Werk ins Arabische übertrugen, Erzählmotive abwandelten, manches neu faßten, manches erst jetzt erfanden. Aladin und die Wunderlampe, Ali Baba und die vierzig Räuber, Sindbad der Seefahrer, Prinz Achmed und die Fee Peribanu – wer kennt sie nicht, diese farbenprächtigen, geheimnisvollen, in ihrer Tiefe kaum ausschöpfbaren Erzählungen. Viele dieser Geschichten stammen aus vorislamischer Zeit. Ihre Ursprünge lassen sich bis nach Indien zurückverfolgen, von wo Textsammlungen in den iranischen Raum gelangten, und hier erfand die Phantasie von Generationen immer neue Motive, Szenen, Situationen und Gestalten hinzu. Die Rahmenerzählung, wie es nämlich dazu kam, daß die Wesirstochter Scherezhad dem König Scherijar Jahre hindurch in 1001 Nächten immer neue Geschichten erzählt, stammt aus Indien – der Name Scherezhad aber geht bereits auf das Persische zurück und bedeutet »Die Edelgeartete«.

Die wenigsten Erzählungen entstanden durch Araber, arabisch war nur die Sprache, in der die Sammlung auf Befehl der Kalifen schriftlich gefaßt wurde. Vor allem Perser griffen auf den Erzählschatz zurück, wie er seit Jahrhunderten in ihrem Volk zu Hause war, gestalteten die uralten Motive neu und ließen in die detailreichen, sinnlich prallen, farbenprächtigen Szenenfolgen Beobachtungen aus dem alltäglichen Leben der Reichshauptstadt Bagdad einfließen: Prunk und Armut dicht nebeneinander, verschwenderische Hofhaltung der Fürsten, das drückende Leben von Sklaven, Lastträgern, Bauern; Großmut und Tyrannei der Mächtigen, Verzweiflung und fatalistischer Gleichmut der sozial Schwachen; die Zustände in den Palästen, Harems, Basaren, Kaufmannskontoren, Karawansereien, Dörfern. Das literarische Werk bot die ganze gesellschaftliche Vielfalt im Zentrum eines damaligen Weltreiches, mal mythisch verschlüsselt, mal märchenhaft eingekleidet oder realistisch ungeschminkt.

Leitmotivisch taucht in zahlreichen Erzählungen Kalif Harun al Raschid auf, der heute wie keine andere orientalische Herrschergestalt unsere Phantasie beschäftigt. Er lebt in unvorstellbarem Prunk, aber vor seinem Thron findet auch der einfache Mann von der Straße Gehör. Er zieht mit prächtigem Gefolge durch die Gassen Bagdads, wird aber auf den Bettler am Straßenrand aufmerksam, bittet ihn in seinen Palast, läßt sich die Lebensgeschichte berichten, ist erschüttert und gerührt von dem Schicksal und beschenkt den Erzähler reichlich. Er streift mit seinem Großwesir Dschafar nachts, unbekannt als Kaufmann verkleidet, durch die Basare und Schenken Bagdads, lauscht den Klagen der Bevölkerung über ungerechte Richter, bestechliche Polizeioffiziere, korrupte Staatsbeamte, kehrt in seinen Palast zurück, läßt die Beschuldigten rufen und verurteilt sie unbarmherzig, aber gerecht . . .

Harun ist die arabische Form des Namens Aron, al Raschid bedeutet »der Rechtgeleitete«, »der Aufrechte«. Dieser Mann hat tatsächlich gelebt und ist nicht nur für die Dichter und Märchenerzähler, sondern auch für die Historiker eine markante Herrschergestalt. Er, ein Enkel Mansurs, war der fünfte Kalif aus dem Geschlecht der Abbasiden und regierte von 786 bis 809, ein Zeitgenosse Karls des Großen. Eine persische Sklavin hatte ihn geboren – auch er längst kein reinblütiger Araber mehr. Unter seiner Regierung wurde Bagdad zu einer der glanzvollsten Städte der Welt. Hunderte schlanke Minaretts überragten das Gewirr der Gassen und Basare, riesige Kuppeln überwölbten die Moscheen und Paläste, Hunderte Backsteinmauern der öffentlichen Gebäude waren mit grün- oder blauglasierten Fayencekacheln überzogen – ein Erbe aus der Residenz der Gottkönige von Ktesiphon. Die Palastbauten des Kalifen am palmenbestandenen Tigrisufer übertrafen an Prunk alles bisher Dagewesene. Eine Pracht in »Azur und Gold«, so schrieb ganz hingerissen ein zeitgenössischer Geschichtsschreiber. Rings um die neue Kalifenresidenz wuchsen Paläste der Wesire und anderer bedeutender Staatsbeamter in die Höhe, es entstand eine Stadt in der Stadt – ein Sammelpunkt für Gelehrte und Dichter, vor allem Dichter, so wünschte es sich Harun al Raschid. Er zahlte ihnen hohe Gehälter auf Lebenszeit und spornte sie zu immer neuen Leistungen an. Nicht selten, so berichten die Chroniken, habe der Kalif einem Dichter für einen einzigen großartigen Vers ein Vermögen geschenkt. Nimmt es da wunder, daß die Poeten den Kalifen durch Lobhymnen verklärten, ihn geradezu als ideale Herrscherfigur in ihre Erzählungen einziehen ließen?

Verdiente Harun al Raschid diesen Ruhm? Am besten lassen wir hier den Historiker Anthony Nutting sprechen, seine Aussage trifft den Kern: »Je mehr man das Leben Haruns studiert, um so deutlicher wird es, daß der fast hypnotische Einfluß, den er auf moderne Historiker ausübt, faktisch unberechtigt ist. Wohl war er ein tüchtiger, wenn auch brutaler und neidischer Regent. Aber hervorragende Fähigkeiten besaß er keineswegs. Dank der Anstrengungen Abu Dschafars (des Kalifen Mansur) hatte er ein eigenes Reich geerbt, mit einer Tradition, die West und Ost bereits mit Neid erfüllte. Über dieses Erbe präsidierte er mit gebührendem Pomp. Sein eigener Beitrag war jedoch sehr geringfügig. Als er starb, war das Reich kleiner als zu der Zeit, da er es übernommen hatte.«

Die Verwaltung des Riesenreiches überließ er seinem Großwesir Yahya und später dessen Sohn Dschafar aus der Familie der Barmakiden; sie sorgten für Sicherheit und Ordnung in den Provinzen, ließen Straßen, Brücken, Herbergen und Kanäle bauen. Was also ließ Harun al Raschid berühmter werden als seine Vorgänger und Nachfolger? Dieser Kalif besaß nichts als das einmalige Glück, zu einem Zeitpunkt zu regieren, als das Großislamische Reich auf dem Gipfel seiner Macht stand. Er brauchte nur zu ernten, was andere gesät hatten. Erntete er gut?

Wollte man die Erzählungen von *Tausendundeiner Nacht* als Geschichtsquelle nehmen, müßte man dies bejahen. Aber die, die ihn als idealen Herrscher verklärten, waren fürstlich bezahlte Hofpoeten. Sie webten noch Generationen nach seinem Tod fleißig weiter an seiner Legende, in der wehmütigen Erinnerung, daß er wie kein anderer Kalif die Dichter gefördert und verwöhnt hatte. In der Tat: Fünftausend Goldstücke für einen gelungenen Vers, wie so manche

Chroniken lobend berichten, ehrten diesen kulturfreudigen Herrscher. Aber vom selben Geld hätte die Familie eines Bauern über Jahre hinweg gut leben können – nur: Die Bauern in den fruchtbaren Ebenen von Euphrat und Tigris besaßen meist wenig Geld sie hungerten trotz reicher Ernte, denn sie mußten von ihren geringen Parzellen meist bis zur Hälfte ihrer Erträge an den Großgrundbesitzer abführen, und dieser hatte hohe Steuern an die Regierung in Bagdad zu zahlen.

Steuern? Schrieb der Koran nicht vor, nur »Ungläubige« hätten Abgaben aufzubringen? Einst waren die Abbasiden gegen die Omaijadenkalifen ins Feld gezogen mit dem Versprechen, die Moslems von den »gottlosen« Steuern zu befreien. Jetzt aber erhoben die neuen Herren ihre Forderungen, auch sie brauchten Geld für ihre aufwendigen Bauten, ihren pompösen Lebensstil, auch unter ihrer Regierung konnten Christen, Juden und Zarathustrier allein die nötigen Mittel gar nicht mehr herbeischaffen. Aber einen Unterschied machten die neuen Herrscher zu den Omaijaden: An ihre Regierung mußten alle bezahlen, ohne Rücksicht darauf, ob Gläubige oder Ungläubige, ob Araber oder Perser – vor dem Despoten waren sämtliche Untertanen gleich.

Viele Bauern litten schwer unter dem Druck der Steuerlast, nicht wenige von ihnen mußten ihren Besitz an mächtige Adlige verpfänden, mehr noch, mußten sich selber als Sklaven verdingen und konnten trotzdem der drohenden Hungersnot nicht entgehen. Dagegen streute der Kalif das Geld mit vollen Händen unter die Dichter und Wissenschaftler. Harun al Raschid liebte die Kunst – keine Chronik läßt daran Zweifel –, aber die Menschen liebte er nicht, sie waren ihm nur Material, um den Ruhm seines Reiches, vor allem aber seinen eigenen Ruhm, zu fördern. Gleichgültig blieb er gegenüber dem Elend auf den Plantagen der Großgrundbesitzer, ungerührt auch von dem ärmlichen Leben in den Vororten Bagdads, ja wahrscheinlich hat er es nicht einmal wahrgenommen. Es ist bloße Legende, daß er nachts mit seinem Großwesir unerkannt durch die Basare und vor Kot stinkenden Straßen der Vorstädte wanderte. Zu seiner Regierungszeit wuchsen nicht nur die Palastbauten rascher als früher, sondern auch die Elendsviertel. Bildhaft vermittelt uns der Kommentar eines anonym gebliebenen Zeitgenossen diesen Kontrast: »Bagdad ist ein herrlicher Aufenthalt für die Reichen, doch für die Armen eine Stätte des Elends und der Bedrängnis. Ratlos wanderte ich lange durch die Straßen, verloren wie ein Koran im Hause eines Gottlosen.«

Die Erzählungen von Tausendundeiner Nacht haben Harun al Raschids Andenken in der Nachwelt verklärt. Aber dieser Ruhm blieb nicht unwidersprochen. Als die Poeten mit Legenden die historische Wahrheit zu verdecken begannen, meldeten sich auch die Kritiker zu Wort – sie schufen ihre Gegenlegenden, um dem »Märchenkönig« seinen Glanz zu nehmen; ihnen erschien es als Anmaßung, daß sich ein Kalif »Schatten Allahs auf Erden« nennen ließ und doch nur handelte wie ein sündiger Mensch. Besonders Korangelehrte und Derwische, moslemische Mönche, traten als Mahner auf. Ihre Worte sind in der islamischen Überlieferung bekannter als in der europäischen. Dort weiß man zum Beispiel von dem arabischen Derwisch Sufyan at Tauri, der angeblich ein Erzieher des Prinzen Harun gewesen war und seinen ehemaligen Zögling mit folgenden Wort aufzurütteln versuchte: »Und wie wird es erst mit dir werden, Harun, morgen, wenn der Herold auf Veranlassung Gottes, des Erhabenen, ruft: ›Es mögen sich versammeln die Frevler und ihre Genossen – wo sind die Tyrannen und ihre Helfer?‹ und du vor Gott hintrittst mit an deinen Nacken gebundenen Händen, die nur deine Rechtschaffenheit und Gerechtigkeit lösen kann? . . . Behalte meinen Rat im Gedächtnis, und lasse dir meine Warnung zur Lehre dienen . . . Fürchte Gott in deinen Untertanen, Harun . . .« Ein anderer Bußprediger, der Perser Fozeil Ayaz, hat angeblich den Kalifen mit folgenden Worten gescholten: »Laß deine Seele aufwachen und wisse, daß du am Gerichtstag für den Zustand eines jeden deiner Untertanen verantwortlich bist. Ja, wenn ein altes Weib eine Nacht hungrig und ohne Brot schläft, wirst du, o Kalif, darauf antworten müssen.« Auf diese Mahnung hin, so weiß es die Legende, sei Harun al Raschid in Tränen ausgebrochen und schließlich ohnmächtig zu Boden gestürzt.

Auch dies sind wohl nur poetisch ausgeschmückte Darstellungen, die nichts mit der historischen Herrschergestalt gemeinsam haben. Aber in solchen Berichten melden sich die Unzufriedenen zu Wort, deren Zahl man nicht unterschätzen darf. Sie kamen aus den Reihen der Sunniten wie Schiiten, es waren »Männer der Religion«, die es nicht dulden wollten, daß ein Kalif das Gebaren altpersischer Gottkönige nachahmte. Sie versuchten, den Herrscher zurückzuholen auf die Ebene des ganz normal Sterblichen, des Sünders, der vor Gott im Rang nicht höher steht als ein Sklave, und sie wollten den Gläubigen bewußt machen, daß gerade solche Herrscher gegen den Geist des wahren Islam verstießen. (Mehr als ein Jahrtausend später predigte Khomeini mit ähnlichen Worten gegen den Schah.)

Harun al Raschid starb mit nur fünfundvierzig Jahren an einem Unterleibsleiden. Man schrieb das Jahr 807 unserer Zeitrechnung; damals hatte Karl der Große im fernen Frankreich noch sieben Jahre seiner Regierung vor sich.

## *Kalif Mamun träumt von Aristoteles*

Harun al Raschid war überraschend gestorben und hatte nicht die Zeit gehabt, einen Nachfolger zu ernennen. Aber zwei seiner Söhne waren alt genug, um ihn zu beerben: Amin und Mamun. Den ersten hatte eine arabische Prinzessin geboren, den letzteren eine persische Sklavin. Wer sollte Nachfolger werden?

Es kam zum Bürgerkrieg. Hinter Amin scharten sich Araber, hinter Mamun Perser. Noch einmal versuchten arabische Adlige, mit Geld und Soldaten jenen Einfluß zurückzugewinnen, den sie seit Kalif Mansur verloren hatten. Aber ihr Unglück war, daß Amin, dieser Sproß von »edlem« arabischem Blut, unfähig und despotisch regierte. Mamun dagegen, der weniger vornehme »Bastard« einer persischen Sklavin, galt als fähiger Kopf. Das Ende war abzusehen. Amin konnte die Soldaten nur so lange um sich scharen, als er Geld unter sie verteilen ließ. Kaum aber blieb der Sold aus und nahte Mamuns Armee, liefen seine Anhänger scharenweise zum Gegner über; Mamuns Truppen siegten, treuergebene Perser aus Chorassan. Der triumphierende General Tahir ließ an Mamun den abgeschlagenen Kopf des Halbbruders schicken. Es war das letzte Mal, daß Araber versucht hatten, im Zentrum des Großislamischen Reiches an die Macht zu kommen; endgültig blieben nun in Bagdad die Führungsposten den Persern vorbehalten.

Mit Kalif Abdullah al Mamun kam eine der geistig vielseitigsten Herrscherpersönlichkeiten auf den Thron. Seine Vorgänger und Nachfolger überragte er an intellektuellen Gaben, er nur war fähig, gleichermaßen sachkundig mit Dichtern, Künstlern, Theologen,

Philosophen und Naturwissenschaftlern zu diskutieren. Hatte sein Vater Harun al Raschid in erster Linie Dichter und Künstler um sich gesammelt, so rief Mamun zusätzlich berühmte Mediziner, Physiker, Mathematiker und Astronomen an seinen Hof. Hier glich er dem Sassaniden-Schah Chosru I., und möglicherweise hatte er sich von diesem Vorbild leiten lassen. Selbstverständlich lud er, der »Herrscher der Gläubigen«, auch die bedeutendsten religiösen Denker zu Diskussionen, aber im Stil unterschied er sich selbst hier deutlich von seinen Vorgängern, nicht zuletzt von seinem Vater. Hatte Harun al Raschid nur sunnitische Korangelehrte zu Gesprächen empfangen, so lud Mamun neben Sunniten auch Schiiten, außerdem Christen, Juden und Zarathustrier zu sich.

Kein Herrscher seiner Zeit zeigte sich so wie Mamun bereit, ohne Vorbehalt die verschiedensten Denkrichtungen und Weltanschauungen zu Wort kommen zu lassen. Nie zuvor und selten in späteren Jahrhunderten durften an einem islamischen Fürstenhof Gelehrte und Philosophen derart frei gegensätzliche Meinungen äußern. Anschaulich beschreibt uns der Perser Al Masudi, ein Zeitgenosse, wie eifrig bedacht der Kalif war, mit allen bedeutenden Gelehrten persönlich zu reden und sich von ihrem Denken anregen zu lassen. »Mamun pflegte jeden Dienstag Gäste zu laden, mit denen er theologische und juristische Fragen besprach ... Die Gelehrten verschiedener Sekten wurden in den teppichbelegten Raum geführt, Tische mit Speise und Trank wurden hereingetragen ... Sobald die Mahlzeit beendet war, holten Bedienstete Räucherschalen mit Weihrauch, und die Gäste besprengten sich mit Duftstoffen. Hierauf wurden sie vor den Kalifen geführt. Er diskutierte mit ihnen so freundlich und unparteiisch und so frei vom Hochmut eines Monarchen, wie man sich nur denken kann.«

Eine solch weltoffene Atmosphäre wäre an einem europäischen Fürstenhof dieser Zeit unmöglich gewesen. Mitte des 10. Jahrhunderts kam noch kein Christ auf die Idee, mit Philosophen und Wissenschaftlern fremder Kulturen, geschweige denn mit Theologen anderer Religionen zu diskutieren; Jahrhunderte mußten noch bis zu diesem Zeitpunkt verstreichen. Hochmütig verschloß man sich im christlichen Abendland vorerst gegen alles Denken, das aus »heidnischen« Buchbeständen kam. Und so verstaubten in den Archiven byzantinischer Universitäten zahlreiche Werke aus der griechischen

Antike, verkamen bei schlechter Lagerung oder wurden gar von besonders glaubenseifrigen Christen als »Teufelszeug« vernichtet.

Anders im Herrschaftsbereich Mamuns: Aus allen Teilen des weitverzweigten Reiches gelangten wertvolle Buchrollen nach Bagdad, auch aus nichtpersischen Bibliotheken. Besonders die griechische Akademie von Alexandria erwies sich als Fundgrube, in ihr lagerten seit Jahrhunderten meist unbeachtet die Schriften der »Heiden« Platon, Aristoteles, Euklid, Pythagoras und anderer. Zwar hatten schon Omaijaden in diesen Beständen nach wichtigen griechischen Büchern suchen lassen, um sie ins Arabische zu übersetzen, aber systematisch waren sie noch nicht ans Werk gegangen. Dies blieb dem Abbasidenkalifen Mamun vorbehalten.

Gedankengut aus der griechischen Antike! Mußte da nicht selbst ein Moslem stutzen? Die Griechen vor tausend Jahren hatten schließlich nicht zu dem »einen Gott« gebetet, sie mußten als »Götzendiener«, »Heiden« eingestuft werden. Behielten die Christen nicht recht, wenn sie solche Schriftrollen möglichst verschnürt ließen oder gar vernichteten? Moslemische Gelehrte begannen, solche Fragen zu stellen. Keiner sträubte sich allerdings, von den Griechen Medizin, Mathematik und Astronomie zu lernen, denn hier handelte es sich um Erkenntnisse der »äußeren Welt«. Wie aber, wenn es um Religion und Philosophie ging? Etliche Gelehrte fanden es ketzerisch, daß griechische Philosophen mit den Mitteln der Logik und der Vernunft das Göttliche zu begreifen versuchten. Sie teilten ihre Bedenken den Korangelehrten mit, diese sandten eine Gesandtschaft zu Kalif Mamun und erhoben Einspruch, die Schriften von »Ungläubigen« studieren zu lassen. Mamun zögerte. Er konnte sich den Argumenten seiner arabischen Geistlichen nicht völlig verschließen. Aber er hörte sich in seinen wöchentlichen Diskussionsstunden auch persische Intellektuelle an, für deren Vorfahren es selbstverständlich gewesen war, griechische Philosophie zu studieren; diese Intellektuellen wollten die altbewährte Tradition unter einem islamischen Herrscher wieder voll zur Blüte bringen. Wie würde sich der Kalif entscheiden? Je heftiger Korangelehrte gegen Ketzer wetterten, um so nötiger wurde es, daß der »Herrscher der Gläubigen« mit einem Machtwort in diesen Streit eingriff. Monatelang schwieg der Kalif zu diesem Problem.

Ein Traum – so weiß es die Legende – hat ihm schließlich zur Entscheidung verholfen: Eines Abends ging er durch verschiedene Gemächer seines Palastes, und da traf er auf einen Mann, der in einem Sessel saß und las. Dem Aussehen nach konnte der Fremde weder Araber noch Perser sein, denn er trug keinen Turban, sondern hielt die Glatze mit weißem Haarkranz unbedeckt, auch waren die Haut und die Augen sehr hell. Mamun fragte: »Wer bist du?«, und der Fremde antwortete: »Ich bin Aristoteles.« Der Kalif begann mit dem griechischen Philosophen eine Diskussion über Gott und den Sinn des Lebens. Aristoteles versicherte ihm, er und alle griechischen Philosophen von Rang glaubten nicht mehr an Götter und Götzen, sondern an das »Eine«, die »höchste Vernunft«, von der alles Geschaffene ausgehe. Mamun wollte nun wissen, ob Aristoteles diese »Weltvernunft« mit Allah gleichsetze. Der Gefragte bejahte und setzte hinzu: Je vernünftiger ein Mensch denke, um so mehr spiegle er in sich Eigenschaften der »Weltvernunft«, des »Göttlichen«. – Mamun erwachte aus dem Schlaf, rief die wichtigsten Gelehrten und ranghohe Geistliche zur Audienz und verkündete ihnen: Griechische Schriften dürften gelesen werden.

Eine folgenreiche Entscheidung! Innerhalb von Jahrzehnten wurden moslemische Gelehrte in bisher nicht gekanntem Maß mit der Tradition des griechischen Wissens vertraut, daneben mit römischen, altpersischen, babylonischen und indischen Werken – eine Vielfalt an Bildung, durch die sie bald allen anderen Gelehrten der Welt überlegen waren. Erste Früchte zeigten sich bereits zur Regierungszeit des Kalifen Mamun. Das berühmteste Beispiel: Um das Jahr 825 studierte der Perser Al Khwarizmi indische, babylonische wie auch griechische Schriften und entwickelte dann eigene Gedanken, die eine neue Epoche der Mathematik einleiteten. Sein wegweisendes Buch trug den arabischen Titel *Al-gebr wal'-mukabala*; aus dem ersten Wort leiten wir heute den Begriff »Algebra« her. Auch war er es, der das Rechnen mit Logarithmen begründete.

Aristoteles auf arabisch, Hippokrates auf arabisch, Archimedes auf arabisch, dazu die Erkenntnisse indischer und altpersischer Wissenschaft – eine Explosion des Wissens bahnte sich an. Es dauerte kein Jahrhundert, und schon waren ihre bisher wenig bekannten Werke überall verbreitet, wo die Gelehrten, Philosophen und Dichter Arabisch sprachen, in mehr als der Hälfte der damals bekannten Welt: vom maurischen Spanien bis an die Grenzen Indiens. Bagdad wurde endgültig zur Hauptstadt einer weltweit folgenreichen Kultur. Perser hatten diesen Aufschwung bewirkt, Perser waren auch die ersten, die eigenständige Genies dieses neuen Denkens hervorbrachten.

Ein Jahrhundert später erst lernten Araber von den Persern und traten ihnen gleichrangig zur Seite; dann stiegen Kairo und Córdoba neben Bagdad zu neuen kulturellen Hauptstädten der islamischen Welt auf. Und Araber sollten es sein, die ihr Wissen schließlich an das christliche Europa weiterreichten: angefangen von den »arabischen« Zahlen über die Algebra, die Chemie (auch dies ein arabisches Wort, entstanden in Bagdad) bis hin zu den Erkenntnissen der griechischen Antike. Es gehört zu den paradoxen Tatsachen der Geschichte, daß ein Aristoteles und Platon, ein Archimedes und Hippokrates nicht etwa durch die Griechen, Römer oder Mitteleuropäer für die Nachwelt gerettet wurden, sondern durch Perser und Araber. Erst im 13. und 14. Jahrhundert begannen sich die Christen für griechisch-antikes Wissen zu interessieren, nachdem sie mit Staunen und Neid die hochentwickelte Kultur ihrer moslemischen Nachbarn kennenlernten. Christliche Gelehrte fingen vereinzelt an, im maurischen Spanien wie in Ägypten und Syrien die Universitäten zu besuchen, studierten arabisch-lateinische Wörterbücher oder ließen sich wichtige Bücher von spezialisierten Übersetzern ins Lateinische übertragen.

Im Gepäck von Professoren, Studenten, Diplomaten und Kaufleuten gelangten schließlich arabische Kommentare zu Schriften eines Aristoteles und Hippokrates an christliche Fürstenhöfe in Italien, Frankreich und Deutschland. Und da all diese begehrten Schriften aus dem islamischen Raum in arabisch geschrieben waren, sprachen die Europäer später überwiegend von »arabischem Kulturerbe« – das Persische rückte im Abendland über lange Zeit zu unrecht in den Hintergrund.

## *Die ersten modernen Kritiker*

Hatte Kalif Mamun richtig entschieden? Oder war jener Aristoteles, der dem »Herrscher der Gläubigen« im Traum erschien, nicht doch nur ein Blendwerk des Teufels?

Konservative Korangelehrte hatten nicht aufgehört, solche Fragen zu stellen. Viele von ihnen hatten sich nur mit Mühe beschwichtigen lassen, als Mamun seine Entscheidung bekanntgab, griechische Bücher in Massen übersetzen zu lassen. Aber niemand wagte vorerst, öffentlich zu widersprechen; zu respektgebietend war der Anspruch des Kalifen, »Schatten Allahs auf Erden« zu sein. Doch im geheimen wuchsen Zweifel und Groll. Nicht wenige Korangelehrte sahen altgewohnte Dogmen in Gefahr, wenn Philosophen begannen, den Koran mit den Mitteln des analytischen Denkens, mit kritischer Vernunft, eben »griechisch«, auszulegen.

Solche Philosophen, die eifrig Aristoteles lasen, gab es bereits seit einem Jahrhundert, so lange schon kursierten wichtige Schriften griechischer Denker unter den Gelehrten. Jetzt aber, da der Kalif in bisher nicht gekanntem Ausmaß wissenschaftliche Akademien hatte gründen lassen, vergrößerte sich die Anzahl der »griechisch denkenden« Philosophen sprunghaft. Von konservativen Korangelehrten wurden sie abwertend, ja haßerfüllt »Mutaziliten« genannt (der arabische Ausdruck bedeutet soviel wie »abtrünnig«). Diese Mutaziliten stellten eine Frage, die für viele Gläubige einen Schock bedeuten mußte: Ob der Text des Koran nicht auch Widersprüche aufreiße? Sie selber bejahten diese Frage und begründeten auf diesem Zweifel eine Lehre, die alle bisherigen Denkgewohnheiten der islamischen Glaubenslehre sprengte. Nicht Gott habe den Koran verfaßt, so erklärten sie, sondern Mohammed. Von Gott stamme zwar die »Erleuchtung«, aber Mohammed, der Mensch, habe die göttliche Botschaft mit seinem eigenen Fassungsvermögen in Worte gekleidet: mit der Kraft seiner Vernunft. Menschliches Denken jedoch sei nicht unfehlbar, und so habe es nicht ausbleiben können, daß selbst der Prophet manches widersprüchlich formuliert habe. Spätere Generationen seien aufgerufen, mit Hilfe iher eigenen Vernunft diese Widersprüche zu klären.

Dies sei eine zutiefst »heidnische«, »griechische« Auslegung der Religion, widersprachen heftig die Korangelehrten in den höchsten Ämtern. Sie erklärten: Der Koran sei »ungeschaffen« und habe in Allahs Schoß geruht, lange bevor die ersten Menschen die Erde bevölkerten. Mohammed habe das Wort Gottes entgegengenommen, ohne auch nur eine einzige Silbe mit eigener Vernunft zu formen. Nur denjenigen Denkern erscheine manches im Heiligen Buch als

Widerspruch, die nicht bereit seien, Gottes Wort mit der nötigen Demut als das »ganz andere«, das »Unfaßbare«, hinzunehmen.

Den konservativen Korangelehrten ließ der Erfolg der neuen Schule keine Ruhe. Zum zweiten Mal sandten sie eine Gesandtschaft an den Kalifen, um ihre Bedenken gegen die griechische, »heidnische« Philosophie zu äußern. Mamun hörte sich die Argumente an – und empfing zur nächsten Audienz ebenso ausgiebig die führenden Mutaziliten. Für die geistlichen Rechtsgelehrten am Hof mußte dies ein beunruhigendes Zeichen sein, kannten sie doch ohnehin die Vorliebe ihres Herrschers für griechische Philosophie. Und so fühlten sie sich durch seine spätere Antwort kaum überrascht: Die Mutaziliten seien keine Ketzer, man müsse sie gewähren lassen.

Viele der Mutaziliten waren Perser und stammten aus Gelehrtenfamilien, in denen »griechisches« Denken seit Generationen üblich war. Zuweilen fand man auch einen Araber in ihren Reihen, so den prominenten Philosophen und Mathematiker Al Kindi. Aber Araber zog es eher zur Gegenseite, in die Reihen der konservativen Korangelehrten. Die ranghöchsten Ämter der Geistlichen blieben ohnehin von Arabern besetzt, und selbst Mamun wagte an dieser Tradition nicht zu rütteln, auch wenn er zu den Persern neigte.

Die arabischen Hofgeistlichen wagten weiterhin nicht, öffentlich zu widersprechen. Nach wie vor erschien ihnen der Gedanke unvorstellbar, den »Schatten Allahs auf Erden« vor Zeugen zu kritisieren. Dann aber geschah etwas, das sie ihre Skrupel vergessen ließ: Im Jahr 827 erklärte Mamun die Lehre der Mutazila zur Staatsreligion. Mohammed habe den Koran geschaffen, Allah habe die »Inspiration« dazu geliefert! Nun sprach es auch der »Oberherr aller Gläubigen« aus, was in den Augen vieler Untertanen als »gottlose Ketzerei« erscheinen mußte. Verstört verließen die konservativen Korangelehrten den Audienzsaal, aber dieses Mal schwiegen sie nicht, öffentlich predigten sie in den Moscheen gegen die Entscheidung des Kalifen. Mamun reagierte prompt. Er ließ die Prediger auspeitschen, ins Gefängnis werfen, drohte ihnen mit der Todesstrafe. Der Kalif ordnete an, daß von nun an kein geistlicher Richter mehr Recht sprechen dürfe, der nicht den Eid auf das Dogma vom »geschaffenen Koran« leistete. Kritische Philosophie wurde zur Pflicht, Fortschritt zum eisernen Dogma. Mamun fühlte sich im Recht. Er war der Kalif, und als Kalif hatte er nicht nur über Politik zu entscheiden, sondern auch über religiöse Fragen. Zwar konnte er nicht wie der Papst neue Dogmen in Umlauf setzen, aber er hatte Schiedsrichter im Streit der Korangelehrten zu sein, und hier stand ihm unwiderruflich das letzte Wort zu – seine Stellung ähnelte hier der des byzantinischen Kaisers. Kein Kalif zuvor hatte mit seinem Anspruch auf den religiösen Schiedsspruch so ernst gemacht wie Mamun. Er galt als so weltoffen wie kaum ein islamischer Herrscher vor ihm, aber ein Demokrat war er nicht, konnte er nach dem Verständnis der damaligen Zeit auch gar nicht sein. Sobald der »Oberherr der Gläubigen« nach langen Gesprächen und geduldigem Zuhören zu einem Entschluß gekommen war, hatte jede Diskussion aufzuhören.

Mamun starb im Jahr 833 unserer Zeitrechnung, nur sechs Jahre nach diesen Ereignissen. Er war nur achtundvierzig Jahre alt geworden. Manche Chroniken sprechen davon, Typhus habe den Kalifen auf dem Höhepunkt seiner Laufbahn aus dem Leben gerissen, andere deuten an, es sei Gift gewesen. Für die Nachwelt ist die Wahrheit nicht mehr zu ergründen. Der fortschrittsgläubige, unkonventionelle Kalif hatte viele Feinde, vor allem am Hof selber. Möglich wäre deshalb ein Mord schon gewesen. Damit hätte sich nur erfüllt, was einst bei den altpersischen Gottkönigen die traurige Regel war und auch in Bagdads späteren Herrschergenerationen üblich werden sollte.

Noch einmal verstrichen vierzehn Jahre, dann ließ Kalif Mutawakkil die Mutaziliten aus den Moscheen und von den geistlichen Lehrkanzeln verjagen. Dieser Herrscher holte die Konservativen in ihre Ämter zurück, aus denen Mamun sie vertrieben hatte, und von nun an sollte ihnen kein Kalif in Bagdad mehr ihre Stellung streitig machen. Vorbei waren am Hof die Zeiten, daß man über Religion diskutierte, man hatte einfach zu »glauben«.

Aber zu unterdrücken war das geistige Leben auf die Dauer nicht, weder in der Wissenschaft noch in der Religion. Zu jung, zu vital waren die Kräfte, die sich im kulturellen Sammelbecken von Bagdad geformt hatten. Was in der Hauptstadt des islamischen Weltreiches begann, strahlte auf die Provinzen, zuallererst im iranischen Raum, aus, und dort fanden sich bald genug weltoffene Herrscher, an deren Höfen sich schöpferische – und »ketzerische« – Geister einfanden.

## 3. Genies und Ketzer – von Firdusi bis Omar Chaijam

### *Das »Buch der Könige«*

Ghazni ist heute eine kleine Handelsstadt mit etwa zehntausend Einwohnern. Nichts mehr deutet darauf hin, daß dieser unscheinbare afghanische Ort 130 Kilometer südlich von Kabul einst eine blühende Metropole mit zahlreichen Moscheen, Palästen und Akademien war – die Hauptstadt eines Reiches, das von Chorassan bis nach Indien reichte.

Dort regierte von 998 bis 1030 Mahmud, der als erster moslemische Fürst den arabischen Titel »Sultan« führte, was soviel wie »Herr der weltlichen Gewalt« bedeutet. Perser sprachen ihn aber auch nach ihrer Gewohnheit als »Schah« (König) an. Er hatte im Verlauf weniger Jahre den Nordwesten Indiens erobert und von den Provinzen Pandschab und Rajasthan unermeßliche Schätze auf dem Rükken von Lastkamelen nach Ghazni transportieren lassen. Diese Reichtümer ermöglichten es ihm, seine Residenz zu einer blühenden Metropole auszubauen, wie es sie zu dieser Zeit nirgends im persischen Raum gab. Gelehrte, religiöse Denker, Dichter und bildende Künstler strömten aus vielen Teilen des Landes nach Ghazni, um an seinen Akademien und Koranschulen zu lehren, zu lernen und zu arbeiten; sie rechneten es sich zur Ehre an, unter dem Schutz dieses großen Kulturförderers zu leben.

Mahmuds Residenz lag im äußersten Osten der islamischen Welt, mehr als tausend Kilometer von Bagdad entfernt. Ein arabischer Fürst war er nicht, aber auch kein Perser, sondern Türke. Seine Vorfahren waren noch als Nomaden durch die Steppen Innerasiens gezogen, bevor sie sich persischen Emiren als Söldnerführer verdingt hatten. In persischen Diensten hatten sie die rauhe ungeschliffene Form ihrer Heimat verloren, und als sie schließlich das Reich von Ghazni gründeten, fühlten sie sich nicht mehr mit den türkischen Nomadenhorden verwandt. Aber sie empfanden auch die Araber als fremd, von denen sie in ihren Landstrichen nur selten welche kennengelernt hatten. Vertraut waren ihnen allein die Perser. Folgerichtig sprachen die Gebildeten am Hof von Ghazni in erster Linie einen persischen Dialekt, das Arabische galt ihnen als Fremdsprache und wurde nur noch von Wissenschaftlern und Korangelehrten besonders geschätzt. Weit östlich von Bagdad, wohin nie viel Araber gekommen waren, keimte ein neues Lebensgefühl.

Es war das Jahr 1012, als in Ghazni einer der namhaftesten persischen Dichter ein Werk abschloß, das er dem Auftraggeber Schah Mahmud vorlegen wollte. Ein gewaltiges Werk, allein schon dem Umfang nach. Sechzigtausend elfsilbige Doppelverse enthielten die zahlreichen Schriftrollen; in diesem Epos hätte Homers *Ilias* achtmal Platz gefunden. Der Dichter hatte fünfunddreißig Jahre daran gearbeitet und war von Anfang an überzeugt, etwas Einmaliges geschaffen zu haben, an Umfang wie an poetischem Gehalt. Stolz überreichte er sein Werk dem Herrscher und erwartete einen wahrhaft »fürstlichen« Lohn. Mahmud aber ließ eine wesentlich geringere Summe als versprochen überreichen, worauf der Dichter, ohne zu danken, den Palast verließ und die Summe als »Trinkgeld« an einen Badewärter und einen Schankwirt verteilte. Rasend vor Wut schickte der Schah Polizisten in die Wohnung des Dichters, um den Undankbaren zu fassen und ihn von Elefanten zertrampeln zu lassen. Dieser aber war rechtzeitig geflohen und sandte aus sicherer Ferne einen Spottvers an den Hof von Ghazni: »O Schah! Ein Werk ließ ich dir zum Vermächtnis, / das nie vergeht; als einziges Gedächtnis / wird es von dir auf Erden hinterbleiben, / wenn man dich selbst vergaß und all dein Treiben. / Durch Sonnenbrand und Regenguß zerfallen / die Königsschlösser und die Tempelhallen, / doch den gewalt'gen Bau, den ich erhoben, / versehrt nicht Regen noch der Stürme Toben; / solang die Welt besteht, die Jahre kreisen, / wird, wer Verstand hat, meine Dichtung preisen.«

Der Mann, der diese Zeilen schrieb, hieß Abul Kasim Mansur; die Nachwelt aber kennt ihn unter dem Beinamen, den ihm seine Verehrer verliehen haben: Firdusi, »der Paradiesische«. Sein Werk trug den Titel Schah nameh, *Buch der Könige*. Seine Sprache war das Persische!

Firdusi wurde um das Jahr 940 in Tus, einer Stadt in Chorassan, geboren, wuchs als Sohn kleiner Landadliger in eher ärmlichen Verhältnissen auf, wie die Chroniken zu berichten wissen, aber seine Eltern ließen ihm dennoch eine sehr sorgfältige Erziehung angedeihen. Neben seinem persischen Heimatdialekt erlernte er das Arabische – dies verstand sich damals nahezu von selbst für jeden gebildeten

Moslem, ganz gleich, welcher Nation –, außerdem aber studierte er das Pahlevi, die Literatursprache aus der Zeit der Sassaniden. An Gelegenheit fehlte es dazu nicht in Chorassan, denn bis ins 11. Jahrhundert hinein lebten genug Zarathustrier, die hartnäckig an dieser »toten« Sprache festhielten. Für den jungen Firdusi war es fast unausweichlich, Zarathustrier kennenzulernen, die sogar noch Chroniken über die Dynastien der Gottkönige sorgsam aufbewahrten und kommentierten. Durch Männer wie sie lernte er das Pahlevi kennen und vernahm zum ersten Mal aus einer Vergangenheit, wie sie für islamische Geschichtsschreiber nicht existierte. In diesen Schilderungen wurde eine Epoche beschworen, in der der Glaube der Zarathustrier noch Staatsreligion war. Was aber konnte einen Moslem wie Firdusi dazu treiben, solche Männer aufzusuchen und ihre Chroniken zu studieren?

So mancher persische Fürst hielt sich schon seit Jahrzehnten Gelehrte, die in Bibliotheken und Archiven nach unbeachteten Berichten über die Geschichte des alten Iran forschten. Nicht nur jener Mahmud von Ghazni, in dessen Residenz Firdusi später arbeiten sollte, ließ persische Chroniken sammeln und bearbeiten, andere Fürsten zeigten sich hier noch viel entschlossener. Besonders tat sich hier der Emir von Buchara hervor, in dessen Herrschaftsgebiet Firdusis Geburtsstadt Tus lag.

Am Hof von Buchara sprachen die Gelehrten zwar Arabisch, kümmerten sich aber gleichzeitig um das Pahlevi und waren stolz auf die zahlreichen altiranischen Schriften in ihren Bibliotheken. Der Emir ließ sich gar von Ahnenforschern einen Stammbaum erstellen, dessen Linie sich bis in die Zeit vor der arabischen Eroberung zurückverfolgen ließ, mehr noch: Er versuchte nachzuweisen, daß sein Geschlecht – das der Samaniden – mit der altpersischen Dynastie der Sassaniden verwandt sei. Dieses Unterfangen erregte Aufsehen. Bisher hatten stets nur arabische Stammbäume etwas gegolten, und zur höchsten Ehre konnte es sich ein Fürst anrechnen, wenigstens weitläufig mit der Sippe des Propheten verwandt zu sein. Nun aber behauptete ein Emir stolz, von altpersischen Gottkönigen abzustammen. Er, der doch offiziell ein Statthalter des Kalifen von Bagdad war! Aber zur Reichshauptstadt Bagdad unterhielt er – wie später auch Mahmud von Ghazni – nur noch lose Kontakte; in seinen Briefen an den Kalifen sprach er noch höflich vom »Herrscher aller Gläubigen«, respektierte jedoch in ihm nur noch das religiöse Oberhaupt, nicht mehr den politischen Herrn. Was im Nordosten des Iran zu geschehen hatte, das bestimmte allein der Emir vom Geschlecht der Samaniden, nicht der Kalif. Und dieser Fürst zeigte unverhohlen seine Vorliebe für alles, was mit dem Persien vor der arabischen Eroberung zu tun hatte, er schätzte die altiranische Sprache, Dichtung, Sagen und Bräuche.

Der junge Firdusi kam an den Fürstenhof nach Buchara und nahm dort wie viele andere den Auftrag an, alte Chroniken gründlich zu überprüfen, zu übersetzen, zu kommentieren oder gar mit eigener Sprache neu zu erzählen. Etliche Dichter versuchten gar schon, die Stoffmassen zu einem Epos zu formen. Zu jener Zeit reifte in Firdusi der Plan, selbst ein großartiges Epos über die Helden und Könige des alten Iran zu verfassen. In Buchara begann Firdusi, an seinem Königsbuch *Schah nameh* zu arbeiten. Damals war er achtunddreißig Jahre alt. In Ghazni vollendete er dann sein Werk, nachdem Sultan Mahmud ihn hatte rufen lassen und ihm »fürstlichen Lohn« anbot.

Das *Buch der Könige*, eines der umfangreichsten Epen der Weltliteratur, umfaßt die persische Geschichte von ihren Anfängen bis hin zu den Gottkönigen der Sassaniden. Die monumentale Chronik ist kein Epos im europäischen Sinn, die Begebenheiten sind nicht eng miteinander verflochten, wir stoßen auf eine nahezu endlose Aneinanderreihung von Mythen und Sagen im ersten Teil, von historischen Ereignissen im zweiten Teil; jede der Episoden wirkt in sich geschlossen, aber ein einheitlicher Gedanke durchzieht die gewaltige Szenenfolge. In den Kämpfen zwischen zivilisierten und barbarischen Völkern spiegelt sich ein höheres, ein metaphysisches Prinzip: der ewige Gegensatz zwischen Kultur und Barbarei; auf der einen Seite das lichte Reich Iran, das unter dem Schutz des Gottes Ormazd (Ahura Masda) steht, auf der anderen Seite das dunkle Land Turan, in dem Ahriman mit dämonischen Kräften regiert. Iran und Turan sind keine realen, historisch klar greifbaren Staaten, sondern mythische Bereiche; die Gegensätze spalten oft genug das eigene Volk der Perser und ihre Herrscherfamilien.

Was für eine Grundidee! Ein moslemischer Dichter entwarf einen Kosmos, der nach den Denkvorstellungen Zarathustras geordnet war! Mußte dies nicht als eine Ketzerei, als ein Abfall vom Islam angesehen werden? Kein Zeitgenosse Firdusis hat das so empfunden, auch kein Würdenträger am Hof des Mahmud von Ghazni, sonst hätte das Epos kaum die Jahrhunderte in einem islamischen Land überdauern können. Firdusi stellte Ormazd und Ahriman nicht als Götter, sondern als Symbole für die ewigen Mächte von »Licht« und »Dunkel«, von Gut und Böse, Gott und Teufel. Kein Gegensatz konnte sich da zum Islam auftun, offenbarte sich doch auch dort derselbe Kosmos. Erstmals war es einem Perser überzeugend gelungen, vom Islam das Band zur Gedankenwelt Zarathustras zu knüpfen.

Für die Perser bedeutete diese Dichtung einen Wendepunkt. Nun endete nicht mehr mit dem Tod des letzten Sassanidenherrschers jäh eine Epoche und begann mit dem Islam etwas völlig Neues – nun offenbarten sich im Reich der altiranischen Gottkönige nahezu dieselben kosmischen Gesetze wie im Reich der Kalifen und Emire. Die Perser hatten wieder Grund, stolz auf ihre frühe Vergangenheit zu sein, sie konnten jetzt vorislamische Traditionen als eine würdige Vorstufe zur Gegenwart begreifen.

Aber »Schah nameh« brachte den Persern noch unendlich mehr, das Epos schenkte ihnen wieder eine eigene Literatursprache. Seit ihr Land von moslemischen Herrschern regiert wurde, war das Persische von den Fürstenhöfen, den Universitäten und aus den Kanzleien verdrängt, es vegetierte nur noch in ungeschliffenen Dialekten bei einfachen Bauern und Kaufleuten weiter, verlor an Form und Ausdruck, während die Gebildeten die Sprache der Eroberer, das Arabische, lernten. Fürsten faßten ihre Gesetze, Gelehrte und Dichter ihre Werke in der neuen Bildungssprache ab, auf arabisch schrieben sie all ihre wegweisenden medizinischen und sonstigen naturwissenschaftlichen Schriften bis hin zu den philosophischen Abhandlungen, bis hin zu den berühmten Erzählungen aus »Tausendundeiner Nacht«. Das verstümmelte Persisch aber versuchte Firdusi zu reinigen, mit bildhaften Ausdrücken anzureichern und geschmeidig zu machen für Dichter und Gelehrte. Es gelang ihm. Seine Pioniertat läßt sich in manchem mit der eines Martin Luther vergleichen, der mit seiner Bibelübersetzung das Gelehrtenlatein wie das holprige Kanzleideutsch verdrängte und den Deutschen eine literaturfähige Sprache schuf. Seit Firdusi gibt es das sogenannte Neupersisch, das sich in seinen Grundzügen bis heute nicht geändert hat. Von den

Arabern übernommen bleibt eine große Anzahl von Lehnwörtern, vor allem aber die Schrift.

Firdusi erlebte den Ruhm seines großen Epos nicht mehr. Verbittert starb er in seiner Heimatstadt Tus als fündundachtzigjähriger Greis, der es Sultan Mahmud nicht vergessen konnte, um seinen Lohn betrogen worden zu sein. Aber am Selbstbewußtsein hat es ihm bis zuletzt nicht gemangelt, davon zeugen seine Spottverse über den Fürsten, er war von Anfang an von der Unsterblichkeit seines Werkes überzeugt.

Bis heute rätseln die Historiker, weshalb der steinreiche Herrscher, sonst ein freigiebiger Kulturförderer, ausgerechnet gegenüber dem größten Genie an seinem Hof geizig, ja kleinlich blieb. Hatte er den Rang seines Werkes nicht erkannt? Oder gab es andere Bedenken? Der Legende nach soll Mahmud von Reue gepackt worden sein. Elf Jahre, nachdem Firdusi ihn verlassen hatte, ließ er eine Kamelkarawane mit kostbaren Geschenken ausrüsten und in die Heimatstadt des Dichters schicken. Aber die Karawane traf genau an dem Tag in Tus ein, als Firdusi starb. Während die schwerbepackten Kamele das östliche Stadttor erreichten, zog durch das westliche Tor der Leichenzug des Dichters hinaus in die Steppe . . .

### *Die Wiedergeburt des Persischen*

Persische Dichter begannen, in ihrer eigenen Sprache zu schreiben und besangen die glanzvolle Kultur des alten Iran. Persische Fürsten holten diese Dichter an ihre Höfe, ja ließen durch Gelehrte altiranische Chroniken sammeln. Ein unerhörter Vorgang. Mit einem Mal war es nicht mehr selbstverständlich, daß nur eine Sprache im Islam zählte: das Arabische. Mit einem Mal galt es auch als normal, ungeniert von den Großtaten der Gottkönige, altiranischer Philosophen und Dichter zu schwärmen. Nach dem Tod Mamuns, dieses letzten großen Herrschers aus dem Geschlecht der Abbasiden, begann die Einheit des Großislamischen Reiches für alle sichtbar zu verfallen. Untätig sahen seine Nachfolger zu, wie die Statthalter Persiens ihre Provinzen zu selbständigen Fürstentümern machten, wie ehemalige Gefolgsleute Syrien und Ägypten zu unabhängigen Staaten erklärten. All diese rebellischen Fürsten anerkannten zwar weiterhin den

Kalifen als den »Oberherrn aller Gläubigen«, aber damit handelten sie nur noch ganz formell und unverbindlich, erfüllten sie nur das Ritual einer längst hohl gewordenen Tradition. Die islamische Welt war endgültig in sich aufgesplittert wie die christlich-abendländische; der Aufstieg der Nationalstaaten begann.

Mamuns Nachfolger erwiesen sich als zögernde, ängstliche und geistig meist träge Männer. Bei ihnen wiederholte sich, was bereits unter den Gottkönigen der Achämeniden und Sassaniden die Tragödie angekündigt hatte. Höflinge, Minister und Generale gewannen zusehends an Einfluß, je unentschlossener ein Herrscher war, und sie sorgten dafür, daß die Nachfolger noch nachlässiger erzogen wurden als die Vorgänger. Man überließ die Prinzen möglichst lange im Harem dem Regiment von Frauen und Eunuchen, bot ihnen allen nur möglichen Luxus, hielt aber gute Lehrer von ihnen fern. Solche Herrscher, die bis zu ihrem Regierungsantritt nie die Welt mit ihren wirklichen Problemen kennengelernt hatten, flüchteten nur gar zu bereitwillig in den Schutz »erfahrener« Berater und Minister. Bereits ein halbes Jahrhundert nach Mamuns Tod waren die Wesire und Generäle mächtiger als der Kalif, sie erließen Gesetze, bestimmten über Krieg und Frieden, wogegen der Kalif nur noch seine Unterschrift unter die Dokumente zu setzen hatte. Auf dem Thron saßen hilflose Schwächlinge, bei deren Wink immer noch Köpfe rollen konnten, aber eigenständig oder gar schöpferisch zu denken vermochten sie nicht mehr. Was einst unter ihren Vorgängern ein Segen für das Reich hatte sein können, wurde nun zum Fluch: Ein Staat, der allein auf die starke Persönlichkeit an der Spitze ausgerichtet war, mußte im Chaos versinken, sobald dieser Mann fehlte.

Je rascher die Macht in Bagdad zerfiel, je mehr das Herrschaftsgebiet der Kalifen auf das Zweistromland von Euphrat und Tigris zusammenschrumpfte, um so selbstbewußter wurden die Herren der ehemaligen Provinzen. Bagdad blieb zwar nach wie vor »kulturelle Hauptstadt des Islam« – jeder Wissenschaftler und Korangelehrte rechnete es sich zur Ehre an, an einer ihrer Akademien zu studieren –, aber bald entstanden weitere bedeutende Zentren. Die Universitäten von Kairo und Córdoba bekamen spätestens seit dem 11. Jahrhundert einen ähnlich guten Ruf; so lockte die Al-Azhar-Universität von Kairo bald ebenso viele namhafte Gelehrte an, und die Akademien von Córdoba zogen sogar Studenten aus Frankreich, Italien und dem Deutschen Reich in ihre Hörsäle. Im Westen des islamischen Raums lehrten ausschließlich arabische Professoren – endgültig hatten damit die Perser ihre Vorherrschaft in Wissenschaft und Kunst verloren –, im Osten allerdings blieben die Perser maßgebend. Doch auch ihre bedeutendsten Geister kamen nicht mehr unbedingt nach Bagdad. Zu Ende gingen jene Zeiten, da ein Perser nur dann zu höchsten Ehren aufsteigen konnte, wenn er sich in die Nähe des Kalifen begab. Nun waren persische Fürsten selbst die großen Förderer, nun konnte ein persisches Genie sich auch in seinem Heimatland voll entfalten. Der Dichter Firdusi setzte das erste aufsehenerregende Signal. Weitere Geistesgrößen sollten ihm folgen. Sie lernten und lehrten an den Akademien von Buchara, Samarkand, Ghazni, Neischapur, Hamadan, Isfahan und Schiras.

## *Avicenna, das Universalgenie*

Als im Jahr 980 der vierzigjährige Dichter Firdusi noch in Buchara lebte und dort die ersten Verskapitel zu seinem Epos schrieb, wurde nicht weit von dieser Stadt, in Afschana, ein anderer Perser von epochaler Bedeutung geboren: Abu Ali Ibn Sina; die Europäer sollten ihn später unter dem lateinischen Namen Avicenna schätzen lernen.

Dieser Perser überragte all seine Zeitgenossen an Wissen, geistiger Kraft und Vielseitigkeit, er erhielt bereits zu Lebzeiten so ehrende Beinamen wie »der Meister schlechthin« und »Fürst der Philosophie«. Aber diese Titel geben nur eine vage Ahnung von dem, was dieser Mann tatsächlich Bahnbrechendes leistete. In den nur 57 Jahren seines Lebens schrieb er ungefährt 170 Bücher über Philosophie, Medizin, Mathematik und Astronomie, dazu eine Reihe philosophisch-mystischer Gedichte und theologische Abhandlungen. Manche Gedanken waren so neuartig und revolutionär, daß die Zeitgenossen ihre Bedeutung nur erahnen, nicht aber voll begreifen konnten. Wie kein anderer sollte dieser Perser über die Grenzen der islamischen Welt hinaus wirken und das Denken des christlichen Abendlandes mit beeinflussen.

Aber dieses Universalgenie kam niemals nach Bagdad, der »Stadt aller Städte«, sondern bezog sein ganzes Wissen aus den Bibliotheken nordpersischer Provinzhauptstädte, Residenzen, die längst nicht mehr »Provinz« waren.

Avicenna wuchs in Buchara auf, heute eine Distrikthauptstadt mit etwa 180000 Einwohnern in der islamischen Sowjetrepublik Usbekistan. Damals war die Stadt eine der glanzvollsten Residenzen Persiens. Hier kreuzten sich die Karawanenwege aus dem Fernen Osten und den Mittelmeerstaaten, aus zentralasiatischen Steppen und dem Zweistromland von Euphrat und Tigris. Hier hatten die Emire aus dem Geschlecht der Samaniden prachtvolle Moscheen, Paläste, Akademien und Bibliotheken errichtet. Weit mehr noch als Ghazni tausend Kilometer weiter im Osten wurde die Stadt ein Anziehungspunkt für Künstler und Gelehrte. Das Buchara jener Zeit konnte mit Recht als das geistige Zentrum persischer Kultur gelten, mehr noch: als geistiger Brennpunkt des gesamten östlichen Islam. Hier hatte Firdusi gewirkt, bevor er aus Furcht vor den anrückenden Türken nach Ghazni zog, hier lebte auch der Universalgelehrte Al Biruni, der aus demselben Grund an den Hof Sultan Mahmuds abwanderte, hier empfing auch Avicenna seine ersten Anregungen.

Mit zehn Jahren kannte der hochbegabte Knabe bereits den Koran auswendig, mit fünfzehn hatte er seine ersten theologischen Studien hinter sich und stürzte sich mit Feuereifer auf medizinische Schriften. Zwischen seinem sechzehnten und achtzehnten Lebensjahr las er in durchwachten Nächten, wie es in seinen eigenen Erinnerungen heißt, die ins Arabische übersetzten Werke der griechischen Ärzte Hippokrates und Galen und verblüffte tags darauf seine Lehrer mit ungewöhnlich sachkundigen Fragen. Nebenher studierte er den Mathematiker Euklid, vor allem aber vertiefte er sich in die Metaphysik des Aristoteles. Er hatte, wie er selbst gestand, das Werk vierzigmal gelesen, ohne seinen Hauptgedanken zu verstehen, dann stieß er zufällig auf einen Kommentar des persisch-türkischen Philosophen Al Farabi, und endlich, nach zähem Ringen, wurde ihm der Sinn offenbar. »Tags darauf«, so bekannte er in seinen Erinnerungen, »ging ich in die Moschee, um Gott zu danken, und verteilte große Almosen an die Armen.«

Ein solch genialer, von fanatischer Arbeitsenergie und Wissensdurst getriebener Mann konnte mit achtzehn Jahren von sich sagen, er habe seine Studien abgeschlossen. Zu dieser Zeit war er als Arzt bereits so geschätzt, daß ihn Höflinge an das Krankenbett des Emirs holten. Dem Jüngling gelang es, den Fürsten zu heilen, und zum Dank dafür erhielt er die Erlaubnis, von nun an die fürstliche Bibliothek zu benutzen. Was für eine Welt tat sich ihm da auf! Der Achtzehnjährige stand vor endlosen Hallen, in deren Regalen mehr als zweihunderttausend Schriftrollen nach einem wohlgeordneten System lagerten. Nur in den fürstlichen Bibliotheken von Bagdad, Damaskus und Córdoba gab es zu jener Zeit Vergleichbares. Was sich in der Hofbibliothek von Buchara angesammelt hatte, konnte auch den bereits so belesenen Avicenna noch beeindrucken. »Dort«, so ist später in seinen Erinnerungen zu lesen, »sah ich Werke, die viele Leute nicht einmal dem Namen nach kennen, Werke, die ich nie zuvor gesehen hatte und die ich auch in der Folgezeit nie wieder zu Gesicht bekommen habe. Ich las diese Bücher, machte sie mir zunutze.«

In diesem Jahr rundete der unermüdlich Studierende sein Wissen in einer Weise ab, wie es den meisten Zeitgenossen verschlossen blieb. Nun reifte er zum universal gebildeten Menschen – für Moslems der damaligen Zeit eher vorstellbar als für europäische Christen, für die derartiges erst im Zeitalter der Renaissance möglich wurde.

Aber bald sollten ihn die Ereignisse draußen aus seiner Ruhe reißen. Es war eine gefährlich brodelnde Zeit – das Jahr 998 unserer Zählung –, im Osten vergrößerte Sultan Mahmud von Ghazni durch Eroberungszüge sein Reich, vom Westen her drohte die schiitische Dynastie der Bujiden, vom Norden aus den Steppen Zentralasiens drängten türkische Nomaden in die blühenden Oasenstädte Persiens in der Hoffnung auf Beute. Türkische Reiterhorden waren es, die seit Jahren in der Nähe Bucharas Dörfer in Flammen aufgehen ließen und dann wieder verschwanden. Im Jahr 999 schließlich drangen ihre Horden in Buchara selbst ein, und von nun an wohnte ein halbzivilisierter Steppenhäuptling im Palast, während die Gelehrten Bucharas davor zitterten, ob seine Krieger nicht aus Laune irgendwann die Bibliotheken anzündeten. Bucharas Blütezeit war vorbei. Avicenna verließ die Stadt – nur ein oder zwei Jahre nach Firdusi –, und nun begann ein unruhiges Wanderleben, das bis zu seinem Tod von ständigem Gehetztsein und von Angst begleitet wurde.

Um seine Zukunft als Wissenschaftler und Philosoph brauchte der nun zwanzigjährige Avicenna allerdings nicht zu bangen, er war bereits ein namhafter Arzt und konnte ohnehin mit überdurchschnittlichem Wissen brillieren; Männer wie er waren äußerst begehrt an den Fürstenhöfen. Nicht zufällig hatten ihn Abgesandte des Sultans Mahmud von Ghazni anwerben wollen, aber Avicenna hatte, anders als Firdusi, das Angebot abgelehnt. Zweifellos war er mißtrauisch gegen den Sultan, der zwar Gelehrte und Dichter, aber keine »Freigeister« an seinem Hof duldete. Avicenna entschied sich für den schiitischen Fürstenhof der Bujiden, dort hoffte er mehr liberales Denken zu finden. Er, der gebürtige Sunnit, ging zu den Schiiten. Firdusi, der Schiit, hatte dagegen die Sunniten in Ghazni aufgesucht. Dies zeigt, für wie unwesentlich man damals in Persien die Unterschiede in der Glaubensrichtung ansah.

Avicenna kam nach Rey, der Residenz eines bujidischen Staathalters, und wurde dort Leibarzt des Fürsten. Im Vergleich zu Buchara war dies jedoch ein sehr bescheidener Ort und konnte den ehrgeizigen Jüngling nicht lange halten. Er zog weiter nach Westen, mit freundlichen Empfehlungen seines bisherigen Herrn ausgestattet, und traf in Hamadan ein, der Hauptstadt aller bujidischen Provinzen in Persien. Die Metropole, am Fuß dreieinhalbtausend Meter hoher Berge gelegen, die bis weit in das Frühjahr hinein mit Schnee bedeckt waren, hatte schon seit mehr als einem Jahrtausend persischen Fürsten zur Sommerfrische gedient, um der Gluthitze der Ebene zu entfliehen. Hier hatten schon die Meder residiert, später zeitweise die Gottkönige der Achämeniden, der Parther und der Sassaniden, damals aber hatte die Stadt noch Ekbatana geheißen. Jetzt regierte hier der bujidische Emir Schams ad-Daula, einer der bedeutendsten Fürsten seiner Dynastie. Er machte Avicenna zu seinem Leibarzt, bald ließ er ihn gar in den Rang eines Wesirs aufsteigen.

Am Hof von Hamadan, unter dem Schutz eines geistig sehr aufgeschlossenen Herrschers, begann Avicennas erste große Schaffensperiode. Nun entstanden bedeutsame Teile seiner medizinischen Enzyklopädie »Qanun fil-tibb«, außerdem philosophische Betrachtungen und religiöse Schriften. Er schrieb auf arabisch. Nach wie vor galt Arabisch als die Gelehrtensprache, die vom maurischen Spanien bis weit nach Indien hinein verstanden wurde – ähnlich wie das Gelehrtenlatein des christlichen Mittelalters nationale Grenzen übersprang –, und nur so konnte Avicenna hoffen, daß seine Bücher über die ganze islamische Welt Verbreitung fanden. Daneben aber begann er, Gedichte auf persisch zu verfassen; hier folgte er dem Beispiel

Firdusis und anderer Dichter seiner Zeit. Dieses Verhalten sollte für die Landsleute späterer Epochen typisch bleiben: arabisch schrieben sie ihre wissenschaftlichen Werke, persisch ihre Epen und Gedichte.

Seine Arbeits- und Schreibgewohnheiten sind uns überliefert. Vom Morgen bis in die späten Mittagsstunden hinein kümmerte er sich in seiner Eigenschaft als Minister um die Einrichtung von Schulen und Akademien, um den Bau von Krankenhäusern, Bewässerungskanälen und Brücken, verhandelte er mit Gouverneuren, Verwaltungsbeamten und Offizieren. Am Abend erst, nach ein bis zwei Ruhestunden, fand er endlich Zeit, seine Schüler um sich zu sammeln, und jetzt begann für ihn die wichtigste Arbeit. Einer der Schüler las die Manuskriptseiten vor, die Avicenna in der vorigen Nacht verfaßt hatte, anschließend bat der »Meister« um Kritik. Eine Diskussion setzte ein, die oft bis spät in die Nacht fortdauerte. Dann entließ er seine Schüler und vertiefte sich wieder in seine Manuskripte, erfüllt von Anregungen und neuen Ideen. Schlaf fand der rastlos Tätige nur wenig, anscheinend gehörte er zu jener seltenen Gattung von Menschen, die mit nur vier Stunden Ruhe auskamen und dann schon wieder strotzend vor Energie der nächsten Aufgabe entgegensahen. Vielleicht aber trieb ihn zur rastlosen Arbeit auch die geheime Angst, es würde ihm nicht mehr allzuviel Zeit bleiben, all seine Gedanken zu entwickeln.

Grund zur Sorge hatte er genug. Der ehrgeizige, hektisch arbeitende Mann war nicht beliebt am Hof, viele neideten ihm sein hohes Amt, manche betrachteten auch argwöhnisch seine Schriften und fanden, es ginge etwas zu »freigeistig« in den Diskussionen mit seinen Schülern zu. Avicenna wußte, daß er in Hamadan nur so lange ungestört wirken konnte, als sein Gönner, der Emir, lebte. Der Emir aber war kränklich und alt. In größter Hast, in dem ständigen Gefühl der Bedrohung, schrieb Avicenna Nacht für Nacht an die fünfzig Seiten, eine erstaunliche Leistung.

Dann das erste Warnsignal: Meuternde Soldaten belagerten seinen Wohnsitz und forderten in Sprechchören höheren Sold, den ihren der Wesir Avicenna nicht gewähren wollte. Die Rebellen stürmten sein Haus, schleppten den Überrumpelten mit sich, warfen ihn ins Gefängnis und zogen nun vor den Palast des Emirs. Der Emir, wieder einmal von Unwohlsein geplagt und nicht mehr energisch genug, gab den Forderungen seiner Soldaten nach, er setzte seinen Wesir ab. Avicennas Karriere am Hof von Hamadan schien damit beendigt. Doch wenig später holten Eilboten den verbitterten Mann, der bereits zur Abreise rüstete, an das Krankenbett des Fürsten und baten um dringende Hilfe. Avicenna heilte den Emir. Zum Dank ernannte ihn der Genesende abermals zum Wesir, und wieder konnte für den Gelehrten das bisherige Leben weitergehen: Tags arbeitete er als Minister, am Abend versammelte er seine Schüler um sich, nachts schrieb er. Oft brütete er bis zur völligen Erschöpfung über seinen Manuskripten, aber die Arbeit wollte nicht mehr mit der nötigen Konzentration vorangehen. Bald würde der Emir sterben, dies wußte der erfahrene Arzt seit seiner letzten Krankenvisite. Was aber dann?

Plötzlich war der gefürchtete Tag da. Einige Schüler rieten Avicenna, sofort abzureisen oder sich wenigstens zu verstecken, denn der Nachfolger des verstorbenen Fürsten sei ihm nicht freundlich gesinnt. Avicenna versteckte sich in der Wohnung eines Schülers, dort schrieb er einen Brief an den Emir Ala ad-Daula von Isfahan und ließ anfragen, ob er nicht dort wirken könne. Eine Zeit voller Beklemmung und Befürchtung verstrich. Keinesfalls durfte man am Hof von Hamadan etwas von diesem Briefwechsel entdecken, denn der Emir von Isfahan gehörte zur feindlich gesinnten Dynastie der Kakoyiden, einem Seitenzweig der Bujiden. Man sprach bereits von einem drohenden Krieg zwischen beiden Fürstentümern, weswegen es für einen Boten besonders gefährlich war, heimlich von einer Residenz zur anderen zu reisen. Würde Avicennas Gefolgsmann ungehindert alle Kontrollen passieren können? Eines Tages war das Versteck von Soldaten umstellt, drohend verlangten sie Einlaß, und dann zeigte ihr Führer dem Wesir das erwartete Antwortschreiben aus Isfahan: Der Emir sei erfreut, einen so fähigen Mann an seinem Hof begrüßen zu dürfen. Jetzt schien alles verloren. Soldaten hatten den Boten abgefangen und durch Folter die nötigen Angaben zu Avicennas Versteck erpreßt. Wieder warfen die Häscher Avicenna ins Gefängnis, dieses Mal in die Festung Fardajan unweit der Hauptstadt Hamadan. Ungewiß schien es, wann er je diese düsteren, eiskalten Räume wieder verlassen würde.

Es dauerte nur vier Monate. Dann öffnete sich die Tür zu seiner Zelle, und vor dem Gefangenen standen Abgesandte des Emirs von

Isfahan. Die Residenz der Bujiden war erobert worden – von der feindlichen Dynastie der Kakoyiden. Diesmal hatte Avicenna hautnah miterlebt, wie unruhig das Persien seiner Zeit war. Fürstentümer zerbrachen in blutigen Machtkämpfen, neue stiegen auf. Der siegreiche General empfing den befreiten Gefangenen mit allen Ehren und wiederholte, was bereits in dem abgefangenen Schreiben gestanden hatte: Avicenna sei willkommen in Isfahan. Dann zog das Heer weiter, der nächsten ungewissen Schlacht entgegen, während Avicenna zum Aufbruch rüstete und als Derwisch verkleidet mit wenigen Schülern nach Isfahan wanderte.

Isfahan war bereits zur Zeit der Sassanidenkönige eine Provinzhauptstadt gewesen, aber eine größere Rolle hatte der Ort bisher nie gespielt; er war in erster Linie Garnisonsstadt gewesen, wie die ursprüngliche Namensform noch verrät: Sephahan = Heeressammelplatz. Erst der schiitische Emir Ala ad-Daula hatte den Ehrgeiz, aus dem bescheidenen Städtchen eine glanzvolle Residenz zu machen. Von seinen Eroberungszügen in benachbarte Fürstentümer hatte er reiche Beute mitgebracht, genug an Geld, um große Moscheen, Koranschulen und Bibliotheken bauen zu lassen. Ihm erschien ein universal gebildeter Mann wie Avicenna gerade richtig, um dieser Metropole den nötigen kulturellen Glanz zu geben. Der Emir überhäufte den Umworbenen mit allen Ehren, machte ihn zum Leibarzt und bat ihn, eine riesige Bibliothek einzurichten sowie das Lehrwesen zu organisieren. Schließlich ernannte er ihn zum Wesir. Wieder einmal konnte Avicenna zugleich Arzt, Philosoph, Wissenschaftler und Politiker sein. Im Auftrag seines Gönners verfaßte er eine philosophische Enzyklopädie – in persischer Sprache. Der Emir der Kakoyiden tat alles, um persische Kultur zu fördern, hier eiferte er den Fürsten von Buchara und Ghazni nach.

Ein leichtes Leben hatte Avicenna an der Seite dieses ehrgeizigen Herrschers aber deswegen nicht. Ala ad-Daula führte ständig Krieg gegen seine Nachbarn, und ständig mußte ihn sein Wesir begleiten. Während der folgenden Jahre war Avicenna mehr in zugigen Feldherrnzelten zu Hause als in den Palästen und Bibliotheken von Isfahan. Philosophieren und wissenschaftlich arbeiten wurde aufreibender und schwieriger als je zuvor. Nicht selten geschah es, daß sich der Wesir eben einmal zurückgezogen und ein paar Seiten geschrieben hatte, da riß ihn Trommelwirbel aus seiner Ruhe, und schreiend meldeten die Soldaten das Nahen der Feinde. Sklaven packten in aller Eile die zahlreichen Bücher und Schriftrollen auf Kamelrücken, während Avicenna selbst die wichtigsten Manuskripte an sich nahm; dann bewegte sich die kostbare Fracht vorbei an leichenübersäten Schlachtfeldern und ausgebrannten Dörfern. Avicenna war gepeinigt von der ständigen Sorge, die fertiggestellten Manuskripte könnten nicht unbeschadet Isfahan erreichen, eine nicht unbegründete Angst. Einen Teil seiner Lasttiere erbeuteten die Feinde, er sah die Schriftstücke nie wieder. Er konnte nur hoffen, daß die Soldaten den Wert ihrer Beute erkannten und an eine fürstliche Bibliothek weiterlieferten. Unmöglich aber schien es nicht, daß die wenig gebildeten Krieger die Schriftrollen einfach ins Feuer warfen. Der Gelehrte mußte fürchten, einen Teil seiner Bücher umsonst geschrieben zu haben.

Es waren zermürbende Jahre. Avicenna wurde krank, er begann, an Schlaflosigkeit zu leiden, ihr folgten heftige Koliken. Sein Schüler Ubayd Juzajani, dem wir eine Lebensbeschreibung des Meisters verdanken, weiß für diese Leiden einen einleuchtenden Grund: »... durch Überanstrengung aller Art.« Aber Avicenna fand auch jetzt keine Ruhe. Anstatt sich vom Ministeramt zurückzuziehen, begleitete er seinen Fürsten nach wie vor auf Feldzügen und schrieb nachts an seinen Büchern. Immer häufiger wurden die Anfälle. Wir wissen nicht, was ihn veranlaßt hat, weiterhin so hart und schonungslos mit sich selber umzugehen und sich immer neue Leistungen abzupressen. Ernste Gefahr drohte ihm, als er sich schließlich voller Ungeduld durch eine Radikalkur zu heilen versuchte; er nahm in aller Eile selbstgebraute Arzneien gegen seine Koliken ein. Umsonst, die Schmerzen wurden immer schlimmer, epileptische Anfälle folgten. Nun aber fühlte er, so heißt es in der Chronik seines Schülers Juzajani, daß die Kräfte »seinem Willen entglitten«.

Dies geschah im Jahr 428 der Hedschra, dem Jahr 1037 unserer Zeitrechnung. Avicenna war 57 Jahre alt und weilte wieder in Hamadan, wo er einst seine ruhmvolle Laufbahn als Gelehrter und Minister begonnen hatte. Der Emir Ala ad-Daula hatte zum zweitenmal diese Residenz erobert und feierte seinen Triumph als Sieger – einen Triumph für wieviele Jahre? Zu unsicher waren die Zeiten, als daß der Fürst sich hätte allzusehr freuen dürfen, er konnte die Gebiete so rasch wieder verlieren, wie er sie an sich gerissen hatte.

Avicenna allerdings fühlte sich nun weit weg von solchen Sorgen. Seine nervöse Erschöpfung war einer völligen Gelassenheit gewichen, so heißt es in der Erinnerung Juzajanis. Er sah mit der Ruhe eines abgeklärten Philosophen dem Tod ins Auge, vollzog die riutellen Waschungen, vermachte seine Güter denen, die er möglicherweise unrecht behandelt hatte, gab den Befehl, reichlich Almosen an die Armen zu verteilen, und ließ sämtliche Sklaven frei. Solange es ihm noch die Kräfte gestatteten, zitierte er aus dem Gedächtnis Koranverse. Am 18. Juni des Jahres 1037 starb er in Hamadan.

Die Nachricht von seinem Tod verbreitete sich rasch in Persien und darüber hinaus in anderen islamischen Staaten. Zu dieser Zeit diskutierte man seine Schriften bereits in den Akademien von Bagdad und Kairo, und es war nur eine Frage der Zeit, bis man sich auch im weit entfernten Spanien mit ihm auseinandersetzte. Aber nicht nur Lobreden folgten dem Verstorbenen ins Grab, sondern auch gehässige, höhnische Kommentare. Seine Medizin habe nicht den eigenen Körper retten können, seine Theologie nicht die eigene Seele, so lästerten die Feinde, von denen er nicht wenige besaß. Umstritten wie sonst kaum einer der Großen in der islamischen Geistesgeschichte kam Avicenna auf die Nachwelt zu. Kein Gelehrter konnte gleichgültig an ihm vorübergehen; zu wuchtig, zu überragend, zu revolutionär waren seine Leistungen auf den Gebieten der Medizin, der Psychologie, der Philosophie und der Koranauslegung.

Für fast alle unbestrittenen blieb der Rang nur in der Medizin. Seine medizinische Enzyklopädie *Qanun fil-tibb, Kanon der Medizin*, wurde wie kein anderes naturwissenschaftliches Werk an den Universitäten von Indien bis ins maurische Spanien studiert, und fortan arbeiteten die moslemischen Ärzte nach seinen Anleitungen. In dem monumentalen Sammelwerk war so gut wie jede damals bekannte Krankheit exakt beschrieben, ihre Ursachen, ihre Wirkungen, die Möglichkeiten ihrer Heilung. Dort waren die Erkenntnisse aus den griechischen Lehrbüchern des Hippokrates und Galen neben den Ergebnissen aus der persischen Medizinschule von Dschundischapur sorgsam ausgebreitet, hinzu aber kamen zahlreiche eigene Entdeckungen. Als erster wußte Avicenna von der Ansteckungsgefahr bei Tuberkulose, auch begriff er vor allen anderen Großen der Medizin, daß viele Krankheiten durch das Wasser oder die Erde übertragen wurden – durch Bakterien, würde man heute sagen: nur fehlten dem genialen Perser des Jahres 1000 noch die Mikroskope, um seine Annahme durch Experimente zu erhärten.

Der Ruhm von *Qanun fil-tibb* drang bereits ein Jahrhundert nach dem Tod seines Verfassers über die Grenzen der islamischen Welt hinaus. Um 1150 waren schon Teile ins Lateinische übersetzt und kursierten unter den Gelehrten Frankreichs und des Deutschen Reiches. Mit Staunen lernten christliche Ärzte von den Erkenntnissen ihres moslemischen Kollegen, ohne vorerst zu begreifen, daß sie mit ihrem eigenen Verhalten eine geistige Revolution im Abendland vorbereiteten. Was einst schon griechische Ärzte für selbstverständlich hielten, nämlich durch Beobachtung der Naturgesetze zu lernen, das kam schließlich wieder durch das Standardwerk eines Persers in Europa zu Ehren; lange genug hatte man solche Ansinnen als »heidnisch« abgewehrt und bei der Krankenheilung lieber auf das Gebet eines Priesters vertraut. Avicennas *Qanun fil-tibb* wurde unter dem lateinischen Titel *Canon medicinae* berühmt wie kein zweites wissenschaftliches Werk des Mittelalters; seit dem 13. Jahrhundert diente dieses Lehrbuch an den Universitäten Italiens, des Deutschen Reiches, Frankreichs und Englands als Leitfaden der Schulmedizin, und daran hat sich bis ins 17. Jahrhundert nichts geändert – bis zu jenem Zeitpunkt, als es für die Christen selbstverständlich geworden war, naturwissenschaftlich zu forschen.

Aber eine revolutionäre Entdeckung im medizinischen Werk Avicennas ist bis ins 20.Jahrhundert nicht genügend beachtet worden, weder von Moslems noch von Christen. Avicenna war einer der ersten, die einen engen Zusammenhang zwischen körperlicher und seelischer Krankheit entdeckten, er begründete um das Jahr 1000 (!) eine Lehre der Psychosomatik. Mehr noch: Klar schied er im komplizierten Gefüge der Seele zwischen einem »unverhüllten« Antrieb, der jedem Menschen bewußt ist, und einem »verborgenen«, der im dunkeln bleibt. Das »Verborgene«, Verdrängte begriff er als Ursprung vieler Krankheiten. Hier nahm er die Lehre vom »Unbewußten« zumindest in Ansätzen vorweg, wie sie ein Sigmund Freud erst entwickelte. Man kann daher der prominenten ägyptischen Ärztin und Frauenrechtlerin Nawal al Saadawi zustimmen, die 1980 in ihrem Buch *Tschador, Frauen im Islam* Moslems wie Christen aufforderte, Avicenna endlich umfassend zu würdigen, denn er ». . . stand weit über anderen, denen in der westlichen Welt unverdientere, aber größere Anerkennung zuteil geworden ist«.

Avicennas Ruhm als Mediziner überstrahlte lange Zeit alle anderen Facetten seines Könnens. Als Philosoph und religiöser Denker war er jedoch nicht weniger bedeutend, nur blieb hier sein Ruhm umstritten, hier schieden sich von Anfang an Verehrer und Gegner, Freund und Feind. Für die einen gilt er bis heute als der wichtigste Wegbereiter griechischen Denkens im Islam, für die anderen als »gottlos«, als »Verräter« am Glauben. Wie kein anderer hat Avicenna die Erkenntnisse eines Aristoteles gedeutet und schöpferisch für die moslemische Kultur weiterentwickelt. Seine Kommentare zu Aristoteles wurden Pflichtlektüre für alle Philosophen, die Widersprüche in Glaubensfragen durch »Vernunft« klären wollten. Avicenna ging hier konsequent jenen Weg weiter, den eineinhalb Jahrhunderte zuvor die Mutaziliten unter Kalif Mamun erfolgreich verfochten hatten, kam aber zu wesentlich radikaleren Ergebnissen. Er glaubte an keine leibliche Auferstehung am Tag des Jüngsten Gerichts, auch nicht an die sinnlichen Freuden, die den Frommen im Paradies mit schönen Frauen und lauschigen Gärten, den Frevler mit Qualen in der Hölle erwarteten. Dies seien Symbole, so erklärte er in einer nur für »Eingeweihte« bestimmten Schrift. Der Prophet Mohammed sei von der »Weltvernunft« dazu ausersehen worden, in solch bildhafter Sprache zum Volk zu sprechen, denn nur auf diese Weise verstehe das Volk die Wahrheit. Dem Gelehrten aber offenbare sich die »Weltvernunft« auf einer anderen Stufe, sie enthülle ihm keine Bilder, sondern Begriffe. Auferstehung bedeutete für ihn die Unsterblichkeit des Geistes, Paradies die »Vollkommenheit« der »reinen Idee«, Hölle das Verhaftetsein in irdischen Daseinsängsten und Qualen. Seiner Meinung nach verkündeten Propheten und Philosophen keine einander widersprechenden Wahrheiten, beide enthüllten nur verschiedene Offenbarungsformen der einen Weltvernunft, jeder spiegle eine andere Facette aus der Vielfalt von »Wahrheit«.

Konservative Korangelehrte horchten auf, verdammten schon zu Lebzeiten das religiöse Gedankengut Avicennas. Ginge es nach diesem »Ketzer«, dann könnte zukünftig jeder Philosoph den Koran nach eigenem Gutdünken deuten, könnte den sprachlichen Bildern und Symbolen stets neue Wahrheiten entnehmen. Die islamischen

Glaubensinhalte würden damit in Bewegung kommen, jedes Dogma wäre zu diskutieren, zu überprüfen, würde vieldeutig ...

Unversöhnlich standen sich Liberale und konservative Korangelehrte gegenüber. Es gärte im Islam. Bei den Schiiten machte die radikale Sekte der »Batini« von sich reden, die in manchen Aussagen an Avicenna erinnerte. Ihr Name leitet sich von »batin« (arabisch: »innen«) her und bedeutet im übertragenen Sinn soviel wie »Lehrer der inneren Wahrheit«. Auch sie wollten die Aussagen des Korans nicht wörtlich verstehen, sondern als Gleichnis, auch sie wollten die bildhaften Wahrheiten der Religion durch kritische Vernunft deuten. Ihre Anhänger wurden blutig verfolgt, viele von ihnen als Ketzer hingerichtet. Avicennas Anhänger tötete man nicht, aber viele von ihnen mußten es sich gefallen lassen, daß man sie schroff zurückwies und von den Lehrkanzeln fernhielt. »Griechisches« Philosophieren kam in Verruf, je mehr es deutlich wurde, daß die Philosophie eines Aristoteles Unruhe unter die Korangelehrten brachte. An vielen Universitäten verschwanden Avicennas religiöse Schriften aus den Regalen und wurden sorgsam vor den Blicken der Studenten, ja auch der Professoren in schwer zugänglichen Archiven versteckt; konservative Rektoren bemühten sich, daß diese »freigeistigen« Ansichten nicht gar zu sehr bekannt wurden.

### *Erste Anzeichen einer islamischen Stagnation*

Im maurischen Spanien griff um 1150 der arabische Arzt und Philosoph Ibn Ruschd die »ketzerischen« Ideen des großen Persers Avicenna auf. Er entwickelte sie weiter, schrieb einen eigenen Kommentar zu Aristoteles und erregte bald soviel Aufsehen wie sein Lehrer. Er jedoch wurde bereits zu Lebzeiten massiv angefeindet. Im Jahr 1187 verurteilte ihn ein geistliches Gericht als Ketzer und schickte ihn in die Verbannung nach Marokko. Während Ibn Ruschd abreiste, verbrannten Korangelehrte seine Bücher öffentlich auf Scheiterhaufen. Die übriggebliebenen Exemplare verschwanden in den Bibliotheksarchiven, wo sie nur noch für wenige Kundige zugänglich blieben.

Was sich hier während des 12. Jahrhunderts verstärkt an Unterdrückung weltoffenen Philosophierens anbahnte – von Persien im

Osten bis hin zum maurischen Spanien im Westen –, hatte Signalwirkung. Zunehmend gelang es einem konservativen islamischen Klerus, sich gegenüber jenen Denkern durchzusetzen, die den kritisch-rationalen Ansatz griechischer Philosophie für den Islam fruchtbar machten. Allerdings sollte es noch bis ins 16. und 17. Jahrhundert dauern, daß der Klerus in seinem restaurativen Bemühen auf der ganzen Linie gesiegt hatte. Dann erst wurden die Folgen in aller Schwere sichtbar, an denen die Moslems bis heute zu tragen haben: Indem die kritische Dialektik weitgehend aus der Philosophie gewichen war, drohte der Islam als Kultur zu erstarren, ist er zunehmend schwerfälliger geworden und kann immer weniger auf die Herausforderungen einer sich stets wandelnden Welt reagieren.

Die Moslems schätzten zwar auch in Zeiten des Niedergangs weiterhin, was die Griechen an Anregungen für eine praktische Wissenschaft überliefert hatten, wollten aber nicht ihren Geist übernehmen. »Im letzten haben sich«, so drückt es Arnold Hottinger aus, »der auf Gott ausgerichtete Geist des Islam und das um den Menschen zentrierende Erbe Griechenlands widersprochen. Dieser Widerspruch war daran schuld, daß das griechische Erbe nach einer dreihundertjährigen Auseinandersetzung . . . schließlich in seinen letzten Konsequenzen zurückgewiesen wurde.«

Eine umgekehrte Entwicklung bahnte sich im Abendland an. Seit dem 13. Jahrhundert begann man an den Universitäten von Paris und Neapel, später auch an anderen, die Schriften des Ibn Sina zu lesen (man gab ihm den lateinisch abgewandelten Namen Avicenna) und seines Schülers Ibn Ruschd (ihn nannte man fortan Averroës). Seit die Christen während der Kreuzzüge erkannt hatten, um wieviel die islamische Kultur der ihren – zumindest auf vielen Bereichen – überlegen war, verlangten sie nach »arabischen« Schriftstellern. Massenhaft wurden damals Bücher vom Arabischen ins Lateinische übersetzt, zuerst medizinische Werke, dann aber auch die Philosophen. In den Schriften des Universalgenies Avicenna wie auch seines Schülers Averroes entdeckte man, daß es lohnend wäre, sich mit dem Denken eines gewissen Aristoteles auseinanderzusetzen. Zum ersten Mal lernten so Christen griechische Philosophen schätzen – auf dem Umweg über einen Perser und einen Araber. Die Folgen waren ungeheuerlich. Christliche Theologen schulten sich ausgerechnet an Moslems, wie man mit griechischer Methodik die eigene Religion systematisch durchdenken konnte. Diese Theologen verurteilten zwar Avicennas »Freigeisterei«, aber sie übernahmen viel von seinem Vorgehen. Die gelehrigsten Schüler: Albertus Magnus und Thomas von Aquin. Für sie blieb es zwar noch selbstverständlich, daß alle Philosophie und alle Wissenschaft nur »Magd der Theologie« sein konnte – und in diesem Ansatz blieben sie den konservativen Korangelehrten ähnlich. Aber: Je mehr sich christliche Theologen mit griechischer Philosophie beschäftigten, um so mehr formte sich bei großen Denkern des Abendlandes das Ideal einer »freien«, dogmatisch ungebundenen Wissenschaft. Und diese Tendenz ließ sich – anders als in der islamischen Welt – nicht mehr unterdrücken.

Eine paradoxe Umkehr der historischen Entwicklung. Im christlichen Europa sprengte die Auseinandersetzung mit der griechischen Antike endgültig die dogmatische Enge des Mittelalters; die Aufbruchstimmung der Renaissance ebnete (im Guten wie mit allen Fragwürdigkeiten und Gefährdungen) den Weg zur Moderne. Dagegen bewegte sich zur selben Zeit der islamische Orient weg von einem freieren Denken, weg von den Anregungen griechischer Antike, schrittweise zurück in einen Zustand, den wir Europäer herablassend als »Mittelalter« bezeichnen.

### *Die Seldschuken übernehmen persische Kultur*

Im 11. Jahrhundert war noch nichts von dem allgemeinen Niedergang der islamischen Welt zu ahnen. Vom Niedergang gezeichnet waren lediglich verschiedene Staaten, die sich in inneren Machtkämpfen wie Kulturkrisen zerschlissen und schließlich zur Beute von Eroberern wurden. Aber inmitten dieser sich ständig ändernden Welt der Machtkonstellationen brachten Philosophen, Wissenschaftler und Künstler immer noch aufsehenerregende, wegweisende Leistungen hervor.

1037 starb Avicenna. Im selben Jahr kam neue Unruhe in das ohnehin von Machtkämpfen zerrissene Persien, und dieses Mal erfaßte das Beben das ganze Land von den Nordgrenzen bis in den Süden – die Ursache: ein türkisches Reitervolk aus der kirgisischen Steppe.

Jahrzehnte schon hatten Nomadenkrieger an den Nordgrenzen Persiens Städte überfallen, nie aber hatten sie dauernd Fuß fassen können. Anders in jenem Jahr 1037. Jetzt eroberte einer ihrer Stämme unter ihrem Führer Togrul, »der Falke«, das Fürstentum Chorassan und drang unaufhaltsam nach Osten und nach Süden vor. Merw und Samarkand fielen, schließlich war Isfahan bedroht, die Residenz von Ala ad-Daula. Die Eroberer waren keine Barbaren mehr wie viele andere Turkstämme ihrer Zeit. Seit vor Jahrzehnten ihr Führer Seldschuk unter persischen Provinzfürsten als gutbezahlter Söldnerführer gedient hatte und seitdem seine Nachfolger in etlichen nordpersischen Landstrichen selbständig regierten, sahen sie die Paläste, Moscheen und Basare nicht mehr mit den Augen von beutegierigen Nomaden an. Sie hörten auf, wahllos Ortschaften zu plündern und dann mit reichbepackten Lastkamelen in die Weite der Steppe zu verschwinden; sie wollten teilhaben an der Kultur, wollten von den unterworfenen Persern lernen, so wie einst das halbzivilisierte Volk der Araber, das aus der Wüste aufgebrochen war. Seldschuk erlebte nicht mehr den glanzvollen Aufstieg seines Stammes, aber er, der als erster seiner Sippe zum Islam übergetreten war, hatte seinen Nachfolgern den Weg gewiesen, und so überdauerte sein Name die Zeiten. Seine Dynastie wurde die der Seldschuken genannt.

Im Jahr 1051 eroberten die Seldschuken Isfahan. Vier Jahre später zogen sie in Bagdad ein, und dann betrat ihr Führer Togrul triumphierend den Kalifenpalast – am Ziel seiner Wünsche. Der machtlose Kalif übertrug ihm das Amt des »Schutzherrn« und ließ ihn an seiner Stelle regieren. Togrul nahm dankend an, ja, er, der Eroberer, küßte sogar den Boden vor dem Kalifenthron, wie zeitgenössische Beobachter zu berichten wissen. Eine groteske Szene, wie es auf den ersten Blick erscheinen mag. Aber Togrul hätte es nicht wagen können, sich anders zu verhalten, denn noch galt der Kalif den meisten Moslems als unantastbares religiöses Oberhaupt. Togrul, der Türke, hätte unmöglich selber dieses Amt beanspruchen können, blieb es doch nach dem damaligen Denken allein einem Blutsverwandten des Propheten vorbehalten.

Togrul konnte trotzdem zufrieden sein. Denn als »Schutzherr« des religiösen Oberhaupts war er deutlich über alle anderen Fürsten des islamischen Ostens hinausgehoben. Seine Stellung ähnelte nun der eines Kaisers wie Karls des Großen, der einst Schutzherr des Papstes geworden war. Togrul nahm noch einen zweiten bezeichnenden

Titel an: Sultan, »Herr der weltlichen Gewalt«. Für alle sichtbar zog er damit die Trennungslinie zwischen religiösem und politischem Amt.

Türkische Sultane herrschten von nun an über das zerfallene Abbasidenreich. Ihre ersten Herrscher – Togrul, Alp Arslan, Malik Schah – regierten bemerkenswert gut und führten eine neue Blütezeit des islamischen Ostens herauf. Niemand merkte es den türkischen Eroberern mehr an, daß ihre Vorfahren noch vor einem Jahrhundert in Nomadenzelten der kirgisischen Steppe gehaust hatten. Persisch waren Sprache und Kultur ihrer Führer geworden, türkisch blieben nur noch die Dialekte und Bräuche der einfachen Stammeskrieger. Togrul verstand es, in den eroberten Provinzfürstentümern persische Ratgeber um sich zu scharen, die es an Kenntnissen und verfeinerter Lebensart mit jedem Fachmann in Bagdad aufnehmen konnten. In einem allerdings ließen sich die Seldschukenfürsten nicht vom persischen Vorbild leiten: Sie dachten nicht daran, im Stil altpersischer Gottkönige zu regieren, sie setzten nicht die unnahbare Distanz zwischen Herrscher und Untertan wie einst die Kalifen von Bagdad. In ihrem Denken blieb wenigstens noch so viel von der Stammestradition lebendig, daß vornehme Gefolgsmänner frei mit dem Herrscher sprechen konnten.

Unter den hochgebildeten Ratgebern des ersten Seldschukensultans befand sich ein fünfunddreißigjähriger Perser, der nun unter dem arabischen Beinamen Nisam al Mulk, »Ordnung des Reiches«, zum maßgeblichen Minister aufsteigen und wie kein anderer die Regierung prägen sollte. Seine Heimatstadt war Tus in Chorassan, wo einst auch Firdusi das Licht der Welt erblickt hatte. Schon in jungen Jahren war er in den Dienst der seldschukischen Eroberer getreten und stieg dann zum wichtigsten Ratgeber Togruls auf. Dessen Nachfolger, der Sultan Alp Arslan, machte ihn schließlich im Jahr 1061 zum Großwesir. Dreißig Jahre lang blieb Nisam al Mulk in diesem Amt, und während dieser Zeit erlangte Bagdad fast wieder jenen Glanz, den die Stadt zur Zeit Harun al Raschids ausgestrahlt hatte. Kaum vier Jahre im Amt, da begründete er in Bagdad eine neue Universität, die seinen Namen trug, »Nisamija«. Die Anlage gehörte zu den modernsten und schönsten der ganzen Stadt, und bald sollte es für jeden Studenten die höchste Auszeichnung bedeuten, wenn er dort lernen durfte. Die berühmtesten Professoren des islamischen

Kulturkreises wurden hierhergeholt und lehrten Koranwissenschaft, Literaturwissenschaft, Philosophie, Geographie, Geschichte, Musik, Medizin, Chemie, Physik, Astronomie, Mathematik. Aber so berühmt die Universität auch innerhalb kurzer Zeit wurde, für Bagdad schien sie nur selbstverständlich, wo es doch zu jener Zeit an die dreißig große wissenschaftliche Bibliotheken in der Stadt gab.

Bagdad zählte im 11. Jahrhundert über eine Million Einwohner und übertraf damit an Größe fast alle damals bekannten Städte der Welt mit Ausnahme von Córdoba, der Hauptstadt des maurischen Spaniens, von Angkor, der Khmer-Metropole in Kambodscha, von Hangzhou, der damaligen Hauptstadt des chinesischen Reiches, sie sämtlich Kulturzentren außerhalb des Abendlandes. Bagdads Einwohnerzahl mußte Besucher aus Europa naturgemäß irritieren, ja verstören. Städte wie Konstantinopel, Paris, Rom, Köln – um nur einige der damals wichtigen Metropolen zu nennen – besaßen gerade einen Bruchteil an Einwohnern, ganz zu schweigen von den Bibliotheken, wissenschaftlichen Instituten, Spitälern und Badehäusern. Um das Jahr 1065 fand sich im ganzen christlichen Abendland kein derartig gebildeter Kulturförderer wie der persische Großwesir der Seldschuken.

Soviel die Seldschuken auch für Bagdad taten, sie legten keinen Wert darauf, von dort aus ihr machtvoll gewachsenes Reich zu regieren. Ihre Fürsten zogen sich nach Isfahan zurück und erklärten die einstige Residenz des Emirs Ala ad-Daula zur Hauptstadt. Sultan Alp Arslan soll während seiner Regierungszeit kein einziges Mal nach Bagdad gekommen sein, so lassen die Chroniken verlauten, er zeigte unverhohlen eine Abneigung gegen die Millionenstadt mit ihrem unübersehbaren Häusermeer, aber auch gegen das Völkergemisch aus allen Teilen des islamischen Reiches. Er wie seine Nachfolger fühlte sich allein von Städten angezogen, die durch und durch »persisch« waren; sie hielten Türkisches und Arabisches gleichermaßen von sich fern, so sehr waren die Seldschukenfürsten bereits durch ihre Ratgeber geformt. Großwesir Nisam al Mulk führte Persisch als alleinige Amtssprache am Hof von Isfahan und allen seldschukischen Provinzfürstentümern ein, kein Beamter verfaßte seine Berichte mehr auf arabisch. Bagdad, obwohl Millionenstadt und mit den meisten Universitäten versehen, war damit endgültig zweitrangig geworden.

Um das Jahr 1080 regierten die Seldschuken über ein Reich, das von den Grenzen Indiens bis in den Irak und weit in die heutige Türkei hinein reichte. Das entsprach an Ausdehnung fast dem Herrschaftsgebiet der Achämeniden und Sassaniden. Im Westen entrissen sie dem Byzantinischen Reich eine Provinz, die seit den Achämeniden nicht mehr von persischen Fürsten beherrscht worden war: Anatolien; und diese Provinz sollte, bevor sie Anfang des 13. Jahrhunderts zur Keimzelle eines türkischen Staates unter den Osmanen wurde, kulturell persisch geprägt sein. Selbst als ein Seldschukenführer Ende des 11. Jahrhunderts im östlichen Anatolien ein zweites, von Isfahan unabhängiges Reich mit Konya als Residenz begründete, blieb die Hofsprache persisch, blieb auch das Denken der Seldschuken dort am persischen Raum orientiert.

Zunächst aber liefen alle Fäden des ausgedehnten Seldschukenreiches politisch wie kulturell in Isfahan zusammen, einer Stadt, die rasch über ihre bisherigen Grenzen hinauswuchs. Nach zeitgenössischen Berichten soll Isfahan Ende des 11. Jahrhunderts an die neunzig Quadratkilometer umfaßt haben. Damals entstand ein berühmtes Bauwerk, das man heute als das älteste erhaltene Kulturdenkmal bewundert: die Freitagsmoschee (Masdjid-i-Djomeh). Bauherr war wiederum Großwesir Nisam al Mulk.

Dieser Perser förderte im ganzen Reich Wissenschaft und Kunst, überall entstanden neue Universitäten und Akademien, an denen Theologie, Philosophie, Geschichte und Naturwissenchaften gelehrt wurden. Besonders aber versuchte er, die bedeutendsten Gelehrten in die neue Reichshauptstadt zu ziehen. Aufschlußreich muß es dem Historiker erscheinen: Nicht wenige bedeutende Köpfe übersiedelten von Bagdad nach Isfahan. Hier aber machte vor allem ein Mann von sich reden, der zum Symbol einer ganzen Epoche werden sollte: der Perser Omar Chaijam.

## *Omar Chaijam, der weise Skeptiker*

Der große Mathematiker, Philosoph und Dichter wurde 1045 in Neischapur geboren. Diese Stadt liegt etwa hundert Kilometer westlich von Tus, dem Geburtsort Firdusis, und ist heute ein unscheinbares Provinznest mit etwa 30000 Einwohnern, »ohne besondere Sehenswürdigkeiten«, wie es in Reiseführern lakonisch vermerkt ist. Jahrhundertelang aber war dieser Ort die Hauptstadt Chorassans. Hier ließen schon die Emire vom Geschlecht der Tahiriden, später der Samaniden ihre Paläste, Moscheen, Koranschulen und Akademien errichten. Als Omar Chaijam das Licht der Welt erblickte, hatten in Neischapur die Seldschuken ihre Residenz aufgeschlagen; damals sollte es noch zwei Jahrzehnte dauern, bis sie Isfahan zu ihrer Hauptstadt erkoren. Togrul und Alp Arslan bauten hier ihre Paläste, und beide vergrößerten die Universität, lockten mit fürstlichen Gehältern neue Lehrer heran und ließen die Bestände der Bibliotheken beträchtlich erweitern.

Zweifelsohne hat der Jüngling in seiner Heimatstadt wichtige Anregungen empfangen, aber Mathematik und Astronomie konnte er hier nur in Grundzügen kennenlernen. Deshalb zog es ihn sehr früh nach Bagdad an die damals erst gegründete Nisamija. Dort fiel der Student bald durch sein überdurchschnittliches Wissen auf, und es dauerte nicht lange, dann war er Professor für Mathematik und Astronomie.

Sein eigentlicher Name lautete Omar ibn Ibrahim. Den Beinamen Chaijam, »Zeltmacher«, legte er sich erst später zu. Manche Historiker vermuten, er habe damit seinen Vater Ibrahim ehren wollen, der eventuell diesen Beruf ausübte. Der Wahrheit näher kommen dürften aber die, die diesen Titel mehr symbolisch verstehen wollen. Omar hat der Nachwelt einen vielsagenden Vers hinterlassen: »Omar, der Zeltmacher, hat von früh bis spät / an manchem Zelt der Philosophie genäht . . .« Er war wie Avicenna eine universale Begabung und leistete Außerordentliches in den Naturwissenschaften, der Philosophie und der Dichtung. Aber seinem Nachruhm sollte ein ähnliches Schicksal zuteil werden wie dem des Universalgenies aus Buchara: Man rühmte seine bahnbrechenden Erkenntnisse in den Naturwissenschaften, sprach aber lange Zeit nur mit kühlem Respekt von seiner Versdichtung und vergaß schließlich seine Philosophie über Jahrhunderte, genauer: verdrängte sie, weil sie zu provokant, zu revolutionär erschien.

Bereits seine Zeitgenossen schätzten ihn zunächst als Mathematiker, Physiker und Astronomen. Er hatte – wie alle persischen Wissenschaftler seiner Zeit – aus dem reichen Wissensschatz nicht nur der eigenen Kultur, sondern auch der Griechen, Römer, Ägypter,

Babylonier und Inder geschöpft, aber er überragte viele seiner Zeitgenossen mit den Ergebnissen seines Studiums. In die Algebra und Geometrie führte er neue mathematische Lösungen ein, den komplizierten Lauf der Gestirne berechnete er genauer als alle seine Vorgänger. So konnte es nicht ausbleiben, daß der Großwesir Nisam al Mulk auf ihn aufmerksam wurde und ihn nach Isfahan an den Hof des Seldschukensultans Malik Schah rief. Dort arbeitete er einen neuen »persischen« Kalender aus, der nicht wie die islamische Zeitrechnung nach Mondjahren, sondern wie die christliche nach Sonnenjahren zählte. An exakter Berechnung übertraf Omar Chaijam allerdings bei weitem die damaligen Astronomen des christlichen Abendlandes, und so besaß Persien über Jahrhunderte einen besseren Kalender als Europa. Omar Chaijam forschte und lehrte während der folgenden Jahrzehnte abwechselnd in Isfahan, Bagdad, Merw und Neischapur, bis er, fast achtzigjährig, in seiner Heimatstadt starb.

Hätte er sich nur mit Mathematik, Physik und Astronomie beschäftigt, so wäre ihm bereits ein Platz in der Nachwelt sicher gewesen. Aber zu wahrhaft weltweitem Ruhm über alle Grenzen der Kulturkreise hinweg verhalfen ihm erst seine vierzeiligen Sinnsprüche, die Rubaijat, Verse, die bei seinen Zeitgenossen nicht ungeteilten Beifall fanden, ja bei manchen gar auf heftige Ablehnung stießen.

Sehen wir uns einige wenige aus der Vielzahl seiner *Rubaijat* an, so verstehen wir, was daran die Leser des 11. Jahrhunderts so begeistert, erzürnt oder verstört hat. Die deutsche Übersetzung kann allerdings nur annähernd die sprachlichen Feinheiten des Originals vermitteln.

Ein strenggläubiger Moslem mußte mit gemischten Gefühlen solche Zeilen lesen: »Ich war ein Falke, den sein kühner Flug / hinauf zum Reich der ewigen Rätsel trug. / Dort fand ich keinen, der sie mir enthüllt, / und kehrt' zur Erde wieder bald genug.« Und wenn ein solcher Moslem dann noch auf einen Vers wie folgenden stieß, mußte er sich noch mehr herausgefordert fühlen: »Hinter den geheimnisvollen Vorhang drang noch nie ein Blick, / keiner hob je den Schleier, der verhüllt das Weltgeschick. / Zweiundsiebzig Jahr hab ich Tag und Nacht darauf gesonnen, / doch das Rätsel blieb mir dunkel, und mein Leben ist zerronnen.« Hatte der Koran nicht alles Wissenswerte offenbart?, so mußte ein strenggläubiger Moslem auf solche Verse antworten. Bedeutete es nicht Anmaßung, wenn ein Mensch über die Grenzen hinausstoßen wollte, die Gott in der Heiligen Schrift gesetzt hatte?

Was aber mußte ein strenggläubiger Moslem erst empfinden, wenn der Dichter mit Gott persönlich zu hadern begann. Etwa in einem Vers wie diesem: »Als unseren Lehm rührte Gottes Spaten / wußt' er im voraus all unsere Taten. / Drum sündigen wir nicht, ohne daß Er es will, / und dafür sollen wir in der Hölle braten?« Oder gar: »Du, der die Schlange uns gesellt in Eden / und uns umstrickt mit der Versuchung Fäden, / die Sünden, welche wir begehen im Leben, / vergib uns, wie wir Dir vergeben.«

Der Dichter schien ganz außerhalb des Islam zu stehen, wenn er schließlich bekannte: »Von wohl siebzig Religionen hör' ich, daß es sie auf Erden gibt; / doch die wahre Religion ist die nur, daß der Mensch den Menschen liebt./ . . .« Der Dichter hörte auf, an ein Jenseits zu glauben, wie der Koran es verhieß, wenn er sagte: »Ich sandte aus die Seel' durchs Unsichtbare, / auf daß sich ihr das Jenseits offenbare. / Nach langen Jahren kehrte sie zurück, / und sprach: In dir sind Höll' und Himmel, Schmerz und Glück.«

Ohne Zweifel: Der da in Versen sprach, war kein orthodoxer Gläubiger mehr, sondern ein Skeptiker auf allen Gebieten. Nur auf den ersten Blick erschien er als Rationalist, der als Mathematiker dazu neigte, die ganze Welt nach einem klaren System geordnet zu sehen. Bei näherem Hinsehen entpuppte sich aber selbst der Naturwissenschaftler als Zweifler. Die Suche nach Naturgesetzen offenbarte ihm nur »äußere«, mechanische Zusammenhänge, ließ ihn nicht zum »Kern aller Fragen«, vordringen, wie er selbst bekannte. Ein Strenggläubiger hätte ihm bis zu diesem Punkt nicht widersprochen. Aber Omar Chaijam mißtraute auch der bildhaften, mythischen Sprache des Koran. Bot nicht auch sie nur »Äußeres«, nur »Hülle«, und mußte nicht der Fromme gar zu selbstzufrieden sein, der die Bilder schon für die ganze Wirklichkeit nahm? Gott und Teufel, so ließ sich aus den Versen Omar Chaijams folgern, waren Sinnbilder für das »verborgene« Absolute, ebenso das Jenseits. Das Jenseits bedeutete dem Skeptiker nur ein Symbol für die totale Wahrheit, die dem Menschen im irdischen Leben verschlossen blieb. Omar Chaijam glaubte nicht wie der Rationalist Avicenna, daß der Mensch zu immer höheren Erkenntnissen aufsteigen und dem »reinen Gott«, der »Weltvernunft« näherkommen könne. Weder Wissenschaft noch Theologie wiesen ihm einen Weg, endgültig eine Antwort auf die drängenden Fragen nach seinem Sinn zu erhalten. Ihm offenbarte der scharf analytische Verstand gnadenlos die Widersprüche in allen herrschenden Denksystemen; Wissenschaftlern und Korangelehrten warf er vor, sich mit vorschnellen Scheinlösungen zu begnügen.

Was aber, wenn das Denken zu keinem endgültigen Ergebnis führte, wenn, nach einem Wort Omar Chaijams, auch »der Meister« stets »nur Lehrling« blieb? Dann könnte der Mensch mit allen seinen Sinnen nur das Leben leben und die letzten Dinge als unergründbares Geheimnis empfinden. Dieses Geheimnis, das die Frommen »Gott« nannten! Dieses Geheimnis, dem sich der rastlos Suchende nicht rational, sondern nur fühlend nähern konnte. Höchste Form dieser Annäherung war für Omar Chaijam der Rausch. »Trunken vor Wein« übersprang er alle Schranken, die ihm der klare Verstand setzte, erlebte er für Momente jene absolute Seligkeit, die ihm sogleich wieder entglitt. In diesen kostbaren Augenblicken glaubte er, etwas von dem Absoluten erhascht zu haben, das sich mit Sprache nicht ausdrücken, mit Denksystemen nicht fassen ließ. Der Rationalist Omar Chaijam wurde zum Mystiker.

Hier näherte er sich der Philosophie der Derwische, Mitgliedern islamischer Orden, deren Wirken zu jener Zeit von orthodoxen Korangelehrten argwöhnisch beobachtet wurden. Auch die Derwische glaubten nicht mehr, daß sich Gott mit Begriffen und Dogmen erfassen ließe; auch sie sahen nur eine Möglichkeit, das Absolute für Momente zu fassen: im »Rausch«.

Was für ein Rausch aber? Bei der Mehrzahl der Derwische ist es kaum der Wein gewesen, sie wandten und wenden ausgesprochen seelische Ekstasetechniken an. Anders Omar Chaijam. Er sprach unmißverständlich vom Alkohol und bekannte freimütig, ab und zu betrunken zu sein.

Ein Moslem, der den Wein verehrte? Und ihm gar eifrig zusprach? In Persien nahm daran nicht jeder Gläubige Anstoß. »Bring ihn, den Wein, er könnte sein: Rubin/geschmolzener Edelstein«, so dichtete bereits um das Jahr 860 hingerissen der persische Dichter Rudaki am Hof der Samaniden. Um Jahrhunderte später sollten die ganz Großen der persischen Lyrik, Saadi und Hafis, »Wein« und »Rausch« als

Inbegriff einer ungestillten Sehnsucht nach dem Absoluten verherrlichen. Was einem strenggläubigen Moslem ein Greuel sein mußte, pflegten Persiens große Dichter als »Erlebnis«, als mystische Erfahrung zu preisen. Wohl hatte Mohammed den Alkohol verboten, dies wußten auch die persischen Moslems, aber gehalten hatten sich viele nicht daran. Besonders an Fürstenhöfen betrank man sich öffentlich und ganz ungeniert; Herrscher wie der berühmte Mahmud von Ghazni, Firdusis Gönner, leerten regelmäßig vor aller Augen unzählige Becher, vor allem aber sein Sohn Masud, so wissen die Hofchroniken zu berichten. Auch am Kalifenhof von Bagdad sprach man ohne allzu große Hemmung dem Wein zu, vor allem Harun al Raschid hatte sich hier hervorgetan, der seine Untertanen jedoch streng mahnte, das Verbot des Propheten zu beachten. Das sah ganz nach doppelter Moral aus. Aber dahinter steckte mehr – etwas zutiefst Persisches: Bei außergewöhnlichen »gotterwählten« Menschen bedeutete eine Tat etwas anderes als bei normalen Sterblichen. So auch der Weingenuß. Omar Chaijam selbst hatte hierfür das passende Beispiel geliefert. Er zitierte in dem ihm zugeschriebenen »Neujahrsbuch« eine altpersische Sage von der Entstehung des Weines: Ein Adler brachte einem König die erste Weintraube, und dieser König machte seine Höflinge mit dem vergorenen Getränk vertraut. Adler und König – dies ist keine zufällige Wahl. Adler steht für Höhenflug, König für den herausragenden Menschen. Dieser Sage nach besitzt der Wein einen himmlischen Ursprung, sein Rausch ist etwas »Heiliges« und vermag große Gefühle zu wecken – aber nur bei großen Geistern. Was dem Genie ein Weg zur Erkenntnis, das kann der »gemeinen Seele« ein Weg in die Gosse werden.

Für die Masse der Gläubigen mußten diese Verse ein Ärgernis bleiben. Omar Chaijam scherte sich darum allerdings wenig, er wußte von vornherein, daß er mit seinen radikalen Einsichten »ein Einsamer« bleiben würde, und hierbei würde sein Bedürfnis nach Wein noch das geringste Aufsehen erregen. Viel stärker mußte sich ein durchschnittlicher Moslem durch andere Verse provoziert fühlen. Nach Omars Ansicht war jeder Mensch erst unterwegs zur Wahrheit, ohne je an einem sicheren Ziel anzukommen, es gab nur den »Augenblick«, den es auszuschöpfen galt, bevor im nächsten Moment alles Erkannte schon wieder zu zerrinnen drohte. Keine gesicherte, »objektive« Erkenntnis über Gott. Keine absoluten Werte. Omar

Chaijam dachte in manchem schon wie ein Existentialist unserer Zeit. Und das im 11. Jahrhundert!

Als Dichter und Philosoph hat Omar Chaijam in islamischen Ländern nach und nach an Widerhall verloren. Seine Gedichte verschwanden im Verlauf der nächsten Jahrhunderte aus den Bibliotheken, zirkulierten nur noch in privaten Kreisen und wurden bald auch dort noch selten gelesen. Im Gedächtnis der Nachwelt lebte er vorerst nur als Mathematiker und Naturwissenschaftler fort. Hier teilte er das Schicksal Avicennas. Und wie dieser wurde auch sein philosophisches Denken nicht im islamischen Orient, sondern im christlichen Europa wiederentdeckt. Aber bei Omar Chaijam verzögerte sich dieser Prozeß sogar im Abendland bis ins 19. Jahrhundert. Erst mußte in Europa der geistige Nährboden bereitet sein für das Gefühl der existentiellen Zerrissenheit und der bohrenden Zweifel gegenüber überlieferten religiösen Ordnungen, um empfänglich für die weise Skepsis eines Omar Chaijam zu werden. 1839 übersetzte der englische Dichter Edwards Fitzgerald die *Rubaijat* ins Englische und leitete damit das hohe Ansehen des Persers in Europa ein. Von hier strahlte der Ruhm in islamische Länder zurück – abar paradox genug: Moslemische Intellektuelle lasen die Verse Omar Chaijams zuerst einmal in der englischen Übersetzung, bevor sie auf die Mahnung einheimischer Gelehrter hörten, die Rubaijat doch im Original zu studieren.

Noch Anfang unseres Jahrhunderts ist Omar Chaijam als Dichter und Philosoph in seinem Heimatland Persien weitgehend unbekannt geblieben, erst dann gelang es europäischen Orientwissenschaftlern, die Perser für einen ihrer größten Dichter zu interessieren. Seitdem gibt Omar Chaijam für viele Intellektuelle seiner Heimat das Vorbild ab, »modern« und »persisch« zugleich zu denken. Nicht zufällig wurde ihm erst 1934 in seiner Heimatstadt Neischapur ein Mausoleum errichtet.

Die »Islamische Revolution« von 1979, als die Mullahs unter Khomeini die Macht ergriffen, hat die freigeistigen Verse von Omar Chaijam wieder aus den Buchhandlungen verschwinden lassen. Daß aber diese Verse von einer Reihe Intellektueller im Iran heimlich gelesen werden, ist zu vermuten.

# 4. Die Mongolenherrschaft

## *Die Zerstörung Bagdads beendet eine Epoche*

Im Jahr 1096 brach aus Westeuropa ein Heer nach Palästina auf, um das Heilige Land von der »Herrschaft der Ungläubigen« zu befreien. Das Zeitalter der Kreuzzüge begann.

Die Kreuzfahrer wußten nicht, was sie im fernen Orient erwartete. In Europa kannte man damals islamische Länder nur aus wenigen Erzählungen reisender Kaufleute und zurückkehrender Palästinapilger, meist waren es verzerrte Darstellungen. Und so zogen die Truppen los in dem Glauben, sie müßten die »Heimat Christi« von der Tyrannei relativ ungebildeter Heiden befreien. Wie groß aber war ihr Erstaunen, daß sie keine schmutzstarrenden, heruntergewirtschafteten Siedlungen antrafen, sondern Großstädte mit einer verfeinerten Kultur, wie sie damals im christlichen Abendland undenkbar war. Dieser Schock ging tief, er blieb nicht ohne Folgen. Man konnte von den Heiden noch etwas lernen! Mit dieser Erkenntnis kehrten nicht wenige Christen während der sechs weiteren Kreuzzüge zurück. Zum ersten Mal gelangten im Gepäck von Mönchen und Gelehrten arabische Handschriften an christliche Fürstenhöfe und lösten in Europa eine kulturelle Revolution aus.

Für die Moslems bedeuteten die Kreuzzüge viel weniger. Damals sahen die islamischen Fürsten im Kampf gegen die Kreuzritter nichts anderes als einen der üblichen Grenzkriege gegen Eindringlinge, und als sie die Christen schließlich wieder aus Palästina vertrieben hatten, lebten sie unbeeindruckt weiter wie bisher. Der Orient hatte zu jener Zeit nichts vom christlichen Westen zu fürchten, man brauchte sich weder militärisch noch kulturell herausgefordert zu fühlen.

Echte Gefahr aber drohte den Moslems vom Osten, und von dort nahte gleich einer alles verschlingenden Springflut eine Katastrophe von bisher unvorstellbaren Ausmaßen. Es kamen die Mongolen unter Dschingis-Khan.

Um das Jahr 1200 brachen mongolische Reiterhorden aus den Steppen nördlich der Wüste Gobi auf, wo ihnen Hunger und Überbevölkerung keine Bleibe ließen. Nicht das erste Mal waren ihre kriegerischen Stämme in Nachbarstaaten ausgeschwärmt, aber meist waren sie nach reicher Beute wieder in ihre karge Heimat zurückgeströmt, denn ihnen fehlte der geniale Heerführer und Staatsmann, der die verschiedenen Stämme auf lange Zeit hätte einigen und in fremde Länder führen können. Diesen Mann aber fanden sie in Temudschin. Er, der Führer einer anfangs unscheinbaren Nomadenhorde, war verwegen und intelligent genug, um einen Nachbarstamm nach dem anderen zu unterwerfen, um schließlich zum Großkhan aller Mongolen aufzusteigen. Dieser Mann nannte sich, noch bevor seine Reiterscharen über die Grenzen ihrer Steppe ausschwärmten, »Dschingis-Khan«, das soviel bedeutet wie »Herr aller Herren«. Im Rat der Stammesführer verkündete er, was zu jener Zeit noch wie Größenwahn anmuten mußte, er sei ausersehen, die ganze Welt zu unterwerfen. 1211 überschwemmten seine Reiterscharen China, eroberten weite Landstriche und wandten sich dann in Richtung Westen, um den »Rest« der Welt zu besiegen.

Zahllose türkische Nomadenstämme aus den Steppen Innerasiens schlossen sich ihnen an, und Türken waren es in erster Linie, die sich im Jahr 1220 unter mongolischer Führung der persischen Grenze näherten. Im selben Jahr noch fielen sie in Nordpersien ein, wo längst die Seldschuken ihre Macht wieder an Provinzfürsten verloren hatten, und besiegten ein Fürstentum nach dem anderen. Die Sieger verfuhren gnadenlos; wo immer sie auch hinkamen, hinterließen sie rauchende Trümmer und mannshoch getürmte Schädelpyramiden. Blühende Städte wie Samarkand, Merw, Buchara und Neischapur gingen in Flammen auf, wahllos zündeten die Eroberer Moscheen, Paläste und Bibliotheken an, unschätzbare Schriften verbrannten und gingen der Nachwelt für immer verloren. Den Mongolen und ihren türkischen Hilfstruppen fehlte das Verständnis für die vorgefundene Kultur. In ihren Augen waren Städte nur zum Plündern da, und was sich nicht auf dem Rücken von Lastkamelen oder in Karren abtransportieren ließ, war nur wert, vernichtet zu werden. Die Reiterscharen fluteten nach Süden und zerstörten auch dort die meisten Städte, nur Isfahan und Schiras verschonten sie, weil sich ihre Emire rechtzeitig unterwarfen.

Im Januar 1258 umzingelten ihre Truppen Bagdad, die »Stadt aller Städte«. Kalif Mustasim, ein weltfremder Gelehrter, hatte die Gefahr unterschätzt und sich geweigert, seine Schätze kampflos an die

Eroberer auszuliefern. Der Kalif empfand es als Zumutung, daß man ihn, den »Herrscher aller Gläubigen«, zu einer bedingungslosen Unterwerfung aufforderte. Er ließ an den Mongolenführer Hülägü, einen Enkel Dschingis-Khans, ein Schreiben schicken, das in einem Ton abgefaßt war, als ob der Kalif noch über das mächtige Weltreich der Abbasiden und nicht über einen lächerlich kleinen Stadtstaat gebiete. Dieser wirklichkeitsfremde Hochmut sollte verheerende Folgen haben, er bedeutete das Ende Bagdads. Der Mongolenführer erfüllte auf grausige Weise, was Dschingis-Khan seinen Heerführern einst mit auf den Weg gegeben hatte: »Ich verbiete, jemals ohne meinen ausdrücklichen Befehl gegen die Bewohner eines Landes milde zu verfahren ... Nicht Mitleid, sondern Strenge bändigt die Menschen!« Hülägü befahl, die Stadt zu stürmen und zu zerstören. Was über Jahrhunderte undenkbar erschien – Bagdad in Schutt und Asche –, das wurde nun Wirklichkeit.

Vierzig Tage dauerte das Zerstörungswerk, so berichtet die Chronik eines Überlebenden. Die mongolischen Eroberer durchstreiften stets aufs neue die Stadt »wie grimmige Wölfe, die Schafe anfallen«. Mehr als eine halbe Million Menschen sollen während dieser Zeit erschlagen worden sein, darunter an die zehntausend Gelehrte, Künstler und Dichter. Rauhe Steppenkrieger, die weder lesen noch schreiben konnten, warfen ungerührt ihre Fackeln in die Bibliotheken, wo die Schriftrollen zu Hunderttausenden in Flammen aufgingen: unersetzliche Werke der Naturwissenschaften, der Philosophie, der Theologie und der Dichtung. Den Kalifen und seine Familie ließ der Mongolenführer von einer Gruppe aufgereizter Pferde zerstampfen. So starb die Stadt und mit ihr der letzte Kalif aus dem Geschlecht der Abbasiden. Endgültig vernichtet war jene Dynastie, die vor fünfhundert Jahren an die Macht gekommen war und Bagdad zur prächtigsten Metropole der Welt gemacht hatte.

Rußgeschwärzte Mauern, leere Fensterhöhlen, trümmerübersäte Gassen, vermodernde Leichen, ab und zu scheu hin und her huschende Menschen auf der verzweifelten Suche nach Nahrung – dies war alles, was das Katastrophenjahr 1258 übrigließ von der vitalen Millionenstadt Bagdad, dieser »Stadt aller Städte«, der einst legendären Residenz der Kalifen Harun al Raschid und Mamun. In den zuvor pulsierenden Straßen herrschte nun für Monate, ja Jahre die Stille des Todes, nur unterbrochen vom Flügelschlag der Aasgeier und vom Heulen der Schakale. Keiner der Überlebenden wagte sich vorerst in die Trümmerwüste zurück. Auch die Dörfer im weiten Umkreis blieben verlassen aus Angst vor der Rückkehr der barbarischen Eroberer. Das einst blühende Land drohte zu veröden. Nie wieder haben sich Bagdad und das Zweistromland von Euphrat und Tigris von dieser Vernichtungsorgie erholt.

Das Ende Bagdads bedeutete aber mehr als nur den Untergang einer beliebigen Millionenstadt. Weiterhin sollte es zwar glanzvolle Kulturzentren in der islamischen Welt geben, aber es fehlte das Zentrum. Nirgends waren sich westliche und östliche Traditionen so intensiv begegnet wie in Bagdad, nirgends hatten sie sich derart verbunden und in einem einmaligen Verschmelzungsprozeß etwas Neues geschaffen. Rascher als je zuvor lockerte sich nun das Band, das die islamischen Fürstentümer des Westens mit denen des Ostens verknüpfte.

Am deutlichsten zeigte sich der Riß im Gebrauch der Sprache. Im Westen – von Syrien über Ägypten bis hin nach Marokko – hielt man am Arabischen fest, obwohl in den meisten dieser Länder nur wenig reinblütige Araber lebten. Diese Völker, Syrer, Griechen, Ägypter, Berber, schon Jahrhunderte vor dem Islam an Fremdherrschaft gewohnt, besaßen nicht mehr die Kraft, ihre alten Traditionen überzeugend gegen die arabische Herrenschicht zu behaupten, und so ist das Arabische bis heute die offizielle Landessprache geblieben. Mehr noch: Diese Völker sollten sich schließlich als »Araber« fühlen.

Anders im Osten. Dort hatten schon im 11. Jahrhundert die Dichter, Philosophen und Wissenschaftler begonnen, ihre Werke auf persisch zu verfassen. Nun, nach der völligen Zerstörung Bagdads, gingen sie endgültig dazu über, in dieser Sprache zu schreiben. Persisch, wie es Firdusi geprägt hatte, wurde für zukünftige Jahrhunderte die herrschende Bildungssprache an allen islamischen Fürstenhöfen und Akademien des Ostens von der Türkei bis Indien. Hinzu kam, daß im 15. Jahrhundert die Osmanensultane das Türkische an ihrem Hof einführten, ohne allerdings das Persische als Sprache der Gelehrten und Dichter völlig zu verdrängen. Allein die Korangelehrten hielten weiterhin – bis zum heutigen Tag – am Arabischen als der »heiligen Sprache« fest, aber dies konnte nicht darüber hinwegtäuschen, daß die kulturelle Einheit des Islam endgültig zerbrochen war.

Eineinhalb Jahrtausende ist das Zweistromland ein Zentrum persischer Kultur gewesen, seit dem Katastrophenjahr 1258 jedoch rückte der Irak für viele Jahrhunderte an den Rand des politischen wie kulturellen Geschehens. Und was bis heute folgenreich ist: Seitdem verläuft parallel zur Sprachgrenze Arabisch-Persisch eine entsprechende Kulturgrenze, seitdem hat sich zwischen Arabern und Persern ein immer deutlicher empfundener Gegensatz herauskristallisiert.

Viele bedeutende Städte Persiens lagen nach dem Mongolensturm in Schutt und Asche, Bewässerungsanlagen zerfielen, ehemals fruchtbare Landstriche verödeten. Die Mongolen blieben. Hülägü, der Zerstörer Bagdads, begründete die Dynastie der Il-Khane, die Jahrhunderte das Land beherrschten, aber anders als einst die arabischen Kalifen und später die Seldschukensultane förderten sie vorerst keine Kultur. Dem Islam standen sie feindselig gegenüber, meist huldigten sie einer Schamanenreligion mit Geister- und Dämonenbeschwörung; manche Fürsten bekannten sich auch auf eine oberflächliche Weise zum Buddhismus, so Hülägü selbst.

Aber Persien bewies genug innere Kraft, um schließlich auch diese Katastrophe zu überstehen. Nur zwei Jahrzehnte verstrichen, und schon befanden sich an den Fürstenhöfen dieser Barbaren persische Minister und Beamte. Inzwischen hatten sich die Eroberer nämlich beeindruckt gezeigt von der überlegenen Kultur der Besiegten und waren bereit, von ihnen zu lernen: Einem neuen Aufstieg Persiens stand nichts mehr im Weg.

## *Saadi und Hafis, Persiens große Dichter*

Naturgemäß blühte die Kultur zuerst dort, wo die Mongolen die Städte verschont hatten. Isfahan war eine dieser Metropolen, eine zweite das weiter südlich gelegene Schiras.

Schiras sollte für Jahrhunderte die Rivalin Isfahan überflügeln. »Gartenstadt«, »Stadt der Rosen«, »Stadt der Dichter«, solche und ähnliche Namen hafteten der Fürstenresidenz schon seit langem an, aber bisher hatte sie im Schatten der Seldschukenresidenz Isfahan gestanden. Schiras lag an die dreihundert Kilometer südlich von ihr im Herzen der Provinz Fars, dem Kernland des alten Iran, aus dem die Dynastien der Achämeniden und Sassaniden hervorgegangen waren; die Ruinen von Persepolis sind nur fünfzig Kilometer entfernt. Schiras besaß bereits seit Generationen den Ruf, Heimat bedeutender Gelehrter und Dichter zu sein, in der Folge aber wurde die Stadt zum Wallfahrtsort der persischen Dichter, denn hier wirkten zwei ihrer größten: Saadi und Hafis.

Musliheddin Saadi wurde 1184 in Schiras geboren, zu einer Zeit, da die Perser noch nichts von der drohenden Mongolenkatastrophe ahnten. Unbekümmert zog der Jüngling nach Bagdad, wo er an der berühmten Hochschule Nisamija studierte. Er genoß in vollen Zügen die überfeinerte Kultur dieser Millionenstadt, bevor er sich, vom Wohlleben angeödet, zurückzog und sich durch die Philosophie von Derwischmystikern faszinieren ließ. Im Flickengewand eines Derwischs durchwanderte er schließlich syrische und persische Fürstentümer, suchte bedeutende Gelehrte auf, diskutierte mit ihnen, um dann wie ein Bettler auf den Treppen einer Moschee zu schlafen. Es waren unruhige, abenteuerliche Jahre, zeitweilig geriet er in Lebensgefahr. Kreuzfahrer nahmen ihn gefangen und ließen ihn zusammen mit Hunderten von anderen Leidensgenossen Festungsgräben ausheben. Doch er entkam ihrer Gefangenschaft und kehrte zurück nach Persien, wo ihn erste Schreckensnachrichten von den Greueln der Mongolen erreichten. Er selber allerdings sah keine brennenden Städte und aufgetürmten Schädelpyramiden, wie sie die Eroberer überall hinterließen, denn zur entscheidenden Zeit weilte er bereits in Schiras, und Schiras blieb eine Oase des Friedens; der dort regierende Emir Saad Zangi hatte rechtzeitig dem nahenden Mongolenkhan die Übergabe der Stadt und reiche Geschenke angeboten. Während im Norden und Westen glanzvolle Metropolen in Schutt und Asche sanken, konnten die Emire von Schiras als Statthalter des Mongolenkhans weiter regieren, ja, im Schatten einer Barbarenherrschaft vermochten diese Fürsten ihre Residenz als eine »Stadt der Dichter« berühmt zu machen, die im weitgehend zerstörten Persien ohne Konkurrenz war. Hier nun schuf Saadi seine Werke, bis er 1282 im hohen Alter von achtundneunzig Jahren starb.

Im Jahr 1320, nahezu vier Jahrzehnte nach seinem Tod, wurde in Schiras Persiens zweiter großer Lyriker geboren: Hafis. Sein wirklicher Name lautete Mohammed Schamseddin; »Hafis« war ein Ehrentitel und wurde nur denen verliehen, die den gesamten Koran auswendig zitieren konnten. Über sein Leben weiß man sehr wenig;

in Chroniken ist angedeutet, er habe Könige unterrichtet und sei beim Volk sehr beliebt gewesen. Wie Saadi stand er der mystischen Lehre von Derwischen nahe. Und wie dieser konnte er inmitten einer großen Schülerschar ein ruhiges und gesichertes Leben führen, durch großzügige Spenden kunstsinniger Fürsten unterstützt. Zu seiner Zeit regierten in Schiras die Emire von der Dynastie der Muzzafariden, auch sie Perser, die den Mongolenkhanen lediglich Tribut zu zahlen hatten. Neunundsechzigjährig starb Hafis im Jahr 1389 in Schiras.

Beide, Saadi und Hafis, zählen zu den ganz Großen der persischen Literatur. Saadi hat sich mit seinen Gedichtsammlungen Rosengarten *(Gulistan)* und Obstgarten *(Bustan)*, Hafis mit seinem *Diwan* Weltruhm erworben. Besonders diesen beiden Dichtern verdankt es die persische Poesie, daß sie über die Grenzen ihrer eigenen Kulur hinaus bekannt wurde; jahrhundertelang verblaßten neben ihren Namen alle anderen, Firdusi ausgenommen. Ihre Gedichte wurden im christlichen Europa bereits im 17. Jahrhundert verbreitet und als besonders vorbildlich gepriesen. Ihre sprachliche Eleganz, ihre glühende Sinnlichkeit begann, beträchtlichen Einfluß auf europäische Lyriker auszuüben. Im deutschen Sprachraum besonders bekannt geworden ist Hafis, nachdem Goethe ihm in seinem *Westöstlichen Diwan* ein ehrendes Denkmal gesetzt hat. Saadi und Hafis haben die neupersische Sprache, die durch Firdusi zum erstenmal glanzvoll erstrahlte, in ihren letzten Feinheiten entwickelt; kein Dichter nach ihnen hat sie an reichhaltigem Wortschatz, an Schärfe des Ausdrucks, an Vielfalt der Bilder übertroffen.

Saadi und Hafis schrieben im Bewußtsein des stets drohenden, allgegenwärtigen Todes, ihr Kunstschaffen gedieh angesichts von Trümmern, und je mehr die Welt ringsum mit Tyrannei, Grausamkeit und Zerstörung drohte, um so mehr nahmen schöpferische Geister wie sie Zuflucht in die eigene Innenwelt; dort allein fanden sie noch ein unzerstörbares Reich an verfeinerten Empfindungen, an hochentwickeltem Schönheitssinn, ein Reich, das es sorgsam gegen die harte Wirklichkeit zu verteidigen galt. Ja, dieses innere Reich wurde zur eigentlichen Wirklichkeit erklärt, denn es schien eher Bestand zu haben als Städte, die in Trümmer sanken, Throne, die stürzten, Menschen, die starben. Der Vergänglichkeit gab es nur eines entgegenzusetzen: den Augenblick in all seinen Tiefen auszukosten, die eigene

Sehnsucht nach Glück ins Rauschhafte zu steigern – und doch zu wissen, daß die kostbaren Glücksgefühle wieder zerrannen, sich verflüchtigten. Sinnenbejahende Lebensfreude entfaltete sich vor dem Hintergrund dunkler Schwermut. Der Rausch galt als Schlüsselerlebnis einer unerfüllten und doch nicht zu besiegenden Sehnsucht. »Den Becher, Schenke, laß erglühn vom Purpurlicht der Wonne. / Stimm an ein Lied, o Spielmann, denn nach Wunsch kreist uns die Sonne. / Ich schaut' ein göttlich Spiegelbild tief unten im Pokale – / Tor, dessen Sehnsucht nie gestillt der Wein aus unserer Schale; / ich fürchte, bricht der Morgen an, am Tag der Auferstehung, / verklagt statt meines Zechens man dein Fasten als Vergehung . . .« (Hafis).

Der Wein wurde zum Symbol, um die Grenzen von Raum und Zeit zu überspringen, um für einen kurzen Moment »an der Sonnenwelt des Ewigen Augenblicks teilhaben zu können«, wie es der Orientalist Rudolf Gelpke treffend charakterisiert. Was bei Omar Chaijam erst zögernd anklang, das kam bei Saadi und Hafis in voller Wucht zur Geltung: Sie sind mystische Dichter und stehen der Philosophie der Derwische nahe, für die sich das Göttliche weniger in Begriffen und Dogmen als im rauschhaften Erleben fassen läßt.

## *Die Kulturzentren verlagern sich*

Keine andere Residenz besaß im Persien des 13. und 14. Jahrhunderts einen besseren Ruf als Schiras. Aber je mehr die mongolischen Eroberer sich von der Kultur der Besiegten beeindruckt zeigten und anfingen, persische Berater an ihre Höfe zu holen, standen auch dem Mongolenkhan persische Wesire zur Seite, und unter der Anleitung dieser Minister begannen die Fürsten, eine Reihe von Städten mit imponierenden Moscheen, Koranschulen und wissenschaftlichen Akademien zu bauen. Wie einst bei den Arabern und später bei den Seldschuken, so brachten es auch dieses Mal die Unterworfenen zuwege, aus ihren Zwingherren »Perser« zu machen.

Für alle sichtbar wurde dies zum ersten Mal, als der fünfte der Mongolenkhane, Ghazan Khan, zu Beginn des 14. Jahrhunderts zum Islam übertrat. Dieser Mongole hatte nichts mehr vom rauhen Nomaden und Kriegsherrn an sich, er sprach fließend Persisch, holte Gelehrte und Künstler an seinen Hof und diskutierte mit ihnen. Er war der erste Khan, der daranging, das ruinierte Land wiederaufzubauen. Mit seiner Residenz Täbris setzte er die Maßstäbe. Südlich der bisherigen Stadt entstand ein fürstliches Regierungsviertel, von persischen Baumeistern errichtet, von persischen Ministern geplant und überwacht, und dort befanden sich auch religiöse Institute, Koranschulen, wissenschaftliche Akademien und eine beträchtliche Bibliothek.

Ein Jahrhundert später zeigte sich Persien wieder als blühende Region. Isfahan und Schiras waren keine Oasen mehr in der Trümmerlandschaft verödeter Landstriche, jetzt besaßen Städte wie Täbris, Buchara und Rey, vor allem aber Samarkand und Herat einen guten Namen, regiert von Mongolenfürsten. Die neuen Herren hatten den Ehrgeiz, es der Baukunst früherer Generationen gleichzutun, ja sie zu übertreffen. Mehr als frühere Dynastien griffen sie auf die Gewohnheit altpersischer Künstler zurück und ließen die Ziegelwände von Moscheen und Koranschulen mit buntglasierten Kacheln verkleiden, hierbei gaben sie den Farben Türkis und Kobaldblau den Vorzug. Wohl nie zuvor hatte es so buntschillernde, farbenprächtige Wände in der persischen Architektur gegeben, aller Wahrscheinlichkeit übertrafen sie an Leuchtkraft die Glasuren von Ktesiphon und Bagdad, von denen wir keine erhaltenen Beispiele mehr kennen. Diesen Hang zu strahlenden, ja grellen Farben dürften die Mongolen aus Ostasien mitgebracht haben. Nun schufen sie eigene Meisterwerke – im Grunde persischen Stils, aber mit Einfluß aus dem Fernen Osten. Viel gerühmt von Zeitgenossen wurde die Blaue Moschee von Täbris, leider sind von ihr nur noch unscheinbare Trümmer übriggeblieben. Desto besser erhalten sind andere Bauwerke, etwa die Freitagsmoschee der heute afghanischen Stadt Herat mit ihren blaugekachelten Wänden und kunstvollen Dekorationsmustern in Orange und Weißtönen. Am prunkvollsten aber gerieten die Bauten von Samarkand, das 1369 zur Residenz des Mongolenkhans Timur Leng aufstieg.

Timur Leng – europäische Geschichtsschreiber nennen ihn oft auch Tamerlan – war ein militärisches Genie wie Dschingis-Khan; ihm gelang es, die unbotmäßigen persischen Fürsten erneut zu unterwerfen und dann erobernd bis nach Syrien und Indien vorzurücken. Er war grausam wie sein Vorbild Dschingis-Khan und ließ bedenkenlos die Einwohner eroberter Städte zu Tausenden abschlachten.

Aber er war kein ungebildeter Mann aus der Steppe mehr und zeigte sich durchaus wißbegierig und kunstliebend – ein wandelnder Widerspruch, typisch für viele Herrscher seiner Zeit im Orient wie im Abendland. Seine Dynastie, die der Timuriden, prägte erst jenen Baustil voll aus, den man später bewundernd den »Mongolenstil« nennen sollte. Samarkand wurde glänzender Mittelpunkt. In diese Metropole hatte Timur Leng Baumeister, Künstler, Gelehrte und Dichter aus allen Teilen seines Reiches kommen lassen, um Samarkand zur prächtigsten Stadt der Welt zu machen, und seine Nachfolger vollendeten, was er anstrebte. Nirgendwo fanden sich während der nächsten zwei Jahrhunderte im islamischen Osten Moscheen, Koranschulen, Akademien und Paläste von solch gewaltigen Ausmaßen wie in Samarkand. Prächtiger denn je waren die Ziegelwände mit buntglasierten Kacheln geschmückt, wobei nun neben Persern Künstler aus dem Fernen Osten arbeiteten und neue Ornamentmuster mit Drachen und Fabeltieren einführten. »Ein Rausch von Farben«, so urteilten zeitgenössische Chroniken fasziniert. Etliche dieser Bauten sind der Nachwelt erhalten geblieben, nahezu vollständig die Gur-Emir-Moschee mit dem Grab Timur Lengs, die Schachi-Sinda-Moschee mit dreizehn Mausoleen, die Bibi-Chanum-Moschee als imposante Ruine. All diese Bauwerke vermitteln einen Eindruck vom einstigen Glanz dieser islamischen Metropole. Heute liegt Samarkand, eine lebhafte Stadt mit 200000 Einwohnern, auf sowjetischem Gebiet. In den Vororten schießen graue, moderne Wohnblocks hoch, aber im Zentrum bleibt der persisch-mongolische Stadtcharakter unverändert bestehen.

Persien zur Zeit der Timuriden: ein Staat, der wieder zu den führenden der islamischen Welt zählte. Ein Herrschergeschlecht, das die alte Kultur weiterführte – und ihr neue Elemente hinzufügte.

Eines dieser neuen Elemente gilt für uns heute als eine der bedeutendsten Errungenschaften islamischer Kunst: die Miniaturmalerei, diese in leuchtenden Farben gehaltenen Bilder mit Motiven aus persischen Sagen, Heldendichtungen und höfischen Szenen. Dort finden wir zarte, lyrische Landschaftsstimmungen neben ausdrucksvollen Porträts – etwas völlig Neues in der islamischen Kunst. Menschen und Tiere sind in verblüffender Realistik abgebildet, zwar abweichend von unserem Formempfinden, aber an Meisterschaft mit Kunstwerken unserer eigenen Kultur vergleichbar.

Europäer mag es überraschen, im Islam so freizügig und detailgetreu Menschen gemalt zu sehen, gehen wir doch davon aus, daß der Koran Abbildungen verbietet. Im persischen Raum zweifelte man diese Überlieferungen an. Hatte noch ein Kalif Harun al Raschid in Bagdad strengstes Bilderverbot befohlen, so waren bereits die Seldschuken großzügiger und ließen erste Miniaturen malen. Völlig aber setzten sich erst die Mongolenherrscher über die Bilderscheu hinweg, sie ließen durch ihre Korangelehrten ausdrücklich erklären, nur »heilige« Personen abzubilden sei verboten. Sie waren nicht bereit, jene Freude an der Personendarstellung aufzugeben, die ihre Vorfahren aus Ostasien mitgebracht hatten. Und so begannen nun an allen mongolisch-persischen Fürstenhöfen die Künstler, neben Landschaften und Tieren auch Menschen zu malen. Berge, Wolkenbildung und Baumformen verrieten deutlich das chinesische Vorbild, auch die dargestellten Menschen zeigten – zumindest anfangs noch – fernöstlichen Einfluß. Nicht lange aber dauerte es, dann wiesen die Gesichter persische Züge auf und trugen die Höflinge persische Kleidung. Persische und fernöstliche Elemente verschmolzen zu jenem Stil, den wir heute als islamische Miniaturmalerei bewundern.

Berühmte Malschulen entstanden in Täbris, Schiras und Herat. Ihre Blütezeit begann in den Jahren 1330 und 1340. Damals entstand in Täbris die berühmte Prachtausgabe mit Illustrationen zu Firdusis *Schah nameh*, diesem Meisterwerk folgten kostbare Bildausstattungen zu anderen Dichtungen. Zum ersten Mal wurde auch das Leben Mohammeds in Bildern dargestellt – für nicht wenige Moslems der arabischen Welt eine Gotteslästerung, für die Perser aber nichts Außergewöhnliches mehr. Allerdings wagte es kein Künstler, Mohammeds Gesicht darzustellen, denn der Prophet galt als einziger Mensch für »heilig«; man malte zwar seinen Körper, setzte aber an Stelle von Augen, Nase und Mund entweder eine weiße Scheibe oder einen Schleier.

Deutlicher denn je zuvor schied sich nun der Islam Persiens von dem der arabischen Länder. Denn allein im Osten wirkten die Einflüsse des alten Iran, Babylons, Indiens und nun auch Chinas weiter. Diese stilbildende Kraft, in Persien zu einer ungeahnten neuen Blüte gekommen, strahlte in der Folge über die eigenen Grenzen hinaus auf andere – nichtarabische – Völker.

Im türkischen Raum übernahmen die Osmanensultane durch die

Seldschuken nicht nur die persische Hofsprache, Philosophie, Dichtung, sondern auch die Miniaturmalerei und das bunte Fliesendekor für die Innenausstattung der Paläste und Moscheen. Die in Blau gehaltenen, ornamentübersäten Wände, Kuppeln und Bögen etwa im Innern der Sultan-Achmed-Moschee in Istanbul sind ebenso auf persische Vorbilder zurückzuführen wie die nicht minder leuchtkräftigen Ornamente in den Mausoleen von Bursa, um nur die berühmtesten Beispiele zu nennen.

In den indischen Raum hatten islamische Eroberer aus Afghanistan und Turkestan schon seit dem 12. Jahrhundert persisches Denken und Kunstempfinden gebracht. Davon zeugen aus ältester Zeit die Lal-Kot-Moschee mit dem Qutb-Minar bei Delhi (1193) und die Große Moschee von Ajmer (1192), besonders aber später die Bauwerke der mongolisch-türkischen Dynastie der Moguln aus dem 16. und 17. Jahrhundert: so etwa in Lahore die Badschahi-Moschee, in Delhi die Freitagsmoschee und das Grabmal des Mogul Humayun, bei Agra die Residenz Fatehpur Sikri, in Agra selber das Grabmal des Ministers Itimad ad-Daula und vor allem das weltberühmte Taj Mahal. Typisch persisch an diesen Bauten sind die mächtigen Kuppeln und Portale, die kunstvollen Blumenornamente und die feinziselierten, raffiniert durchbrochenen Steingitter der Fenster. Nicht übernommen haben die indischen Moslems die farbenprächtigen Fayencen, wie sie etwa die Moscheen von Isfahan, Samarkand und Herat auszeichnen; diese Neigung zu glühenden, vielfältig wechselnden Farben auf großer Fläche blieb Menschen in wüstenartiger, eintöniger Landschaft vorbehalten. Dagegen fand die farbenfreudige Miniaturmalerei Persiens nach Indien, wo sie durch die ohnehin figurenreiche Hindukunst fruchtbare Anregung fand.

Wieder einmal hatte Persien den Zusammenprall mit einem fremden Eroberervolk überstanden, hatte die Eindringlinge zu »Persern« gemacht – mehr noch: besaß abermals die Kraft, kulturell über seine Grenzen hinauszuwirken.

# III.
# SCHIITEN UND SUNNITEN

# 1. Die Tragödie der Religionsspaltung

## *Mit Mohammeds Tod begannen die Konflikte*

Fünfmal täglich ruft der Muezzin die Gläubigen zum Gebet. »Gott ist am größten!«, »Allahu Akbar!« so schallt es bereits bei Morgengrauen von den Minaretts in arabischer Sprache über die Dächer der noch schlafenden Städte und Dörfer. »Ich bezeuge, daß es keinen Gott gibt außer Gott! Ich bezeuge, daß Mohammed der Gesandte Gottes ist!« folgen gedehnt gesungen die nächsten Sätze. In allen Teilen der islamischen Welt, von Marokko bis Indonesien, gilt für rund achthundert Millionen Moslems derselbe Ruf.

Für siebzig bis achtzig Millionen Gläubige jedoch setzt der Muezzin einen weiteren Ruf hinzu: »Ich bezeuge, daß Ali der Freund Gottes ist!« Dies geschieht im Iran. Und falls man diesen Ruf noch anderswo hört, dann überwiegend in Staaten, die durch persische Kultur geformt wurden: so in Teilen des Irak, Afghanistans, Pakistans und Indiens, darüber hinaus vereinzelt im arabischen Raum, so in verschiedenen Regionen des Libanon, des Jemen und der Golfstaaten.

Diese Minderheit unter den Moslems kennt zudem ein religiöses Fest, dem die anderen Glaubensbrüder mit Befremden gegenüberstehen: Einmal im Jahr strömen fanatisch erregte Menschenmassen in einer Trauerprozession durch die Straßen, steigern sich mit dem ständig wiederholten Ruf »Hussein! ... Hussein! ...« in Ekstase, raufen sich die Haare, wälzen sich auf dem Boden, ja lassen sich zu blutigen Selbstverletzungen mit Messern und Peitschen hinreißen. Zehn Prozent aller Moslems grenzen sich mit solchen Ritualen von der Mehrzahl der Gläubigen ab: Sie sind Schiiten.

Ali und Hussein aber waren keine Perser, sondern Araber: Ali, der Lieblingsvetter und Schwiegersohn Mohammeds, Hussein, dessen zweitältester Sohn und Enkel des Propheten. Sie jedoch sind für die Schiiten zu den großen Symbolfiguren ihrer Glaubensrichtung geworden, und besonders im Iran verehrt man sie bis heute in einem Maße, wie dies für die übrigen Moslems undenkbar wäre – ja, man stellt Ali und Hussein im Rang unmittelbar hinter den Propheten.

Neunzig Prozent der Moslems lehnen ein solches Denken als Ketzerei ab, ihnen gilt allein Mohammed als der Gesandte Gottes, ihrer Meinung nach haben Ali und Hussein der Prophetenbotschaft nichts mehr hinzuzusetzen. Sie, die Sunniten, leben vorwiegend in den arabischen Ländern sowie in großen Teilen Schwarzafrikas und Asiens. Es hat blutige Religionskriege zwischen beiden Richtungen gegeben. Jahrhunderte sah es so aus, als würden die Schiiten ganz aus der religiösen Landschaft des Islam verschwinden, dann wieder konnten sie sich überraschend von Persien bis hin nach Nordafrika und in die Türkei ausbreiten, schließlich aber hat sich ihr maßgebender Einfluß auf den Iran zurückgezogen; an dieser Situation hat sich bis heute nichts mehr geändert.

Bereits fünf, sechs Jahrzehnte nach Mohammeds Tod lernte der Islam die Tragödie der Religionsspaltung kennen. Damals regierten die arabischen Eroberer über ein Gebiet, das vom Atlasgebirge bis zum Hindukusch reichte, damals aber standen sich auch schon Heere gegenüber, die beide zu Allah um den Sieg flehten und die Gegner als Abtrünnige und Glaubensverräter verfluchten. Zu dieser Zeit waren auch Morde geschehen, die in den Augen der Gläubigen unvorstellbar erscheinen mußten: Ein Moslem hatte im Namen Allahs Ali, den Schwiegersohn des Propheten, niedergestochen; moslemische Soldaten hatten den Prophetenenkel Hussein erschlagen, seinen Kopf auf eine Lanze gespießt und die blutige Beute nach Damaskus, der Residenz seiner Gegner, gebracht.

Wie hatte es so weit kommen können?

Die Anfänge sind unscheinbar, sie liegen in einer Zeit, als noch kein Perser Einfluß auf die Geschichte des Islam nehmen konnte. Wir müssen zurückgehen bis auf jenen Monat, als Mohammed starb: im Juni des Jahres 10 der Hedschra, des Jahres 632 unserer Zeitrechnung. Die Tragödie begann in einem schattigen Innenhof von Medina, wo sich nach der Beerdigung des Propheten besonders ausgesuchte Wahlmänner zur Beratung trafen, um den Nachfolger zu bestimmen. Wer konnte nach Mohammed am besten das Heer führen, wer am wirkungsvollsten den neuen Staat ordnen? Dies war keine leichte Frage, denn der Prophet selber hatte niemanden bestimmt. Einen Sohn besaß er nicht, nur einen Schwiegersohn, verheiratet mit Fatima, der einzigen Prophetentochter. Er hieß Ali ibn Abi Talib, galt als »Lieblingsvetter« Mohammeds und hatte dem Propheten zwei Enkel gezeugt, die einzigen männlichen Nachkommen. War nicht dieser Ali der berufenste Nachfolger? Einige der Wahlmänner warfen leidenschaftlich erregt diese Frage in die Versammlung, andere zögerten, winkten ab. Ihnen schien Ali zwar ein guter Krieger und leidenschaftlicher Moslem zu sein, auch bestritt niemand, daß Ali den Propheten von Anfang an treu ergeben auf seinen Kriegszügen begleitet habe, aber war er auch ein Mann mit Führungsqualitäten, mit Organisationstalent? Ein Großteil der Wahlmänner dachte skeptisch, er entschied sich gegen Ali und wählte einen anderen: Abu Bekr, den Vater von Mohammeds Lieblingsfrau Aischa. Ali verließ daraufhin die Versammlung und verweigerte monatelang dem Nachfolger den Gehorsam, so enttäuscht war er. Dabei konnte er sich auf kein Recht berufen, denn den Arabern war der Gedanke fremd, daß ein Blutsverwandter des toten Führers bevorzugt werden müsse.

In den Chroniken der persischen Schiiten wird es später heißen, tagelang habe Fatima, die Lieblingstochter des Propheten, in ihrer Hütte Klagelieder über die Ungerechtigkeit der Moslems angestimmt. Und damals habe es schon genug Männer gegeben, die meinten, der Vater der einzigen Prophetenenkel müsse allen anderen Kandidaten als Nachfolger vorgezogen werden. Tatsächlich aber hat es noch Jahrzehnte gedauert, bis sich diese Männer zu einer Bewegung zusammenschlossen, um ihrem Führer doch noch zu seinem Recht zu verhelfen. Und noch einmal dauerte es Jahrzehnte, bis diese »Partei Alis« fest organisiert war und sich der Einfachheit halber nur noch »Partei«, »Schia«, nannte. Die Bewegung der Schiiten war geboren.

Nichts deutete in den frühen Jahren darauf hin, daß dieser Nachfolgestreit später einmal die Gläubigen auf immer in zwei feindliche Lager spalten könnte. Die meisten Moslems standen damals hinter Abu Bekr. Der Gewählte nahm den Titel »Kalifa Rasul Allah«, »Nachfolger des Gesandten Gottes«, an, ein Titel, der über Jahrhunderte für die Herrscher des Großislamischen Reiches erhalten bleiben sollte. Dieser erste Kalif des Islam schickte die Reiterheere hinaus über die Grenzen Arabiens, unter seiner Regierung begannen die Eroberungszüge. Aber bereits zwei Jahre später starb er.

Wieder traten die Wahlmänner zusammen. Und wieder übergingen sie Ali, wählten einen anderen. Der zweite Kalif hieß Omar ibn al Chattab. Auch er erschien vielen Versammelten geeigneter fürs höchste Amt als der »Lieblingsvetter« und Schwiegersohn des Propheten. Omar – ihm sagen die Chroniken persönliche Abneigung gegen Ali nach – leitete den militärischen Siegeszug des Islam ein, unter seiner Regierung überfluteten die Araberheere Palästina, Syrien, Ägypten, zerschlugen das Perserreich und drangen ins Innere Asiens vor. Kein Wahlmann bereute, diesem Kandidaten seine Stimme gegeben zu haben. Zu Omars Lebzeiten gab es für die »Schiat Ali« keine Chance, die Zahl ihrer Anhänger zu vergrößern.

## *Kalif Ali, der Ahnherr der Schiiten*

Zehn Jahre später war Kalif Omar tot, erstochen von einem persischen Sklaven; die Hintergründe dieses Mordes sind bis heute nicht aufgedeckt. Wieder traten die Wahlmänner zusammen. Und diesmal sahen die Anhänger Alis ihre Stunde gekommen, denn nun war kein vertrauter Mohammeds mehr am Leben, der einen besseren Ruf genoß als Ali. Also, so schien es, konnten die Wahlmänner ihn dieses Mal nur schwerlich übergehen. Wieder jedoch dehnten sich die Debatten über Tage, die Wortgefechte wurden heftiger, Haß kam auf. Mit Erbitterung mußten die Anhänger Alis mit ansehen, wer ihr entschiedenster Gegenspieler war: der mächtige Familienklan der Omaijaden, seit jeher geübt im Kampf um die Macht. Seine Führer, weitläufig verwandt mit dem Propheten, hatten einst bestens am Wallfahrtsrummel um die Götzenbilder der Kaaba verdient, hatten deshalb am erbittertsten Mohammed bekämpft und waren erst zum Islam übergetreten, als ihnen keine andere Wahl mehr blieb. Ausgerechnet diese Männer wollten jetzt wieder zur Macht zurückkehren, indem sie einen Strohmann als Kandidaten vorschlugen: Osman ibn Affan, eher eine farblose, schwächliche Persönlichkeit, jedoch der einzige Omaijade, der früh genug zu Mohammeds Gefährten gehört hatte. Ali oder Osman – so lauteten die Vorschläge. Entweder der »Lieblingsvetter« des Propheten oder der wenig profilierte Kandidat einer mächtigen Sippe. Nach erbitterten Debatten kam die Wahl. Der neue Kalif: Osman.

Historiker mutmaßten oft, was geschehen wäre, hätten die Wahlmänner sich für Ali entschieden. Vielleicht hätte die Tragödie der Religionsspaltung so vermieden werden können . . .

Aber die Verhältnisse waren nicht danach. Damals blieb den meisten Arabern der Gedanke fremd, daß der Prophet eine Dynastie seiner direkten Nachkommen habe begründen wollen (und die Sunniten bestreiten bis heute, Mohammed habe sich in der Weise geäußert). Dieser Umstand half den Omaijaden, genug Wahlmänner auf ihre Seite zu ziehen. Allerdings mußten sie durch lukrative Versprechungen aller Art nachhelfen, um die einflußreichen Scheiche zu überzeugen, aber das fiel ihnen, den mit allen Tricks vertrauten Machtpolitikern, nicht schwer, und damit hatten sie bereits entscheidende Widerstände niedergekämpft. Ali, geradliniger, aber auch naiver, hatte gegen geheime Verhandlungen hinter den Kulissen keine Chance. Grollend zog er sich abermals zurück, mehr denn je von dem Gefühl beherrscht, bei der Wahl sei es nicht mit rechten Dingen zugegangen. Die Amtsführung des neuen Kalifen gab ihm diesmal recht, denn vom Regieren verstand dieser wenig energische, sanfte Omaijade nicht viel, er überließ dies folgerichtig den Vettern und Schwägern seiner Sippe, die er zu Provinzgouverneuren ernannte. Bald trafen erste Klagen in Medina ein, die Gouverneure würden rücksichtslos nur der eigenen Sippe dienen, würden sich bereichern und ihre Glaubensbrüder übervorteilen. Ali konnte grimmige Genugtuung empfinden, denn nun strömten ihm zum ersten Mal Anhänger in größerer Zahl zu, nun erst begannen einflußreiche Männer sich zu fragen, ob es diesmal nicht besser gewesen wäre, den »Lieblingsvetter des Propheten« zum Kalifen zu wählen. Die »Schiat Ali« gewann an Profil. Noch aber blieb dies ein Streit unter Arabern.

Osman selber war ein untadeliger Mann, dies mochte auch Ali nicht bestreiten. Mehr ein stiller Gelehrter als ein Regent, so tat dieser sanfte Greis eines, was allen Gläubigen Bewunderung abnötigte: Als erster sammelte er umfassend Koranzitate und ließ sie schriftlich festhalten. Mohammed selbst hatte nur wenige seiner religiösen Visionen und Gesetzestexte aufgeschrieben, er hatte sie meist in Predigten immer wieder erneut vorgetragen, bis sie im Gedächtnis der Zuhörer haftenblieben (dies war nicht ungewöhnlich für ein Volk, das in seiner Mehrzahl weder lesen noch schreiben konnte). Osman aber fühlte sich von dem Gedanken gequält, mündlich überlieferte Wahrheit könne im Wortlaut verändert werden, und so ließ er die Zuhörer mit dem besten Gedächtnis in seine Residenz nach Medina kommen, ließ sie die Verse vortragen – »Koran« bedeutet nicht zufällig das »Vorgetragene« –, ließ das Gehörte aufzeichnen und durch die angesehensten Gelehrten ordnen. Auf diese Weise entstand die erste vollständige Aufzeichnung des »Heiligen Buches«. Dies war die einzig bleibende Leistung des Kalifen Osman. Dann fand seine Regierung ein jähes Ende. Rebellische Soldaten zogen vor seine Residenz, protestierten gegen ausbleibenden Sold, ja überhaupt gegen die Herrschaft der Sippe Omaija, ließen sich durch besonders fanatische Gegner aufputschen, drangen in Osmans Wohnhaus ein, trafen dort den Kalifen an, wie er, auf dem Boden sitzend, den Koran rezitierte – und erschlugen ihn. Blutüberströmt brach er, der »Nachfolger des Propheten«, über dem »Heiligen Buch« zusammen. Ein unfaßlicher Vorgang. Während außerhalb Arabiens die »Glaubenskrieger« siegreich eine Provinz nach der anderen eroberten, zerriß ein tödlicher Streit in der Hauptstadt des Islam die Front der Gläubigen.

Wieder traten die Wahlmänner zusammen. Und nun wagte niemand mehr, dem Schwiegersohn Mohammeds die Nachfolge streitig zu machen. Gar zu entschlossen zeigte sich jetzt die »Schiat Ali«, worauf die Gegner, in sich zerstritten, schwiegen. Ali wurde endlich Kalif. Ein später Triumph.

Die Chroniken seiner Anhänger schildern den inzwischen Vierundfünfzigjährigen als einen Mann mit feuriger Rednergabe, mitreißender Überzeugungskraft und visionärer Religiosität. In den Beschreibungen seiner Gegner fällt das Bild weniger schmeichelhaft aus: dort erscheint er als dicklicher, kahlköpfiger Mann mit weiß gewordenem Bart, der, nun endlich zum Kalifen gemacht, noch schwerfälliger und zögernder geworden sei.

Seine Wahl blieb umstritten. Viele hielten ihn für nicht fähig genug, ein arabisches Großreich zu regieren, andere warfen ihm vor, skrupellos zur Macht gedrängt zu haben. Hatte er nicht Moslems mit immer neuen Predigten gegen nur »scheinbare Gläubige«, gegen die Omaijaden, aufgereizt? Stand er vielleicht sogar hinter den meuternden Soldaten, die Kalif Osman erschlagen hatten? Die Gerüchte wollten nicht verstummen. Gar zu lange hatte Ali gezögert, sich gegen die Mörder auszusprechen, ja, er hatte sie unbehelligt wieder aus Medina abziehen lassen. War dies die Absicht eines durchtriebenen Taktikers oder nur die Schwäche eines entscheidungsscheuen Menschen? Was es auch gewesen sein mochte, beides verhinderte, dem neuen Kalifen unvoreingenommen zu vertrauen. Schon begannen manche Kritiker, ihn unverhohlen als »Mörder« anzuklagen. Dies mußte den Betroffenen hellhörig machen. Und gar bestürzt mußte Ali sein, daß Aischa, die einstige Lieblingsfrau des Propheten, an der Spitze dieser Kritiker stand. Fluchtartig verließ er die Hauptstadt, wo er zu wenig Soldaten hinter sich wußte, und zog mit einer kleinen Schar von Getreuen in die Garnisonsstadt Kufa am Euphrat. Dort, weit weg von den arabischen Stammesgebieten, nur zwei Tagesritte von der zerfallenen Sassanidenmetropole Ktesiphon entfernt, wollte er seine Residenz aufschlagen. Die neubekehrten Gläubigen hier dachten anders als die Beduinen Arabiens, dies wußte Ali von seinen früheren Aufenthalten in Kufa her. Hier lebten neben Persern und Nachkommen der Sumerer und Baylonier Araberstämme, die schon seit Jahrhunderten persische Kultur in sich aufgenommen hatten, ja in ihrem Wesen teilweise selber zu »Persern« geworden waren. Und Perser dachten streng dynastisch. Unvorstellbar erschien es ihnen, daß man wie Araber nach dem Tod eines Stammesführers den »Besten« wählte, was vieles heißen konnte: den Fähigsten oder auch nur den Reichsten. Im persischen Denken war es spätestens seit Dareios selbstverständlich, daß der »Beste« immer aus derselben Familie kommen müsse. Wäre es nach den Empfindungen der Araber im Irak gegangen, dann hätte Ali sofort nach Mohammeds Tod »Nachfolger« werden müssen.

Beduinenscheiche aus dem Inneren Arabiens fochten seine Wahl zum Kalifen an und erklärten, Ali habe nur eine »Partei«, eine »Schia«, hinter sich, nicht aber die Masse der Gläubigen. Aus Syrien meldete sich der dortige Gouverneur, Muawija, ein Omaijade, und beschuldigte Ali, er habe die Mörder Osmans unterstützt.

»Allahu akbar . . .!« Tausende Krieger stimmten den altvertrauten Schlachtruf an und entrollten grüne Fahnen, in die diese Worte gestickt waren, dann verneigten sie sich zum Gebet in Richtung Mekka, all das vertraute Szenen vor dem Kampf gegen Ungläubige. Aber beide Heere bestanden aus Moslems, die für die heilige Sache des Islam zu kämpfen vorgaben. Beide Heere zogen mit dem Anspruch in die Schlacht, Gott auf ihrer Seite zu haben – und dies knapp vierundzwanzig Jahre nach dem Tod des Propheten . . .

Dann ein weiterer Schock: Bevor der Krieg entschieden war, starb Ali starb unter dem Dolch eines Attentäters. Als der Kalif am 3. November des Jahres 661 unserer Zeitrechnung die Moschee von Kufa zum Freitagsgebet betrat, huschte ein Mann aus einer Nische und schlug dem Eintretenden mit einer vergifteten Klinge quer über die Stirn. Der Mörder: ein fanatischer Moslem und ehemals begeisterter Anhänger Alis; er hatte sich von dem Kalifen abgewendet – angeblich aus Enttäuschung über dessen mangelnde Entschlußkraft, »Ungläubige« in den eigenen Reihen zu bekämpfen. Ali, der letzte bedeutende Weggefährte des Propheten, war tot! Wie ein Lauffeuer verbreitete sich die Nachricht in den Städten und Dörfern von Euphrat und Tigris. Die Menschen, so beschreiben später die Chroniken der Schiiten, wälzten sich weinend auf dem Boden, schlugen sich mit den Fäusten gegen die Stirn und zerkratzten sich heftig das Gesicht. Ihrer Überzeugung nach war Ali der würdigste unter den vier ersten Kalifen des Islam gewesen. »Er stand dem Propheten am nächsten, er kennt die Lehren der Religion am besten . . .«

In den Chroniken der Sunniten lesen sich die Ereignisse nüchterner. Sie betonen, Kalif Ali sei ein frommer Mann gewesen, ein vorbildlicher Moslem, »rechtgeleitet« wie seine drei Vorgänger. Aber sie äußern sich über seine staatsmännischen Qualitäten sehr zurückhaltend, sie verhehlen nicht, daß er an politischem Verstand und Führungskraft weit hinter seinen Vorgängern Abu Bekr und Omar zurückstand.

Nach dem Tod des Kalifen Ali war die Lage äußerst verworren. Wer sollte jetzt »Nachfolger des Propheten« werden? Mehr denn je mußten sich die Moslems über diese Frage zerstreiten. Aus Damaskus meldete sich abermals der Gouverneur Muawija zu Wort und beanspruchte jetzt das Amt für sich, in Kufa riefen die Einwohner Hasan, den ältesten Sohn des Ermordeten, zum Kalifen aus. Abermals drohte ein Krieg Moslems gegen Moslems. Was nun geschah, schildern allerdings nur sunnitische Chroniken in aller Ausführlichkeit, und das nicht ohne Grund. Der Prophetenenkel verschreckte seine Anhänger, indem er dem anrückenden Heer des Omaijaden Muawija einen Kurier entgegensandte und Verhandlungen anbot. Ein Akt staatsmännischer Klugheit? Oder einfach mangelnder Mut? Bevor seine Anhänger sich diese Frage weiter überlegen konnten, wurden sie durch eine neue Nachricht schockiert. Der Prophetenenkel verzichtete freiwillig darauf, Kalif zu werden. Um unnötiges Blutvergießen unter Gläubigen zu vermeiden, so erklärte er, wolle er nur noch zurückgezogen das bescheidene, friedliche Leben eines frommen Moslems in Medina führen. Damit überließ er kampflos seinem Erzfeind das Amt. Für die Schiiten eine Katastrophe. Aber es sollte noch schlimmer kommen. Hasan bekam als Gegenleistung von dem Omaijadenfürsten Muawija eine stattliche Abfindung ausbezahlt, nach dem heutigen Geldwert etwa zehn Millionen Mark. »Bescheiden« konnte er mit solchem Reichtum nicht leben, wie versprochen, nur zurückgezogen; er ließ sich in Medina Paläste bauen und starb nach einem tatenlosen Leben voll Luxus und Zerstreuung.

Muawija wurde Kalif. Unter seiner Regierungszeit drangen die arabischen Heere weiter in Nodafrika und Asien vor. Ein tüchtiger Herrscher also, ein energischer »Verbreiter des Glaubens« – in den Augen der Sunniten. Den Schiiten aber galt er als Mann mit wenig Respekt vor dem wahren Glauben, in ihren Chroniken wird er zudem als »Thronräuber« eingestuft. Im Jahr 680 starb er.

Wer sollte nun Nachfolger werden? Nach den Regeln arabischer Stammesdemokratie hätten Wahlmänner, die Vornehmsten einer Sippe, zusammentreten müssen, um den »Besten« zur Herrschaft zu bestimmen. Muawija aber hatte vor seinem Tod noch eine Anordnung getroffen, die diese Regel außer Kraft setzte: Er bestimmte seinen Sohn Yesid zum Nachfolger. Auch Muawija hatte begonnen, in Begriffen einer Dynastie zu denken. Die Gründe sind naheliegend: Er lebte im damaligen Herrschaftsgebiet der byzantinischen Kaiser, tagtäglich hatte er ihr Vorbild vor Augen. Und so entstand die Dynastie der Omaijaden.

## *Das Martyrium Husseins*

Noch aber lebte ein Prophetenenkel: Hussein, der jüngere Bruder Hasans, inzwischen fünfzig Jahre alt. Jetzt, da der gefürchtete Muawija tot war, wollte er nicht länger auf seine Ansprüche verzichten. Kaum hatte Yesid den Thron bestiegen, verließ er mit einer Schar seiner Getreuen Mekka und zog in Richtung Kufa. Die Tragödie des Nachfolgestreits näherte sich einem neuen Höhepunkt. Vor der großen Moschee in Kufa tanzten und schrien die Menschen vor Freude, als sie die Nachricht von Husseins Nahen erhielten, so berichteten schiitische Geschichtsschreiber. In allen Gassen hallte der begeisterte Ruf »Hussein! Hussein!«, und sofort jagten Kamelreiter dem Prophetenenkel mit der Botschaft entgegen, die Einwohner Kufas und mit ihnen alle »rechtgläubigen« Moslems wünschten ihn, nur ihn, zum Kalifen.

Aber Husseins Reiterschar zog langsam, viel Hausrat war auf die Lastkamele gepackt, ein Großteil seiner Sippe begleitete den Führer – Hussein wollte wie ein Fürst in seiner künftigen Residenz einziehen. Ein törichter Entschluß, denn so verlor er wertvolle Zeit. Er kam gar nicht erst bis Kufa. Ein Reiterheer des Kalifen Yesid kreiste die kleine Schar in der Nähe der irakischen Stadt Kerbela ein, viertausend Krieger standen gegen siebzig Mann und wehrlose Frauen.

Der Kommandant forderte Hussein auf, sich zu ergeben, doch der weigerte sich und hoffte auf Hilfe aus Kufa. Hilfe kam nicht, die Einwohner Kufas hatten sich durch das anrückende Heer einschüchtern lassen. Tage verstrichen, der Kommandant zögerte, den Angriffsbefehl zu geben, denn zu furchtbar erschien ihm der Gedanke, daß gläubige Moslems Mohammeds Enkel erschlugen. Flirrende Hitze der Wüste, zunehmender Durst und Schwäche unter den Belagerten. Am zehnten Tag wiederholte der Kommandant sein Angebot. Hussein, obwohl von Durst und Hunger geschwächt, lehnte abermals ab, wohl in dem Glauben, Allah könne unmöglich ihn, den Prophetenenkel, im Stich lassen. Wütend geworden, befahl der Kommandant nun den Angriff. »Der Tod kam rasch«, lautete die lakonische Botschaft an den Kalifen Yesid nach Damaskus, und mit seiner Botschaft ließ der Kommandant eine grausige Trophäe schicken: den abgeschlagenen Kopf des Herausforderers Hussein.

Etwas Unfaßliches war geschehen, in den Augen vieler Moslems noch schlimmer als der Mord an Kalif Ali: Jetzt war auch sein Sohn erschlagen, in dessen Adern das Blut des Propheten floß. Für die »Schiat« gab es nun keine Möglichkeit mehr, sich mit den Gegnern zu versöhnen. Wer künftig dem Kalifen in Damaskus den Gefolgschaftseid leistete, konnte in ihren Augen kein wirklich Gläubiger mehr sein. Nichts mehr konnte nach dieser Bluttat die Religionsspaltung verhindern. Dabei gab es zu diesem Zeitpunkt kaum Korangelehrte, die das »Heilige Buch« verschieden auslegten. Noch immer konzentrierten sich die meisten führenden Männer auf den Streit um den rechtmäßigen »Nachfolger des Propheten«. Noch immer fanden sich in der »Schiat Ali« vorwiegend Araber, die im Irak lebten. Doch dies alles sollte sich bald ändern. Es begann damit, daß die Schiiten nicht nur Mekka und Medina als heiligste Wallfahrtsorte verehrten, sondern daneben gleichrangig Nedschef, ein Städtchen bei Kufa am Euphrat mit der Grabstätte des Kalifen Ali, und Kerbela, die Sterbestätte seines Sohnes Hussein.

Ein bis zwei Jahrhunderte sollten noch verstreichen, und die Schiiten besaßen auch eine besonders ausgeprägte Glaubenslehre. Dann aber standen längst Perser an der Spitze dieser Bewegung.

### *Der Streit um den richtigen Weg*

Kalif Osman durfte für sich den Ruhm in Anspruch nehmen, er habe als erster die verstreuten Koranverse gesammelt und schriftlich festhalten lassen. Aber hatte dieser Herrscher, der doch zur Sippe der Omaijaden gehörte, überhaupt unvoreingenommen sammeln können? Hatte er gar wichtige Verse unterschlagen?

So begannen die ersten Korangelehrten bereits zu Lebzeiten dieses Kalifen zu fragen. Sie verdächtigten Osman, er habe all jene Textstellen ausgemerzt, in denen Mohammed Böses über die Omaijaden zu berichten wußte und Gutes über seinen Schwiegersohn Ali. Sie selber glaubten sich an andere, bisher nicht berücksichtigte Aussprüche Mohammeds zu erinnern. Drei Jahrzehnte nach dem Tod des Propheten – Kalif Ali regierte noch in Kufa – hielt bereits ein gewisser Ibn Wadidh al Yakubi in seinen Aufzeichnungen einen Bericht fest, den er angeblich von Ohrenzeugen aus der engsten Umgebung des Propheten vernommen hatte.

Mohammed war, so hieß es darin, zum letztenmal auf einer Pilgerreise in Mekka gewesen, und als er sich auf dem Rückweg nach Medina befand, hielt er plötzlich sein Kamel an, faßte die Hand seines Schwiegersohnes Ali und fragte: »Bin ich nicht den Gläubigen mehr wert als ihr eigenes Leben?« Die Begleiter antworteten einstimmig: »Du bist uns allen mehr wert als das eigene Leben, o Gesandter Allahs.« Darauf nickte Mohammed und antwortete: »Wer immer mich anerkennt als seinen Herrn, der wird auch Ali als seinen Herrn anerkennen.« Und dann ermahnte er seine Begleiter: »Der erste und größte Schatz ist das Buch Allahs, das ich euch übermittelt habe, der

Koran. Dieses Buch ist von ihm euch überreicht, als wäre es direkt aus der Hand Allahs euch anvertraut. Haltet dieses Buch fest, verliert es nicht und verändert es nicht. Der andere Schatz aber ist die Linie meiner Nachkommen.«

Solche und ähnliche Berichte kamen während der folgenden Jahrzehnte und Jahrhunderte immer häufiger in Umlauf. All ihre Verfasser gaben vor, es handle sich um echte Aussprüche Mohammeds, die von Prophetenbegleitern an Freunde und deren Söhne, Enkel und Ururenkel weitergegeben seien. Korangelehrte prüften die Berichte, anerkannten die einen als richtig, verwarfen die anderen als falsch, und so entstand neben dem »Heiligen Buch«, dem »Wort Gottes«, eine Sammlung von Prophetenworten. Diese ergänzenden Schriften nannte man »Hadith« (Mitteilung). Beide – Koran und Hadith – faßten die Korangelehrten unter dem Begriff »Sunna« zusammen. Der Begriff ist vieldeutig, man kann ihn übersetzen mit: Tradition, herkömmlicher Weg, gewohnte Handlungsweise, Überlieferung.

Nun aber begann der Streit um Worte. Nicht nur die Schiiten besaßen ihre »Sunna«, ebenso die Gegner. Auch die Gegner der Schiiten sammelten eifrig Prophetenworte, auch sie sahen darin eine wichtige Ergänzung zur Botschaft Gottes. Aber: In ihrer Sammlung fehlte der Anspruch Mohammeds, die Linie seiner Nachkommen sei fast genauso wichtig wie das Heilige Buch. Korangelehrte begannen zu erörtern, welche »Sunna« nun eigentlich die richtige sei. Beide Parteien fühlten sich als die wahren »Sunniten«, schließlich aber blieb der Name – eher zufällig – an den Gegnern der Schiiten haften.

Hier Sunniten, dort Schiiten – spätestens zwei Jahrhunderte nach dem Tod des Propheten standen die Namen für die beiden Religionsgruppen fest. Und die geistigen Gräben wurden immer tiefer . . .

Wir Europäer stehen dieser Religionsspaltung meist ratlos gegenüber. Vielen von uns will nicht einleuchten, daß ein Nachfolgestreit um das höchste Amt bis heute die Gemüter erhitzt. Religionswissenschaftler und Orientalisten unserer Kultur behaupten ja nicht selten, die Sunniten und Schiiten unterschieden sich in ihrer Lehre nur geringfügig untereinander, viel weniger als etwa Katholiken und Protestanten, der Streit sei eher politisch als religiös. Wie dann aber, so muß man fragen, gibt es Feindschaft bis in unsere Gegenwart? Politischer Hader vor eineinhalbtausend Jahren müßte doch verjährt sein? Doch die Gegensätze liegen tiefer. Hier prallen Denkformen zusammen, die aus verschiedenen Kulturen kommen: die eine aus der arabischen, die andere aus der persischen.

Wenden wir uns zuerst der »Mehrheit«, den Sunniten, zu.

Sie waren es, die sich anfangs ausschließlich unter den Fahnen der Omaijaden sammelten, denn sie empfanden so »arabisch« wie die Kalifen in Damaskus. Für sie blieb der Prophet Mohammed ein Sonderfall: Einmal hatte Gott einen Menschen mit unfehlbarer Wahrheit erleuchtet – und dies zum letzten Mal, so hatte es nach ihrer Überzeugung der Prophet selbst versichert. Nach seinem Auftreten konnten keine Menschen mehr von Gott neue Offenbarungen empfangen, folgerichtig durfte es nur noch Gläubige geben, die sich an die einmal verkündete Wahrheit hielten. Was also blieb dem Kalifen, dem »obersten Herrn aller Gläubigen«, noch zu tun? Der Kalif hatte dafür zu sorgen, daß die Moslems geordnet zusammenlebten und sich ihre Religion weiter ausbreitete. Sonst aber? Der Kalif hatte darüber zu wachen, daß Gläubige den Koran nicht falsch auslegten. Wer aber bestimmte, was richtig und falsch war? Die Korangelehrten. Deren höchste Würdenträger mußten über Widersprüche in Glaubensfragen diskutieren, und worauf sie sich einigten, hatte als Leitlinie für die Gläubigen zu gelten; hierbei konnte der Kalif nur Schiedsrichter sein, mehr nicht. Ein Element arabischer Stammesdemokratie wirkte hier weiter. Die Omaijaden bekannten sich voll zu diesem Denken, die Abbasiden später wenigstens abgeschwächt.

Anders die Schiiten.

Ihre Anhänger sammelten sich im Osten des islamischen Großreiches, vor allem im Zweistromland von Euphrat und Tigris, wo einst die sassanidischen Gottkönige ihre Residenz errichtet hatten. Sie dachten »persisch«, auch wenn sie von Geburt Araber waren. Sie stellten viel höhere Ansprüche an das Amt des Herrschers als die Sunniten. Ein Kalif konnte ihrer Meinung nach die richtige Auslegung eines Koranverses nicht der endlosen Diskussion von Korangelehrten überantworten, denn dies würde ihn zu sehr auf die Ebene eines gewöhnlichen Menschen herabziehen. So wie einst Mohammed unfehlbar den Koran verkündet hatte und ihm niemand zu widersprechen wagte – weil ja aus dem »Gesandten Allahs« Gott selber sprach –, so unfehlbar mußte ein Kalif das Wort Gottes auslegen können. Dies aber, so urteilten schiitische Korangelehrte, könne nur einem Herrscher beschieden sein, der ein direkter Nachkomme des Propheten sei, denn in dessen Adern fließe dasselbe Blut, und damit sei auf ihn die gottähnliche Gabe übergegangen, ohne Irrtum in Fragen der Religion zu entscheiden. »Persisch« denkenden Moslems verlangte es nach einem Oberherrn, der weder vom Urteil anderer abhängig war, noch gar erst durch andere ins Amt gewählt wurde. Sie erwarteten letztlich von dem neuen Oberherrn die Autorität eines Gottkönigs.

Die Schiiten entfernten sich immer mehr vom Denken der sunnitischen Araber, je mehr sie im iranischen Raum Anhänger fanden. Es dürfte ein bis zwei Jahrhunderte gedauert haben, bis sie eine eigenständige Glaubenslehre besaßen, durch eine unüberbrückbare Kluft von den Sunniten getrennt.

## *Die »unfehlbaren« Imame*

Bereits an die hundert Jahre nach dem Tod des Kalifen Ali begannen persische Korangelehrte, die direkten Nachkommen Mohammeds mystisch zu verklären. Ihrer Auffassung nach gab es in jeder Generation unter den Söhnen, Enkeln und Urenkeln der Eltern Ali und Fatima einen herausragenden Menschen, der Mohammeds »Unfehlbarkeit« geerbt habe. Dieser eine aber werde nicht durch Wahl bestimmt, auch müsse er nicht unbedingt der Erstgeborene sein, vielmehr wisse der Vater kraft »göttlicher Erleuchtung«, wer der »Erwählte« sei, und bestimme ihn.

Der Erwählte trägt den Titel »Imam«. Dieses arabische Wort bedeutet »Vorbeter« oder Leiter einer Gemeinde. Ein Titel, der auch bei den Sunniten üblich ist: Bei ihnen führt in jeder Moschee ein Imam die Reihen der Betenden an, aber er bleibt ein gewöhnlicher Mensch. Anders bei den Schiiten. Bei ihnen war der Imam (sofern sich der Titel auf den direkten Nachkommen Mohammeds bezog) mit der nahezu magischen Fähigkeit ausgerüstet, stets das Richtige zu erkennen, in seinem religiös-dogmatischen Urteil so unfehlbar wie der Papst. »In unsere Hand ist das Heil gelegt«, so sind uns etwa die Worte des sechsten Imams Dschafar as-Sadik überliefert, »von uns werden die Geheimnisse der göttlichen Wissenschaft bewahrt. Wir sind der Endpunkt, dem alle Dinge und Wesen zustreben. Wir sind die Vornehmsten, auserlesen aus der Menschheit. Wir sind erhaben über alle Kreaturen . . .«

Diese Sprache unterschied sich nicht allzusehr von den bombastischen Bekenntnissen altpersischer Gottkönige. Nur: Die Imame der Schiiten besaßen keine reale Macht, seit Ali unter dem Dolch eines Attentäters gestorben war.

Ali, Mohammeds Lieblingsvetter und Vater der einzigen Prophetenenkel, gilt als erster in der Reihe dieser »unfehlaren« Imame. Ihm folgte sein ältester Sohn Hasan . . .

Wie das? Hatte Hasan nicht freiwillig auf das Kalifenamt verzichtet, hatte er es nicht gar »verkauft«? Diese Frage mochten sich zu Lebzeiten dieses Prophetenenkels selbst Anhänger gestellt haben, denn allzu rasch war damals aus Enttäuschung der Widerstand gegen die sunnitischen Omaijadenkalifen erlahmt. In späteren Chroniken der Schiiten findet sich von diesen verletzten Gefühlen nicht mehr viel – Geschichtsschreiber können vergeßlich sein. Schiiten streiten bis heute ab, daß ein direkter Prophetennachkomme auf sein religiöses wie politisches Führeramt verzichtet haben könne, er müsse vielmehr die Standfestigkeit, den Mut und die tiefe Religiosität Mohammeds geerbt haben. Hasan habe nicht freiwillig sein Amt aufgegeben, so wollten es spätere Parteigänger wissen, und erst recht nicht habe er ein tatenloses Luxusleben dem Kampf vorgezogen, vielmehr sei auch er Märtyrer geworden, von seinen Widersachern vergiftet. Legenden begannen, in den Reihen der Schiiten die historisch nachweisbare Wahrheit zu überwuchern.

Als dritter Imam gilt Hussein, der zweite Sohn aus der Ehe mit Fatima. Mit ihm taten sich die Anhänger leichter. Hussein war tatsächlich bereit gewesen, um das Kalifenamt zu kämpfen, er hatte jede Unterwerfung abgelehnt und in der Stunde höchster Bedrängnis mit seinem Leben dafür bezahlt. Diesen Mut dankten spätere Generationen mit einer besonderen Hingabe, sie machten Hussein zur großen Symbolfigur ihrer Bewegung. Bis heute gilt in schiitischen Ländern sein Todestag, der zehnte Tag im Monat Muharam, als großer, allgemeiner Trauertag. »Ashura« wird dieser Tag auf arabisch kurz und bündig genannt; was übersetzt nichts anderes heißt als »der Zehnte«. An diesem Tag sammeln sich die Volksmassen, singen Klagelieder, tanzen sich in Ekstase, und bis ins vorige Jahrhundert ist es noch allgemein üblich gewesen, daß sich die Männer mit Dornenruten blutig peitschten oder sich mit Messern schnitten als Buße dafür, daß einst so wenig Moslems dem Prophetenenkel zu Hilfe gekommen waren. Die Schiiten führten so in die Religion Mohammeds ein neues Element ein: die Passion. Das Martyrium Husseins erinnert dabei, zumindest in einigen Wesenszügen, an die mythische Überhöhung der Leidensgeschichte Jesu.

Besonders im Iran haben sich die Zustände religiöser Raserei während der »schiitischen Karwoche« stark ausgeprägt, vor allem in den Wallfahrtsorten Mesched und Ghom. Allerdings, so teilen uns noch Reise- und Kulturführer der sechziger Jahre mit, finde man unter der »aufgeklärten« Regierung des Schahs Mohammed Reza Pahlevi solchen Fanatismus »nur noch in der Provinz«. Ein Irrtum, wie sich noch während der sechziger Jahre zeigen sollte. Gerade dem »aufgeklärten« Schah wurden diese Trauerprozessionen schließlich besonders gefährlich, ja verhängnisvoll. Schiitischen Geistlichen gelang es, das Volk an den Ashura-Tagen von 1963 und 1978 zum Aufstand zu rufen, indem sie den Schah mit Kalif Yesid, dem Hussein-Mörder, verglichen. Einem »tyrannischen« Herrscher zu trotzen, todesmutig in das Gewehrfeuer der Polizei oder gar einer feindlichen Armee zu rennen, zu sterben wie Hussein: dies konnte in Krisenzeiten immer wieder ein Ideal werden, das auf Schiiten besonders anziehend wirkte. Ajatollah Khomeini sollte in unseren Tagen der religiöse Führer werden, der diese Bereitschaft zu Fanatismus und Märtyrertod wie kein anderer zu nutzen verstand. Doch davon später.

Hussein, der Araber, ist wegen des mutigen Sterbens für seine Überzeugung zur großen Symbolfigur der Schiiten geworden. Für die schiitischen Perser kommt aber noch etwas anderes hinzu. Hussein nahm, so wissen persische Legenden zu berichten, keine Araberin zur Lieblingsfrau, sondern eine Perserin und hier keine geringere als die Tochter des letzten sassanidischen Gottkönigs Yezdegerd. Diese Frau gebar dem Prophetenenkel den vierten Imam. Er hieß Ali Ashgar und erhielt den ehrenden Beinamen »Zain al Abidin«, »Schmuck der Frommen« – er ein halber Perser. In seinen Adern vermischte sich das Blut des Propheten Mohammed mit dem des iranischen Adelsgeschlechts der Sassaniden. Eine doppelte Weihe, aus persischer Sicht. Ali Ashgar, der dem Massaker von Kerbela entgangen war, setzte auf dieser neuen Grundlage die Reihe der »unfehlbar« interpretierenden Religionsführer fort. Und selbstverständlich nahmen alle folgenden Schiitenführer, so wissen es die Legenden, wieder Perserinnen zu Frauen, und so wurde die ehrwürdige Reihe der Imame, nicht anders als die der Kalifen aus dem Geschlecht der Abbasiden, immer mehr persisch. Für die Perser unter den Schiiten bedeutete dies keinen Verrat an ursprünglichen Ideen. Im Gegenteil. Sie zitierten ein angebliches Prophetenwort – und es ist sicher kein Zufall, daß sich dieser Ausspruch Mohammeds bei den Sunniten nicht findet: »Die Familie des Propheten ist die beste im ganzen arabischen Volk, die Perser aber sind das beste Volk außerhalb Arabiens.«

Noch weitere acht Imame folgten den ersten vier, und alle zwölf – so will es die schiitische Legendenbildung – habe Allah mit der magischen Kraft religiöser Unfehlbarkeit begabt. Alle zwölf hätten auch unbeugsam für ihren Glauben gelitten, und jeder von ihnen sei als Märtyrer gestorben, der eine nach jahrelanger Kerkerhaft, der andere vergiftet von falschen Freunden, wieder ein anderer erschlagen von Soldaten des Kalifen; alle zwölf hätten damit die Gesetze der heiligen schiitischen Passion erfüllt. In der Praxis nachprüfbar ist das Leben und Sterben dieser heiligen Märtyrer nur in den seltensten Fällen, denn außer legendären Erzählungen finden sich kaum Quellen über ihre Existenz. Zu bescheiden, zu unauffällig lebten die meisten von ihnen, als daß zeitgenössische Geschichtsschreiber besondere Notiz von ihnen genommen hätten. Nach dem Tod Husseins äußerte sich kaum mehr einer der heiligen Imame zum politischen Tagesgeschehen.

Dies änderte sich auch dann nicht wesentlich, als im Osten Persiens der lang erwartete Aufstand gegen die verhaßten Omaijaden ausbrach. Persische Moslems, Schiiten und Sunniten, hatten sich zu einem Bündnis zusammengeschlossen, um die drückende Herrschaft der Kalifen von Damaskus zu stürzen. Schiiten strömten massenweise in die Rebellenarmee und konnten sich stark fühlen wie nie zuvor. Aber ihr Imam Dschafar as-Sadik, der sechste in der Reihe, lebte weiterhin zurückgezogen in Medina und verfolgte vorsichtig abwartend das Geschehen. Erst als sich die Rebellentruppen siegreich Damaskus näherten, sprach er sein Bekenntnis aus: Nur der von Allah erleuchtete Imam könne der wahre Kalif sein, jeder andere Herrscher müsse sich als »Statthalter des Erleuchteten« betrachten. Mehr tat er nicht. Keine schiitische Chronik berichtet davon, daß der Imam sich doch noch in die Rebellenarmee eingegliedert hätte. Schon deshalb versäumte er die Chance, durch die Woge der Rebellion mit an die Macht getragen zu weden. Die neuen Herren aus dem Geschlecht der Abbasiden konnten es sich daher um so eher leisten, ihn zu übergehen. Mit kalter Höflichkeit hörte sich der Rebellenführer Abu al Abbas schiitische Korangelehrte an, die ihn nur als einen »Stellvertreter«, nicht aber als Kalifen anerkennen wollten, dann entließ er sie und ernannte sich selbst zum »Herrscher aller Gläubigen«. Widerspenstige Schiiten ließ er erschlagen, selbst wenn sie zuvor treu in seiner Rebellenarmee gedient hatten; über den Imam sprach er verächtlich. Von nun an duldeten die Abbasiden-Kalifen nur noch Sunniten in ihrer Nähe – ganz wie es einst ihre Erzfeinde, die gestürzten Kalifen der Omaijaden, getan hatten.

Weiterhin lebten die Imame, um ihr Leben fürchtend, still und unauffällig in Medina. Hatten schon Kalif Ali und seine beiden Söhne nicht genug Tatkraft bewiesen, so fehlte sie erst recht den Enkeln und Urenkeln, sie taugten alle mehr zu frommen Einsiedlern und religiösen Denkern als zu Staatsmännern. Aber je ohnmächtiger sie den Außenstehenden erscheinen mußten, um so selbstbewußter und »erleuchteter« gaben sie sich im Kreis ihrer engsten Vertrauten. Sobald Allah die Zeit für geeignet halte, werde ein Nachfolger aus der direkten Linie des Propheten als Kalif an die Spitze der Gläubigen treten, so lasen sich später ihre Äußerungen in schiitischen Chroniken.

Ein grotesker Anspruch. Zu augenfällig war das Mißverhältnis zwischen der Verheißung und dem religiösen Führer, der sie aussprach.

Je länger die Imame auf politisches Engagement verzichteten, um so schwieriger mußte es für die Schiiten werden, an deren Sendung zu glauben. Die Krise konnte nicht ausbleiben.

## *Revolutionäre und Terroristen*

Im Jahr 760 starb in Medina, unbeachtet von den Mächtigen der Welt, ein Jüngling namens Ismail, der älteste Sohn des sechsten Imams. Sein Vater Dschafar as-Sadik hatte ihn zum Nachfolger bestimmt gehabt, das hieß, auf Ismail war die Gabe der »Erleuchtung«

und »Unfehlbarkeit« übergegangen. Nun aber war dieser Nachfolger noch vor dem amtierenden Imam gestorben, ohne seinerseits Söhne zu hinterlassen. Was nun? Die Schiiten begannen, untereinander zu streiten. Die einen meinten, dann müsse der Vater eben einen zweiten Sohn zum Nachfolger ernennen. Andere widersprachen: Dies sei unmöglich, denn nur einmal könne sich »das Licht Allahs« vererben. Sie erklärten: Mit Ismail sei daher die Reihe der Imame erloschen, nun müßten die Gläubigen bis zum Tag des Jüngsten Gerichts ohne religiös unfehlbaren Führer auskommen.

Die Reihe der Imame beendet? Viele glaubten ihren Ohren nicht zu trauen. Männer, die so sprechen, hatten anscheinend den Glauben verloren, daß einst ein Imam den »falschen« Kalifen vom Thron stoßen werde. Aufgechreckte Korangelehrte versuchten, die Zweifler zu widerlegen, indem sie sagten, Ismail hätte gar kein würdiger Imam sein können, denn es gäbe Gerüchte, wonach er heimlich dem Alkohol zugesprochen habe. Ein fataler Vorwurf. Darauf antworteten die Anhänger Ismails aber mit Spott: Wie könne sich der Vater, der »unfehlbare Imam«, so irren und einen derartigen Nachfolger ernennen? Vowürfe und Gegenvorwürfe hielten sich die Waage. Unter den schiitischen Würdenträgern in Medina wollte der Streit kein Ende nehmen, bis der noch lebende Imam Dschafar as-Sadik ein Machtwort sprach und seinen zweitältesten Sohn Musa Kasim zum neuen Nachfolger ernannte. Nun hätten die Anhänger Ismails schweigen müssen, denn aus dem religiösen Führer hatte wieder einmal »unfehlbar« das »Licht Allahs« gesprochen. Aber die Anhänger beharrten darauf, Ismail sei der siebte und letzte in der Reihe der Imame. Ihre Erklärung bedeutete einen Schock für die übrigen Schiiten. Zum ersten Mal hatten Gläubige die »Unfehlbarkeit« eines Imams angezweifelt. Diese Männer konnten keine echten Gläubigen mehr sein, sie hatten als Abtrünnige zu gelten. Der Streit drohte in eine neue Religionsspaltung zu münden.

Die übrige islamische Welt merkte davon zunächst wenig. In jenen Jahren ließ Kalif Mansur seine Residenz Bagdad bauen, und alle Augen richteten sich auf die rasch wachsende Großstadt am Tigris – was bedeutete da ein Streit unter schiitischen Korangelehrten in Medina.

Ein Jahrhundert später: Ein leichenübersätes Schlachtfeld, Tausende von Soldaten des Abbasidenkalifen erschlagen. Panik hatte die wohlhabenden Einwohner Bagdads erfaßt. Wann würden die Sieger die Hauptstadt selbst angreifen? Die Sieger: ein Heer aus Sklaven, mittellosen Tagelöhnern, verarmten Bauern. Ihr Führer war ein Mann namens Ali ibn Mohammed, er nannte sich einen »Wegbereiter des verborgenen Imams Ismail«. Ein Schiit also. Kaum ein Einwohner Bagdads dürfte je etwas über Ismail gehört haben, zu unauffällig hatten die Imame gelebt, aber der Titel war ihnen geläufig. Die Kalifen von Bagdad hatten es lange Zeit unterlassen können, bei der Nennung eines Schiiten aufzuhorchen, jetzt aber, mit dem Verkünder dieses Imams Ismail, bekam das Wort »Schia« seinen alten, gefährlichen Klang zurück.

Der Schiit Ali ibn Mohammed war jahrelang in den feuchtheißen Ackerbau- und Sumpfgebieten zwischen Euphrat und Tigris unterwegs gewesen und hatte zu den Sklaven gesprochen, die dort in Lagern von fünfhundert bis sechshundert Mann zusammengepfercht waren. Diese Landstriche hatten bereits im Sassanidenreich als Kornkammer Vorderasiens gedient, hier hatten seit Jahrhunderten Sklaven unter erbärmlichen Bedingungen geschuftet, um die prunkvollen Handelsstädte im Norden mit Nahrung zu versorgen; einst zehrte die Metropole Ktesiphon, jetzt die Millionenstadt Bagdad billig von den reichen Ernteerträgen; einst revoltierte der Perser Mazdak gegen die reichen Grundbesitzer, jetzt der Perser Ali. Der Schiitenführer steigerte sich in seinen Reden zu erbitterten Vorwürfen gegen die Herrschenden. Sätze wie die gehörten zu seinem beständigen Vokabular: Ob sich denn die Sklaven schinden lassen wollten, nur um die Bäuche der Kalifen, Hofschranzen und Kaufleute zu füllen. Er wetterte gegen die Reichen und Vornehmen, die nur scheinheilige Moslems seien und nicht nach dem Gebot des Propheten die Armen und Bedürftigen unterstützten; er sprach in glühenden Worten von einem »Erlöser«, der bald kommen und einen Staat des wahren Islam errichten werde: ohne Tyrannei, ohne Armut, ohne Ungerechtigkeit. Dieser Erlöser sei Imam Ismail, der vor hundert Jahren »entrückt« sei, im Verborgenen lebe und zur geeigneten Stunde machtvoll hervortrete. Er, Ali, sei sein Wegbereiter. Kampf den Sunniten, den scheinheiligen Anhängern des Propheten! Es lebe die Schia! Sklaven, Tagelöhner und Bauern jubelten und scharten sich zu Tausenden und aber Tausenden um ihren schiitischen Führer. Fünf Jahre benötigte der Kalif, um neue Truppen aufzustellen und dann endlich nach einem äußerst verlustreichen Feldzug das Sklavenheer zu zerschlagen.

Aber unter den Flüchtigen war bereits der Rebellenführer von morgen, ein irakischer Bauer namens Hamdan Qarmat. Wie zuvor der Schiit Ali, so begann er, um das Jahr 880 von Dorf zu Dorf zu ziehen und den elend dahinlebenden Bauern zu predigen – auch er nannte sich einen »Wegbereiter« des »Imams Ismail«. Der »Verborgene« werde in den nächsten Jahren wiederkehren, und unter seiner Herrschaft werde kein Privateigentum mehr existieren, werde es keine Herrscher und Beherrschten mehr geben, sondern nur noch »Menschen«, freie Menschen. Sklaven, Tagelöhner und Bauern jubelten auch diesem schiitischen Heilspediger zu und traten massenhaft in seine Armee ein. Unter der Führung Hamdam Qarmats gewannen die Schiiten wieder jenen Zulauf, von dem sie so lange nur zu träumen gewagt hatten. Diesem Mann gelang es mehr noch als seinem Vorläufer Ali ibn Mohammed, der Lehre eine neue, mitreißende Form zu geben. Zwar sind keine Zeugnisse seiner Lehre mehr erhalten, die Gegner haben später alle originale Überlieferung vernichtet, aber aus den Schriften dieser Gegner können wir notdürftig sein Denken rekonstruieren. Hamdan Qarmat machte aus der Schia eine »Partei«, die für alle Unterdrückten und Geknechteten da war. Es gelte, die Tyrannei sunnitischer Feudalherren abzuwerfen, um an ihrer Stelle ein schiitisches Reich der Gleichheit und Gerechtigkeit zu errichten. Hamdan Qarmat stand damit an der Spitze einer Partei, die jahrhundertelang von der Macht ausgeschlossen gewesen war, die nichts mehr zu verlieren, aber alles zu gewinnen hatte. Eine solche Partei mußte nahezu zwangsläufig sozialrevolutionär werden, weil sie in den Unterdrücken und Erniedrigten ihre besten Bundesgenossen fand.

Die Aufständischen rückten bis vor Bagdad vor, steckten die Vororte in Brand, zogen sich vor den anrückenden Truppen des Kalifen zurück, eroberten Basra, Kufa, Mekka. Rasch verbreitete sich die Lehre des Hamdan Qarmat im südlichen Irak, am Persischen Golf, in Teilen Persiens, in Syrien und im Jemen aus, ein alarmierendes Zeichen, wieviel Haß auf die reiche Oberschicht sich im ärmeren Volk angesammelt hatte. Der Rebellenführer gründete im Jahr 899 unserer Zeitrechnung einen eigenen Staat am Persischen Golf, dort wurden Kaufleute, Handwerker, Tagelöhner und Bauern in Zünften zusammengefaßt, alles verdiente Geld floß in eine gemeinsame Kasse – ein unmißverständliches Signal, daß das Privateigentum schon vor der Wiederkehr des Imams Ismail abzsuchaffen sei.

In der Geschichte des Islam ist ein derart radikaler Kommunismus ohne Beispiel. Historiker wollen hier das Vorbild des persischen Sozialrevolutionärs Mazdak wiedererkennen, dessen Andenken über die Jahrhunderte ungebrochen in weiten Teilen des Iran und des Irak erhalten blieb. Unbezweifelbar hat Hamdan Qarmat manche dieser Ideen aufgegriffen, denn im Islam selber finden sich keine solch radikalen Forderungen. Aber man sollte nicht übersehen, der Islam enthält sie zumindest im Keim: Alle Menschen seien vor Gott gleich, Könige wie einfache Krieger, reiche Geschäftsleute wie Bettler, Araber wie Römer, Griechen, Perser, entscheidend sei weder Name noch sozialer Rang noch Nation noch Rasse, so hatte einst Mohammed gepredigt; entscheidend sei allein der gute Charakter, gleichbedeutend mit dem Gehorsam gegen Gottes Gebote. Die Rebellenführer traten mit dem Anspruch auf, den »wahren« und »ursprünglichen« Islam wieder zu beleben, wie ihn der Prophet gewollt habe. In ihren mitreißenden Reden fiel allerdings der Name des Imams Ismail häufiger als der Mohammeds. Aber das nicht ohne Grund. Mohammed wollte nicht das Privateigentum abgeschafft sehen, er hatte nur die krassen Unterschiede zwischen reich und arm mildern wollen. Also zitierten die Rebellenführer Ismail, der als letzter in der Reihe der direkten Prophetennachkommen »erleuchtet« worden sei und von Gott diese neue Botschaft empfangen habe. Er sei der eigentliche Vollender des Islam, sei der letzte Gottesbote vor dem Beginn des Jüngsten Gerichts.

Für sunnitische Moslems mußten solche Überzeugungen bare Ketzerei bedeuten. Für sie konnte es nach Mohammeds Tod keinen Gottesboten mehr geben. In ihren Augen war es ungeheuerlich, daß radikale Schiiten einen Imam nahezu gleichwertig neben den Propheten rückten. Dazu war es ein Imam, der selber gar nicht mehr in Erscheinung trat, sondern durch seine »Wegbereiter« nur noch aus dem »Verborgenen« neue – radikale – Ideen verkündete.

Die Schiiten Ali und Hamdan Quarmat blieben keine Einzelfälle. Nach ihnen traten noch weitere Rebellenführer auf, auch sie Ismailiten, auch sie mit sozialrevolutionären Ideen. In den folgenden drei bis vier Jahrhunderten gewannen die Schiiten viel an verlorenem

Einfluß zurück, eben weil sie dem Namen »Schia«, »Partei«, eine neue, aktuelle Bedeutung geben konnten.

Im Jahr 1090 trat wieder ein bedeutsamer religiöser Führer auf, der nach dem Vorbild der Ismailiten eine radikale Sekte formte. Er hieß Hasan as-Sabbah, stammte aus der persischen Stadt Ghom und gründete die legendärste und für unsere Begriffe unheimlichste aller schiitischen Sekten: die der Assassinen. Keine Armee stand hinter diesem Mann, sondern nur eine Gruppe »Eingeweihter«, ein fanatisch entschlossener Orden mit verschiedenen Rangstufen. Sie erbauten nahe der nordpersischen Stadt Kaswin die Befestigung Alamut, »Adlernest«, und machten die dreitausend Meter hoch gelegene Burg zur nahezu uneinnehmbaren Festung. Die Ordensburg erreichte bald einen schaurigen Ruhm. Keine Soldaten rückten von dort aus, um die »ungläubigen« Moslems zu bekämpfen, sondern unscheinbar wirkende Einzelgänger, perfekt zum Attentäter ausgebildet, und diesen wenigen Männern gelang es, die Mächtigen mehr in Schrecken zu halten als manche Armee. Unerkannt tauchten sie in Festzügen, Audienzsälen und Moscheen auf, dann blitzte ein Dolch, im nächsten Moment stürzte ein hoher Würdenträger tödlich getroffen zu Boden.

Hunderte zählten zu ihren Opfern, alles Sunniten – Kalifen, Generale, Wesire, unter ihnen auch Nisam al Mulk, der bedeutendste Großwesir der Seldschukensultane. Oft genug schützte keine noch so große Wachsamkeit gegen diese Attentäter, sie standen unscheinbar und kaltblütig unter den übrigen Versammelten, um dann wie in Trance zu morden und gleichmütig unter den Säbeln von Leibwächtern oder der Folter zu sterben. Der eigene Tod konnte sie nicht schrecken, ja sie strebten ihn ganz gezielt an in dem Bewußtsein, gerade durch ihr Märtyrertum um so rascher ins »Paradies« zu gelangen. Sie selber hatten sich einen bezeichnenden Namen gegeben: Fedajin, »Die sich aufopfern«. Zu ihren Todeskandidaten rechneten sie alle, die sie für Feinde der Schia hielten und die ihrer Meinung nach ein »Reich der Gerechtigkeit und des Friedens« verhinderten. Der Schrecken, den sie verbreiteten, war so nachhaltig, daß der Name »assassin« bis heute in der englischen und französischen Sprache für Meuchelmörder und Attentäter steht. Im Arabischen wie Persischen lautet das Wort »haschishiun«, was soviel wie »Haschischgenießer« bedeutet. Angeblich hatten die Attentäter vor ihrem Auftrag eine besondere Form von Haschisch zu sich genommen, die sie absolut kaltblütig, todesverachtend und besessen zugleich handeln ließ.

Das Andenken des Assassinen-Ordens lebt bei den Moslems ungebrochen weiter, bei Schiiten und Sunniten, aber in deren Erinnerung überwiegt keinesfalls das Grauen. Im Gegenteil. Der Name Fedajin, »Die sich aufopfern«, hat während unseres Jahrhunderts eine neue Bedeutung bekommen; ihn haben sich verschiedene radikale Widerstandsgruppen zugelegt: einerseits etliche Palästinenser-Organisationen, die gegen den Staat Israel und seinen »zionistischen Imperialismus« kämpfen, andererseits eine ganze Reihe fundamentalistisch orientierter Gruppierungen. Nicht zuletzt sollten im Iran nach dem Sieg der »Islamischen Revolution« von 1979 radikale Mullahs an die Tradition des Assassinen-Ordens anknüpfen, indem sie eine weitgefächerte, religiös motivierte Terrororganisation mit der gleichen Maxime aufbauten: Die Attentäter, die gegen feindliche Politiker eingesetzt wurden, nahmen bewußt den eigenen Tod in Kauf, ebnete ja ihrer Überzeugung nach diese »Märtyrer«tat um so sicherer den Weg ins »Paradies«. Doch davon später.

Die radikalen Bewegungen der Siebener-Schiiten hatten keinen Bestand. Machtkämpfe innerhalb der eigenen Reihen lähmten ihre Kraft. Die Führer, die ein »Reich der Gleichheit und Gerechtigkeit« im Namen der Schia verwirklichen wollten, herrschten bald genauso grausam und machtgierig über die Untertanen wie ihre »ungläubigen« Feinde, und so begannen sich enttäuschte Anhänger nach und nach von ihnen abzuwenden. Daher hatten es die sunnitischen Gegner leicht, ihre Herrschaftsgebiete zu überrennen. Nur die Ordensburg der Assassinen erschien den sunnitischen Fürsten weiterhin uneinnehmbar, sie erlag erst 1256 dem Ansturm des Mongolenführes Hülägü, des späteren Zerstörers von Bagdad.

Drei Jahrhunderte hatte es so ausgesehen, als könnten die Schiiten sich weit über ihr persisches Ursprungsgebiet hinaus ausbreiten, aber mit einem Mal lösten sich die Hoffnungen wieder auf. Mehr noch: Plötzlich schien es sogar ungewiß, ob in Persien selber die Schiiten eine Zukunft haben konnten. Der »Erlöser« war nicht, wie erwartet, noch zu Lebzeiten eines »Wegbereiters« erschienen. Nun hatten es schiitische Korangelehrte wieder schwer, ihren enttäuschten Anhängern zu erklären, weshalb Gott noch immer nicht im Namen der Schia die Welt verändern wollte. Unwiderruflich ging die große Zeit für jene Sektierer zu Ende, die an die baldige Wiederkehr des »verborgenen Imams Ismail« glaubten. Nur in unbedeutender Zahl leben verschiedene Gruppen von ihnen bis heute weiter.

Es stand wieder einmal düster um die Zukunft. Aber bereits, als noch die Rebellenführer Ali und Hamdan Qarmat ihre Truppen gegegen die Kalifen führten, gärte es auch bei den übrigen Schiiten, die nach außen hin so friedfertig erschienen. Auch sie litten immer mehr unter dem Widerspruch, daß sich ihre »unfehlbaren« Imame nicht gegen die bösen Mächte durchsetzen konnten, und so verlangten sie nicht minder nach einer neuen, durchschlagenden Ideologie. Auch sie entwickelten eine Lehre vom »Verborgenen Imam«, meinten aber den zwölften in ihrer Reihe. Dabei lernten sie aus den Fehlern der Ismailiten und formten ihre Gedanken in entscheidenden Punkten um.

Ihnen sollte die Zukunft gehören. Was sich nun entwickelte, prägte schließlich die persische Kultur bis auf den heutigen Tag.

## *Der Mythos vom »Verborgenen Imam«*

Niemand weiß, wo der zwölfte Imam begraben liegt, niemand hat je versucht, ihm ein Grabmal zu errichten. Ein Schleier des Geheimnisses umgibt seinen Tod. Ja, wenn man den schiitischen Legenden glauben will, dann ist er gar nicht gestorben. Er sei, so heißt es, eines Tages in den Keller seines Hauses gestiegen und nicht mehr zurückgekehrt, alle spätere Suche nach ihm sei vergebens gewesen. Zu diesem Zeitpunkt habe sich der Imam aus der Welt zurückgezogen, er sei »entrückt« und werde erst wieder vor die Gläubigen treten, wenn es Allah gefalle. Bekenntnisse wie diese erinnern im Kern an das, was einst nach dem Tod des Imams Ismail gesagt wurde.

Was war geschehen?

Es ist nicht leicht, die Frage zu beantworten. Denn wie so oft in der Lebensgeschichte der Imame überwuchern Erzählungen im Stil von Heiligenlegenden die tatsächlichen Ereignisse. Nur Schiiten, gläubige Anhänger, haben ausführlich über ihre Führer geschrieben, und meist datieren diese Überlieferungen aus späteren Jahrhunderten. Keine Zeitgenossen haben glaubwürdige Augenzeugenberichte verfaßt; dafür waren die Imame für die offiziellen Geschichtsschreiber der Fürstenhöfe und Akademien auch weiterhin viel zuwenig bedeutsam geblieben. Das einzige, was wir über die letzten drei heiligen Imame als zuverlässige Nachricht besitzen: Kalif Mutawakil ließ den zehnten Imam in Medina verhaften und in seine Sommerresidenz nach Samarra am Tigris bringen, dort lebten von nun an die Imame zweier Generationen als »Gast« des Kalifen, genau gesagt, sie waren gut bewachte Gefangene, die sich nur innerhalb der Stadt frei bewegen durften. Anscheinend plagte die Kalifen trotz allem die Furcht, irgendwann könnte auch einmal von einem Imam der Plan ausgehen, seine Anhänger zum Aufstand zu rufen.

Im Jahr 873 unserer Zeitrechnung geschah dann das Unerklärliche. Der zwölfte Imam Mohammed al Muntasar verschwand. Historiker vermuten, er sei von Soldaten des Kalifen verschleppt, ermordet und an einem unbekannten Ort verscharrt worden. Aber falls es so war: Es war ein Mord ohne Aufsehen. Die Chroniken berichten uns von keinem Empörungsschrei bei schiitischen Anhängern, von keinen Aufständen gegen den Kalifen, um den Tod zu rächen. Der zwölfte Imam war für die damalige Öffentlichkeit nahezu unbemerkt aus der Welt gegangen. Eine absolut bedeutungslose, selbst für zeitgenössische Schiiten nur wenig greifbare Person, so will es uns erscheinen. Aber gerade dieser unbekannte, nur zu erahnende zwölfte Imam sollte schließlich viele bedeutende Korangelehrte und Philosophen des Islam an Nachwirkung überstrahlen. Denn die Schiiten machten im Verlauf der Jahrhunderte aus dieser nur schemenhaft umrissenen Gestalt einen ihrer bedeutendsten Heiligen, ja den Heiligen schlechthin.

Anfangs allerdings verharrten maßgebliche Korangelehrte nur im Schock. Der zwölfte Imam war verschwunden, ohne einen Sohn zu hinterlassen. Auf wen also konnte sich »das Licht Allahs« vererben? Auf niemanden, so entschieden schließlich die Beratenden. Nun müßten die Gläubigen bis zum Jüngsten Gericht ohne religiös unfehlbaren Führer auskommen. Genauso hatten hundertdreizehn Jahre früher bereits die Anhänger des siebten und »letzten« Imams Ismail gesprochen. Nun aber fehlte allen Schiiten der »Erleuchtete«, der Gott näherstand als die übrigen Sterblichen. Das war ein Bewußtsein, mit dem sich schwer leben ließ.

Jahrzehnte nach dem geheimnisvollen Verschwinden des zwölften Imams (kein Historiker kennt genauere Daten) tauchten in schiitischen Kreisen bisher unbekannte Schriftstücke auf, wurden unter Korangelehrten diskutiert und in Moscheen verlesen; es waren angeblich neu entdeckte Aussprüche des Propheten Mohammed. Dort hieß es: Der Prophet habe einmal zu Freunden gesagt, am Ende aller Zeiten werde ein Mann aus seiner Familie auftreten und der ganzen Welt die ersehnte Gerechtigkeit bringen: ». . . sein Name wird meinem Namen gleichen. Seine Titel aber werden sein: der Geleitete, der Langerwartete, der Meister aller Zeiten . . . Aus unserem Stamm wird der Geleitete kommen, der letzte der Imame. Er wird alle übrigen Religionen besiegen und Rache nehmen an den Bösen . . . Ihm wird Gott den Islam anvertrauen . . .« Die Korangelehrten fügten den angeblichen Prophetenworten hinzu: Dieser Verheißene sei der zwölfte Imam, der auf geheimnisvolle Weise verschwunden sei – nicht gestorben, sondern »entrückt«. Er lebe im Verborgenen unter den Menschen, erteile besonders auserwählten Männern Ratschläge und »erleuchte« sie in allen wesentlichen Glaubensfragen; er werde aber kurz vor dem Ende der Zeiten für alle sichtbar wieder in Erscheinung treten, zum letzten Heiligen Krieg des Islam aufrufen, über sämtliche Widersacher triumphieren und dann als »rechtgeleiteter Kalif« die ganze Menschheit zum Islam bekehren und mit makelloser Gerechtigkeit regieren.

Solche Aussagen finden sich nicht im Koran, auch nicht, so wehren strenggläubige Sunniten ab, unter den einst gesammelten Aussprüchen des Propheten. Schiiten aber glaubten und glauben ausnahmslos an die Echtheit der später aufgefundenen Überlieferung. Für sie bekam der Titel eines »Rechtgeleiteten«, eines »Mahdi«, nahezu magischen Klang. Der arabische Titel selbst ist nicht neu, ihn hatten schon seit dem 8. Jahrhundert immer wieder islamische Führer angenommen, auch Sunniten. Nun aber wurde »Mahdi« gleichbedeutend für jenen »Verborgenen Imam«. Den Sunniten mußte solch eine Lehre als zutiefst ketzerisch erscheinen, denn ihrer Überzeugung nach treten am Ende aller Tage nur Mohammed und Christus auf, sie aber verkünden lediglich das Jüngste Gericht und sind selber keine »Erlöser«. Was die Schiiten zu verkünden begannen, konnte nach sunnitischer Meinung nicht mehr im ursprünglichen Sinn »islamisch« sein.

Europäische Religionswissenschaftler bekräftigen diesen Vorbehalt. Sie äußern dazu übereinstimmend, die Schiiten hätten sich hier vielleicht von den Endzeiterwartungen der geistig verwandten Weltreligionen Judentum und Christentum anregen lassen, denn gar zu sehr erinnere der »Mahdi« an den verheißenden »Messias« der Juden oder den »Erlöser« der Christen. Oder aber die persischen Schiiten hätten sich von der vorislamischen Überlieferung im eigenen Land inspirieren lassen. Vorbild für den »Mahdi« könnte auch die Erlöserfigur aus Zarathustras Lehre sein: Saoshyant, »der Helfer«. Im 10. Jahrhundert gab es noch genug zarathustrische Gemeinden in Persien, die den Erlöser-Mythos von Shaoshyant am Leben erhielten.

Nur in einem Punkt hatten sich die Schiiten wieder ihren übrigen Glaubensbrüdern genähert: Fortan konnte kein religiöser Führer mehr von sich behaupten, er habe Mohammeds »Unfehlbarkeit« geerbt und dürfe in seinem Urteil nicht angezweifelt werden. Fortan galt auch der höchste geistliche Würdenträger als gewöhnlicher, sündhafter Mensch, der den Koran falsch auslegen konnte und sich von anderen Gelehrten Kritik gefallen lassen mußte. Damit war es auch in unseren Tagen etwa einem Khomeini verwehrt, als »unfehlbarer« Dogmatiker aufzutreten, nach schiitischem Verständnis darf er als religiöser Lehrer korrigiert werden. Und manche Ajatollahs versäumten es auch nicht, Khomeini kritisch zu beurteilen.

»So verlagerte man«, beurteilt der Orientalist Franz Taeschner treffend diesen Wandel, »die volle Durchführung des göttlichen Gesetzes auf die Endzeit und gewann damit die innere Möglichkeit, mit der Wirklichkeit, die ganz anders aussah, zu paktieren.« Die Anhänger dieses zwölften Imams konnten endlich in die Politik eintreten, ohne wie die Ismailiten an allzu hochgesteckten Erwartungen zu scheitern. Nur in einem blieben sie unerbittlich: Sie verlangten von jedem Fürsten, daß er sich nicht als absoluter Herrscher betrachtete, sondern lediglich als »Statthalter des Verborgenen Imams«. Der Fürst hatte auf die ranghöchsten Geistlichen zu hören, die im Namen dieses Imams über die »richtige« Moral wachten. Mißachtete der Fürst den Rat seiner Korangelehrten, dann durften jene ihm den Gehorsam aufkündigen – mehr noch, sie hatten seinen Sturz zu fordern. Jahrhunderte später hat Khomeini genau nach diesen Grundsätzen gegenüber dem Schah gehandelt.

Irren konnten allerdings beide, Herrscher wie ranghohe Geistliche, so besagt selbstkritisch die neue Glaubenslehre der Schiiten. Erst wenn der »Imam Mahdi«, der »Erlöser«, ins irdische Geschehen eintrete, sei die Gefahr der Irrtümer ein für allemal gebannt. Bis dahin aber vergehe eine lange, dunkle, mit menschlichen Unzulänglichkeiten behaftete Zeit. Der Gläubige müsse sich mit allen Fasern seines Herzens bereit halten für die Wiederkehr des »zwölften Imams«. Folgende Sätze sind zum Glaubensbekenntnis der Zwölfer-Schiiten geworden: »Ich werde auf Dein Erscheinen warten und auf den Heiligen Krieg, der mit Deinem Kommen ausbricht. Dafür bin ich bereit, mein Leben herzugeben, mein Eigentum, meinen Sohn, meine Frau . . . Oh, Meister aller Zeitalter, wenn ich den Tag Deines Kommens erlebe, dann stehe ich unter Deinem Befehl.«

Je schlechter es den Schiiten erging, um so eifriger, um so fanatischer haben sie sich an die Vorstellung vom »Verborgenen Imam« geklammert, haben sie auf das baldige Erscheinen des »Welterlösers« gehofft, der die Ungläubigen wie die moslemischen Ketzer endgültig besiege. Kein Zufall war es, daß dieser Glaube zu einer Zeit geboren wurde, als die Schiiten sich von einer feindlichen Übermacht umgeben sahen. Sie waren eine kleine, hartnäckige Glaubensgemeinschaft, enttäuscht von der realen Welt und um so mehr bereit, auf Wunder zu hoffen. Ihre Hoffnungen sind durch Jahrhunderte hindurch in immer neuen Aufständen und Heiligen Kriegen explosionsartig hervorgebrochen, und zuweilen schien für Gläubige der lang ersehnte Augenblick gekommen: Der »Mahdi« sei erschienen. Dann zog an der Spitze einer Armee von fanatischen Glaubenskriegern ein Mann, der vorgab, der »Verborgene Imam« zu sein, Tausende folgten ihm in die Schlacht – und in den Tod. Vom 13. Jahrhundert an traten solche Endzeitpropheten in Persien und Anatolien auf, im 19. Jahrhundert riefen sich sogar Sunniten in Vorderasien und Nordafrika zum »Mahdi« aus, meist waren diese Fanatiker Derwische, Angehörige mönchsartiger Orden.

Die schiitische Lehre vom »Verborgenen Imam« hat Energien entfesselt, die bis in unsere Tage ihre bestürzende Aktualität behalten haben. So hat sich Khomeini als Vorläufer und »Wegbereiter« des »Mahdi« begriffen, und mit diesem Sendungsbewußtsein war er gegen den Schah angetreten und hatte ihn gestürzt. Khomeini hatte wie so viele religiöse Führer wieder einmal zum »Heiligen Krieg« aufgerufen, zum letzten Gefecht, bevor in dieser unruhigen, krisengeschüttelten Zeit der »Erlöser« selbst erscheint.

# 2. Schiitischer Glaube wird Staatsreligion im Iran

### *Der Derwischstaat von Ardebil*

Ardebil ist ein Name, der heute allein den Historikern etwas sagt. Es handelt sich um eine Stadt mit etwa 100000 Einwohnern nahe dem Kaspischen Meer, bei der die Reiseführer lapidar nur eine Sehenswürdigkeit vermerken: das Mausoleum eines Derwischscheichs namens Safi ad Din. Dieses Kuppelgrabmal und seine umgebenden Bauten sind kunstvoll mit bunten Fayencekacheln ausgelegt, ein Kleinod persischer Architektur. Die Stadt selber: grau, nur an Markttagen belebt, wenn Bauern und Nomaden aus der Umgebung ihre Erzeugnisse anbieten. Es gibt einige wenige drittklassige Hotels als Unterkunft, aber Fremde kommen heutzutage sowieso kaum noch, weder Perser noch Ausländer. Ardebil ist abgelegen: eine Ebene auf tausend Meter Höhe, dürftiger Ackerboden für Bauern, Weideland für viehzüchtende Nomaden; bis zur russischen Grenze sind es nicht einmal vierzig Kilometer, dagegen liegt Täbris, die nächste persische Großstadt, über zweihundert Kilometer entfernt. Die Straße von Täbris her führt an viereinhalbtausend Meter hohen Bergen vorbei, deren Gipfel stets von Schnee bedeckt sind, verläuft über Steppe mit wenigen Ortschaften, die so karg wie die umgebende Landschaft anmuten. Warum also sollte man das entlegene Grab eines Derwischscheichs besichtigen?

Im 17. Jahrhundert aber war Ardebil eine lebhafte Stadt mit einer Reihe prachtvoller Moscheen und zahlreichen Karawansereien, die oft die vielen Besucher kaum zu fassen vermochten. Ardebil war Pilgerstadt, für das einfache Volk ebenso wie für ranghohe Würdenträger des persischen Hofes und der Geistlichkeit. Alle kamen sie, um vor den Mausoleen des Scheichs Safi ad Din und seiner Nachkommen zu beten. Damals gruppierten sich weitläufige Bauten einer Ordensburg mit einer Bibliothek und einer religiösen Schule um die Kuppelgräber, auch diese Häuser verschwenderisch mit bunten Fayencekacheln ausgestattet, Bauten, die heute teilweise verfallen sind. Damals verlief die russische Grenze auch noch über fünfhundert Kilometer weiter nördlich.

Ardebil und seine Ordensburg haben großartige Zeremonien gesehen: Hier ließen sich die höchsten geistlichen Würdenträger in ihr Amt einführen, hier ließen sich Könige krönen. Die Stadt galt als Nationalheiligtum. Denn von hier aus war im Jahr 1501 der Derwischführer Ismail losgezogen, um ein Fürstentum nach dem andern zu unterwerfen und dann als Schah-in Schah, »König der Könige«, über ein geeintes Persien zu regieren. Er hatte eine Dynastie, die der Safawiden, begründet, die zwei Jahrhunderte lang ihre Macht behielt und dann den Staat unverändert an andere Herrschergeschlechter weitergab. Keinem islamischen Herrscher vor Schah Ismail war etwas Derartiges gelungen. Dieses Persien aber war schiitisch. Es ist jener Iran, den wir heute kennen.

In Ardebil begann die Geschichte des neuen Iran.

Man schrieb das Jahr 1301: Bagdad war seit vier Jahrzehnten von den Mongolen zerstört, in Persien regierten die siegreichen Eroberer aus Innerasien, die Il-Khane, und nur noch ein Jahrzehnt sollte es dauern, bis einer ihrer Herrscher, der Mongole Abu Said, zum sunnitischen Islam übertrat.

In jenem Jahr 1301 kam der Derwisch Safi ad Din, von der Welt unbeachtet, in die karge Hochebene von Ardebil. Sein Name bedeutet soviel wie »Der Reine des Glaubens«. Dieser Fromme wollte in dieser abgelegenen Gegend nur seiner Religion leben und mit Gleichgesinnten einen Derwischorden gründen. Nicht weit von dem Platz, wo er mit wenigen Schülern die ersten Mauern aufführte, gab es schon eine Ortschaft mit dem Namen Ardebil, aber sie hatte sehr unter den Mongolenhorden Dschingis-Khans gelitten; zerfallene Häuser, unkrautüberwachsene Straßen kennzeichneten ihr Bild, sie, die vor Jahrhunderten einmal Hauptstadt von Aserbeidschan gewesen war. Safi ad Din begnügte sich mit dieser Stätte, wo seine Derwische notfalls Hilfe beim Bau des Ordenssitzes und Lebensmittel erhalten konnten. Mehr erwartete er nicht von der Welt. Sicherlich hatte es sich dieser weltentsagende Mann niemals träumen lassen, daß einst seine Nachkommen in seinem Namen eine Dynastie begründen und unangefochten über ganz Persien regieren würden – über ein weitgehend schiitisches Persien. Safi ad Din selbst war Sunnit. Generationen später aber sollte bereits die Legende umgehen, der Ordensgründer stamme von Musa Kasim, dem siebten Imam der Zwölfer-Schiiten, ab. Mehr noch: Er habe seinen Nachkommen prophezeit, sie würden dereinst in ganz Persien die »wahre Religion«, den schiitischen Glauben, einführen.

Die neuere Geschichtswissenschaft hat diese Legenden als bewußte Fälschungen späterer Ordensführer entlarvt, die sehr wohl wußten, daß sich mit derartigen Heiligengeschichten Politik machen ließ. Heute weiß man, Safi ad Din eiferte dem sunnitischen Derwischorden der Mevlevi nach, der in der türkischen Stadt Konya seinen Hauptsitz hatte. Entsprechend dürfte auch die Herkunft Safi ad Dins gewesen sein, er und seine Nachkommen sprachen besser Türkisch als Persisch. Aber als Türken wären diese Ordensherren niemals von den Persern anerkannt worden, und von daher ist es verständlich, daß sich die Enkel oder Urenkel Safi ad Dins die passende Zwecklüge einfallen ließen.

Safi ad Din starb im Jahr 1334. Damals war der Wohnkomplex des Ordens bereits beträchtlich angewachsen und beherbergte schon eine Reihe von Derwischschülern mit ihren Familien. Saddredin, der Sohn des Ordensgründers, übernahm die Leitung, aber auch er blieb – soviel wissen heute die Historiker – überzeugt Sunnit. Der Wandel kam erst durch dessen Sohn und Nachfolger Hodscha Ali. Etwa um das Jahr 1392 traten er und seine Schüler zum schiitischen Glauben über. Wir kennen die Ursachen nicht und sind auf Vermutungen angewiesen. Wahrscheinlich hatte Hodscha Ali sich durch schiitische Derwische überzeugen lassen, die sich nach und nach in der Ebene von Ardebil angesiedelt hatten. Den letzten Anstoß aber dürften schiitische Nomadenstämme gegeben haben, die zu jener Zeit aus Anatolien und Nordpersien vor den überlegenen Armeen sunnitischer Fürsten in die abgelegene Gegend um Ardebil zurückgewichen waren. Hodscha Ali sah sich vom Elend dieser Flüchtlinge berührt und machte sich mit ihren Sorgen vertraut.

Hodscha Ali hatte dem Orden eine neue Richtung gegeben – und eine bisher nicht gekannte Dynamik. Er begann, seine Schüler anzuweisen, die abgeschiedene Hochebene zu verlassen und den schiitischen Glauben weit ins Land zu tragen. In der Folge zogen die Derwischmissionare von Ardebil durch zahlreiche Gebiete des Iran und des östlichen Anatolien, wo sunnitische Fürsten regierten. Persische Chroniken berichten, die Derwische seien bereits während der ersten Amtsjahre Hodscha Alis bis in die Provinzen Chorassan und Transoxanien vorgedrungen, hätten in den Nomadenzelten von Türken ebenso gepredigt wie in den Basaren großer persischer Städte, etwa im weit entfernten Buchara. Was sie predigten, war geistiges Dynamit. Sie klagten die Fürsten und reichen Grundherren an, daß sie brutal das Land kleiner Bauern an sich rissen und die Nomaden von ihren angestammten Weideplätzen vertrieben. Es müsse ein Staat geschaffen werden, in dem ein solches Unrecht nicht mehr möglich sei. Dazu aber müßten die Moslems zurückkehren zu dem ursprünglichen Ideal des Islam: Alle Menschen, die vor Gott gleich seien, hätten auch in dieser Welt Anspruch auf gleiche Rechte. Man müsse sich lossagen von den falschen Moslems und denen vertrauen, die vom Geist der heiligen Imame erleuchtet seien.

Das war eine radikale Botschaft, wie sie im Denken der Schia spätestens seit dem visionären Kommunismus des Rebellenführers Hamdan Qarmat Tradition besaß. Wieder einmal stellten sich schiitische Wanderprediger auf die Seite der Entrechteten und Besitzlosen, wieder einmal erklärten sie die Schia zur »Partei« derjenigen, die nichts mehr zu verlieren und alles zu gewinnen hatten. Die Derwische selber lebten in bedürfnisloser Gemeinschaft und teilten ihren letzten Bissen mit den Hungrigen, keiner durfte mehr besitzen als der andere. Persische Chroniken berichten, in der Ordensanlage von Ardebil, dem Stammsitz, hätten sie »weder mein noch dein« gekannt, alle, angefangen vom hochgestellten religiösen Führer bis hinab zum einfachen Wanderprediger, hätten Privateigentum als Sünde abgelehnt. Hier dachten sie radikal zu Ende, was bei den Nomaden ohnehin angelegt war: Dort besaß das Weideland der Stamm, nicht der einzelne. Naturgemäß mußten sie die Feudalherren verabscheuen, die immer mehr Besitz an sich rissen, während das Volk darbte. Und da die Fürsten und Großgrundbesitzer durchweg Sunniten waren, sammelten sich die Bedrohten mehr und mehr unter den Fahnen der Schia.

In Ardebil formierten sich die Nomadenstämme zu schlagkräftigen Truppen, die nur noch darauf warteten, daß ihnen ihr Führer, der Derwischscheich, den Befehl zum »Heiligen Krieg« gegen »Ungläubige« und »Tyrannen« gab. Hodscha Alis Nachfolger, Scheich Dschuneid, organisierte diese Armee. Sichtbar für alle bereitete er sich darauf vor, die schiitische Botschaft mit Waffengewalt in die benachbarten Fürstentümer Anatoliens und Nordpersiens zu tragen. Der Zeitpunkt schien günstig, denn die sunnitischen Emire hatten ihre Heere in gegenseitigen Kleinkriegen zermürbt. Längst gab es in Persien keine Zentralgewalt mehr, längst hatten sich die Statthalter der Mongolenkhane selbständig gemacht; große Teile Persiens schienen reif für eine Eroberung durch schiitische Glaubenskämpfer.

Dschuneids Nomadenkrieger waren allerdings nicht im strengen Sinn Zwölfer-Schiiten, sie brachten eigene Glaubensvorstellungen mit, wie sie in den Steppen Nordpersiens seit Jahrhunderten heimisch waren: Ali war für sie mehr als nur der erste Imam, er besaß ihrer Meinung nach wie der Prophet Mohammed »göttliche Kraft«, ja galt ihnen als eine sichtbare Erscheinungsform Gottes. Nur allzu rasch neigten diese Nomaden dazu, einen besonders überragenden Stammesführer als »Wiedergeburt des Imams Ali« zu verehren. Ein orthodoxer Schiit hätte bei solchem Denken empört von »Götzendienst« sprechen müssen, denn er konnte einem Fürsten bestenfalls zubilligen, »Statthalter des Verborgenen Imams« zu sein, nicht aber selber ein gottähnlicher Führer. Scheich Dschuneid war allerdings kein orthodoxer Schiit – gerade er ließ sich von seinen Derwischkriegern als »Wiedergeburt des Imams Ali« feiern und nahm göttlichen Rang für sich in Anspruch.

Dschuneids Sohn Haidar baute die Armee weiter aus und formte Ardebil zu einem straff organisierten Ordensstaat. Er selber nahm neben seinem geistlichen Titel »Scheich« noch einen weltlichen an: »Sultan«. Noch eindeutiger als sein Vorgänger erhob er Anspruch auf die Macht. Ihm schwebte vor, ein sunnitisches Fürstentum nach dem anderen zu erobern und auf ihren Trümmern einen schiitischen Staat zu errichten. Ardebil sollte politischer und religiöser Mittelpunkt dieses neuen Staates sein. Geistiger Wandel durch Glaube und Schwert! Sichtbares Symbol dieser Bewegung sollten die fanatischen Derwischkrieger sein. Haidar führte für sie eine flammend rote Mütze mit zwölf Zipfeln ein, jeder Zipfel symbolisierte einen der Imame. Von diesen Kriegern forderte er absolute Unterordnung, Verehrung und Opferbereitschaft bis zur völligen Selbstaufgabe. Bezeichnend ist der Schlachtruf, wie er zur damaligen Zeit entstand: »Oh, mein geistlicher Führer und Meister, dessen Opfer ich bin!«

Jahrzehnte erbitterter Kämpfe folgten. Eine Zeitlang schien es so, als hätte der Ordensstaat Ardebil seine Kräfte maßlos überschätzt und müßte bald unweigerlich für immer eine Trümmerwüste sein. Mehr als einmal ging die Ordensburg und die umgebende Stadt in Flammen auf. 1460 fiel Dschuneid in der Schlacht, 1488 wurde sein Sohn Haidar gefangen und geköpft, während dessen Söhne im Gefängnis verschwanden. Nur der siebenjährige Ismail überlebte, weil ihn die fliehenden Derwischkrieger mit sich genommen und in der kaspischen Provinz Gilan versteckt hielten. Ein Ereignis, dem niemand viel Bedeutung beimaß. Das Heer von Ardebil war zerschlagen, die Führer tot, und den siebenjährigen Knaben konnte man getrost vergessen, so schien es.

Aber nur elf Jahre später: Ismail, zum Jüngling herangewachsen, sammelte die versprengten Anhänger erneut um sich und kehrte in das verödete Ardebil zurück. Innerhalb weniger Monate strömten ihm Tausende unzufriedener Nomadenkrieger zu, die alle wieder die flammend rote Derwischkappe trugen und sich bereitwillig als Glaubenskämpfer, als »Opfer« des »Meisters«, anboten. Ismail rief den »Heiligen Krieg« aus und eroberte im Handstreich das Emirat Baku. Kein sunnitischer Fürst rückte mit seiner Armee an, um den Aufruhr im Keim zu ersticken, denn wieder einmal führten Ardebils Nachbarn Krieg untereinander und wurden überrascht. Zwei Jahre später, 1501, rückten Ismails Soldaten bereits in Täbris, der damals größten Stadt Persiens, ein und drangen weit in Richtung Irak vor. Mit einem Schlag waren die Derwischkrieger von Ardebil wieder im Gespräch. Aber niemand ahnte noch zu dem Zeitpunkt, daß der erst neunzehnjährige Ismail wahr machen würde, was seine Vorgänger allzu kühn angestrebt hatten: einen schiitischen Großstaat zu errichten.

Die Marschrichtung wies nach Süden und Osten: Persien, wo sich ein schwaches Fürstentum an das andere reihte, zerrüttet durch lange Kleinkriege gegen die Nachbarn, bedroht durch die Aufstände der verarmten Bevölkerung. Nicht so im Westen. Dort hatte der Osmanensultan Mehmed II. 1453 Konstantinopel erobert, und seine Nachfolger dehnten ihre Macht immer weiter nach Anatolien aus. Für Ismail schien es ratsam, sich nicht mit diesem Gegner zu messen.

Er, der doch selbst ein Türke war, konnte sich Chancen nur auf persischem Boden ausrechnen.

In raschen Feldzügen unterwarf Ismail Westpersien und den Irak, dann stieß er nach Chorassan vor und traf im Jahr 1510 auf seinen bisher stärksten Gegner, den Mongolenkhan der Usbeken. Bei der Oase Merw kam es zur Entscheidungsschlacht, und wieder siegten die Derwischkrieger. Damit hatte Ismail alle iranischen Kernprovinzen unterworfen – eine bewundernswerte Leistung innerhalb dieser kurzen Zeit.

Was nun? Würde er diese Eroberungen halten können? Ismail hatte selbst nie daran gezweifelt. Bereits acht Jahre vor diesem letzten großen Sieg hatte er sich in Täbris, seiner erwählten Hauptstadt, zum Herrscher Persiens krönen lassen. Dabei nahm er einen Titel an, der Freund und Feind aufhorchen ließ: Schah-in-Schah, »König der Könige«. Schah, »König« – dieser Titel allein würde noch kein Aufsehen erregt haben, hatte ihn doch bereits fünfhundert Jahre früher ein Mahmud von Ghazni geführt und nach ihm viele andere. Aber »König der Könige«? So hatten sich einst ein Kyros, ein Dareios, ein Schapur und ein Chosru genannt, Herrscher, die von Persien aus über eine Vielzahl fremder Völker mit tributzahlenden Königen regierten. Ein ungeheurer Anspruch lag in diesem Titel. Würde Ismail acht Jahrhunderte nach dem Tod des letzten Sassanidenherrschers den Traum vom Großreich Persien wieder wahr machen? Es war ein Traum, den man seit Firdusis *Königsbuch* wieder öffentlich zu träumen wagte. Unter der Fremdherrschaft der Mongolenkhane hatte sich diese Sehnsucht nur verstärkt, hatten die alten Mythen erst recht neue Nahrung gefunden: Persien müsse wieder von einem Großkönig regiert werden, der das Land zum geistigen Zentrum, ja zur »Mitte der Welt« machte. Ismail nun schien wahrhaft eine alte Verheißung einzulösen.

Ismail aber war kein Perser. Er sprach das Türkische besser als das Persische, erst recht seine Derwischkrieger, von denen viele aus dem östlichen Anatolien und der turkmenischen Steppe kamen. Also wieder eine Fremdherrschaft? Ismails Herkunft schloß für viele diesen Verdacht von vornherein aus: Er stammte ja von Musa Kasim, dem siebten Imam, ab, er war blutsmäßig mit den großen Heiligen der Schia verbunden – damit galt er nicht als Türke, sondern als halb Araber, halb Perser, ein Mann, der nur lange Zeit unter türkisch sprechenden Menschen gelebt hatte. Ein Nachkomme der Imame – dies berechtigte ihn nach Ansicht vieler Perser sehr wohl, ihr Land zu regieren. Daß Ismails ehrwürdiger Stammbaum eine bloße Behauptung sein könnte, auf diesen Gedanken kam niemand. Gar zu legendär war bereits der Lebenslauf seines Ahnherrn Safi ad Din geworden. Wir wissen nicht, ob Ismail selbst unerschütterlich an seine erlauchte Herkunft geglaubt hat, auf jeden Fall hat er den Vorteil erkannt, den er daraus ziehen konnte. Wie kein schiitischer Führer vor ihm verstand er es, sich selber als Imam zu präsentieren und damit die Anhänger zu begeistern, zu entflammen. Er war ein wortgewaltiger Mann, der zahllose Gedichte in türkischer Sprache verfaßte und sie übersetzt im ganzen Land verbreiten ließ, Gedichte, in denen er sich als die »Wiedergeburt des Imams Ali« vorstellte, eine Inkarnation des ersten »unfehlbaren« und »göttlichen« Schiitenführers. Seine Derwischkrieger wies er an, sie sollten mit dem Ruf »Ismail« in die Schlacht ziehen, denn unweigerlich stünde dann Allah schützend über ihnen.

Kühne Worte. Aber sie wurden zu einer Zeit gesprochen, da Ismail von Sieg zu Sieg eilte und bald über ein Reich gebot, das von den Grenzen Anatoliens bis tief nach Afghanistan, von den Steppen Turkmenistans bis in den Irak reichte – ein Reich, fast annähernd so groß wie das der Sassaniden. Mußte nicht der Erfolg seinen Worten recht geben? Auch Perser fanden es in großer Zahl richtig, den siegreichen »König der Könige« als Halbgott zu verehren, entsprach dies doch ihrem alteingewurzelten Bedürfnis aus der Zeit der Gottkönige und später der Kalifen. Nun besaßen sie wieder einen Gottkönig – aus schiitischem Geist.

Schah Ismail griff rücksichtslos durch, um seine Ansprüche zu festigen. Selbst gegen Schiiten ging er vor, falls sie es wagten, an seiner »göttlichen Kraft« zu zweifeln, und ihn etwa nur – wie es die orthodoxe Glaubenslehre vorschrieb – einen »Statthalter des Verborgenen Imams« nannten. Schah Ismail war entschlossen, aus Persien einen durch und durch schiitischen Staat zu machen, aber was geglaubt werden sollte, dies wollte allein er bestimmen, »der von Gott Erleuchtete«. Ein Reich, ein Glaube, ein König! Energisch ging Ismail daran, auch noch dieses letzte Ziel zu erreichen. Er erklärte den schiitischen Glauben zur Staatsreligion und schloß Sunniten fortan von allen öffentlichen Ämtern aus; sunnitische Geistliche ließ er aus den Koranschulen und Moscheen vertreiben und durch Schiiten ersetzen. Viele der Verfolgten wechselten ihren Glauben.

Nur in den Randprovinzen, außerdem in Teilen des Irak, Afghanistans und in Kurdistan, beharrten die Sunniten auf ihrem Glauben, dies nicht zuletzt, weil sie sich nicht einem zentralistisch regierten Großreich unterordnen wollten. Ismail und seinen Nachfolgern fehlte die Kraft, auch ihren Widerstand zu brechen, und so sind die Menschen dort bis auf den heutigen Tag Sunniten. Erst recht Sunniten blieben die Moslems der Fürstentümer von Buchara und Samarkand, über deren Grenzen nie erfolgreich eine schiitische Armee gedrungen war. In den Kerngebieten Persiens jedoch hatte die Schia unwiderruflich gesiegt.

### *Glaubenskrieg gegen die sunnitischen Türken*

Vorerst wollte noch keiner der ranghohen Geistlichen ernsthaft fragen, wie denn Schah Ismail I. Persien nach dem gewonnenen Krieg einmal ordnen werde. Daß er alle Feldzüge siegreich zu Ende führte, erschien ihnen ohnehin selbstverständlich. Aber würde er dann die sozialrevolutionären Ideale seines Ordens voll verwirklichen, würde er die Bauern von der drückenden Steuerlast befreien? Auch daran wollte keiner seiner Gefolgsleute ernstlich zweifeln, ließ doch der Schah die Kriegsbeute regelmäßig unter seine Soldaten aufteilen. Warum also sollte er nicht ähnlich gerecht das Eigentum für alle verteilen, wenn einmal Frieden in Persien herrschte? Die Zukunft sah gut aus. So zumindest wollte es Ismails Anhängern erscheinen.

Im Januar 1512 geschah etwas, das gerade die eifrigsten Anhänger seines Derwischordens stutzig machen mußte. Derwischkrieger suchten ihren Oberherrn in seiner Residenz in Täbris zu einem Gespräch auf. Sie kamen aus Anatolien, wo einer ihrer Führer zum Kampf gegen die Großgrundbesitzer aufgerufen und zahlreiche verarmte Bauern hinter sich gescharrt hatte. Truppen des Osmanensultans hatten das Rebellenheer vernichtend geschlagen, nun waren Überlebende hier und baten den Schah um Hilfe. Ismail aber hörte sich die Derwischkrieger mit eisiger Distanz an und entließ sie ohne bindende Antwort. Truppen schickte er keine. Für die Bittsteller mußte dies eine Enttäuschung bedeuten. Entweder, so mußten sie sich sagen, fürchtete er die Macht des Osmanensultans, oder aber er glaubte nicht entschieden genug an die revolutionären Ideale seines Ordens. Wie aber konnte er dann »gottgesandt« oder gar »göttlich inspiriert« sein?

Schah Ismail I. war nicht so unbesiegbar, wie er tat; dies wußte er selbst am besten. Zumindest ein Gegner war ihm ebenbürtig, wenn nicht gar überlegen: der Osmanensultan Selim I., der eben in diesem Jahr den Thron bestiegen hatte. Ein energischer, tatkräftiger und skrupelloser Mann. Bereits die ersten Monate seiner Regierungszeit hatten dies bewiesen. Seinen Vater Bayasid II. hatte er zum Rücktritt gezwungen und anschließend vergiften lassen, seine erwachsenen Brüder und Thronrivalen hatte er in offener Feldschlacht besiegt, die jüngeren Brüder erdrosseln lassen. Dann war der Sultan darangegangen, seine Elitetruppen, die Janitscharen, neu zu organisieren; ihm gelang es innerhalb von wenigen Monaten, ihre Zahl zu verdreifachen. Das war alarmierend, denn die osmanischen Truppen waren ohnehin schon mit weit besseren Waffen ausgestattet, vor allem mit Musketen, während die Derwischkrieger Persiens sich meist noch mit Wurflanzen, Pfeil und Bogen begnügen mußten. Sultan Selim würde kaum tatenlos zusehen, wenn sich aus den zerrissenen Fürstentümern Persiens ein Großreich bildete, irgendwann würde er zum Angriff vorrücken. Ismail wußte dies sehr wohl, nur wollte er diesen gefürchteten Zeitpunkt noch hinauszögern, um besser gerüstet zu sein.

Was der Schah befürchtet hatte, traf ein: Selim holte zum Gegenschlag aus. Städte und Dörfer Ostanatoliens wurden durch den Marschtritt der Janitscharen aufgeschreckt, Häuser umstellt, Nomadenlager umzingelt, Männer, Frauen und Kinder abgeführt, in Gefängnisse gesteckt oder gleich an Ort und Stelle niedergemetzelt. Tag und Nacht arbeiteten die Hinrichtungskommandos, sie schonten weder Greise noch Frauen noch Kinder. Die Chronisten schätzten die Zahl der Getöteten auf über vierzigtausend. Unter den Gefangenen und Ermordeten fanden sich nur wenige Perser, fast alle waren sie Türken – aber Schiiten. Und Schah Ismail verstand sich als Schutzpatron aller Schiiten, gegen die niemand ungestraft seinen Arm erheben durfte. Nun mußte er handeln, ob er wollte oder nicht. Er rief seine Armee – Derwischkrieger und neu aufgestellte persische Truppen – gegen den »Feind der Religion«, wie er den sunnitischen Osmanensultan in flammenden Reden nannte. Sultan Selim antwortete in derselben Sprache; er ließ in seiner nach Täbris gesandten Botschaft, die uns erhalten blieb, verlauten: Er, Selim, Herrscher über glaubenstreue Sunniten, halte den »Heiligen Krieg« für unerläßlich, da Schah Ismail, Herrscher über die ketzerischen Schiiten, den Weg des Heils verlassen habe, den wahren Gottesdienst verfälsche, die Moscheen entheilige, den Koran mißhandle und die Standarte der Gottlosigkeit aufpflanze!

Im August des Jahres 1514 trafen die feindlichen Truppen aufeinander. Schauplatz war die Hochebene von Tschaldiran, einen Tagesritt nordwestlich von Täbris. Bei Morgengrauen bewegte sich ein langer Zug von osmanischen Reitern die kahlen Berghänge herab, ihnen folgten Fußtruppen, dann schwerfällig wirkende, von Maultieren gezogene Kanonen, während Schah Ismail mit seinen lanzenstarrenden Derwischkriegern in der Ebene wartete. Ismail hatte sich diesen Ort nicht ausgesucht, er hätte die Türken lieber noch weiter ins Landesinnere gelockt, hätte noch mehr Getreidefelder und Dörfer niederbrennen lassen, damit die osmanischen Truppen nirgends Lebensmittel vorfanden, und so hatte er die Gegner zermürben, demoralisieren wollen. Seine Derwischgenerale aber hatten ihn ungeduldig zur Entscheidungsschlacht gedrängt, die er, der »Göttliche«, unmöglich verlieren konnte. Von der Feuerkraft moderner Musketen und Kanonen wußten sie nur vom Hörensagen und nahmen die Nachrichten nicht so ernst. Hatte der Schah bisher nicht immer gesiegt? War Gott nicht auf der Seite der wahrhaft Gläubigen? Schah Ismail, der viel kühler rechnete als seine Generale, hatte widerstrebend solchen Argumenten nachgeben müssen; ein längeres Zögern hätte seinem Ansehen geschadet. Als er allerdings an diesem Augustmorgen die Türken schleppend langsam die Berghänge von Tschaldiran herabziehen sah, erfaßte ihn wieder die alte Zuversicht. Es schien so, als seien die Türken bereits jetzt durch den langen Anmarsch ermüdet und ausgehungert, nun hatten seine eigenen ausgeruhten Krieger wohl eine wirkliche Chance.

Die Schlacht begann. Und war rasch entschieden. Dreizehntausend osmanische Elitesoldaten knieten gestaffelt in Reih und Glied, feuerten ihre Musketen ab, und während sie nachluden, donnerten die Kanonen, dann knatterte in die Geschützpause wieder das Gewehrfeuer. In heilloser Panik stürzten die schiitischen Derwischkrieger davon; Waffen von einer derartigen Wirkung hatten sie bisher noch nicht kennengelernt. Zurück blieb eine unübersehbare Menge von Gefallenen, Chronisten schätzten die Zahl der getöteten Derwischkrieger auf zwanzigtausend. Schah Ismail floh, kam am nächsten Morgen abgehetzt in Täbris an, floh dann weiter nach Osten, weil ihm Boten das Herannahen der osmanischen Truppen meldeten. Sultan Selim ließ die Stadt besetzen und nahm Wohnung im verwaisten Schahpalast.

Würde nun der Sieger weiter vorrücken, würde er die schiitischen Moscheen schließen lassen, würde er versuchen, die Perser wieder zum sunnitischen Islam zu zwingen? Es mußten für Schah Ismail bange Wochen gewesen sein, als er fern seiner besetzten Hauptstadt die Berichte seiner Beobachter abwartete. Dann aber kam die erlösende Nachricht: die türkischen Soldaten meuterten, da sie, durch Strapazen geschwächt, nicht weiter ins Innere Persiens vorrücken wollten; sie zwangen Sultan Selim zum Rückzug.

Ismails Thron war geretttet. Ungehindert konnte er nach Täbris zurückkehren und weiterhin über ein schiitisches Persien regieren. Doch der Schah war nicht mehr derselbe wie zuvor. Zeitgenössische Beobachter aus der Umgebung des Herrschers berichten, Ismail habe seit der Niederlage von Tschaldiran nie wieder gelächelt. Gar zu tief hatte ihn der Sieg des Osmanenherrschers getroffen, ihn, der vorgab, eine »Verkörperung« des »unfehlbaren Imams Ali« zu sein. Nie wieder trat Ismail vor seine Armee, er überließ von nun an seinen Generalen die zahllosen Grenzkriege gegen osmanische Truppen oder turkmenische Nomadenstämme. Niemand wußte besser als er selber, daß der Traum ausgeträumt war, den schiitischen Glauben über Persien hinaus in andere Länder zu tragen, stets würden ihm und seinen Nachfolgern die türkischen Sultane im Wege stehen. Verbittert mußte er während der folgenden Jahre zur Kenntnis nehmen, daß Sultan Selim I. Syrien, Palästina und Ägypten eroberte. Damit stieg das Osmanenreich endgültig zur Großmacht auf. Persiens anfangs so imponierender Schwung war dagegen erlahmt. Dem Schah konnte es nur noch vergönnt sein, das Erreichte zu festigen, alle weiterführenden Pläne mußte er angesichts der überlegenen Waffentechnik des Osmanen begraben.

Aus unserer heutigen Sicht läßt sich feststellen: Die Schlacht von Tschaldiran hatte zukunftweisende, welthistorische Bedeutung.

Denn nach dem Jahr 1514 wurden die Osmanen für vier Jahrhunderte beherrschende Schutzmacht aller sunnitischen Länder, dagegen blieb der Einfluß der Schiiten auf Persien und persisch geprägte Gebiete wie Teile des Irak, Afghanistans und des indischen Raumes beschränkt; in anderen Gegenden, wie etwa der arabischen Halbinsel, Syrien und dem Libanon, führten schiitische Minderheiten eher ein Sektendasein. Damals, 1514, kam jenes Zahlenverhältnis zustande, wie es sich bis heute unverändert erhalten hat: Die Schiiten machen zehn Prozent aller Moslems aus, während die Sunniten die überwältigende Mehrheit behalten haben. Kriege und nicht geistige Auseinandersetzungen haben diesen Zustand gefestigt.

Persiens Schiiten konnten die Niederlage von Tschaldiran nicht verwinden. Mehr denn je galten nun die sunnitischen Türken als unversöhnliche Todfeinde, und je eindrucksvoller die Osmanensultane ihre Macht während des folgenden Jahrhunderts über andere islamische Länder ausdehnten, um so erbitterter schlossen sich die »rechtgläubigen« Perser innerhalb ihrer Grenzen gegen die Sunniten ab. Nun genügte es nicht mehr, daß der Muezzin beim Gebetsruf an das traditionelle Lob Gottes und seines Propheten Mohammed noch den Satz anfügte: »Ich bezeuge, daß Ali der Freund Gottes ist.« Nun hatte von den Minaretten auch noch der Ruf zu erschallen: »Verflucht sei Omar.« Gemeint war jener zweite Kalif des Islam, den die Sunniten ehrfürchtig den »Rechtgeleiteten« nennen, der aber nach Überzeugung der Schiiten den Imam Ali an seiner rechtmäßigen Nachfolge gehindert hatte. Fortan wurde es für jeden Schiiten zur Pflicht, Omar beim Freitagsgebet zu verfluchen, und nicht genug damit, die Gläubigen mußten auch noch Abu Bekr und Osman, den Vorgänger und Nachfolger Omars, in ihre Verwünschungen einbeziehen, denn auch diese Kalifen hätten Ali bekämpft.

Vollends erbittert zeigten sich die Schiiten, als der Osmanensultan Suleiman I. im Jahr 1534 auch noch den Irak eroberte. Von nun an befanden sich die heiligen schiitischen Wallfahrtsorte Nedschef und Kerbela, die Grabstätten Alis und Husseins, unter der Oberhoheit von Sunniten; nun hing es von der Laune der Sieger ab, ob zukünftig noch persische Pilger zu ihren höchstverehrten Heiligtümern ziehen konnten. Der Ruf nach einem »Heiligen Krieg« wurde wieder laut, einem Krieg gegen die »Ungläubigen« innerhalb der eigenen Religion.

Der Haß gegen die andere Konfession konnte in Persien während der zwei folgenden Jahrhunderte groteske Blüten treiben. Einen plastischen Eindruck davon gibt uns ein Augenzeuge, der Gesandtschaftssekretär Engelbert Kaempfer, der im Jahr 1684 Persien bereiste. »So unerheblich uns der Unterschied zwischen Sunna und Schia erscheinen mag«, so schreibt er in seinen Erinnerungen, »so unversöhnlich ist der Haß, mit dem sich die Anhänger der beiden Richtungen verfolgen. Die Perser ... sind überzeugt, daß der Glaube der Türken so verkehrt sei, daß deren Seelen nach dem Tode sofort in bleierner Schwere durchs Wasser in die im Mittelpunkt der Erde gedachte Hölle hinabstürzen, während die Seelen der anderen Ungläubigen erst am Jüngsten Tag gerichtet werden und bis dahin in der Geisterwelt verweilen dürfen. Scherzweise wird erzählt, daß, wenn eines Persers Fleisch mit dem eines Türken im gleichen Topf gesotten werde, die Brühe alsbald erstarre, wobei sich die beiden Bestandteile soweit als möglich abstießen.«

Persische Schiiten lehnten zur damaligen Zeit die Sunniten sogar heftiger ab als Anhänger völlig fremder Religionen. Allerdings mußte der Christ Engelbert Kaempfer mehr als einmal die Erfahrung machen, daß man auch ihn zurücksetzte. Er begegnete nicht jener Toleranz gegen Christen und Juden, wie sie etwa der Koran vorschreibt. »Sie [die Schiiten] vermeiden es, mit einem Christen gleichviel welchen Bekenntnisses zu speisen«, so beklagte er sich in seinen Erinnerungen, ». . . [und] haben sie zufällig sein Gewand berührt, so waschen sie sich die Hände, wie um sich von Schmutz zu säubern. Nach ihrem Glaubenssatz sind folgende zehn Dinge unrein: Harn, Kot, Sperma, Blut, Aas, Wein, Alkohol, Schweine, Hunde und Ungläubige. Alle diese Unreinheiten befinden sich, so behaupten sie, an einem Christen, der sich von keinem Unrat fernhalte.«

Abgrenzungen gegen fremden Glauben, nicht Toleranz – dies forderten die persischen Schiiten entschiedener, als dies je die Kalifen, die Seldschukensultane oder viele persische Emire versucht hätten. Jahrhundertelang hatten die Schiiten als radikale Minderheit ihr Dasein gefristet, in der ständigen Angst, von ihren Gegnern ausgelöscht zu werden; diese Angst hatte sie mißtrauisch, ja verschlossen gegen Andersgläubige werden lassen. Persiens Schiiten, nun an der Macht, fühlten sich weiterhin als Minderheit in der islamischen Welt, nach wie vor von Sunniten bedroht, und so schlossen sie sich wie eine verschworene Gemeinschaft gegen die feindliche Übermacht jenseits ihrer Grenzen ab. Dies ist ein Wesenszug, den die iranischen Schiiten bis heute nicht völlig verloren haben.

### *Krisen gefährden das »neue« Persien*

Kaum war Persien ein schiitischer Staat geworden, regiert von einem Schah-in-Schah, drohte auch schon die Krise. Schah Ismail I. hatte es nach der Niederlage von Tschaldiran schwer, seinen Anhängern zu erklären, warum Gott ihm in der entscheidenden Schlacht von Tschaldiran nicht geholfen hatte. Besonders seine Derwischkrieger, die ihn bisher wie einen Halbgott verehrt hatten, zeigten sich mit einem Mal zurückhaltend. Mehr noch mußte der Schah den aufkeimenden Zweifel bei den religiösen Denkern unter den Derwischen fürchten. Nicht wenige von ihnen liehen nun solchen Korangelehrten ihr Ohr, die schon immer skeptisch gewesen waren. Was, so fragten diese Kritiker, habe man denn anders erwarten können? Niemals hätte sich der Schah so sehr in die Nähe des Imams Ali oder gar Gottes rücken dürfen, er habe als Mensch wie jeder andere zu gelten, als Mensch, der auch irren könne – und jetzt habe er, sichtbar für alle, geirrt.

Die Zweifler von einst fanden allmählich aufmerksame Zuhörer. Und es waren gefährliche Gespräche, die da zunächst hinter vorgehaltener Hand, dann in aller Offenheit geführt wurden. Warum müßten denn die Bauern noch immer die hohen Abgaben an die Großgrundbesitzer zahlen, warum gehe der ohnehin schon reiche Adel nach wie vor steuerfrei aus? So fragten schließlich immer mehr Korangelehrte in Ardebil, im Ton noch zurückhaltend, doch nicht mehr unterwürfig. Aber je schroffer der Schah den Fragenden das Wort abschnitt und sie unwirsch aus der Audienz entließ, um so erbitterter redeten die Abgewiesenen in Moscheen, in Basaren, auf der Straße. Schah Ismail reagierte heftig auf seine Kritiker, er ließ sie einsperren oder hinrichten. Als Polizei dienten ihm persische Soldaten, denn auf seine Derwischkrieger konnte er sich nicht mehr unbedingt verlassen. Diese Perser hatte er aus Truppen der unterworfenen Fürstentümer und aus landlosen Bauern weit im Osten rekrutiert. Damit hatte er die erste Maßnahme getroffen, um nicht mehr allein auf seine bisherigen Gefolgsleute angewiesen zu sein. Die Gelegenheit war günstig. Denn seit die Derwischarmee in der Schlacht von Tschaldiran erheblich an Kriegern verloren hatte, mußte er sich ohnehin nach neuen Soldaten umsehen. Bewußt arbeitete der Schah darauf hin, ein Gegengewicht zu seinen bisher eifrigsten Anhängern zu schaffen.

Aber es war nicht allein die Furcht vor Kritik, die den Schah so handeln ließ. Ihn leitete auch praktisches Denken, auf eine zynische Weise allerdings. Jetzt, da Persien erobert war, brauchte er Männer, die ihm den neugegründeten Staat verwalteten. Und diese Männer fand er leichter in der bewährten Führungsschicht der Emire, Minister, Rechtsgelehrten und Großgrundbesitzer, weniger unter den Predigern von Ardebil, erst recht nicht unter den ungebildeten Derwischkriegern, die meist als Nomaden aus der ostanatolischen wie nordpersischen Steppe gekommen waren und kaum je zuvor eine größere Stadt gesehen hatten. Und so zeigte Ismail sich sehr rasch bereit, alle sozialrevolutionären Ideale seines Ordens preiszugeben, um die Gegner von einst für seine Ziele zu gewinnen. Anstatt die Not der Bauern und Pächter zu lindern, verordnete er ihnen neue Steuern zum Wohl des Adels und der Großgrundbesitzer. Er selber riß viele der eroberten Gebiete an sich und machte sie zu Krongütern, auf denen landlose Arbeiter unter so erbärmlichen Bedingungen ihr Leben fristeten wie zuvor bei sunnitischen Feudalherren. Die Großgrundbesitzer blieben somit reich, ohne dafür selbst arbeiten zu müssen, und der Schah wurde reich; beiden war geholfen. Wie erwartet, dankten die Fürsten und Grundherren diesen Dienst, indem sie ihre besten Verwaltungsfachleute, Gelehrten und Baumeister an Ismails Hof schickten.

Derwischprediger konnte er unter diesen Umständen nicht mehr an seinem Hof als geistliche Berater dulden; an ihre Stelle holte er sich schiitische Korangelehrte aus dem Irak und anderen Ländern mit arabisch sprechender Bevölkerung. Schah Ismail überließ ihnen reichlich eroberten Landbesitz, außerdem übertrug er ihnen die Erziehung des Volkes – ein schmeichelhaftes Angebot für Männer, die bisher nahezu unbeachtet unter sunnitischen Herrschern gelebt hatten. Diese neuernannten Hofgeistlichen brauchte der Schah nicht mehr zu fürchten. Denn sie, nun selbst zu Grundbesitzern geworden, würden kaum mahnen, er solle doch endlich Ernst machen mit den sozialrevolutionären Idealen seines Derwischordens. Je mehr er diesen Geistlichen Landgüter schenkte, um so bereitwilliger schwiegen sie. Und selbstverständlich nahmen sie keinen Anstoß daran, daß der Schah »göttliche Kräfte« in sich zu spüren glaubte. Im Gegenteil. Sie konstruierten diensteifrig die gewünschten religiös rechtlichen Gutachten.

Weiterhin von der Macht ausgeschlossen blieben die orthodoxen Schiiten. Der Schah wollte in seiner Umgebung keine Korangelehrten dulden, die ihn nur für einen gewöhnlichen und gelegentlich auch irrenden Menschen hielten. Aus Persien vertreiben konnte Ismail diese Schiiten allerdings nicht, dazu waren sie zu viele, außerdem lebten sie meist unauffällig und unerkannt unter den übrigen Gläubigen, er hätte sie nicht fassen können. Diese Männer mußten für den Schah stets eine Gefahr bleiben; sie konnten jederzeit wieder lautstark mit Kritik hervortreten, falls er oder einer seiner Nachfolger Schwäche zeigte. Untergründig gärte es. Für zahlreiche Perser hatte der schiitische Staat noch lange nicht seine endgültige – ideale – Form gefunden.

Schah Ismail I. starb 1524; die Probleme blieben. Drei Jahrzehnte nach seinem Tod brach in der Provinz Aserbeidschan ein Aufstand aus, verarmte Bauern erschlugen ihre reichen Grundherren, zündeten die Villen an, plünderten und rückten in großen Horden gegen die rasch aufgestellten Heere des Adels vor. In ihren Reihen marschierten Derwische und Derwischkrieger aus Ardebil mit und feuerten die Rebellen mit ihren Predigten an. Zum ersten Mal wagten Männer aus dieser Stadt den offenen Aufruhr gegen ihren Ordensherrn, den Schah. Nomadenstämme strömten den Rebellen aus allen Landesteilen zu, auch sie trugen die flammend rote Derwischmütze mit den zwölf Aufschlägen, dem Symbol der zwölf Imame. Schah Tamasp, Ismails Sohn, konnte nur mit Mühe die Rebellenheere besiegen.

Aber jahrzehntelang sollten sich solche Kriege wiederholen . . .

Der geistige Graben zwischen den Derwischen und ihrem Ordensherrn, dem Schah, war endgültig gezogen. Wie aber konnte unter diesen Umständen der Ordenssitz weiter existieren? Doch Ardebil gedieh: Kein Schah versäumte es, verschiedene dort ansässige Derwische zu ehren und mit Geldgeschenken zu überhäufen. Die Schahs nannten gar in Erinnerung an den Ordensgründer Safi ad Din ihre

Dynastie »Safawiya«, ja, etliche von ihnen ließen sich in Ardebil krönen oder dort beerdigen. Das Mausoleum des Ordensgründers ließen sie von allen Grabstätten am prächtigsten mit Fayencekacheln verzieren, seine Kuppel höher bauen als die der verstorbenen Könige – dies sollte ein sichtbares Symbol dafür sein, daß der Ordensstifter mehr galt als die weltlichen Herrscher, Religion mehr als die Ausübung der Macht. Architektur kann lügen. Zu dieser Lüge gehörten auch die prachtvoll geschmückten Moscheekuppeln, unter denen die Derwische täglich für das Wohl des »göttlichen« Schahs beteten, hierzu gehörte ebenso die weitläufige Armenküche, wo die Bedürftigen der Stadt täglich ihre kostenlosen Mahlzeiten erhielten. Tatsächlich aber waren nur jene Derwische geblieben, die sich zu bloßen Repräsentationsfiguren mißbrauchen ließen. Der wahre Geist von Ardebil hatte sich in abgelegene Kleinstädte und Bergtäler zurückgezogen, dort lebten die echten Derwische und klagten den Schah der Heuchelei, ja der Gottlosigkeit an.

Das »neue« Persien drohte an seinen Widersprüchen zu zerbrechen. Für viele leer ausgegangene Bauern, Pächter und landlose Arbeiter blieb der Schah nicht mehr länger der gottgesandte Herrscher, nachdem selbst seine eigenen Ordensbrüder in allen Landesteilen zum Kampf gegen den »ungläubigen Tyrannen« aufgerufen hatten. Aufständische und Regierungstruppen zerrieben sich in jahrelangen Kriegen, Gaufürsten nutzten die Gelegenheit, um sich aus der Herrschaft des Schahs zu lösen. Dem Reich drohte bereits fünf Jahrzehnte nach seiner Gründung der Untergang.

Da aber trat aus der Safawiden-Familie ein Mann hervor, der mit dieser Krise ein Ende machte. Er besiegte die abtrünnigen Fürsten, warf die rebellischen Bauern und Derwischarmeen nieder, sicherte erneut die Grenzen. Er führte Persien zu seiner größten Blüte, die es je unter einer schiitischen Regierung erlebt hat. Sein Name: Abbas. Viele Geschichtsschreiber haben ihm den ehrenden Beinamen »der Große« zugesprochen.

## 3. »Gottkönige« im Namen der Schia

### *Schah Abbas, der Vollender*

Palastrevolution. Vor den Toren der Schahresidenz drängten sich zu Tausenden Soldaten, die Krummsäbel gezückt, und ihr Ruf, in donnernden Sprechchören abgegeben, drang bis in die inneren Gemächer des weitverzweigten Gebäudes: »Abbas! Abbas! . . .« Der, dem dieser Ruf galt, schritt währenddessen mit bewaffnetem Gefolge in den Audienzsaal, wo ihn Schah Mohammed Chorobandä inmitten seiner Ratgeber erwartete, ein alter, kränklicher Mann. Der Schah gab eingeschüchtert seinen Thronverzicht zugunsten seines dreißigjährigen Sohnes Abbas bekannt. Dies war der letzte Akt in einer Szenenfolge von Erniedrigungen. Jahrelang hatte der alte Herrscher nur als Marionette mächtiger Emire gegolten, und stets hatte er jenem Fürsten nachgegeben, der ihm am eindrucksvollsten drohte. Nun wich er dem eigenen Sohn.

Dies geschah 1587. Der neue Schah regierte zweiundvierzig Jahre, länger als jeder andere Herrscher seiner Dynastie. Die erste Zeit war erfüllt von Kämpfen gegen die machtbewußten Emire, die seinem Vater die Gefolgschaft verweigert hatten, gegen Nomadenfürsten, die sich von dem geschwächten Staat vollends lösen wollten, gegen Derwischführer des Ardebil-Ordens, die noch immer die Revolution predigten. Abbas I. war ein militärisches Genie wie Ismail, ihm gelang es, die Gegner nacheinander zu besiegen; mehr noch: Während der folgenden Jahrzehnte vermochte er, sein Reich noch über die bisherigen Grenzen auszudehnen; er eroberte im Gebiet des heutigen Afghanistan die Fürstentümer Herat und Balch, drang im Süden bis zu den Inseln des Persischen Golfes vor und entriß den Osmanen das Zweistromland von Euphrat und Tigris, das sein Vorgänger Schah Tamasp hatte abtreten müssen.

Nicht minder eindrucksvoll wirkte er in Friedenszeiten. Im ganzen Reich ließ er ein dichtes Netz von Straßen und Karawansereien bauen, verschönerte die großen Städte mit prachtvollen Moscheen, Palästen und öffentlichen Plätzen, ließ neue Universitäten und Koranschulen errichten, förderte tatkräftig Kaufleute und Handwerker, Wissenschaftler und Künstler. Persische Kultur blühte wie nie wieder unter einem schiitischen Herrscher. Abbas ging klüger und weitsichtiger ans Werk als alle seine Vorgänger und Nachfolger, ihm waren Fanatismus und geistige Enge fremd, er öffnete sich bereitwillig andersgläubigen Nachbarn, um von ihnen nützliche Anregungen zu empfangen. Zuerst einmal verbot er dem schiitischen Muezzin, beim Gebetsruf die drei ersten Kalifen des Islam zu verfluchen; dies wollte er als versöhnliche Geste gegenüber den sunnitischen Nachbarstaaten verstanden wissen und sie auffordern, mit Persien Handel zu treiben. Auch holte er an die fünfzigtausend christliche Armenier in seine Hauptstadt, weil sie berühmt für ihr handwerkliches Können waren, bot ihnen Religionsfreiheit an und ließ sie in seinem Dienst arbeiten. Aus Europa holte er sich militärische Berater an seinen Hof, öffnete für christliche Kaufleute die Grenzen, ja gestattete ihnen sogar, in Persien neben ihren Niederlassungen Kirchen zu bauen. Damit zeigte sich Abbas nüchterner und weltaufgeschlossener als viele seiner moslemischen Glaubensgenossen; er gehörte zu den wenigen, die damals schon begriffen, daß die islamische Zivilisation nicht mehr beispielgebend für die übrige Welt war. Abbas wußte sehr wohl von den epochalen Umwälzungen in Europa, wo Wissenschaftler und Techniker darangingen, Asiens Kultur auf wesentlichen Gebieten an Tatkraft und schöpferischer Energie zu überholen. Deshalb befahl er seinen Untertanen, sich mehr als bisher diesen fernen Staaten zu öffnen, er fand, man könne zumindest technisch vom Westen lernen. Wie kein anderer Herrscher seiner Dynastie versuchte er, mit europäischen Fürsten ins Gespräch zu kommen, und schickte Gesandtschaften an die Höfe der russischen Zaren, der Habsburger, der Spanier und Portugiesen, er selber empfing bereitwillig Abgesandte vom Deutschen Reich bis hin zu Schweden. Ihm gelang es noch einmal, den Europäern Respekt vor dem Orient abzunötigen. Unter seiner Regierung war noch jede Gesandtschaft aus Europa bereit, nach ihrer Heimkehr Persien als »entwickeltes« Land zu loben.

Allerdings setzte er seine Reformen mit eiserner Härte durch, Kritik oder gar Widerstand galten ihm als Staatsverbrechen. Er allein beanspruchte zu wissen, was gut für Persien sei, jeden Einwand schob er schroff zur Seite. Keinesfalls etwa wäre er auf den Gedanken gekommen, die christlichen Armenier an der Nordgrenze seines Reiches zu fragen, ob sie überhaupt in die Hauptstadt übersiedeln und dort dem Schah als Handwerker dienen wollten, vielmehr ließ er ihre Dörfer von Soldaten umstellen und befahl für Tausende von Familien den Aufbruch. Daß die Hälfte der fünfzigtausend Armenier auf dem Gewaltmarsch in den Süden des Landes umkam, wie die Chroniken zu berichten wissen, scherte ihn wenig. Schah Abbas hielt viel von kunstvoll errichteten Städten, von blühenden Zentren der Kunst und Wissenschaft, aber die Untertanen bedeuteten ihm nur Material, mit dem sich Großes zum eigenen Ruhm schaffen ließ. Daß Material zerschlissen wurde, gehörte seiner Meinung nach zu den unumgänglichen Gesetzen einer göttlichen Ordnung. Hier dachte und handelte er nicht anders wie einst die Kalifen von Bagdad. Wie sie preßte auch er aus den Bauern die Geldmittel für seine ehrgeizigen Pläne heraus. Abbas nahm es in Kauf, daß die Bauern durch die hohen Abgaben massenweise am Rand des Existenzminimums lebten, Hauptsache: Die Stadt, die er liebte, strahlte Glanz aus. Aufstände gegen seine drückende Steuerherrschaft ließ er blutig niederschlagen und gestattete seinen Truppen, Massenhinrichtungen in den Dörfern durchzuführen. Es war kein Zufall, daß nun vollends die roten Derwischmützen des Ardebil-Ordens aus dem persischen Alltag verschwanden; unter Abbas' strengem Regiment blieb endgültig kein Platz mehr für Sozialrevolutionäre.

Abbas vollendete, was Ismail angestrebt hatte. Er regierte absolut, von keinem Kritiker mehr gehemmt. Anders als sein Vorgänger hatte er nicht eine verheerende Niederlage wie die von Tschaldiran zu verantworten, er war und blieb der strahlende Sieger auf allen Gebieten – wer wagte es noch, an seiner »Unfehlbarkeit« zu zweifeln?

Über den Regierungsstil von Schah Abbas und seiner Nachfolger sind wir durch Aufzeichnungen ausländischer Gesandter sehr gut unterrichtet. Diese Männer konnten ihre Beobachtungen unbefangener als ein persischer Hofchronist festhalten, schrieben sie doch ohne Aufsicht oder erst nach der Rückkehr in ihre Heimat und brauchten nicht mehr den Zorn des Schahs zu fürchten. Besonders die Aufzeichnungen Engelbert Kaempfers besitzen einen hohen dokumentarischen Wert, da er fließend die Landessprache beherrschte und so leichter Zugang zu allen Ministern fand. Was er im Jahr 1684 über Schah Suleiman schrieb, könnte ebensogut sechs Jahrzehnte zuvor über Abbas befunden sein. »Den hohen Titeln entsprechend sind die Ehrenbezeugungen, die sich in der Gegenwart des Großkönigs geziemen«, so Kaempfer, »den Herrscher anzugehen, ohne zuvor ein würdiges Geschenk dargereicht zu haben, ist ein Verbrechen; ihn anzureden eine Sünde, sofern man nicht zuerst den vom Schah betretenen Boden unter tiefer Verneigung dreimal geküßt hat. Diese gottähnliche Verehrung, die aus der Zeit herrührt, da die alten Perserkönige über den Weltkreis geboten, ist auch dem heutigen Inhaber des Throns so sehr zur Gewohnheit geworden, daß ihm deren Abschaffung selbst nach all den . . . erlittenen Gebietseinbußen nicht in den Sinn kommt . . . Nicht zuletzt erfährt die Machtfülle des Großkönigs eine Steigerung durch die eigentümliche Glaubensform der Untertanen. Dies bewirkt, daß sie sich ihrem unumschränkten und heiligen Herrscher bedingungslos unterwerfen, mag er auch noch so tückische Handlungen begehen oder die absonderlichsten Forderungen an sie stellen. Kaum, daß ein Verurteilter mit einer Gebärde widerstrebt, wenn die Staatskasse seine Güter einzieht, der Henker ihm die Augen aussticht oder ein unerwarteter großköniglicher Sendbote ihm das Haupt abschlagen will (solche Urteile sind nämlich oft das Ergebnis beklagenswerter Zwischenspiele auf den Hofversammlungen des Schahs). . .«

Eine übermächtige Persönlichkeit wie Schah Abbas fand auch keinen Widerspruch bei schiitischen Geistlichen. Ihm wagten Korangelehrte nicht mehr grundsätzlich zu widersprechen wie etwa seinen unfähigen Vorgängern, er besaß wieder die Macht, Kritiker einzukerkern oder gar hinrichten zu lassen. Daneben aber umwarb er ranghohe und niedere Geistliche wie kein Schah zuvor. Den Religionsführern und Stellvertretern, den Scheichen und Pirs, überließ er beachtliche Gebiete als religiöse Stiftungen, schenkte ihnen noch nebenbei Villen und ganze Bauerndörfer, vor allem aber schuf er ihnen wichtige Aufsichtsämter an den Schulen und Universitäten. Für die rangniedrigen Geistlichen mit dem Titel »Mullah« (von arabisch »Maula« = Herr) ordnete er an, daß sie durch die geistlichen oder weltlichen Großgrundbesitzer ihres Bezirks ein gutes Gehalt zu bekommen hätten – eine politisch raffinierte Maßnahme, denn damit blieben die Mullahs auf Gedeih und Verderb an einen feudalen Brotherrn gebunden. Massive Einschüchterung einerseits, Großzügigkeit andererseits, dies waren die Mittel, mit denen der Schah die Scheichs und Mullahs gefügig machte.

Schah Abbas duldete zudem einen Geistlichen Rat, eine sogenannte »Ulema« (wörtlich: die Gelehrten), einen Rat, der darauf achtete, daß die Regierung auch stets im Sinn des Korans ihre Entscheidungen fällte. Dies war bei Schiiten wie Sunniten so. Nominell besaßen stets diese ranghohen Geistlichen das letzte Wort, stand doch nach allgemeiner Ansicht die Religion über der Politik. Schah Abbas hütete sich, an dieser Tradition zu rütteln, er hätte sonst die Masse der Gläubigen gegen sich gehabt. Gleichzeitig aber empfand er sich als Nachfolge der »göttlichen Imame«, fühlte sich jedem geistlichen Oberhaupt an Rang überlegen – also mußte er darauf hinarbeiten, daß die Geistlichen bereitwillig seine »göttliche Kraft« anerkannten, erst dann konnte er unangefochten regieren. Einer Persönlichkeit wie Abbas gelang dies, ihm lieferten die Korangelehrten bereitwillig jedes gewünschte Gutachten.

Aber nicht nur Furcht, nicht nur massive Bestechung durch großzügige Spenden konnte die Geistlichen auf Dauer zum Gehorsam verleiten. Es mußte auch Bewunderung für diesen Herrscher hinzukommen, um sich vollends seinem Willen zu beugen. Schah Abbas wußte, wie er dieses Ziel erreichen konnte: Er mußte den Osmanen den Irak entreißen, mußte den Schiiten wieder ihre heiligen Wallfahrtsorte zurückgewinnen: Nedschef und Kerbela, die Grabstätten der Imame Ali und Hussein. Sobald er die sunnitischen Türken von den geweihten Plätzen vertrieben hatte und Schiiten wieder unter dem Schutz des Schahs dort beten konnten, galt er, Abbas, unbestritten als »Vorkämpfer des Glaubens«. Aus diesem Grund zog er selbst an der Spitze seines Heeres in den Irak. Ihm gelang die Eroberung im Jahr 1616, unter dem Jubel der Schiiten betete er als Perser in den Heiligtümern. Er ließ in den bescheidenen Kleinstädten Nedschef und Kerbela mit ihren bisher unscheinbaren Mausoleen neue Grabmoschen im persischen Stil errichten, monumentale Kuppelbauten mit farbenfrohen Fayencen an den Wänden, die Kuppeln mit Blattgold überzogen. Von nun an sahen die Pilger schon von weitem, wenn sie aus der Wüste sich den beiden Städten mit ihren ineinander verschachtelten Lehmhäusern und dem engen Gassengewirr näherten, die Goldkuppeln, die im Sonnenlicht reflektierten. Nedschef und Kerbela wurden unter der schiitischen Herrschaft des Schahs Abbas endlich zu Pilgerzentren, die auch äußeren Glanz ausstrahlen.

Abbas förderte zudem in den Kernprovinzen Persiens das Wallfahrtswesen, vor allem in den Orten Mesched und Ghom. In Mesched war im Jahr 818 der achte Imam Ali al Rida gestorben und begraben worden, in Ghom seine Schwester Fatima. Dies waren die einzigen Grabstätten schiitischer Heiliger auf persischem Boden; alle anderen Imame ruhten, soweit bekannt, in irakischer oder arabischer Erde. Schiitische Pilger waren bisher stets nach Nedschef und Kerbela geströmt, andere gar weiter nach Mekka und Medina, kaum einer hatte die wenig bekannten Gräber in Mesched und Ghom besucht. Persien, die wichtigste Hochburg der Schiiten, besaß demnach keine attraktiven Wallfahrtsorte. Dem Schah erschien dieser Gedanke unerträglich, und er beschloß, den Zustand zu ändern. Er ließ in Mesched eine prunkvolle Grabmoschee bauen, deren goldene Kuppel weithin über die Hausdächer leuchtete, ein Bau, mit seinen bunten Fayencekacheln und seinem Blattgold, seinen weitverzweigten Nebengebäuden und Höfen an Pracht in nichts den Pilgerstätten im Irak nachstehend. In Ghom verfuhr Abbas genauso großzügig.

Bei soviel Aufwand konnte der erwartete Pilgerstrom nicht ausbleiben, zumal die schiitischen Geistlichen den Gläubigen »bisher wenig bekannte« Aussprüche der Imame predigten. Der siebte Imam Musa Kasim habe gesagt, eine Pilgerfahrt zum Grab seines Sohnes Ali al Rida bringe siebzigtausendmal soviel Gnaden wie eine Wallfahrt nach Mekka. Und der achte Imam, eben jener Ali al Rida, habe geäußert, eine Pilgerfahrt zum Grab seiner Schwester Fatima beschere den Gläubigen so gut wie sicher das Paradies. Woher die Prediger plötzlich diese »verbürgten« Aussagen hatten, ist heute schwer zu beantworten, nur eines läßt sich mit Sicherheit nachweisen: Die Koranlehrten wollten mit solchen Predigten den Versuch ihres Herrschers unterstützen, schiitische Wallfahrtsstätten im eigenen Land aufzuwerten.

Schah Abbas erlebte nicht mehr, wie die Türken im Jahr 1638 den Irak zurückeroberten. Ihm blieb das Bewußtsein erspart, daß der Irak erneut von Persien abgeriegelt war und schiitische Pilger abermals bangen mußten, ob die Sunniten ihnen nicht nach Lust und Laune die Wallfahrtsstätten von Nedschef und Kerbela sperrten. Aber möglicherweise hatte er befürchtet, daß es so kommen könnte, und für diesen Fall hatte er Vorsorge getroffen. Mesched wiege siebzigtausendmal mehr als Mekka!, so hatte er ja beharrlich in Moscheen predigen lassen. Ein Ausspruch, wie er Sunniten nur empören konnte. Ein Ausspruch aber, der für persische Schiiten mehr und mehr ein Trost, eine Genugtuung wurde. Je öfter die türkische Regierung in Zukunft Persern den Weg zu den Grabstätten Alis und Husseins erschwerte und erst recht die Wallfahrt nach Mekka unmöglich machte, um so mehr fand dieser Ausspruch bei Persiens Gläubigen Gehör.

Mesched, heute Hauptstadt der Provinz Chorassan, nahe der afghanischen und sowjetischen Grenze gelegen, zählt zwar selbst in unserer Gegenwart nicht mehr als 200000 Einwohner und macht auf den Besucher einen eher provinziellen Eindruck, aber während des Trauermonats Muharram strömen Pilger sowohl aus dem Iran als auch aus den angrenzenden Nachbarländern zu Hunderttausenden dorthin.

Einen beachtlichen Aufschwung hat auch Ghom genommen. Ghom, etwa 150 Kilometer südlich von Teheran gelegen und heute eine Stadt von 100000 Einwohnern, kann zwar nicht so viele Pilger wie Mesched zu seiner Grabmoschee locken, aber in Ghom entstand das größte Seminar für Geistliche im Iran; hier lehrten seit dem 18. Jahrhundert die maßgeblichen Korangelehrten, hier wohnten auch viele jener Geistlichen, die den Schah in allen religiösen Rechtsfragen berieten. Ghom wurde so zum Zentrum schiitischer Glaubenslehre, nirgendwo sonst im Iran sieht man heutzutage derart viele Männer in geistlicher Tracht wie dort. In Ghom sollte später Khomeini seine Ausbildung erhalten.

Verdient Abbas den Beinamen »der Große«? Die Persönlichkeit muß umstritten bleiben. Er war ein genialer Feldherr und Organisator, zugleich ein Mann mit viel Sinn für Wissenschaft, Architektur, Malerei und Poesie; er besaß einen scharfen Verstand und war zugleich ein Künstler, der selber Verse schrieb und mit seinen Baumeistern zusammen Städte plante; er konnte den Staat nach außen und innen stabilisieren; und nicht zuletzt hat er die schiitische Ordnung in Persien vollends gefestigt. Aber er war auch rücksichtslos und brutal, er ließ Zehntausende töten, die sich nicht ohne Widerspruch seinem Willen fügten; er bevorzugte einseitig den Adel, die reichen Kaufleute und die hohe Geistlichkeit, während er die Bauern nur als Arbeitstiere betrachtete und von ihnen immer höhere Abgaben erpreßte; er ließ unnachsichtig alle Derwischorden verfolgen, die eine gerechtere Sozialordnung wünschten. Mit diesen Maßnahmen lähmte er wichtige Kräfte, die seinem Land hätten nützen können. Und so machte er, der geniale Feldherr, Organisator und Kulturförderer, sein Land auch anfällig für Krisen – Krisen, die Jahrzehnte nach seinem Tod Persien bedrohen sollten.

Doch über alle Widersprüche hinweg wird eine Leistung von sämtlichen Historikern bewundernd anerkannt: Abbas schuf sich eine neue Hauptstadt, eine Perle an künstlerischer Reife und Vollendung – Isfahan. Unter seiner Regierung sollte diese traditionsreiche Stadt, in der einst schon die Seldschukensultane regiert hatten, erst zu ihrer höchsten Blüte kommen.

## *Isfahan, »Spiegel des Paradieses«*

Im Jahr 1590 ging Schah Abbas daran, die Stadt nach seinen Vorstellungen umzubauen. Und nur wenige Jahrzehnte brauchten zu vergehen, bis der Ruhm dieser neuen Metropole über die Landesgrenzen hinaus bis ins ferne Europa drang. »Der Umkreis von Isfahan, die Vororte mit einberechnet, ist wohl fast ebenso groß wie der von Paris«, schrieb bereits im Jahr 1632 bewundernd der Franzose Jean-Baptiste Ternier, der als einer der ersten europäischen Kaufleute nach Persien kam. Isfahan besaß zu dieser Zeit an die 600000 Einwohner, etwa genausoviel wie heute, aber für damalige Verhältnisse galt dies als ungeheure Zahl, beeindruckend für Orientalen wie für Europäer.

Ihren eigentlichen Ruhm gewann die Stadt aber nicht durch Ausdehnung und Zahl, sondern durch die Moscheen, Koranschulen, Paläste, öffentlichen Plätze, Straßen und Gärten. Abbas hatte aus allen Teilen seines Reiches, ja auch aus Nachbarstaaten Baumeister, Künstler und Handwerker kommen lassen, um der traditionsreichen Stadt ein neues, noch schöneres Gesicht zu geben. Seine Nachfolger setzten diesen großangelegten Entwurf fort. Das Ergebnis waren über hundertfünfzig Moscheen, an die fünfzig religiöse Schulen, zahlreiche große und kleine Karawansereien und über zweihundert öffentliche Bäder. Abbas ließ zwar die Viertel rings um die gewaltige Freitagsmoschee aus der Seldschukenzeit unangetastet, errichtete aber südlich des verwinkelten Basars eine Neustadt mit breiten, geraden Straßen, weitläufigen Plätzen und Prachtbauen. Zentrum wurde der Meidan-i-Schah, »Platz des Schahs«. Er mißt 500 Meter in der Länge, 150 Meter in der Breite und ist damit siebenmal so groß wie der Markusplatz in Venedig. In der Mitte befindet sich ein Wasserbecken mit Springbrunnen, Blumen und Buschwerk; von hier aus genießt man den Blick auf zweistöckige Arkadenhäuser, die in imponierender Einheitlichkeit den Platz umschließen. Über diese Bauten mit ihren Läden für Teppichhändler und Kunsthandwerker ragen im Osten und Süden je eine Moschee auf, denen dieser Platz erst seinen legendären Ruhm verdankt: die Masdjid-i-Lutfollah und die Masdjid-i-Schah.

Die ältere von ihnen ist die Masdjid-i-Lutfollah, so benannt nach einem berühmten Gelehrten, der zur Zeit des Schahs Abbas in Isfahan unterrichtete. Sie wurden zwischen 1602 und 1619 erbaut. Zeitgenossen müssen so beeindruckt gewesen sein, daß der Name ihres Architekten ganz unüblich in Urkunden festgehalten ist: Ali Reza Abbasi. Dieser Künstler schuf eine der eindrucksvollsten Moscheen des ganzen Orients. Zwar ist der Kuppelbau schlicht, in der Form viereckig, ohne Minaretts, die Vorderfront vom großen Eingangstor beherrscht, aber die Farbenpracht der Fayencekacheln und der Einfallsreichtum ihrer Muster sind unübertroffen, besonders in den Innenräumen. Man fühlt sich an die Muster persischer Teppiche erinnert, nur ist hier alles noch viel feiner und raffinierter gestaltet. Im Moment des Betrachtens wird man den Eindruck nicht los, daß sich diese Moschee kaum noch von einem anderen Meisterwerk übertreffen ließe.

Doch betritt der Besucher erst die zweite Moschee, die Masdjid-i-Schah, so muß er sein Urteil revidieren. In der Masdjid-i-Schah, der »Schahmoschee«, findet er das Meisterwerk in letzter Steigerung. Auch diese Moschee wurde auf Befehl von Abbas errichtet, er ließ sie im Jahr 1611 beginnen und konnte beinahe noch den Abschluß des grandiosen Bauwerks erleben, es wurde 1630, ein Jahr nach seinem Tod, vollendet. Ohne Zweifel hatte der Schah in diese Moschee seinen größten Ehrgeiz gesetzt, das bezeugen schon Ausmaße und Materialmengen des Gesamtkomplexes. Die Minarette sind an die 50 Meter hoch, die Kuppel mißt gar 54 Meter. Für den Bau wurden 18 Millionen Ziegel und 500000 Fayencekacheln verwendet. Diese Moschee, dem Schah geweiht, meint aber nicht ihren Bauherrn Abbas, sondern mit »Schah« ist der »kommende König der Könige«, der »Entrückte zwölfte Imam« gemeint. Auch hier ist uns der Baumeister überliefert: Ostad Ali Akbar-i-Isfahani, einer der genialsten Architekten überhaupt.

Keine andere Moschee besitzt solch farbenprächtige und harmonisch geschmückte Wände, Kuppeln und Minarette. Unendlich viele Blumen- und Rankenornamente, durchsetzt mit Koraninschriften, bedecken die Flächen, wobei die vorherrschenden Farbtöne Abstufungen in Blau sind. Der Besucher weiß nicht, wohin er zuerst blikken soll, so vielfältig sind die Perspektiven und Lichtstimmungen. In der Masdjid-i-Schah hat die persische Kunst der fayencegekachelten Wände ihre höchste Reife erreicht. Was bereits zur Zeit der altiranischen Gottkönige zur ersten Blüte kam und zuletzt in Buchara, Samarkand und Herat üppig sich entfaltete, war nun zu seinem Gipfelpunkt gekommen. Dieser Gipfel ließ sich nicht mehr überbieten; nach einer derartigen Verfeinerung der künstlerischen Ausdrucksmittel konnten nur noch bloße Nachahmung, Entartung und Abstieg erfolgen. Mit Recht schreibt André Godard, der zwanzig Jahre den archäologischen Dienst des Iran leitete: »Sie [die Schah-Moschee] wurde damals für das Wunder ihrer Zeit gehalten und ist es in der Tat wegen der Schönheit ihres Grundrisses, des grandiosen Charakters ihrer Proportionen und des prunkvollen Aussehens ihrer vollständigen Emailverkleidung. So wunderschön mit ihren Nischen . . ., ist sie das charakteristischste Baudenkmal der Regierungszeit von Schah Abbas, Gipfelpunkt safawidischer Kunst und gleichzeitig der Beginn ihres Niedergangs.«

Man wird der Bedeutung der Architekten allerdings nicht gerecht, wenn man sie nur wegen ihres genialen Kunstverstandes, ihres so überaus verfeinerten Schönheitssinns rühmt. Denn diese Baumeister haben nicht allein nach ästhetischen Überlegungen die farbenprächtigen Eingangstore, Innenhöfe und Kuppeln zu einem Ganzen geordnet – sie haben auch versucht, ihre Moscheen nach den Vorstellungen einer »transzendenten Symbolik« zu bauen, wie der französische Kunsthistoriker Henri Stierlin es nennt. Diese genialen Architekten sind im Denken den tief religiösen Erbauern unserer Kathedralen gleichzusetzen; Kunst war für sie Dienst an der Religion und nicht Selbstzweck.

Es hat seinen Hintersinn, daß Isfahans Moscheen zur Straße hin nur schmucklose, kahle Backsteinmauern aufweisen und dem Besucher erst im Innern die verschwenderische Pracht der Fayencekacheln offenbaren. Keinesfalls wurde aus Materialmangel an diesen Außenwänden mit Schmuck gespart, der nackte Baustein soll vielmehr – so Henri Stierlin in seiner Studie über Isfahan – die Nichtigkeit der irdichen Existenz widerspiegeln, wobei der Gläubige schon von außen über diese kahlen Backsteinmauern die gleißend bunte Kuppel verheißungsvoll aufragen sieht: Botschaft einer höheren, besseren, schöneren Welt. Der Gläubige soll, sobald er die Moschee betritt, eine Vorahnung von dem bekommen, was ihn beim Eintritt ins Paradies erwartet. Ihn soll die Farbenpracht der Innenwände an die paradiesische Fülle des »ewigen Gartens« erinnern, wie sie bildhaft im Koran beschrieben ist. Der hochragenden Kuppel kommt hierbei die Rolle eines »Lebensbaumes« zu; kein Zufall ist es, daß sich auf ihr in Blau-, Grün-, Braun- und Gelbtönen Ornamente von Ranken und Blattwerk finden. Fast immer sind diese Kuppeln in ihrer Grundfläche in Blau gehalten, weil sie hochstrebend mit dem Blau des Himmels verschmelzen sollen, dem höchsten Sinnbild des Göttlichen. Die Moscheen Isfahans, so Henri Stierlin, »beschwören die Stätte der Ewigkeit herauf, wie sie von den Mystikern des schiitischen Islam erschaut wurde.«

Allerdings vermag die heutige Stadt nur noch einen vagen Abglanz von dem zu vermitteln, was Isfahan zur Zeit der Safawiden-Dynastie geboten hat. In den Vororten wachsen zwischen üppigem Grün bereits die ersten monotonen Betonhäuser in die Höhe und drohen, wenn dieser planlosen Bautätigkeit nicht bald Einhalt geboten wird, die grandiose Stadtsilhouette zu sprengen. Auch sind in der Innenstadt bereits zahlreiche Gärten, Pavillons und Springbrunnen am Rand der Prachtstraßen dem Autoverkehr geopfert. Dies sind nicht wiedergutzumachende Schäden einer falsch verstandenen Modernisierung.

Im Kern jedoch hat sich Isfahan weitgehend seinen alten Charakter bewahren können. Nach wie vor säumen Alleen von Pappeln und Ahornbäumen die Straßen, noch immer dominieren die ein- oder zweistöckigen Basarbauten. Steigt man auf ein Minarett der Schah-Moschee und genießt von dort die Aussicht, so blickt man auf ein beinahe geschlossenes Gefüge von braungelben Lehmziegelhäusern, auf deren flachen Dächern sich unzählige kleine Kuppeln wölben. Beherrschend wie einst überragen blauglasierte, reich ornamentierte

Moscheekuppeln das Gassengewirr und heben sich noch immer harmonisch vor der Ebene im Norden und den kahlen Bergen im Osten und Süden ab. In Isfahan hat sich persisches Genie noch einmal zu einem unvergleichlichen Höhenflug aufgerafft und etwas zutiefst »Persisches« geschaffen – ein Werk, in dem vorislamische und islamische Tradition zu einer Synthese verschmelzen, einzigartig, unwiederholbar.

## *Dekadenz am Hof des Großkönigs*

Besonders gut Bescheid wissen wir über die Jahre 1684 und 1685 in Isfahan. Diese Kenntnisse verdanken wir Engelbert Kaempfer, von dem schon die Rede war. Er, ein gebürtiger Deutscher, kam als Sekretär eines schwedischen Gesandten im Januar 1684 an den Hof des Schahs Suleiman und blieb zwei Jahr in Isfahan. Was er anschließend in seinem Buch »Am Hofe des persischen Gottkönigs« festgehalten hat, gehört zu den aufschlußreichsten Berichten, die wir über das Persien des 17. Jahrhunderts kennen. Wie keinem anderen ist es ihm gelungen, vom geistigen und seelischen Klima dieser schiitischen Residenz zu berichen. Während jener Jahre 1684 und 1685, fünf Jahrzehnte nach dem Tod des großen Schahs Abbas, fühlten sich ihre Bewohner noch auf dem Gipfel ihrer Kultur, ja, gerade damals nannten sie Isfahan überheblich »die Hälfte der Welt«. Tatsächlich aber stand hinter den äußerst glanzvollen Fassaden schon unabwendbar der Zerfall, hervorgerufen durch ein zutiefst fragwürdiges Gesellschaftssystem.

Kaempfers Bericht über die Hofversammlungen vermittelt besonders gut einen Eindruck vom Glanz und Elend dieser hochkultivierten, dekadenten Epoche. Offiziell ging es bei solchen Audienzen um »die Erörterung der Staatsangelegenheiten, der Ämtervergebung, den Empfang der Abgesandten ausländischer Fürsten . . .«. Ein staatspolitisch besonderes Zeremoniell also, so will es scheinen. Doch der Chronist belehrt uns eines Besseren. Der Schah, der abgesondert von allen gewöhnlichen Sterblichen auf einem prächtigen Kissenlager thronte, war nur Statist, nicht mehr Hauptperson. Zwar warf sich der Großwesir vor ihm nieder, küßte dreimal den Boden und nannte sich ein »Opfer« des »göttlichen« Herrschers, aber dieser

Minister und sein Gefolge allein verstanden etwas von den Staatsgeschäften und konnten die nötigen Anordnungen treffen; es mußte ihnen nur gelingen, die »gnädige Zustimmung« des Schahs zu erreichen, dazu jedoch genügte es, den Herrscher zu umschmeicheln. Der Schah selber entschied aus eigener Kraft nur noch über »Stellengesuche, Gehaltserhöhungen oder Belohnungen« seiner Gefolgsmänner, zu mehr reichte sein Urteilsvermögen nicht aus, wie Kaempfer bissig bemerkt. Dem »göttlich inspirierten« Herrscher erschienen die Hofversammlungen viel zu anstrengend; er zeigte bereits nach ein oder zwei Stunden seine Ungeduld und befahl, nun müßten Tänzerinnen oder Ringer, Schauspieler und Possenreißer zur Unterhaltung auftreten. Minister, Generale und Gesandte hatten dann zu warten, bis »der Schah wieder bereit war, sich den Staatsgeschäften zu widmen«. Sieben bis acht Studen dauerten solche Hofversammlungen, die meiste Zeit aber befaßte man sich mit Nebensächlichkeiten, denen der Schah zu folgen vermochte; später dann, in abgeschiedenen Gemächern, fällten Minister, Generale und Eunuchen, Vorsteher des kaiserlichen Harems, die wirklich bedeutsamen Entscheidungen.

Entscheidungen für das Staatswohl? »Die Lässigkeit des Großkönigs«, so folgert Kaempfer, »ermöglicht es den Großen und Vornehmen, nur auf ihren eigenen Vorteil bedacht zu sein. Die Untergebenen werden bedrückt, unschuldig gequält, Recht und Billigkeit außer acht gelassen. Wer die meisten Geschenke macht und in der Bestechung sich als Meister erweist, erhält die Staatsstellen, so daß diejenigen Ämter, die der Schah ohne Zaudern an die Würdigsten vergeben müßte, jetzt der Willkür und Habgier der Großen ausgeliefert sind. Ein solches Vorbild bei Hofe färbt natürlich ab, und so pressen die Statthalter und Stadthauptleute die Bevölkerung aus, stehlen und hinterziehen von den Einkünften des Staates und den Erträgnissen der Krongüter, was sie nur können ... Die Veruntreuung von Staatsgeldern scheint im Perserreich schwer ausrottbar zu sein; doch muß man bedenken, daß ja auch an unseren Höfen das Recht oft genug gebeugt wird.«

Keine Spur mehr von der Tatkraft eines Schahs Ismail und Abbas. Keine Spur mehr von »göttlicher Inspiration«, wie sie die großen Vorgänger noch mit Erfolg für sich beanspruchen konnten. Wieder einmal wurde das altpersische System der Gottkönige zum Fluch für eine Gesellschaft, die allzu entschieden an diese Tradition angeknüpft hatte. Ein Staatswesen, das allein auf die Persönlichkeit eines überragenden Herrschers zugeschnitten war, mußte ins Chaos führen, sobald kein solcher Herrscher mehr folgte. Wieder einmal konnten Wesire, Statthalter und Generale zusehends an Einfluß gewinnen, je schwächer ein Schah sich zeigte. Die Nachfolger von Abbas dem Großen: Safi, Abbas II., Suleiman, Hussein waren alle nicht mehr die Persönlichkeiten, um dem Amt mit dem hohen Anspruch auch nur einigermaßen zu entsprechen. Der Niedergang der Dynastie war nur logisch.

Schah Abbas selber hatte dazu beigetragen, daß seine Nachfolger nicht besser regieren konnten. Er, ein machtgieriger, von Verfolgungsängsten geplagter Despot, hatte den Befehl gegeben, Prinzen müßten von nun an im Harem, abgeschlossen von der Außenwelt, erzogen werden. Auf diese Weise war er, der regierende Schah, zwar vor Rivalen sicher, aber über die Auswirkungen hatte er sich wohl wenig Gedanken gemacht. Er wiederholte jenen verhängnisvollen Fehler, den einst schon die altpersischen Gottkönige und später auch die Kalifen von Bagdad begangen hatten. »Keine Kunde von den Taten berühmter Männer dringt an das Ohr des Knaben«, berichtet Engelbert Kaempfer, der sich diese fragwürdigen Zustände zur Genüge hat beschreiben lassen und selber seine Schlüsse daraus zieht. »Öffentliches Recht, die Grundsätze der Staatsverwaltung, Leibesübungen, um die Glieder geschmeidig zu machen, Schulung zur Entwicklung rascher Auffassungsgabe, Grundbegriffe des Kriegswesens und was alles sonst einem künftigen Herrscher vonnöten ist – all dies wird gänzlich vernachlässigt. Gleichsam mit Vorbedacht wird verhütet, daß der Kronprinz beim Herrschaftsantritt zum Mißfallen seiner Ratgeber selbständig die Zügel der Staatsführung zu ergreifen möchte.«

Statt Bildung boten die Höflinge den Prinzen bereits im Knabenalter die ersten Frauen, hinzu kamen Wein und Opium, deutliche Anzeichen des Zerfalls. Trotz allem blieb der Kult um die »göttliche Kraft« des Schahs bestehen, ja trieb jetzt sogar groteske Blüten. Kaempfer berichtet, daß viele ahnungslose Untertanen glaubten, der Schah könne Wunder vollbringen und bereits durch die Ausstrahlung seines Leibes Krankheiten heilen wie angeblich einst die zwölf heiligen Imame. Deshalb wollten nicht wenige vornehme Kranke gegen eine beachtliche Summe Geld ein solches »Wunder« bei sich erreichen. »Damit die Heilung eintrete«, so der deutsche Beobacher, »muß der Kranke Wasser einnehmen, das irgendwie mit der Kraft dieser Ausstrahlungen angereichert ist, sei es, daß der Schah es zur Abspülung seiner Hände benutzt oder daß er es durch Hineintauchen seiner Finger oder sonst eine Berührung beeinflußt habe. Diese Vorstellung hat die Gemüter in einem solchen Maß gewonnen, daß viele Leidende ihr Heilmittel lieber aus dem großköniglichen Waschbecken beziehen als aus der Apotheke.«

Die Berichte ausländischer Besucher bestätigen übereinstimmend, daß ein Großteil des Volkes den Schah weiterhin als »göttliche« Erscheinung verehrte. Daran änderte sich auch nichts unter dem grausamen Regime eines so unfähigen Herrschers wie Suleiman, den der Gesandtschaftssekretär Kaempfer aus eigenem Augenschein kennenlernte. Die nichtssagende Person verschwand hinter dem Glanz des Amtes, ihre Fehler fielen dem Durchschnittsperser nicht auf. Prunkvolle Festzüge durch die Straßen Isfahans, nicht minder prunkvolle Reisen über Land mit Tausenden von Soldaten, Sklaven, Eunuchen, dem gesamten Harem mit Hunderten von Frauen, dazu unzählige Lastkamele mit Hausrat und Schmuck – all das war dazu angetan, das einfache Volk zu blenden. Eingeschüchtert standen Männer und Frauen am Straßenrand und beugten sich bereitwillig in den Staub, sobald Trompeten den Schah selbst ankündigten, einen Herrscher, der hinter Baldachinen und Gazeschleiern den Blicken der gewöhnlichen Sterblichen entzogen blieb.

## *Mullah, Modschtahed, Ajatollah – die neue Hierarchie*

Blättern wir in den Aufzeichnungen des stets wachsamen Beobachters Engelbert Kaempfer, so stellen wir fest, daß sich bei den Geistlichen seit Schah Abbas einiges geändert hatte. Vorbei waren die Zeiten, daß alle Korangelehrten eingeschüchtert jeden kaiserlichen Befehl absegneten. Weiterhin im Schatten des Schah-in-Schah blieben zwar die Ulema (geistlicher Rat) am Hof, die geistlichen Oberrichter und Verwalter religiöser Stiftungen. Anders aber dachten die Gelehrten, die fern vom Hof an religiösen Universitäten ihr Amt ausübten. Je mehr der Schah an Macht verlor und Höflinge an seiner Stelle regierten, um so mehr konnten gerade die kritischen Korangelehrten wieder an Selbstbewußtsein gewinnen. Kaempfer hat solche Männer besonders an den Wallfahtsstätten von Mesched und Ghom ausfindig gemacht, vor allem in Ghom, dem Sitz der bedeutendsten geistlichen Hochschule Persiens. Dort war eine neue Macht entstanden.

»Alle die erwähnten kirchlichen Würdenträger«, so Kaempfer, »stehen an Ansehen und Verehrung hinter einem gewissen Schriftgelehrten zurück, der den Titel Modschtahed [Urteilsfinder] führt, eine Bezeichnung höchster Heiligkeit und unbedingten Vorrangs unter den Gläubigen. Weder die Gunst des Großkönigs noch das Einverständnis der Geistlichkeit oder der Vornehmen, sondern allein die allmählich erworbene, auf heiligmäßiges Leben und überlegene Bildung sich gründende Hochschätzung seitens des ganzen Volkes verhilft ihm zu der hohen Würde. Man glaubt, der Scharfsinn eines Modschtaheds ermögliche die unfehlbare Entscheidung jeglichen Gewissensstreites, die Lösung aller Glaubenszweifel sowie die rechte Auslegung des Korans und der mündlichen Überlieferung des Propheten und der heiligen zwölf Imame. Erstaunlicherweise machen sich auch die Gottes- und Schriftgelehrten die Anschauung zu eigen, hinter der die einfältige Überzeugung des Volkes steht: daß nämlich nach göttlichem Recht dem Modschtahed als dem höchsten geistlichen Führer die Herrschaft über die Moslems zustehe, während dem Schah nur die Einhaltung und Ausführung der oberhirtlichen Gutachten obliege. Demnach entscheide eigentlich der Modschtahed über Krieg und Frieden; ohne seinen Rat könne nichts Wichtiges in der Herrschaft unternommen werden.«

»Erstaunlich« nennt Kaempfer dieses Denken, »einfältige Überzeugung des Volkes« vermutet er dahinter. So kann nur er als Europäer urteilen, dem eine Trennung von Staat und Kirche nötig erscheint. Kaempfer gehörte zu jener ersten Genration, die nach den grauenvollen Erfahrungen des Dreißigjährigen Kriegs Religion und Politik nicht mehr vermengt sehen wollte. Moslems dagegen kannten nicht diesen Überdruß, sie hielten ungebrochen an ihrem Ideal des von Religion geleiteten Staates fest, besonders die Schiiten. An ihren Argumenten hatte sich all die Jahrhunderte hindurch wenig geändert, wie sich an den Aufzeichnungen Kaempfers aus dem Jahr

1684 zeigt: »Wenn die Moslems nach göttlichem Ratschluß geleitet werden«, heißt es dort, »so muß Allah seinen Willen einem Sterblichen kundtun. Wem aber? Etwa einem weltlichen Herrscher, der doch erd- und leibgebunden ist? Das wäre ein unwürdiges Rasthaus für die Einkehr Allahs! Sein Geist offenbart sich nur der Seele eines ganz vergeistigten Menschen, der unter Verzicht auf alle weltlichen Gelüste sich allein der Gottesschau weiht, sein irdisches Dasein als Kerkerhaft schmerzlich empfindet und auf dem Pfade des ewigen Heils voranstrebt. Daher tue sich der Wille Allahs nur den heiligen Imamen, das heißt den Nachfolgern Mohammeds in der Prophetenwürde, und heutigentags ausschließlich den ihnen nachfolgenden Modschtaheds kund. Der Schah aber, dem Allah sein Volk und die Leitung seines Staatswesens anvertraut hat, solle seinen Ratschluß den Worten der Modschtaheds seiner Zeit entnehmen.«

Der Machtkampf war in jenem Jahr 1684 bereits im vollen Gang, wie die Aufzeichnungen ahnen lassen. Beide Seiten, der Schah wie die Modschtaheds, nahmen für sich in Anspruch, rechtmäßige Nachfolger der »heiligen Imame« zu sein – der Schah behauptete gar, blutsverwandt mit ihnen zu sein, die Geistlichen dagegen fühlten sich von Gott zur Nachfolge berufen. Was wog schwerer?

Schah Suleiman, sechs Jahrzehnte nach dem Tod Abbas' des Großen, konnte es sich nicht mehr leisten, solche Kritiker als Ketzer anzuprangern oder sie gar aus ihren Ämtern zu vertreiben. Im Gegenteil. Ein schwacher Regent wie er mußte die Modschtaheds von Ghom umwerben und sie mit Ehrungen überhäufen, nur so konnte er noch hoffen, die frommen Kritiker und ihre zahlreichen Anhänger im Zaum zu halten. Kaempfer berichtet, daß beim königlichen Gastmahl der führende Modschtahed »seinen Platz in derselben Reihe wie der Herrscher, nur etliche Schritte von diesem entfernt«, zugewiesen erhielt. Eine überraschend große Ehrung. Suleiman müsse so handeln, urteilt Kaempfer, »aus Rücksichtnahme auf das Volk, dessen Anhänglichkeit der Modschtahed in solchem Maße besitzt, daß es für den Schah nicht tunlich wäre, irgendeinen unverletzlichen Grundsatz der Glaubenslehre anzutasten«. Deshalb müsse sich der Herrscher auch hüten, »in der äußeren Staatsführung etwas zu unternehmen, was der Modschtahed als gegen die Religion verstoßend bezeichnen würde«. Man sieht es: Die Modschtaheds waren auf dem besten Weg, für den Schah die maßgeblichen geistlichen Rechtsgelehrten zu werden – die neue »Ulema«.

Wieder besaß der Schah in Männern der Religion unbequeme Kritiker wie schon zu Zeiten der Derwischprediger von Ardebil. Nur hatten sich die Akzente entscheidend verschoben. Die Derwische leisteten dem Schah Widerstand, als er die sozialrevolutionären Ideale ihres Ordens mißachtet hatte und wie ein sunnitischer Feudalherr regierte. Die Modschtaheds dagegen interessierten sich nicht für soziale Fragen, sie selber lebten recht gut von den hohen Abgaben der Bauern und Tagelöhner aus kirchlichem Landbesitz, und an diesem System wollten sie ebensowenig wie der Schah etwas geändert wissen. Um so mehr ging es ihnen um die »richtige Auslegung des Glaubens«, wie sie nicht müde wurden zu versichern. Scharf lehnten sie es ab, den Schah für unfehlbar zu halten; dies erschien ihnen als eine Irrlehre aus vorislamischer Zeit, der Epoche altpersischer Gottkönige. Sie versuchten, den Herrscher zu bewegen, sich demütig als irrender Mensch zu empfinden, deutlich getrennt von der Reihe der heiligen Imame, offen für Ratschläge seiner ranghohen Geistlichen, die als Beauftragte des »Verborgenen Imam« am besten wußten, was richtig sei.

Diese neuen Kritiker wurden die Schahs nicht mehr los. Über Jahrhunderte nicht. Genaugenommen: bis in unsere unmittelbare Gegenwart nicht. Die Macht der Modschtaheds wuchs, sobald schwache Herrscher die Kontrolle über das Land verloren. Während des 19. Jahrhunderts schließlich perfektionierten die Würdenträger von Ghom und Mesched – selbstbewußter denn je – die Organisation für die mehr als 180000 Geistlichen Persiens. Wenig änderte sich zwar für die Mullahs, die die Masse der rangniedrigen Kleriker bildeten und in der praktischen Seelsorge tätig waren. Anders aber sah es für jene aus, die in den höchsten akademischen Rang eines Modschtaheds, eines »Urteilsfinders«, aufgestiegen waren. Modschtaheds gab es während des 19. Jahrhunderts bereits viele Hunderte, womit es nötig wurde, ihnen eine neue Autorität überzuordnen. Zukünftig durften nicht mehr Modschtaheds, sondern nur noch ihre gewählten Führer im Namen aller den Schah kritisieren. Diese Führer trugen einen eigenen Titel: »Ajatollah«, »Zeichen Allahs«.

Damit hatten sich im schiitischen Persien jene Fronten gebildet, wie sie nahezu unverändert bis ins Jahr 1979, bis zum Sturz der

Dynastie Pahlevi, bestanden haben. Aber viel mußte noch geschehen, daß die Ajatollahs tatsächlich mächtiger als die weltliche Regierung und damit die eigentlichen Herrscher des Iran wurden. Noch hatten die Schahs eine lange, wenn auch krisenreiche Zukunft vor sich.

# IV.
# DIE VERWESTLICHUNG UND DER GEGENSCHLAG

# 1. Zwischen Fortschritt und Rückschritt

## *Die Kolonialmächte kommen*

Das Jahr 1826 brachte Unfaßliches für Persien. Russische Truppen lagerten vor Ardebil, dem Pilgerort und legendären Nationalheiligtum des Reiches. Russische Offiziere betraten polternd in schweren Reitstiefeln das Mausoleum des Scheichs Safi ad Din, vor dessen Stufen ein Moslem stets ehrfurchtsvoll die Schuhe ausgezogen hätte, taxierten mit nüchternem Blick die wertvollen Teppiche und Kandelaber im Gebetsraum, dann die unersetzlichen alten Schriften in der Bibliothek und befahlen, die kostbarsten Stücke abzutransportieren.

Für die Perser bedeutete dies einen Schock. Seit der Mongolenzeit hatten sie nicht mehr erleben müssen, daß Andersgläubige auf islamisches Gebiet vorgedrungen waren und dort plünderten. Ardebil in den Händen der Ungläubigen! Ardebil, von wo aus einst Schah Ismail aufgebrochen war und den persisch-iranischen Nationalstaat begründet hatte.

Der Anlaß war banal genug gewesen. In Täbris hatte der russische Gesandte eine Liebesaffäre mit einer moslemischen Frau begonnen und sich keine Mühe gegeben, die Tändelei vor der Öffentlichkeit zu verbergen. Mullahs hatten daraufhin versucht, die Einheimischen zum »Heiligen Krieg« gegen die Russen aufzuwiegeln, mit der Wirkung, daß eine aufgebrachte Volksmenge Russen im Diplomatenviertel verprügelte. Für Zar Nikolaus I., der ohnehin die Reichsgrenzen nach Süden vorschieben wollte, bedeuteten die Unruhen von Täbris die willkommene Gelegenheit, Truppen nach Aserbeidschan zu schicken. Die Truppen überrollten innerhalb kürzester Zeit mit ihren überlegenen Waffen jeden Widerstand persischer Soldaten, dann blieben sie zwei Jahre, blieben so lange, bis die Besiegten 1828 den demütigenden Vertrag von Turkomanchai unterschrieben: Sie hatten dem Feind den Kaukasus, Georgien und Teile Aserbeidschans abzutreten; damit war die russische Grenze bis knapp vierzig Kilometer nördlich an Ardebil herangerückt. Als die Russen aus dem Südteil der Provinz wieder abzogen, ließen sie in Ardebil ein beschädigtes Mausoleum und eine halbleere Bibliothek zurück, deren unersetzliche Handschriften zukünftig in den Museen von Petersburg lagern sollten. Es gab keine Hoffnung, an der neuen Grenzziehung etwas zu ändern; zu sehr fühlte sich das persische Heer der modern ausgerüsteten Armee des Zaren unterlegen.

1868 nahte die nächste Katastrophe. Russische Truppen eroberten Buchara und Samarkand, Fürstentümer, die einst glanzvolle Zentren persischer Kultur gebildet hatten. Für Millionen Moslems sollte es mit einem Mal entscheidend sein, was russische Verwaltungsbeamte im fernen Petersburg beschlossen; hier geschah etwas, das sich nach ihrem Weltbild niemals hätte ereignen dürfen: »Gläubige« mußten unter der Herrschaft von »Ungläubigen« leben, ja, hatten zu befürchten, daß man ihnen eine fremde Kultur aufzwang. Zwar waren Buchara und Samarkand schon seit Jahrhunderten von Persien unabhängige Fürstentümer gewesen, nun aber wurde selbst die gemeinsame Kultur gefährdet. Und wann, so fragte man sich besorgt am Hof des Schahs, würden die Russen weiter in persisches Kernland vorstoßen?

Ähnliche Fragen stellte man sich zu jener Zeit in fast allen islamischen Staaten. Auch Türken und Araber hatten die aufstrebenden Kolonialmächte Europas zunehmend zu fürchten. Im Balkan entrissen die Österreicher und Russen den Osmanen Stück für Stück ihrer wichtigsten Provinzen. In Nordafrika machten die Franzosen Algerien, Marokko und Tunesien zu Kolonien, brachten die Briten Ägypten unter ihre »Schutzherrschaft«. Briten waren es auch, die sich schon sehr bald neben den Russen bedrohlich gegenüber Persien bemerkbar machten. 1857 griffen die Briten militärisch ein, als Schah Nasir ad Din versuchte, das Königreich Afghanistan zurückzuerobern, das sich 1747 von Persien unabhängig gemacht hatte. Die Briten zwangen den Schah, endgültig Afghanistan als einen eigenen Staat anzuerkennen. Rußland und Großbritannien sollten für mehr als ein Jahrhundert die gefürchteten Gegner Persiens, ja die bevormundenden Großmächte werden.

Das Schwert des Islam war stumpf geworden, so mußte es den Moslems von Marokko bis Indien erscheinen. Vorbei waren die Zeiten, in denen die Anhänger Mohammeds den Heiligen Krieg siegreich durch die halbe Welt bis weit hinein nach Europa tragen konnten. Nun war es umgekehrt: Christen drangen erfolgreich in moslemische Länder vor. Ihr Angriff blieb nicht mehr eine flüchtige Episode wie einst zur Zeit der Kreuzzüge, dieses Mal waren sie tatsächlich die überlegenen Eroberer, denen Perser, Türken und Araber nichts Gleichwertiges mehr entgegenzusetzen hatten. In den meisten islamischen Staaten regierten nur noch unfähige Despoten über ein unwissendes, völlig verarmtes Volk, predigten Korangelehrte eine starre Moral, zerfielen die einst prächtigen Städte. Europäer fanden für solche Staaten ein neues Wort: »Entwicklungsländer«. Sie fühlten sich dazu berufen, diesen »Barbaren« Kultur zu bringen. Für Perser, Araber und Türken mußte eine solche Einschätzung verletzend, ja demütigend sein. Mehr noch: Sie fühlten sich in ihrem herkömmlichen Weltbild erschüttert. Jahrhundertelang war es ihnen als selbstverständlich erschienen, daß sich der Islam nach und nach über den ganzen Erdkreis ausbreiten würde; so hatte sich ihnen bisher die Wahrheit ihrer Religion bewiesen. Aber nun mußten sie erleben, wie das »ungläubige« Europa die Führung an sich riß – militärisch, politisch und kulturell.

Aus Asien, der legendären »Wiege« der menschlichen Zivilisation, kamen keine Impulse mehr. Der Kampf zwischen Orient und Okzident, wie er seit dem Aufstieg Athens zur Zeit eines Dareios begonnen hatte, schien endgültig zugunsten des Westens entschieden. Und damit gehörte der Islam als Bannerträger höchster Kultur einer längst entschwundenen, legendär verklärten Vergangenheit an.

Diese Erkenntnis war niederschmetternd. Im 19. Jahrhundert griff jener Fatalismus um sich, den wir Europäer so gerne für einen typischen Charakterzug der Orientalen halten. Das Empfinden der Moslems, Lehrmeister der ganzen Welt zu sein, wich dem Zweifel, das Selbstbewußtsein dem Minderwertigkeitskomplex. Folgerichtig begegnete man dem Fremden nun nicht mehr so unvoreingenommen wie früher, man erblickte in ihm jetzt den Feind, der die eigene Kultur bedrohen könnte.

Diese Haltung zeigte sich besonders bei Korangelehrten und Geistlichen. Viele von ihnen sahen im Sieg der Ungläubigen eine Strafe Gottes. Gar zu lange, so predigten sie, habe sich der Islam fremden Irrlehren geöffnet, gar zu oft sei die wahre Religion überwuchert worden von falschen Zusätzen! Die Korangelehrten wetterten gegen den Glauben des einfachen Volkes, wo sich oft genug vorislamische Erinnerungen erhalten hatten. Aber viele von ihnen wandten sich auch gegen hochgebildete Philosophen, die mit den Methoden eines Aristoteles und Platon über Religion nachdachten. Ihnen erschien ein Avicenna oder Omar Chaijam mehr als ketzerisch, solche Gelehrte müsse man mit äußerster Vorsicht studieren und notfalls ihre Bücher meiden, ja verbrennen. Forderungen wie diese waren nicht neu, nur scharten sich jetzt hinter die dogmatischen Fanatiker mehr Moslems denn je, Schiiten und Sunniten, in Persien wie in anderen islamischen Staaten.

Es gab auch Gegenstimmen. Gerade gebildete Moslems sahen die Lage zuweilen anders. Sie wußten noch am besten, auf welche Weise die islamische Zivilisation führend in der Welt geworden war: indem man bereitwillig fremde Einflüsse aufgenommen, kritisch gesichtet, schöpferisch umgeformt und für die eigene Kultur fruchtbar gemacht hatte. Die Moslems müßten sich auf solche Traditionen zurückbesinnen, so forderten gerade die hellsichtigen Kritiker. Es waren vergebliche Worte. Die Masse der Gläubigen folgte diesen wenigen Mahnern nicht.

Typisch ist hierfür das Schicksal eines Persers, der wohl als der bedeutendste moslemische Denker des 19. Jahrhunderts gelten muß: Dschemal ad Din al Afghani. Er wurde 1839 in Persien geboren und starb 1897 im Exil in Istanbul, nachdem er in der Heimat vergeblich gegen den Widerstand der Geistlichen und Feudalherren angekämpft hatte, eine weltoffene und kritische »islamische Wissenschaft« durchzusetzen.

In fast allen Moslemstaaten herrschten während des 19. Jahrhunderts fortschrittsfeindliche Feudalherren, unterstützt von stockkonservativen Geistlichen. In Persien aber erschien die Lage besonders hoffnungslos. Im Jahr 1722 hatte dort die Dynastie der Safawiden ein klägliches Ende gefunden. Die Armee eines afghanischen Provinzfürsten war in Isfahan eingerückt, hatte die glanzvolle Stadt verwüstet und den Schah vertrieben. Aber die Folgen waren noch bedrükkender als die despotische Regierung der gestürzten Dynastie. Denn nun schwangen sich kleine Provinzstatthalter, Generale und Stammesführer zur Herrschaft auf, alles Ehrgeizlinge ohne genügend Autorität, dafür um so grausamer in der Wahl ihrer Mittel. Das Land versank im Chaos von Bürgerkrieg und Stammesfehden.

Ende des 18. Jahrhunderts gelang es einem gewissen Mohammed Kadschar, Khan eines Turkvolkes, die Macht an sich zu reißen. Er war brutal und gerissen, aber er vermochte eine Provinzarmee nach der anderen zu schlagen und das Land zu einen. Niemand wagte

Widerspruch, als er sich 1796 zum Schah krönen ließ. Er wurde zum Begründer einer neuen Dynastie: die der Kadscharen. Er und seine Nachfolger bauten ein Provinznest am Rand des Elbursgebirges zur neuen Hauptstadt aus, weil in jener Gegend ihre stärksten Stammesverbände wohnten. Diese Stadt hieß Teheran, sie sollte bis heute Metropole des Iran bleiben.

Die Kadscharen regierten hundertdreißig Jahre lang, eine beachtliche Zeit. Aber sie besserten wenig an dem angeschlagenen, aus vielen Wunden blutenden Land. Keiner ihrer Herrscher zeichnete sich durch besondere Begabung aus, weder als Militärführer noch als Verwaltungsfachmann noch als phantasievoller Förderer von Kunst und Wissenschaft. Sie blieben im Kern ihres Wesens die ungebildeten Stammesführer, die zufällig im Chaos des Bürgerkrieges an die Spitze der Macht getragen wurden. Regieren hieß für sie in erster Linie möglichst viel an Steuern aus der wehrlosen Bevölkerung herauspressen. Gouverneurs- und hohe Beamtenposten vergaben sie nicht nach Fähigkeiten, sondern versteigerten sie an Meistbietende. Protest gegen dieses Unrechtsregime konnte schlimme Folgen haben, die Liste der meist grausam durchgeführten Hinrichtungen und Massenmetzeleien war ungleich größer als zur Zeit der Safawiden. Naturgemäß förderten solche Schahs den Herrscherkult, ja steigerten ihn noch. Sie führten für sich den Titel »Schatten Allahs auf Erden« ein, wie es ihn einst schon zur Zeit der Kalifen von Bagdad gegeben hatte. Auch ließen sie sich gerne von bittstellenden Untertanen als »Erlöser« und »Retter« preisen, Titel, mit denen sich einst schon die Gottkönige der Sassaniden geschmückt hatten.

Aber die Kadscharen konnten ihr Land weder »retten« noch »erlösen«. Im Gegenteil. Unter ihrer Regierung verlor Persien seine Unabhängigkeit an europäische Kolonialmächte. Hatte der Kadscharen-Schah Fath Ali 1828 schon dem Druck der Russen nachgegeben und ihnen den Kaukasus, Georgien und einen Teil Aserbeidschans überlassen, so gestanden seine Nachfolger den Russen schließlich vertraglich zu, in Persien unbegrenzt Eigentum zu erwerben. Folgenschwerer noch war die Nachgiebigkeit gegenüber den Briten. Schah Nasir ad Din trat an sie 1872 das Recht ab, Bergwerke, Fabriken und landwirtschaftliche Betriebe zu errichten, deren Gewinn überwiegend in britische Kassen floß. Der Schah und seine hohen Beamten ließen sich durch Bestechungsgelder abspeisen, mit denen sich bestenfalls einige neue Villen, Reitställe und technische Luxusgeräte aus Europa bezahlen ließen.

Daß Persien nicht auch noch von Kolonialtruppen besetzt wurde, verdankten die unfähigen Herscher nur einem Glücksfall: Rußland und Großbritannien stritten um die Vorherrschaft in diesem Gebiet und einigten sich nach zähem Ringen auf den Kompromiß, nur indirekt das Land zu regieren, es in »Interessensphären« aufzuteilen. Persien erreichte einen neuen Tiefpunkt seiner Geschichte.

Persien blieb das ganze 19. Jahrhundert hindurch ein schwaches, zerrissenes Land. Mehr noch: eine zutiefst unschöpferische, in Traditionen erstarrte Nation. Von diesem Niedergang nahmen sich auch die Geistlichen nicht aus. Modschtaheds wie Mullahs, ranghohe Korangelehrte wie das Fußvolk der zahlreichen Dorfprediger hatten viel von dem revolutionären Schwung verloren, den sie noch gegen die Schahs der Safawiden bewiesen hatten. Jetzt waren ihre Führer den Höflingen in Teheran zu ähnlich geworden, sie besaßen große Ländereien, liebten den Luxus und forderten von ihren Bauern ebenso hohe Abgaben wie die kaiserlichen Beamten. Manche Modschtaheds hielten sich gar eine Privatarmee, um notfalls gegen aufständische Bauern vorzugehen. Religiöse Führer dieses Schlags zeigten kein Interesse, daß sich an den herrschenden Verhältnissen grundsätzlich etwas ändere.

Einmal allerdings sah es so aus, als könnten weder der Schah noch die ranghohen Geistlichen den Ruf nach Reformen unterdrücken. Dies geschah Mitte des 19. Jahrhunderts. Damals forderte ein frommer Schiit in mitreißenden Reden eine bessere Gesellschaft und konnte mehr als jeder andere Neuerer die Volksmassen hinter sich scharen, ja eine Rebellenarmee gegen die Truppen des Schahs und der Modschtaheds aufbieten. Dieser Mannn vermochte – für ein paar Jahre wenigstens – die erstarrten Fronten aufzubrechen und zumindest Signale für eine Erneuerung zu setzen. Er hieß Ali Mohammed. Besser bekannt ist er unter seinem Beinamen »Bab« (arabisch: das Tor). Er begründete die Bewegung der Babi. Aus ihr sollte nach seinem Tod eine neue Religion hervorgehen – Persiens letzte Religionsschöpfung: die der Baha'i.

Wir wissen exakt den Tag, an dem die Bewegung Babi – und damit der Baha'i – ihren ersten Schritt an die Öffentlichkeit getan hat. Es war der 23. Mai 1844. Damals fing Ali Mohammed in einem Moscheehof von Schiras zu predigen an.

Den Zeitpunkt für sein erstes Auftreten hatte er gut gewählt. Denn diesem 23. Mai 1844 hatten die Schiiten Persiens ohnehin mit größten Erwartungen entgegengesehen: Ihrer Überlieferung nach war es dann genau tausend Jahre her, daß der zwölfte Imam ins Verborgene »entrückt« sei, und nun machte man sich Gedanken, ob an diesem bedeutsamen Jubiläum der Imam Mahdi, der »Rechtgeleitete«, wiederkehren würde. Die Zeiten erschienen den Fragenden danach. Je mehr die »ungläubigen« Europäer siegreich im Orient vordrangen, um so deutlicher fühlten Moslems die gestörte Weltordnung reif für den verheißenen »Erlöser«, der aus dem Verborgenen treten und die Gläubigen aus tiefster Erniedrigung zum weltweiten Sieg führen werde. Falls der Imam nicht selber erscheine, so werde er doch wenigstens ein Zeichen setzen . . .

An diesem 23. Mai 1844 waren in Persien die Moscheen brechend voll mit Menschen, eine Nation wartete in religiöser Hysterie: Doch der »Erlöser« kam nicht. Aber in der Hauptmoschee von Schiras machte der fünfundzwanzigjährige Ali Mohammed auf sich aufmerksam. Er galt in den Augen seiner Mitbürger als äußerst fromm und gelehrt, denn jahrelang hatte er in den Pilgerstädten Nedschef und Kerbela schiitische Glaubenslehre studiert, und außerdem wies ihn sein Titel »Seyyid«als Nachkomme der weitverzweigten Prophetenfamilie aus. Nicht wenige Mullahs seiner Heimatstadt Schiras beobachteten ihn allerdings argwöhnisch, denn er hatte sich einer schiitischen Sekte angeschlossen, deren Lehre nicht in allen Punkten von den Modschtaheds gebilligt wurde. Diese Sekte lehrte, stets gebe es einen Menschen, der mit dem Verborgenen Imam in geheimer Verbindung stehe und seinen Willen kenne. Nun, am 23. Mai 1844, dem für die Schiiten so bedeutsamen Tag, verkündete der junge Ali Mohammed: Er sei der Auserwählte für die gegenwärtige Epoche – der »Bab«, das Tor, durch das der Gläubige direkten Zugang zum Willen des Erwarteten Mahdi erhalte. Jahrhundertelang hätten Mullahs und Modschtaheds die Botschaft Gottes nur unvollständig, mißverständlich, verfälscht wiedergegeben – er aber, der »Bab«, bringte im Auftrag des Verborgenen Imam die reine Wahrheit.

Die Nachricht über seine Predigt verbreitete sich innerhalb von wenigen Stunden in Schiras, und Monate später war dieser Mann bereits in halb Persien bekannt. Von weit her kamen Neugierige zur Freitagspredigt, um mehr über den Willen des Verborgenen Imams, über die unverfälschte Auslegung der heiligen Schriften zu erfahren. Der Bab klagte die ranghohen Geistlichen an, daß sie machtgierig und käuflich wie weltliche Herrscher seien und oft nur noch gedankenlos ihre Gebete herunterleierten. Den Regierenden warf er vor, die Untertanen wie Sklaven zu behandeln und sie durch willkürlich hohe Steuern in Not zu bringen. Die Ehegatten mahnte er, Gott habe die Frau mit denselben Rechten ausgestattet wie den Mann, sie dürfe den Schleier ablegen und sich so frei bewegen wie der Gatte. Wer an diesen Geboten zweifle, der habe Gottes Botschaft nicht in ihrer vollen Tragweite verstanden.

Für die Zuhörer besaßen solche Worte Sprengkraft. Viele fühlten sich in ihrem untergründigen Unbehagen gegen den Schah, die Großgrundbesitzer und die Geistlichen bestätigt; sie faßten Mut, auf die verheißene neue Ordnung zu hoffen. Andere aber verließen grollend die Moschee, um an höchster Stelle zu melden, was hier an Ketzerei gepredigt wurde. Großgrundbesitzer wie Geistliche hatten allen Grund, diesen Prediger zu fürchten, stellte er doch mit zwingender Logik ihre Vorrechte in Frage. Beunruhigt wandten sich die Modschtaheds um Hilfe an den Schah, den sie bisher angeklagt hatten wegen seiner lauen Haltung gegenüber der Religion. Kein Wunder, daß der Schah zuerst einmal mißtrauisch blieb und abwartete. Erst als sich in mehreren Provinzen Bauern zu bewaffneten Trupps zusammenschlossen und Gerechtigkeit im Namen des Bab forderten, wurde man am Hof von Teheran hellhörig. Schah Nasir ad Din schickte Truppen und ließ unter den Aufständischen ein Blutbad anrichten.

Der Bab konnte fliehen, wurde gefangen, nach Aserbeidschan gebracht und vor ein Gericht gestellt. Für die Richter war das Urteil von vornherein klar, sie hatten Anweisungen von höchster Stelle. Der Schah und seine Minister sahen in dem Bab den sozialen Aufrührer, der die Sklaven gegen ihre Herren, die Armen gegen die Reichen hetzte. Die Mullahs und Modschtaheds erkannten in ihm auch noch den religiösen Revolutionär, der vorhandene Traditionen umstürzen wollte. Ihr Hauptanklagepunkt hieß, der Bab wolle sich mit dem Propheten Mohammed und den zwölf heiligen Imamen auf eine Stufe stellen. Der Angeklagte widersprach nicht. Während des letzten Jahres hatte er tatsächlich verkündet, sein selbstverfaßtes Heiliges Buch sei dem Koran ebenbürtig. Mehr noch: Er sei nicht nur »das Tor zur Wahrheit«, sondern die Wahrheit selbst. Damit hatte er sich endgültig vom Islam entfernt, denn kein Gläubiger durfte sich einen solchen Rang anmaßen. Das Todesurteil war rasch gesprochen. Aus der Sicht eines orthodoxen Schiiten fand sich an diesem Urteil nichts Unrechtes, allerdings waren mit diesem Verdammungsspruch zugleich auch alle sozialen Reformen verworfen, die Bab gefordert hatte. Am 9. Juli 1850 wurde Ali Mohammed in Täbris erschossen.

Der Bab war tot. Die Bewegung lebte. Ihr Führer hatte als Märtyrer geendet – in würdiger Nachfolge von Ali und Hussein, so folgerten die Anhänger, durch sein Beispiel bereit zu äußerstem Fanatismus und Opfermut. Sie rankten auch bald wundersame Legenden um seinen Tod. Angeblich hatte die erste Gewehrsalve seinen Körper nicht verletzt und nur die Fesseln gesprengt – ein Zeichen Gottes für den, der es zu deuten verstand –, und das Hinrichtungskommando habe ein zweites Mal antreten müssen. Seine Anhänger verehrten ihn nun beinahe wie einen Gott, sie stellten ihn in der Reihe der heiligen Märtyrer bald über Ali und Hussein. In allen Provinzen Persiens schürten sie erfolgreich Aufstände, und zwei volle Jahre dauerte es, bis Schah Nasir ad Din die Rebellenheere des Bab niederwerfen konnte. Er tat dies mit äußerster Konsequenz und Grausamkeit. Gefangene ließ er grundsätzlich keine machen, Hunderttausende starben auf seinen Befehl unter den Gewehrsalven von Hinrichtungskommandos oder unter der Folter.

Vor diesem Terror flohen viele Überlebende ins Ausland, vor allem in den benachbarten Irak, wo der Todfeind des Schahs, der Statthalter des sunnitischen Osmanensultans, regierte. In Bagdad konnte sich die Schar der zerstreuten Anhänger wieder sammeln. Ihr Oberhaupt wurde Mirza Hussein Ali, der Sohn eines Ministers. Dieser Mann nahm den Namen Baha'ullah (»Herrlichkeit Gottes«) an. Er wurde zum zweiten großen Führer der Bewegung, formte aber die Lehre entscheidend um. Was er schuf, ist jene Botschaft, wie sie uns heute noch erhalten ist: die nach seinem Namen benannte Religion der Baha'i.

Baha'ullah führte anfangs ein bewegtes, heimatloses Leben. Ein Jahrzehnt lang war es ihm nicht vergönnt, sich an einem Ort von Dauer niederzulassen, denn beargwöhnt wurden er und seine Anhänger auch von den sunnitischen Moslems. Die osmanische Regierung befahl ihm, Bagdad zu verlassen und nach Edirne in Thrakien umzusiedeln. 1868 erreichte ihn ein neuer Befehl, nun hatte er in Haifa (heute Israel) zu wohnen. Dort, am Hang des Berges Karmel, konnten die Vertriebenen endlich Ruhe finden und sich einen Tempel bauen. Dort verfaßte Baha'ullah einen Großteil seiner Schriften, die weit über das hinausgingen, was sein Vorgänger, der Bab, gepredigt hatte; Schriften, die für jeden orthodoxen Moslem eine ungeheure Provokation darstellen mußten.

Werfen wir einen Blick auf die Textstelle einer Schrift, wie sie die Baha'i heute vertreiben, so begreifen wir die Herausforderung. Es heißt dort: »Die Baha'i glauben an einen Gott, obgleich die Menschen ihn mit verschiedenen Namen bezeichnen. In gewissen Zeitabständen hat Gott Sein Wort durch verschiedene Boten geoffenbart, die die Baha'i Offenbarer Gottes nennen. Abraham, Moses, Krischna, Buddha, Zarathustra, Christus, Mohammed waren solche Gottesoffenbarer. Ihre Lehren sind göttliche Lehren, und in jedem Zeitalter verkünden sie Gottes Willen und Absicht neu . . . Da es nur einen Gott gibt, haben alle Gottesoffenbarer die gleiche Wahrheit verkündet. Sie haben diese Wahrheit weiterentwickelt und den jeweiligen Bedürfnissen der verschiedenen Kulturkreise, der gesamten geschichtlichen Entwicklung der Menschheit angepaßt. Diese stufenweise Entfaltung der Religion von einem Zeitalter zum andern wird fortschreitende Gottesoffenbarung genannt. Baha'ullah, der Begründer der Baha'i-Religion, ist der Offenbarer Gottes für unsere Zeit.«

Soweit das Zitat. Baha'ullah ließ zwar keinen Zweifel daran, daß ihm der Koran unter den bisherigen Überlieferungen am meisten am Herzen lag, aber: Er sei gesandt, um das Heilige Buch des Islam durch eine zeitgemäßere Gotteserkenntnis zu ersetzen, er befreie die Offenbarungen aller bisherigen Religionen vom Ballast überlebter Ideen und mache den gemeinsamen Kern aller religiösen Botschaften sichtbar. Baha'ullah verkündete, dieser Kern stehe nicht im Widerspruch zur modernen wissenschaftlichen Forschung Europas.

Die Aussagen über Himmel und Hölle, Engel, Geister, Teufel und Auferstehung nach dem Tod – so wie man sie in dem Awesta, in der Bibel und im Koran finde – seien als Symbole für die Sehnsüchte des Menschen zu werten, man dürfe sie nicht wörtlich als Tatsachen verstehen. Auch brauche man nicht alle Vorschriften von Religionsstiftern buchstabengetreu zu befolgen, denn solche Gebote seien oft genug zeitgebunden und in einer späteren Epoche nicht mehr sinnvoll, man müsse sie durch neue Regeln ersetzen. Daher seien Glaubenskrieg, Askese, Vielweiberei und Entrechtung der Frau zugunsten des Mannes zu verwerfen; nur das Gebet, die Meditation und die gute Tat führten zur religiösen Vollkommenheit.

Endgültig hatte sich die Lehre der Baha'i von ihrem islamischen Ursprung gelöst, sie war zur eigenständigen Religion geworden. Schiitisches Denken lebte zwar in ihr weiter, aber für Außenstehende blieb dies kaum mehr erkennbar, für Schiiten selber war es unerträglich. Baha'ullah fühlte sich so unfehlbar wie einst die Imame, begriff sich dabei aber als Verkünder einer neuen Universalreligion, in der die Gläubigen aller Bekenntnisse ihre Heimat finden sollten.

Anders als die meisten Korangelehrten seiner Zeit war Baha'ullah bestens mit den geistigen Strömungen in der Philosophie und den Wissenschaften Europas vertraut, auch suchte er eifrig den Kontakt zur westlichen Welt. Hatte sich der Bab noch in erster Linie an seine schiitischen Landsleute gewandt, so richtete sein Nachfolger die Botschaft an alle Menschen. Folgerichtig sandte er Missionare in europäische Länder und nach Amerika. Von seinem Stammsitz bei Haifa schickte er Botschaften an die britische Königin Victoria, an Kaiser Wilhelm I. von Deutschland und Zar Alexander II. von Rußland; in diesen öffentlichen Briefen rief er zu einer Politik der Völkerverständigung und Toleranz gegenüber Andersdenkenden auf. Diese Aufrufe fanden bei den Regierungen wenig Beachtung, um so mehr aber bei liberal denkenden Bürgern. 1893, ein Jahr nach dem Tod des Baha'ullah, gab es bereits die ersten Baha'i-Gemeinden in Großbritannien und den USA. Nicht wenige Christen, von der zeitweiligen Unduldsamkeit und Enge ihrer Kirchen enttäuscht, fühlten sich angezogen vom Geist dieser Universalreligion. Heute zählt die Baha'i-Bewegung Millionen Anhänger in aller Welt, besonders in Europa und den USA; allein in der Bundesrepublik leben über zehntausend Anhänger.

Auch im Iran selber existiert die neue Religon weiter, dort lebten bis zum Beginn der »Islamischen Revolution« 1979 an die 300000 Baha'i, an Zahl fast zehnmal so stark wie die Zarathustrier, sie stellten damit die bei weitem stärkste religiöse Minderheit des Landes. Aber diese Baha'i hatten es schwer. Besonders während des 19. Jahrhunderts wurden sie von der Schahpolizei als revolutionäre Unruhestifter verfolgt, und bis heute werden sie von den Mullahs als Ketzer, ja als Ungläubige verdammt. Für die Moslems sind die Baha'i eine Provokation geblieben. Denn Schiiten wie Sunniten sehen den Isalm als krönenden Abschluß, als Vollendung der jüdischen und christlichen Offenbarung an; ihrer Meinung nach gilt Mohammed in der langen Reihe von Gottgesandten unwiderruflich als der letzte Prophet, und jeder religiöse Führer, der sich in späteren Jahrhunderten eine neue Prophetenrolle über Mohammed hinaus anmaßt, kann nach orthodox-islamischem Verständnis nur als Gotteslästerer eingestuft werden.

Mullahs riefen zur Vernichtung der Ketzer auf, das Volk folgte ihnen nur gar zu häufig. Fanatisierte Schiiten stürmten die Häuser der Baha'i, verwüsteten ihre Friedhöfe, schlugen ihre Anhänger tot, ohne daß die Polizei einschritt und die Rasenden zurücktrieb. Aus zeitgenössischen Berichten wissen wir, wie grausam die Fanatiker zuweilen mit ihren Opfern umgingen: Sie trieben ihnen Eisenstangen durch den Bauch und nagelten sie angesichts einer johlenden Volksmenge am Boden fest. Zehntausende Baha'i verloren während des 19. Jahrhunderts in Persien gewaltsam ihr Leben, aber auszurotten waren sie nicht. Vielen gelang es, ihren Glauben zu verbergen, andere blieben ihren Nachbarn zwar bekannt, wurden aber von ihnen als Menschen geachtet und daher vor radikalen Moslems geschützt. Mit dem Beginn des 20. Jahrhunderts schien für die Baha'i endgültig das Schlimmste vorbei. Toleranzideen der europäischen Aufklärung gelangten nach Persien, und mit ihnen wurde auch die Regierung duldsamer gegenüber den einstigen Rebellen. Von Persiens letztem Schah Mohammed Reza Pahlevi heißt es gar, daß er die Baha'i geschätzt habe, weil sie fortschrittlicher dachten als viele Moslems. Doch auch dieser Schah wagte es nicht, das Gesetz aufzuheben, durch das es den Baha'i verboten war, in den Staatsdienst einzutreten. Immerhin ließ er 1955 Truppen aufmarschieren, um die religiösen Zentren der Baha'i vor fanatisierten Schiiten zu schützen. Die

Herrschaft Mohammed Reza Pahlevis bedeutete damit für die Baha'i eine Atempause – mehr allerdings nicht.

Als Khomeini 1979 die »Islamische Republik« ausrief und allen Bürgern die Glaubensfreiheit verhieß, konnten sich die Baha'i nicht von diesem Versprechen betroffen fühlen. In der neuen Verfassung gilt Toleranz nur für Zarathustrier, Juden und Christen, ganz so, wie es seit je in islamischen Ländern gegenüber Anhängern monotheistischer Religionen üblich gewesen ist. Die Baha'i aber – als »abtrünnige« Moslems, als »Verräter am wahren Glauben« eingestuft – mußten gerade unter der Regierung fundamentalistischer Mullahs und Ajatollahs wieder mit besonders harter Verfolgung rechnen. 1982 erließen die neuen Machthaber ein Gesetz, das den Baha'i im Iran ein weiteres Leben fast unmöglich machte. Baha'i dürfen seitdem kein Eigentum mehr besitzen, kein Bankkonto einrichten, keinen Beruf ausüben, keine Schule und Universität besuchen, außerdem ist ihnen jegliche medizinische Betreuung verwehrt. Sie erhalten auch keinen Ausweis mehr, ohne Ausweispapiere dürfen sie aber keine Lebensmittel kaufen, und damit sind sie dem Hungertod preisgegeben. Überleben können sie unter solchen Umständen wie bei früheren Verfolgungen nur im Verborgenen, auf Nachbarschaftshilfe, von Freunden, meist Christen, angewiesen. Viele von ihnen flohen auf gefahrvollen Wegen ins Ausland. Hunderte B aha'i wurden während der zehnjährigen Herrschaft Khomeinis durch aufgeputschte Volksmengen getötet, Hunderte unter fadenscheinigen Vorwänden hingerichtet, mehr als 10000 durch Enteignung obdachlos, sämtliche Kultstätten zerstört. Wenn auch nach Khomeinis Tod die Verfolgungen nachließen, blieb das mörderische Gesetz offiziell in Kraft, und somit ist den Baha'i in ihrem Ursprungsland eine düstere Zukunft beschieden.

Auch in anderen islamischen Ländern, wo orthodoxe Geistliche einen starken Einfluß auf die Politik ausüben, leben die Baha'i unter massivem Druck. Zwar wird nirgends wie im Iran die Todesstrafe verhängt, werden nirgends »Ketzer« durch Regierungserlaß enteignet, dagegen haben die Betroffenen häufig genug unter Verwaltungsschikanen zu leiden, drohen ihnen bei geringfügigen Anlässen Gefängnisstrafen. Unbehelligt, wenn auch nur herablassend geduldet, leben die Baha'i lediglich in Moslemstaaten mit relativ »verwestlichter« Gesetzgebung, so in der Türkei, Syrien, dem Libanon, Jordanien, Tunesien und Indonesien.

Naturgemäß konzentriert sich die Mehrheit der Baha'i in westlichen Industriestaaten, wo ihnen eine pluralistische Verfassung freie Entfaltung zubilligt. Und dort wird sich ihre Glaubensgemeinschaft mit einigen Millionen Anhängern auch halten können – als eine unter vielen anderen Religionen. Dies mag bescheiden sein angesichts des ungeheuren Anspruchs, den ihre Propheten im Namen einer »Universalreligion« einst angemeldet haben. Aber im geistigen Niveau reicht diese Gruppierung über andere religiöse Sekten allemal hinaus. In der Bewegung der Baha'i ist noch einmal etwas von der schöpferischen Originalität des klassischen Persiens zu spüren.

### *»Lakaien im Dienst der Ungläubigen«*

Schah Nasir ad Din, der 1850 den Bab hinrichten ließ und die Baha'i aufs schärfste verfolgte, starb selber gewaltsam. Aber bis es soweit war, mußten mehr als vier Jahrzehnte vergehen. Seine Regierungszeit – und sein Tod – sind symbolisch für Persiens Krise.

Nasir ad Din regierte zwar lange (von 1847–1896), tat aber wenig, um den Niedergang des Staates aufzuhalten. Im Gegenteil. Er kaufte wahllos bei Briten und Russen technische Geräte, ließ von ausländischen Baumeistern Villen im europäischen Stil errichten (dies war sein Beitrag, Persien zu »modernisieren«), aber das Geld für den steigenden Luxus holte er sich aus drastischen Steuererhöhungen. Noch folgenreicher war, daß er bereitwillig den Briten das Recht überließ, in Teheran eine Nationalbank einzurichten, im ganzen Land Bergwerke und Fabriken zu bauen, und dies alles gegen relativ geringe Gewinnbeteiligung der Perser. Abgesehen von Bestechungssummen, die dem Schah und seinen Ministern sehr hoch erscheinen mußten, floß ein Großteil des erwirtschafteten Geldes in die Kassen britischer Unternehmer. Die persischen Arbeiter erhielten von den ausländischen Dienstherren nahezu denselben Hungerlohn wie die Tagelöhner bei einem einheimischen Feudalherrn. Der Gewinn war für die Briten so hoch, daß einer ihrer bedeutendsten Kolonialbeamten, Lord Curzon, Vizekönig von Indien und späterer Außenminister der Konservativen, mit Genugtuung feststellte: Es handle sich in Persien um »die vollständigste und außerordentlichste Überlassung der gesamten Wirtschaftsquellen eines Königreichs an

Ausländer, die man sich vorstellen konnte«. Natürlich war ein solcher Schah für die Briten ein wertvoller Verbündeter, im Volk aber wuchs der Haß gegen den »Lakaien« im Dienst der »Ungläubigen«.

Aufstände brachen aus, die von den Regierungstruppen nur mühsam niedergeschlagen werden konnten. Ihren Höhepunkt erreichten die Unruhen, als der Schah 1890 einer britischen Firma auch noch das Monopol des persischen Tabakhandels überließ. Nun fühlten sich alle Volksschichten bedroht, denn Rauchen war ein Vergnügen, das sich selbst die Ärmsten leisten konnten – solange einheimische Händler den Preis bestimmten. Was aber, wenn die Briten den Preis willkürlich hinaufsetzten? Fortschrittlich denkende Perser aus der gehobenen Bürgerschicht begannen, gegen den »Ausverkauf an Ausländer« zu protestieren, ihnen zur Seite traten ranghohe Geistliche, die das einfache Volk hinter sich wußten. Die ranghöchsten Geistlichen trugen zu dieser Zeit bereits den Titel Ajatollah (»Zeichen Allahs«) und betrachteten sich als die maßgeblichen Sprecher der Modschtaheds. Eingeschüchtert mußte der Schah den Vertrag kündigen und der Tabakgesellschaft eine hohe Entschädigung bezahlen, Geld, das er nicht besaß, er mußte Schulden aufnehmen: die erste Auslandsschuld Persiens. Das Land geriet damit in noch tiefere Abhängigkeit einer fremden Macht. Sechs Jahre später, 1896, starb Schah Nasir ad Din unter den Schüssen eines persischen Nationalisten, der dem »Lakaientum« ein Ende bereiten wollte.

Das Lakaientum nahm aber kein Ende. Muzaffar ad Din, der Sohn und Nachfolger des ermordeten Schahs, war seinem Vater sehr ähnlich. Er brauchte viel Geld für seinen Hofstaat, und um zu diesem Geld zu kommen, überließ er den Briten 1901 das Monopol, nach Erdöl zu bohren. Wieder erhielten Ausländer einen Vorteil, dessen Folgen der Schah nicht einmal annähernd abschätzen konnte. Den Briten gewährte er außerdem Militärstützpunkte im Süden des Landes, den Russen im Norden. Persien drohte mehr und mehr ein Kolonialstaat zu werden.

Ein neuer Aufstand erschütterte 1905 das Land. Wieder fanden sich nationalistische Städter und ranghohe Geistliche zu einem Bündnis, wieder rotteten sich Volksmengen in den großen Städten zusammen, schossen Regierungstruppen auf die unbewaffneten Demonstranten. Aber diesmal war es vergeblich, die Unruhen ließen sich nicht eindämmen ohne den Preis eines großen Gemetzels. In allen Moscheen des Landes begannen Mullahs, gegen die Unrechtsherrschaft zu predigen.

Daraufhin lud der Schah angesehene Bürger, Modschtaheds und Ajatollahs zu Verhandlungen ein. Ihn mußte erschrecken, daß vor allem die Geistlichen an Selbstbewußtsein gewonnen hatten und ihm drohten, den Volksaufstand noch weiter anzuheizen. Und so billigte er schließlich im Frühjahr 1906 eine neue Verfassung: Zukünftig sollte es ein Parlament mit einem gewählten Ministerpräsidenten geben, der Schah sollte nur noch konstitutioneller Monarch sein. Dies war eindeutig eine Reform nach europäischem Vorbild, von westlich gebildeten Städtern vorgeschlagen. Aber auch die Geistlichen vermochten eine wesentliche Forderung durchzusetzen: Der Schah mußte sich in aller Form als »Statthalter des verborgenen Imams« betrachten; zukünftig hatte er bei sämtlichen wesentlichen Fragen mit den Ajatollahs zu reden, die zu entscheiden hatten, ob ein Gesetz auch »islamischer Moral« entsprach.

Schah Muzzafar ad Din überlebte die Reform nur wenige Monate. Gar zu sehr in seinem Stolz getroffen, nun nicht mehr ein absolut regierender Monarch zu sein, starb dieser ohnehin kränkelnde Herrscher aus Gram. Sein Nachfolger Mohammed Ali Schah war robuster, wenn auch nicht fähiger. Er ließ 1908 das Parlament auflösen, seine Führer verhaften und etliche von ihnen hinrichten, den Truppen gab er Feuerbefehl, als sich in den großen Städten Volksmengen zusammenrotteten, und schließlich halfen ihm auch noch russische (!) Truppen beim brutalen Vorgehen. Ein vergeblicher Kraftakt. Die Unruhen dehnten sich von den großen Städten in die Provinzen aus, der Schah mußte ins russische Exil fliehen. Dessen Nachfolger Achmed Schah zeigte sich so hilflos wie sein Vorgänger. Persien erlebte ein Jahrzehnt bürgerkriegsähnlicher Zustände, und immer deutlicher wurde, daß die Dynastie der Kadscharen am Ende war. Wer aber sollte sie beerben?

Der Erbe hieß Reza Khan. Er war der ranghöchste Offizier der Kosakenbrigade, der mächtigsten Truppeneinheit Persiens. 1921 marschierte er mit 2500 seiner getreuesten Gefolgsleute in Teheran ein und zwang Achmed Schah, ihn zum Kriegsminister zu ernennen, zwei Jahre später forderte er ebenso herrisch das Amt des Premierministers und bekam es. Der Schah fürchtete sich vor seinem Premier, der über seinen Kopf hinweg regierte, und zog es schließlich vor, sich auf eine »Badereise« quer durch Europa zu begeben, von der er nicht mehr zurückkehrte. 1925 erklärte sich Reza Khan zum neuen Schah. Kaum im Amt, verkündete er, nachzuholen, was seine Vorgänger versäumt hatten: Persien von ausländischen Geschäftemachern zu säubern und das Land zu modernisieren, Persien sollte seine Selbstachtung wiederfinden.

## *Aufstieg und Krise der Dynastie Pahlevi*

Reza Khan sah sich am Beginn einer Dynastie, die das Land nach zwei Jahrhunderten nationaler Demütigung zu neuer Größe führen sollte. Dieser Dynastie gab er den Namen »Pahlevi«, was soviel wie »heroisch« bedeutet.

»Khan« dagegen ist ein Titel, den Reza als ranghoher Offizier seinem Namen angefügt hatte. Türkische Stammeshäuptlinge haben ihn oft für sich in Anspruch genommen, die Mongolen haben ihn übernommen. Aber der Kosakenoffizier Reza entstammte keiner vornehmen Familie, sein Vater war Eseltreiber, er selber Schafhirte. Niedriger hätte seine Herkunft nicht sein können, kein Herrscher in Persiens Geschichte kam je aus solch ärmlichen Verhältnissen, und doch hat gerade er mit energischem Griff das Land gelenkt wie seit drei Jahrhunderten kein Schah!

Reza kam 1878 in Sevad Kuh zur Welt, einem unscheinbaren Flekken, den kaum eine Landkarte verzeichnet. Das Dorf liegt in der Provinz Masandaran nordöstlich von Teheran an den schroffen Hängen des Elbursgebirges, die fruchtbare Küstenebene des Kaspischen Meeres ist nicht weit. Dort verbrachte der Knabe seine Zeit als Hirte auf Schafweiden, die nicht ihm, sondern einem Großgrundbesitzer gehörten. Er wuchs ohne jegliche Schulbildung auf, aber auch sonst fehlte es am Nötigsten, er hungerte. Die Ermahnungen der Mullahs, sich in diese Verhältnisse gottergeben zu fügen, mußten ihm, dem intelligenten Knaben mit seinen brachliegenden Energien, wie Hohn vorkommen. Frühzeitig träumte er davon, der quälenden Dorfenge zu entkommen. Gerade vierzehn Jahre alt, lief er einem vorbeiziehenden Kosakenregiment nach und trat dort als Freiwilliger ein. Bei den Soldaten bekam er wenigstens täglich etwas zu essen. Besseres schien für ihn, den mittellosen Dorfjungen, nicht möglich. Aber Reza stieg in hohe Offiziersränge auf, die normalerweise für Söhne aus vornehmen Familien reserviert waren. Diesen beispiellosen Aufstieg verdankte er zu allererst seinem wilden Draufgängertum. Angeblich verteidigte er einmal alleine einen Gebirgspaß mit einem Maschinengewehr gegen Aufständische, ein Bravourstück, das andere für Selbstmord gehalten hätten. Er war das Bilderbuchbeispiel eines Haudegens: ein Hühne von zwei Metern, tollkühn, aber auch jähzornig und brutal.

Dazu kam seine große Lernbereitschaft. Begierig saugte er in sich auf, was er in bisher unbekannten Städten, vor allem in Teheran, kennenlernte. Dort konnte er russische wie britische Verwaltungsfachleute und Techniker bei der Arbeit beobachten und mußte notwendigerweise zu dem Schluß kommen, daß diese Männer an Disziplin und Wissen den Einheimischen bei weitem überlegen waren. Ihn erfüllte eine unbändige Bewunderung für die westliche Zivilisation. Zur eigenen Kultur vermochte der ehemalige Schafhirte keine Beziehung zu entwickeln, hatte er doch in seiner Jugend nur schlechtgebildete Dorfmullahs und Großgrundbesitzer im Namen der Tradition reden hören. Nie hatte er die Schriften bedeutender Philosophen, Korangelehrter und Dichter Persiens kennengelernt, und schon deshalb erschien ihm der Islam zeit seines Lebens allein als die Religion engstirniger Mullahs. Diese Sicht der Dinge sollte bald Folgen für Persien haben.

1921 wurde er Kriegsminister im Kabinett des unfähigen Achmed Schah, 1923 Premierminister, 1925 erreichte der ehrgeizige Emporkömmling auch noch die letzte Stufe, die für ihn menschenmöglich war, er stürzte die Kadscharen-Dynastie und wurde selber Schah. Nun war er siebenundvierzig Jahre alt. Der Weg von der ärmlichen Schafweide auf den Pfauenthron, dies gab dem Aufsteiger genug Selbstbewußtsein, um sich auch für alle zukünftigen Aufgaben gerüstet zu sehen. Er fühlte sich dazu berufen, der »Retter« Persiens zu werden. Sein Vorbild war der türkische Reformer Atatürk; mit Interesse hatte Reza Khan bereits als Minister verfolgt, was in der benachbarten Türkei geschah.

Die dortige Osmanen-Dynastie war ähnlich korrupt und unfähig geworden wie die der Kadscharen, so daß es nur noch als eine Zeitfrage erschien, bis ihr letzter Herrscher abtreten mußte. 1922, vier Jahre nach dem Zusammenbruch des türkischen Großreiches durch die Niederlage im Ersten Weltkrieg, wich der letzte Osmanensultan Mehmed VI. dem General Mustafa Kemal Pascha, der sich später Atatürk (»Vater der Türken«) nannte. Atatürk wechselte vom Militär in die Politik, nicht anders als Reza Khan. 1923 erklärte er das verbliebene Kernland der Türkei zur Republik. Dies geschah im selben Jahr, als Reza Khan das Amt des Premierministers übernahm. Atatürk wollte sein Land nach europäischem Muster modernisieren, nur so sah er eine Chance, um der drohenden Übermacht westlicher Staaten auf die Dauer Widerstand zu leisten. Er setzte ein erstes Zeichen, als er 1923 die Hauptstadt von Istanbul nach Ankara verlegte, vom osmanischen Zentrum mit seinen traditionsreichen Bauten ins Herz Anatoliens mit überwiegend bäuerlicher Bevölkerung. Seinem Willen nach sollte aus dem bisherigen Provinznest Ankara eine moderne Großstadt werden, die mit ihren Hochhäusern und ihren breiten Autostraßen in nichts einer westeuropäischen Metropole nachstand. Und dies, so ließ er verlauten, sei erst der Anfang zu einer Reihe einschneidender Reformen.

Atatürk erregte mit seinen Plänen Aufsehen im ganzen islamischen Orient, er wurde bewundert oder gehaßt, zum leuchtenden Vorbild verklärt oder als »Ungläubiger« verteufelt, das hing ganz vom geistigen Hintergrund des jeweiligen Betrachters ab.

Reza Khan gehörte bis an sein Lebensende zu den Bewunderern, mit Beifall bedachte er die radikalen Veränderungen in der Türkei. In vielem folgte er seinem Vorbild, sobald er die Macht dazu besaß. Kaum war er im April 1926 zum Schah gekrönt, entließ er aus der Armee die russischen Militärberater und aus dem technischen Beraterstab nicht wenige britische Ingenieure, Angehörige von Nationen, die schon zuviel Einfluß in Persien besaßen. An ihre Stelle holte er sich deutsche Berater und Techniker ins Land, die ihm »neutraler« erschienen. Von ihnen ließ er Asphaltstraßen anlegen und moderne Verwaltungsgebäude im Zentrum Teherans hochziehen. 1939 besaß Persien bereits an die 25000 Kilometer Autostraßen, weit mehr als andere orientalische Länder dieser Zeit. 1927 bekam Teheran einen Flughafen. Bald entstanden in den wichtigsten Städten moderne Industriebetriebe, an die dreißig große und an die zweihundert kleinere Fabriken, die aber alle Staatseigentum waren. Der Schah leitete die Industrialisierung nicht zufällig zur selben Zeit ein wie Atatürk im Nachbarland.

1928 verabschiedete Reza Pahlevi Schah, wie er sich seit seiner Krönung nennen ließ, eine neue Rechtsprechung nach französischem Muster, Staat und religiöse Einrichtungen sollten von nun an streng getrennt sein; er bekräftigte hiermit jene Vorschläge, die das Parlament bereits 1911 vorgebracht hatte. Dies veranlaßte er vier Jahre nach Atatürk.

1929 propagierte der Schah für die Perser europäische Kleidung, lehnte Turban, Kaftan und Pumphose, besonders aber den Gesichtsschleier der Frauen als rückständig ab, drei Jahre nach Atatürk. Von einem Monat auf den anderen hatten Staatsbeamte im höheren Dienst Anzug und Krawatte zu tragen, und nicht lange sollte es dauern, daß man auf Teherans Straßen reiche Kaufleute und Gebildete bereits in westlicher Kleidung sah, ja auch unverschleierte Frauen der Oberschicht. Der Schah setzte hier etwas in Bewegung, das bald seine eigene Dynamik bekommen sollte. Zwei bis drei Jahrzehnte später fingen selbst ärmere Perser in Kleindstädten an, den Turban mit der Schirmmütze oder dem Hut, den Kaftan und die Pumphose mit dem Konfektionsanzug zu vertauschen – dies ohne ausdrücklichen Befehl, die Zwänge waren eher wirtschaftlich: denn bald war für den Mann mit schmalem Geldbeutel maschinengefertigte, billigste Ausschußware aus Europa und den USA in Persiens Basaren günstiger zu bekommen als die handgeschneiderten einheimischen Gewänder. Der Schah förderte eifrig die Einfuhr solcher Konfektionskleidung, um seinem Land möglichst rasch ein »modernes« Aussehen zu geben. So kam es, daß bereits Mitte des 20. Jahrhunderts das Einheitsgrau westlicher Jacken, Hosen und Hüte selbst das Straßenbild kleinerer Städte beherrschte; Ausnahmen machten nur einige Landstriche in Chorassan und Belutschistan entlang der Ostgrenze, ebenso etliche Wohngebiete der Nomaden und Viehzüchter. Turban und Pumphose – eine Mode, die vor eineinhalb Jahrtausenden von Persien aus ihren Siegeszug in der islamischen Welt angetreten hatte – verloren ausgerechnet in ihrem Ursprungsland besonders rasch an Einfluß. Von diesem Wandel nicht berühren ließen sich allerdings Mullahs, Modschtaheds und Ajatollahs mit ihren braunen Kaftanen und weißen Turbanen, ihre Tracht blieb ein wandelnder Protest inmitten der rasch um sich greifenden Verwestlichung.

Widerstand gegen neue Kleidungsvorschriften leisteten auch viele Frauen, besonders in der Provinz. Ihnen hatte Reza Pahlevi 1936 verboten, weiterhin den bis dahin in Kleinstädten (und teils auch in größeren Städten) üblichen Gesichtsschleier zu tragen, ja, er wies sogar die Polizei an, bei Nichtbeachtung dieses Gesetzes jeder Frau den Schleier auf der Straße, allen Blicken ausgesetzt, herunterzureißen. In ihrem Protest wurden die Frauen von ihren Gatten bestärkt, auch wenn die Männer selber nach und nach zu europäischer Mode überwechselten. Reza Pahlevi erklärte ebenso den Tschador, den vom Scheitel bis zu den Fußknöcheln reichenden Frauenumhang, für »rückständig«, »eines fortschrittlichen Landes nicht würdig«, und empfahl an seiner Stelle westliche Kleidung. Hier aber stieß er erst recht auf Ablehnung, wogegen Frauen der großstädtischen Oberschicht (und schließlich auch der schmalen Mittelschicht) die Anordnungen des Schahs begrüßten.

Reza Pahlevi zeigte große Ungeduld in seinen Reformen; ihm konnte es nicht schnell genug gehen, seinem Land ein fortschrittliches Aussehen zu geben. Oft jedoch genügte ihm schon der äußere Anschein. Dies bewies er nicht nur in der Kleidungsfrage. Noch deutlicher verhielt er sich so gegenüber dem Frauenproblem. Zwar verbot er den Schleier, auch wies er 1934 die Universität Teheran an, von nun an Studentinnen aufzunehmen, aber das Scheidungsrecht, das überholungsbedürftigste Gesetz, tastete er nicht an; weiterhin durfte sich der Mann ohne Angabe von Gründen von seiner Frau trennen, nicht aber umgekehrt. Hier trat erstmals mangelnde Konsequenz in seinen Reformen zutage.

Es war nicht das letzte Mal. Reza Pahlevi ließ durchweg die Neigung vermissen, das Land tiefgreifend zu modernisieren. Was er von den Industriestaaten des Westens übernehmen wollte, waren in erster Linie Technik und rationelle Arbeitsweise, nicht ihre sozialen Ziele. Anders als Atatürk schreckte er vor wirklich entscheidenden Konsequenzen zurück. So förderte er zwar die Industrie, untersagte jedoch den Arbeitern, zu streiken oder gar eine Gewerkschaft zu gründen. Auf eine Landreform zugunsten der kleinen Bauern verzichtete er von vornherein, dagegen enteignete er unter Mißachtung geltender Gesetze die Bauern von mehr als zweitausend Dörfern und hielt sich ihre 235000 Bewohner wie rechtlose Leibeigene. Er, der in seiner Jugend unter der Willkürherrschaft von Feudalherren gelitten hatte, war nun zum größten Grundbesitzer Persiens geworden, dazu besonders geldgierig und despotisch.

Von Demokratie hielt ein Herrscher solchen Schlags naturgemäß wenig. Er ließ zwar das seit 1907 bestehende Parlament weiterhin zusammentreten, stritt ihm aber das Recht ab, Gesetze zu beschließen, die Abgeordneten durften nur formell die Entscheidungen des Schahs bestätigen. Reza Pahlevi war von der Überzeugung geleitet, nur er selber, der Herrscher, sei »erleuchtet« genug, um das Richtige zu beschließen, jede Kritik erschien ihm als Staatsverbrechen. Eine solche Auffassung trennte ihn von seinem erklärten Vorbild Atatürk. Der große türkische Reformer hatte in seiner Republik zwar nur ein Einparteiensystem gelten lassen, aber dies sollte nur für eine Übergangszeit bestimmt sein, solange die Volksmassen noch analphabetisch und unmündig waren. Folgerichtig konnte der Nachfolger Ismet Inönü in der Türkei 1946 das Mehrparteiensystem nach westlichem Vorbild einführen und sich hierbei auf den Gründer der modernen Türkei berufen. Reza Pahlevi hatte solche Zukunftspläne nie zur Diskussion gestellt. Ihm schwebte als Ideal eine Staatsreform vor, wie sie in Persien zur Zeit der Gottkönige bestanden hatte. Kyros, Dareios, Schapur, Chosru – dies waren Herrschergestalten, die ihn zu allererst faszinierten.

## *1935: Aus »Persien« wird »Iran«*

Reza Pahlevi war ein Nationalist, wie ihn Persien zuvor noch nicht gekannt hatte. Er forderte ein »Zurück zu den nationalen Ursprüngen«, eine »Reinigung von allen Fremdeinflüssen«. Was er hier wünschte, verriet deutlich das europäische Vorbild. Er entdeckte den »Arier« als die treibende Kulturkraft des »Iran« – und dies nicht zufällig zu einer Zeit, als in Deutschland die Nationalsozialisten den Arier als den bedeutendsten Rassetypus der Menschheit verherrlichten. Der Schah zeigte keine Scheu, seine Sympathien zu diesem Deutschland öffentlich zu bekunden, wenngleich er nur vage Kenntnisse über Hitlers Diktatur besaß.

Nach Reza Pahlevis Geschichtsauffassung hatte der eigentliche Niedergang Persiens mit der Eroberung durch die Araber begonnen. Alles, was die »Iraner« seitdem noch an Großem geschaffen hatten, war seiner Ansicht nach immer aus einer Abwehr des Arabischen heraus entstanden, und diese nationale »arische« beziehungswiese »iranische« Tradition gelte es wieder zur vollen Entfaltung zu bringen, dann werde der »Iran« wieder zu Glanz kommen wie zur Zeit eines Dareios. Er sah ein Verhängnis in der arabisch geprägten Kultur Persiens und neigte damit zu einem ähnlich fatalen Trugschluß wie die nationalsozialistischen Ideologen des Dritten Reiches, die alle Fremdeinflüsse zur Unkultur erklärten. Reza Pahlevi vermied es allerdings, den Islam direkt zu kritisieren (so wie die Nationalsozialisten ja nie schroff das Christentum abwehrten, obwohl es in seinen Ursprüngen »jüdisch« war), aber er machte kein Hehl daraus, daß ihm der Islam noch zu wenig »iranisch« war. Ein Zeichen seines Unbehagens setzte er bereits im ersten Regierungsjahr 1925: Er ließ die bisherige arabisch-islamische Zeitrechnung reformieren. Von nun an durfte nicht mehr nach Mondjahren (das Jahr mit 354 Tagen) gerechnet werden, sondern nach dem Gregorianischen Kalender der Europäer (das Jahr mit 365 Tagen). Er wagte allerdings nicht, den Beginn der Jahreszählung – die Hedschra Mohammeds – anzutasten und etwa, wie es seinem innersten Bedürfnis entsprochen hätte, durch eine Zählung ab Kyros zu ersetzen, sonst hätte er mit einem Volksaufstand rechnen müssen. Aber seit unserem Jahr 1925 weicht die islamische Zeitrechnung des Iran von der aller anderen Moslemstaaten ab. Reza Pahlevi pries dies als »iranische« Eigenständigkeit.

Dem Schah konnte es nur willkommen sein, daß europäische und vor allem amerikanische Archäologen zunehmend ins Land kamen und sich für die Ruinen der altpersischen Residenzstädte interessierten. Reza Pahlevi ließ sie forschen und graben, wo sie wollten. So ist es kein Zufall, daß 1931 amerikanische Archäologen die Ruinen von Persepolis freizulegen begannen. Persepolis erschien dem Schah als überragendes Symbol vergangener iranischer Größe, ihm bedeuteten Städte wie diese wesentlich mehr als etwa die schiitischen Wallfahrtszentren von Mesched und Ghom.

1935 ließ Reza Pahlevi die bisher international übliche Staatsbezeichnung »Persia« durch »Iran« ersetzen. Seine Motive für diese Maßnahme waren, wie schon in der Einleitung des Buches angedeutet, sehr vielfältig. Einerseits leitete ihn eine historisch nachvollziehbare Logik. Da der Name »Persia« durch die Europäer als Fremdbegriff in Umlauf gebracht worden war und später von der westlichen Welt international als Staatsname verwendet wurde, konnte es nur politisches Selbstbewußtsein bedeuten, wenn die Iraner ihren ursprünglichen Staatsnamen auf internationaler Ebene wieder einforderten. Auch bildete »Iran« eine neutralere Bezeichung für einen Staat, in dem neben Persern auch noch andere iranische Volksgruppen sowie Turkvölker und Araber leben. Andererseits aber rückte der Schah diese Maßnahme in Zusammenhang mit zahlreichen weiteren nationalistisch überzogenen Zielsetzungen: Der Umbenennung auf »Iran« sollte eine umfassende »Iranisierung« des öffentlichen wie kulturellen Lebens folgen. Und dieser Vorstoß richtete sich wiederum zuallererst gegen das, was der Schah im weitesten Sinn unter »arabischem Einfluß« verstand.

Mit beträchlichem Propagandaaufwand forderte Reza Pahlevi in diesem Zusammenhang eine »Reinigung« der Sprache. Selbst die Personennamen sollten zukünftig »national« sein. So ordnete er an, man solle sich bei der Namenswahl nicht mehr an arabischen, sondern an iranischen Vorbildern orientieren. Nicht Ali, Achmed, Dschemal, sondern Kyros, Dareios, Schapur. Ausgenommen von dem Gebot wollte der Schah nur arabische Namen wissen, die sich auf Allah bezogen, etwa Abdallah, Asadullah, Ruhollah. Auch erschien ihm die persische Sprache noch zu sehr von arabischen Lehnwörtern durchsetzt. Hier gelte es, die Revolution des Dichters Firdusi fortzusetzen, man müsse die Heimatsprache noch entschiedener von fremden Einflüssen reinigen. Im Notfall sollte man auf längst vergessene Wörter des Mittelpersischen, der Sprache der Sassaniden, zurückgreifen. Der Schah selber war gerade hier mit eigenem Beispiel energisch vorangegangen, indem er seiner Dynastie den Namen »Pahlevi« gab. Pahlevi, das ja im übertragenen Sinn soviel wie »heroisch« bedeutet, steht als Oberbegriff für die einstige Sprache des Mittelpersischen in vorislamischer Zeit. Lehnwörter, so wollte es der Schah, sollten nur noch im technisch-naturwissenschaftlichen Bereich erlaubt sein und hier den europäischen Sprachen entnommen werden.

Für die Mullahs, Modschtaheds und Ajatollahs bedeuteten all diese Maßnahmen einen Schock. Dabei hatten die Geistlichen anfangs noch geglaubt, nach dem Sturz der Kadscharen einen frömmeren Herrscher zu bekommen. Es hatte alles verheißungsvoll begonnen. 1924 hatte Reza noch in seiner Eigenschaft als Premierminister die heilige Stadt Ghom besucht, in der großen Moschee demonstrativ gebetet und sich mit dem Versprechen verabschiedet, den Islam in

Persien gegen die Gefahren des modernen Atheismus zu verteidigen. Reza konnte nach dieser frommen Geste mit der Hilfe der Geistlichen rechnen – und er brauchte diese Hilfe, solange in den Provinzen noch Aufstände gegen die Zentralgewalt wüteten. Kaum aber hatte der Schah die Rebellenheere niedergeworfen, fühlte er sich stark genug, offen gegenüber den Geistlichen auf Distanz zu gehen. Schroff wies er ihre Forderung zurück, sich als »Statthalter des Verborgenen Imams« zu betrachten. Es lag ihm fern, zukünftig auf die Ratschläge der Ajatollahs zu hören, wo er diese Männer doch nur als »Reaktionäre« ansah, als das größte Hindernis, wenn es galt, das Land zu modernisieren. Hier dachte und sprach er nicht anders als Atatürk.

### *Der folgenreiche Zwischenfall von Ghom*

Mit den Ajatollahs umzugehen verstand Reza Pahlevi nicht. Ihre Mentalität war ihm fremder als die seiner europäischen Techniker, dies bewies er in den folgenden Jahren oft genug. Ungeduldig trieb er seine Reformen voran, nicht bereit zu einer Diskussion, ja, gerade der Widerspruch von ranghohen Geistlichen konnte ihn rasend machen. Berühmt, berüchtigt und oft zitiert ist ein Vorfall aus dem Jahr 1927, der mehr als alle anderen verhängnisvoll in die Zukunft gewirkt hat.

Reza Pahlevi hatte 1927 durch ein Gremium französischer und persischer Juristen die Reformen der Rechtsprechung nach europäischem Muster vorbereiten lassen. Eine strikte Trennung von Staat und religiösen Einrichtungen war geplant, und natürlich mußte der Schah ahnen, daß er hiermit einen Entrüstungssturm bei den Schitenführern hervorrufen würde. Aber es kam schlimmer als erwartet. Die Ajatollahs von Ghom riefen das Volk zum Generalstreik auf. Mit Entsetzen mußte die Regierung feststellen, daß die Gläubigen in den Basaren, Handelskontoren und den Handwerksbetrieben dem Ruf folgten; der Streik lähmte von April bis November 1927 die Wirtschaft des gesamten Landes. Der Schah fühlte sich gedrängt, mit den Ajatollahs zu verhandeln, was er persönlich sicherlich als Zumutung empfand. Nur so läßt sich erklären, wieso er nicht selber nach Ghom fuhr. Er schickte einen Stellvertreter. Aber nicht ein Minister entstieg schließlich in Ghom dem Auto und betrat die Fatima-Moschee, sondern zur Verblüffung der Geistlichen – eine Frau. Es war eine der vier Gattinnen Reza Pahlevis. Dies konnte von den stockkonservativen Religionsführern nur als eine Beleidigung ausgelegt werden. Diese Frau tat zudem etwas, was den Versammelten vollends die Fassung raubte: Sie nahm den Schleier ab. Die Geistlichen hoben erregt die Fäuste und weigerten sich, die Abgesandte überhaupt anzuhören. Ein Ajatollah ging sogar mit drohendem Gesichtsausdruck auf sie zu und wies sie aus der Moschee. Überstürzt verließ die zutiefst erschrockene Schahgattin die Stadt und schickte einen Eilkurier nach Teheran.

Wutentbrannt jagte der Schah im Panzerauto nach Ghom, eskortiert von motorisierten Soldaten seiner Elitetruppe, und betrat mit Reitstiefeln die Moschee. Mit Stiefeln! Jeder Gläubige muß beim Betreten der Gebetsräume die Schuhe ausziehen und am Eingang zurücklassen, der Schah jedoch mißachtete diese Sitte; deutlicher konnte er seine Geringschätzung nicht mehr ausdrücken, so mußte es den Versammelten erscheinen. Aber das Schlimmste, das Unvorstellbare, kam erst noch. Mit dröhnender Stimme verlangte der Schah nach dem Ajatollah, der seine Frau drohend aus der Moschee gewiesen hatte, und als der Genannte vortrat, hob Reza Pahlevi seinen Gehstock und schlug auf den ranghohen Religionsgelehrten ein. Dann verließ er die Moschee. An ein weiteres Verhandeln war nicht mehr zu denken, der Schah verließ die heilige Stadt.

Was an diesen zwei Tagen des Jahres 1927 in Ghom geschah, hat nicht wiedergutzumachenden Schaden angerichtet. Mit seinem Verhalten hatte der Schah nur allzu deutlich demonstriert, daß es ihm nicht sehr ernst war, mit den Ajatollahs zu verhandeln. Sonst hätte er zumindest aus taktischen Gründen Rücksicht auf bestehende Traditionen nehmen müssen. Daß er zudem noch einen Ajatollah in aller Öffentlichkeit prügelte, bedeutete eine unerträgliche Demütigung. Nach Maßgabe der Schiitenführer konnte ein Herrscher wie er nur noch als »Feind des Islam« angesehen werden, nicht berechtigt, über Gläubige zu herrschen. Ihnen erschien die Dynastie Pahlevi jetzt noch unwürdiger als die der Kadscharen, denn durch diesen neuen Schah wurde die Religion zum ersten Mal in der Öffentlichkeit provozierend verächtlich behandelt.

Reza Pahlevi machte sich wenig aus der Feindschaft der Ajatollahs. Er besaß eine starke, modern ausgerüstete Armee, mit der er jeden

Aufstand rasch und erbarmungslos niederknüppeln konnte. Außerdem traute er den ranghohen Geistlichen ohnehin nicht zu, daß sie das Volk zu Hunderttausenden oder gar zu Millionen in den offenen Aufruhr treiben könnten. Der Schah sollte recht behalten. Während seiner ganzen Regierungszeit mußte er keinen Aufstand fürchten. Die Ajatollahs verharrten meist in stummer Opposition; das Äußerste war, daß sie in ihren Freitagspredigten von einem ungerechten Herrscher zu sprechen wagten, aber auch hier waren sie vorsichtig mit der Wahl ihrer Worte. Stürzen konnten sie den Schah nicht, für sie blieb er noch zu mächtig.

Gestürzt wurde er trotzdem. Aber nicht vom eigenen Volk, sondern durch Großbritannien und die Sowjetunion. Vor allem die Regierung in London empfand Reza Pahlevi schon seit Jahren als ein Ärgernis, hatte er sich doch ständig neue deutsche Berater ins Land geholt und Briten nach Hause geschickt. Zudem hatte er immer hartnäckiger gefordert, der Iran müsse seine Bodenschätze selber ausbeuten. Damit verletzte der Schah ein Tabu. Denn Großbritannien wollte nicht über die Ölfelder diskutieren, deren Gewinn zum größen Teil in die Kassen der British Oil Company, aber auch der britischen Regierung floß. Es fehlte nur noch der Anlaß, um gegen den Schah vorzugehen. Dieser Anlaß kam 1941: Reza Pahlevi zeigte während des Zweiten Weltkrieges offen seine Sympathie für das Deutsche Reich Adolf Hitlers; mit Hilfe der Deutschen wollte er sich unabhängiger vom britischen Geschäftsinteresse machen. Die Aktionäre der Ölgesellschaft waren alarmiert. Britische Soldaten marschierten im Iran ein, ihnen folgten verbündete Truppen der Sowjetunion, worauf der Schah abdanken und das Land verlassen mußte. Verbittert und vereinsamt starb er 1944 im Exil in Johannesburg, Südafrika. Er war sechsundsechzig Jahre alt geworden.

Die Dynastie Pahlevi aber blieb bestehen. Vor seiner Abreise hatte der alte Schah noch seinen Sohn Mohammed Reza Pahlevi als Nachfolger einsetzen können. Die Großmächte duldeten dies, war doch der Sohn zu diesem Zeitpunkt erst zweiundzwanzig Jahre alt und zeigte sich in Regierungsgeschäften völlig unerfahren. Ein Schah wie dieser würde bei den Aktionären der British Oil Company weniger Schwierigkeiten bereiten; im Gegenteil, er würde willig auf alle Bedingungen seiner ausländischen »Handelspartner« eingehen. Auch die Sowjetunion sah Vorteile für sich, wenn im Nachbarland zukünftig ein weniger profilierter Herrscher an der Macht war.

Mohammed Reza Pahlevi regierte 38 Jahre, zweieinhalbmal länger als sein Vater. Die Großmächte konnten mit ihm zufrieden sein, er machte ihnen tatsächlich nie ernstliche Schwierigkeiten. Was aber niemand voraussehen konnte: er wurde der letzte Schah des Iran.

## *Mossadeghs gescheiterte Revolution*

Der Jüngling Mohammed Reza Pahlevi wirkte bei Regierungsantritt auf die Betrachter gehemmt und unsicher, das krasse Gegenteil seines Vaters. Eine gewisse Eleganz im Auftreten mochte ihm allerdings niemand abstreiten, auch sprach er ein sehr gutes Französisch. Dies waren die Früchte seiner Ausbildung, die er in einem Schweizer Internat zusammen mit amerikanischen Millionärssöhnen genossen hatte. Sonstige nennenswerte Kenntnisse konnte er, der ein mittelmäßiger Schüler gewesen war, nicht vorweisen. Aus Europa brachte er in erster Linie eine Vorliebe für rasante Autos, überhaupt für gut funktionierende Technik mit. Auch hatte er, der gutaussehende junge Mann, sich rasch für das freizügige Leben europäischer Playboys begeistern lassen. Und als »schöner Mann« der internationalen Szene sollte er während der ersten zehn Regierungsjahre mehr von sich reden machen denn als Politiker. Nur die billigen Boulevardblätter fanden anfangs Stoff über den »Kaiser aus Tausendundeiner Nacht«, dem auch die zweite Gattin Soraya leider nicht den ersehnten Thronerben schenken konnte, eine »Tragödie«, die den meisten Lesern unserer westlichen Staaten mehr zu Herzen ging als das Elend von Millionen iranischer Bauern.

Der junge Schah gefiel sich in seiner Rolle als »Liebling« eines internationalen Publikums, dagegen interessierten ihn die politischen Ideen des Westens wenig, vorerst auch nicht die Probleme seines Heimatlandes. Er hatte den Iran an der Seite seines Vaters nur flüchtig kennengelernt, und dabei ließ er es bewenden. Nun selber an der Macht, verließ er den Teheraner Palast lieber in Richtung westeuropäischer Kur- und Wintersportorte, als daß er sich von den trostlosen Zuständen in der iranischen Provinz weiterhin mit eigenen Augen überzeugt hätte. Nicht minder fremd blieb ihm der Islam, wenngleich er sich offiziell zum schiitischen Glauben bekannte; aber er wußte über den Koran nicht besser Bescheid als im Westen sogenannte Taufscheinchristen über die Bibel.

Die Ignoranz des jungen Thronfolgers kam den Großmächten nicht ungelegen. Sie sahen es gern, daß er das Regieren weitgehend seinen Ministern überließ, die sich nur allzu leicht durch militärische Drohungen einschüchtern oder durch Geschäftsleute bestechen ließen. Im Norden weigerten sich die Russen, mit ihren Truppen abzuziehen, und sie wichen erst, als die USA auf die Sowjetunion diplomatischen Druck ausgeübt, ja mit militärischem Vorgehen gedroht hatten. Vor ihrem Abzug konnten die Russen aber noch der Regierung des hilflosen Schahs ein Abkommen über eine russisch-iranische Ölgesellschaft abtrotzen. Im Süden übten die Briten Druck aus, um dieses Abkommen zu Fall zu bringen, und Hilfe erhielten sie hierbei von den USA, angeblich, um den Iran vor einer kommunistischen Bedrohung zu retten. Seit 1947 befanden sich zunehmend Amerikaner in Teheran und am Golf, auch sie bereit, am Ölgeschäft zu verdienen. Es herrschten wieder Zustände wie zur ausgehenden Regierungszeit der Kadscharen: Ungeniert und unbehindert stritten sich ausländische Großmächte um das einträgliche Geschäft mit iranischen Bodenschätzen. Der junge Schah sah hilflos zu.

Politik machte aber bald ein anderer Iraner, und dieser Mann brachte den Großmächten während der Jahre 1950 bis 1953 eine herbe Überraschung. Ihm gelang es, enttäuschte Nationalisten sowie Religiöse um sich zu scharen, die in Sprechchören durch die Straßen Teherans zogen mit so aufschreckenden Rufen wie »Das Öl gehört uns!«, »Die Briten ins Meer!«. Ihr Führer war ein bis dahin im Ausland weithin unbekannter Nationalist, der siebzigjährige Rechtsanwalt und Politiker Dr. Mohammed Mossadegh. Ihm boten so gegensätzliche Gruppen wie die Tudeh, die kommunistische Partei des Iran, und die Mullahs ihre Hilfe an. Als religiöse Fanatiker den britenfreundlichen Premierminister erschossen, sah der junge Schah keine andere Möglichkeit, als Mossadegh zum Nachfolger des Ermordeten zu ernennen. Kaum im Amt, legte dieser eine Liste all der Abgeordneten vor, die sich von der britischen Ölgesellschaft über Jahre hindurch hatten bestechen lassen, und forderte ihren Rücktritt. Was aber schwerer wog: Er veranlaßte die sofortige Verstaatlichung der Erdölindustrie. Aufgeschreckt drohten die USA und

Großbritannien mit Wirtschaftsboykottmaßnahmen, worauf durch Teherans Straßen erst recht die Anhänger Mossadeghs zogen, bei ausländischen Banken die Schaufenster zertrümmerten und in Sprechchören »Imperialisten ins Meer!« forderten. Studenten demonstrierten neben Basarhändlern, kommunistische Parteigänger neben Mullahs in weißen Turbanen und braunen Kaftanen. Die Ajatollahs von Ghom hatten die Gläubigen aufgerufen, an der Rebellion teilzunehmen, sie sahen jetzt die Chance, mit der Dynastie Pahlevi eine alte Rechnung zu begleichen.

Der August 1953 brachte die dramatische Zuspitzung. Schahtreue Offiziere hatten einen Putsch gegen Mossadegh angezettelt, aber die Verschwörung wurde aufgedeckt, worauf Mohammed Reza Pahlevi fluchtartig das Land verlassen mußte. Der Schah gestürzt! Die Dynastie Pahlevi am Ende! So mußte es der Weltöffentlichkeit erscheinen. Vier Tage später aber war der Schah wieder in Teheran und konnte ungehindert in seine Residenz einziehen. Mossadegh kam ins Gefängnis und wartete auf seinen Prozeß; er wurde im November desselben Jahres zum Tode verurteilt, im Dezember aber zu einer dreijährigen Haftstrafe begnadigt, da man sich scheute, den populären Politiker hinrichten zu lassen. (Mossadegh starb 1967 zurückgezogen in Teheran, ein entmachteter Privatmann unter Polizeiaufsicht.) Wie hatte dies alles geschehen können?

Die Antwort war einfach. Mossadegh hatte seine Macht überschätzt, Großbritannien und die USA gleichermaßen herauszufordern, und so konnte er nicht verhindern, daß die beiden Großmächte durch ihren Wirtschaftsboykott den Iran ins Chaos trieben. Zusätzlich gefährdete er seine Stellung, als er den Schah zur Flucht zwang. Das schahtreue Militär mußte sich durch den Sturz seines Herrschers herausgefordert fühlen und setzte seine Truppen in Bewegung. Ein weiteres Stück Wahrheit aber erfuhr die Weltöffentlichkeit erst später: Der amerikanische Geheimdienst CIA hatte mit einem Sonderkommando das für den Schah putschende Militär sachkundig geführt; hierin sind sich heute nicht nur die iranischen, sondern auch die meisten amerikanischen und westeuropäischen Historiker einig. Dem Schah war der Thron gerettet worden, um den Ausländern weiterhin gute Geschäfte mit dem iranischen Erdöl zu ermöglichen. Zwar blieben jetzt die Ölfelder im Besitz des Iran – dies war eine Maßnahme, um die unzufriedenen Nationalisten zu beruhigen –, aber dafür hatten die Iraner eine hohe Entschädigungssumme an die Briten zu bezahlen, außerdem betrieben jetzt internationale Ölgesellschaften den Verkauf, keinesfalls die Einheimischen selber. Der Iran hatte nur unwesentlich dazugewonnen.

Doch selbst dies war noch nicht die ganze Wahrheit. Mossadegh konnte auch deshalb gestürzt werden, weil ihn seine beinahe wichtigsten Verbündeten im Stich ließen: die Mullahs und Ajatollahs. Die religiösen Männer hatten sich zunehmend von dem populären Volksführer zurückgezogen, als dieser Kommunisten in seine engere Umgebung holte. Den geistlichen Führern erschien Mossadegh mit einem Mal als »Atheist«, obwohl er sich nie abfällig über den Islam geäußert hatte. Aber wer garantierte, ob die Kommunisten nicht eines Tages die ganze Macht an sich reißen und einen »gottlosen« Staat propagieren würden wie in der benachbarten Sowjetunion? Den Mullahs und Ajatollahs erschien nun das Schreckgespenst der »roten Gefahr« drohender als die Herrschaft eines Pahlevi-Schahs. Maßgebende Schiitenführer sprachen sich für die Rückkehr des geflohenen Herrschers aus. Mohammed Reza Pahlevi konnte so in seinem Audienzsaal bald auch ranghohe Geistliche empfangen, ein ungewöhnliches, geradezu groteskes Bild nach Jahren erbitterter Feindschaft.

Heute schweigen sich die Ajatollahs über die Vorgänge von 1953 am liebsten aus. Denn damals hatten sie einem Mann geholfen, der bald ganz gegen ihre Erwartungen doch noch zu einem gefürchteten Gegner werden sollte. Mohammed Reza Pahlevi rang sich nämlich nach dem Schock des Beinahe-Sturzes zu dem Entschluß durch, nun tatsächlich zu regieren. Was der Vater begonnen hatte, wollte der Sohn vollenden: den Iran »in eine der fortschrittlichsten Nationen des 20. Jahrhunderts verwandeln«.

Große Worte. Taten sollten folgen. Mohammed Reza Pahlevi schickte als erstes iranische Studenten an europäische und amerikanische Universitäten, von wo sie mit dem nötigen Fachwissen zurükkommen sollten, um das Land zu modernisieren. Reform hieß für den Schah vor allem: mehr Technik nach westlichem Vorbild; das Land sollte möglichst rasch vom Agrar- zum Industriestaat umgewandelt werden. Politische und soziale Ideen wollte der Schah dagegen nicht aus dem Westen importieren, hier stützte er sich lieber auf »iranische« Traditionen. Darunter verstand er dasselbe wie sein Vater:

Er wollte ohne Parlament regieren, ganz im Stil altpersischer Gottkönige. Seiner Meinung nach war das Palament nur dazu da, um kaiserliche Entscheidungen zu billigen, und folgerichtig hatten die Minister allein ihm, nicht den Abgeordneten verantwortlich zu sein. Eine solche Regierungsform konnte er bald wie sein Vater durchsetzen, weil die Armee seit je gewohnt war, bedingungslos einem absoluten Herrscher zu dienen. Auch duldete die Schutzmacht USA stillschweigend seinen Herrschaftsstil, selbst wenn ihre Diplomaten zuweilen vorsichtig verlauten ließen, im Iran müsse »das langfristige Ziel eine Demokratie« sein.

Mohammed Reza Pahlevi führte den traditionsreichen Titel »Schah-in-Schah«, »König der Könige«. Seinem Sohn und vorgesehenen Thronfolger gab er den Namen Cyros im Andenken an den Begründer des altpersischen Weltreiches. Hiermit wollte er ebenfalls ein deutliches Zeichen setzen. Allerdings ließ er sich nicht wie einst die Gottkönige durch halbdurchsichtige Vorhänge den Blicken seiner Untertanen mystisch entrücken, dies erlaubte schon das Zeitalter der informationshungrigen Presse und des Fernsehens nicht mehr, vielmehr zeigte er sich nur gar zu gern den Fotografen und Reportern. Aber: »Durch meinen Gesichtsausdruck, meinen Blick oder den Ton meiner Stimme allein habe ich jede Diskussion unter Kontrolle.« So versicherte Mohammed Reza Pahlevi einmal selbstbewußt in einem Interview westlichen Journalisten. Über seine Auftritte existieren Fotos, wie Bauern und einfache Menschen aus dem Basar in Verzückung seine Schuhe küssen, wie Höflinge und Minister in devot gebeugter Haltung sich ihm nähern.

Eine schmale Schicht von Gebildeten wollte allerdings nicht so ohne weiteres an seine »göttlich inspirierte Sendung« glauben. Diese Männer orientierten sich an aufklärerischen Ideen Europas und der USA, und je mehr Studenten von westlichen Universitäten zurückkehrten, um so mehr mußte der Schah mit Widerstand rechnen. Hinzu kamen die Geistlichen, die aus religiösen Gründen seit Generationen ihre Bedenken anmeldeten. Der Schah war sich dieser wachsenden Gefahr bewußt. Um Abhilfe nicht verlegen, schuf er 1957 die berüchtigte Organisation der Geheimpolizei »Savak«. An die 50000 Agenten arbeiteten in ihrem Dienst und hielten die Bevölkerung mit modernsten Überwachungsmethoden sowie mit Folter und Hinrichtungen in Angst. Der Schah, anfangs nur der Traumkaiser für die »Regenbogenpresse«, entpuppte sich zunehmend als Despot in berüchtigt persischer Tradition.

1958 gründete der Schah die »Pahlevi-Stiftung«. Diese Einrichtung hatte, wie es offiziell hieß, »dem Wohl des Volkes zu dienen«, denn aus ihren Mitteln sollte die Ausbildung zahlreicher Studenten vor allem aus sozial bedürftigen Familien finanziert werden. Eine gemeinnützige Organisation also, so schien es. Gelder flossen ihr aus Spenden von Behörden, staatlich geleiteten Fabriken und internationalen Ölgesellschaften zu, aber auch direkt aus Steuergeldern. Ein offizieller Rechenschaftsbericht ist nie vorgelegt worden. Heute weiß man, daß ein Großteil der Gelder auf ausländische Privatkonten weitergeleitet wurde, was den Schah zu einem der reichsten Männer der Welt werden ließ. In weit größerem Stil als sein Vater vermochte er es so, das Volk auszurauben. Auch hier blieb er der Tradition fragwürdiger Gottkönige treu.

Die Weltöffentlichkeit konnte der Schah geraume Zeit mit der strahlenden Zukunftsvision eines »modernen Iran« beeindrucken. Er war Mitte dreißig, als er sich entschlossen hatte, selber zu regieren und, nach eigenen Worten, »Geschichte zu machen«. Alle Welt kannte ihn damals schon aus den Berichten der Tageszeitungen und des Fernsehens, noch mehr aber aus den seichten Stories der Boulevardpresse.

Ein gewisser Ajatollah Khomeini war zu dieser Zeit an die fünfzig Jahre alt. Einige tausend geistliche Studenten feierten ihn in Ghom als ihren verehrten Lehrer, im Ausland aber kannte ihn niemand. Man war in keiner Weise darauf vorbereitet, daß einmal ein Korangelehrter den Schah stürzen und auf dramatische Weise das Machtzentrum im Mittleren Osten erschüttern und umgestalten würde.

## 2. Khomeini und die islamische Revolution

### *Vom Ajatollah zum Politiker*

Khomein ist ein unscheinbarer Ort mit etwa siebentausend Einwohnern. Das Städtchen liegt an die 150 Kilometer südwestlich der heiligen Stadt Ghom, etwa ebenso weit entfernt von Isfahan in nordwestlicher Richtung. Nur Schotterstraßen und holprige Pisten führen in die bis heute wenig erschlossene Gebirgsgend auf eine Höhe von fast zweitausend Metern. Die kahlen Berge ringsum ragen noch einmal tausend Meter höher und umschließen düster die Hochebene mit ihren kargen Äckern und Viehweiden. Mäßig warme Sommer und bitterkalte, schneereiche Winter prägen die Landschaft und ihre Menschen. Der Ort Khomein mit seinen flachdächigen, oft fensterlosen Steinbauten ist so öde und nichtssagend wie viele andere iranische Kleinstädte in der entlegenen Provinz. Nur an Markttagen beleben sich die Straßen und Plätze, wenn Bauern und Bergnomaden in den Ort kommen, um im Tauschhandel das Notwendigste einzukaufen. Ein Städtchen ohne jegliche Sehenswürdigkeiten. Wahrscheinlich würde darüber ein Außenstehender bis heute nie ein Wort verloren haben, wäre dort nicht ein Perser geboren worden, der zum gefeierten und umstrittenen Revolutionsführer aufstieg: Ruhollah Musawi. Nach seinem Heimatort legte er sich den Beinamen Khomeini zu.

Khomeini wurde 1902 geboren. Sein Vater gab ihm, dem jüngsten von drei Söhnen, den Namen Ruhollah, »Seele Gottes« – ein ungewöhnlicher Name, der in der islamischen Literatur hauptsächlich nur als Beiname für Jesus, den »großen Propheten«, vorkommt; kaum ein Moslem trägt ihn. Paradox muß eine derartige Benennung uns Europäern erscheinen, weil sie den späteren Revolutionsführer und Diktator symbolisch in die Nähe Christi, des Verkünders der Nächstenliebe, rückt. Seine Anhänger jedoch wollten später in eben diesem seltenen Namen eine besondere Auserwähltheit durch Gott begreifen.

Khomeinis Vater, Mustafa Musawi, war im Ort ein angesehener Mann und galt zugleich als Außenseiter. Erst um 1880 war er nach Persien gekommen, zuvor hatte er als Sproß einer persischen Familie in Kaschmir gelebt; er legte sich später im Andenken an seine frühere Heimat den Beinamen »Hendi«, »der Inder«, zu. Er war Landpächter mit nur bescheidenem Auskommen, außerdem Wanderprediger, mehr unterwegs in den Dörfern und Städten der Umgegend als im Heimatort, mehr in den Hütten der bettelarmen Bauern und Nomaden zu finden als in den Villen der wenigen einflußreichen Großgrundbesitzer; er unterschied sich damit grundsätzlich von den meisten Geistlichen seiner Zeit. Sein Wissen muß gründlich gewesen sein, denn er hatte es zum Ajatollah gebracht, von denen es unter den 180 000 Mullahs des Iran nur an die tausend gibt. Was sein Ansehen zusätzlich hob, war der Titel eines »Seyyid«, eines Nachkommen aus der Familie des Propheten Mohammed. Daher war er auch berechtigt, als Geistlicher den schwarzen Turban anstatt des sonst üblichen weißen zu tragen. Er vermochte allerdings keine Urkunde vorzuweisen, die eine Blutsverwandtschaft mit Mohammeds Sippe hätte beweisen können. So mag ein quellenkritisch orientierter Historiker Zweifel an seiner Herkunft anmelden, finden sich doch heute allein im Iran an die 600 000 Männer mit dem Anspruch auf den Titel eines Seyyid. Aber das einfache Volk glaubt fest an solch erhabene Abstammung, sofern ein Seyyid sich nur als frommer Mann auszeichnet oder gar wie ein Heiliger lebt.

Khomeinis Vater stand im Ruf, ein Heiliger zu sein, denn er verschmähte es, durch die Großgrundbesitzer ein Gehalt zu beziehen, wie es sonst die Mullahs taten; ihm genügten die kärglichen Mahlzeiten in Bauernhütten, und falls es dort nichts zu essen gab, dann hungerte er bereitwillig wie seine mittellosen Gastgeber. Er predigte leidenschaftlich gegen die Feudalherren, die von den Bauern zu hohe Abgaben erpreßten, um sich selber ein Leben in Luxus zu gönnen. Dies, so wetterte der Prediger in Dörfern und städtischen Basaren, sei »nicht islamisch«, hier verletze der reiche Grundherr seine Fürsorgepflicht gegenüber den sozial Schwächeren. Khomeinis Vater wollte aber keinesfalls den Großgrundbesitz abgeschafft sehen, er wünschte nur eine gerechtere Behandlung der Pächter. Bereits dieses Denken war in der erstarrten Feudalgesellschaft Persiens lebensgefährlich. Eines Tages im Jahr 1902 lauerten ihm Bauern im Auftrag eines Großgrundbesitzers auf und erschlugen ihn mit Hacken und Holzprügeln. Der Sohn war zu diesem Zeitpunkt gerade ein paar Monate alt.

Ruhollah wuchs in Khomein unter äußerst ärmlichen Verhältnissen heran. Seinen ersten Religionsunterricht bekam er durch die Mutter, die aus einer religiös sehr gebildeten Familie stammte, dann durch den Mullah von Khomein, dann durch den älteren Bruder Mortesa, der später ein berühmter geistlicher Rechtsgelehrter in Ghom werden sollte. Für Ruhollah war es selbstverständlich, ebenfalls Geistlicher zu werden. Neunzehnjährig verließ er seinen Heimatort Khomein, um im benachbarten Arak bei einem angesehenen Ajatollah zu studieren. Dies geschah 1921, im selben Jahr, als in Teheran der Kosakenoffizier Reza Khan sich an die Macht putschte. 1922 wechselte der zwanzigjährige Ruhollah an die Hochschule der heiligen Stadt Ghom über, wo er zehn Jahre lang wichtige Fächer islamischer Glaubenslehre studierte: Ethik, Recht, Theologie, Mystik, Philosophie. Es waren Jahre, während denen sich Persien entscheidend zu verändern begann und Ghom nicht verschont blieb von den Strudeln dieses Wandels. 1927 wurde der fünfundzwanzigjährige Ruhollah Zeuge, wie aus Teheran Schah Reza Pahlevi im Panzerauto vor das Fatima-Heiligtum vorgefahren kam und mit Stiefeln polternd die Moschee betrat. Ruhollah befand sich unter den zahlreichen Versammelten auf dem Vorplatz, die erregt das Unfaßliche diskutierten, daß der Schah es gewagt hatte, einen ranghohen Geistlichen zu verprügeln. Dieser Tag wurde für den jungen Studenten ein einschneidendes Erlebnis. Nun entwickelte er sich zu einem der kompromißlosesten Gegner der Dynastie Pahlevi. Aber er war noch weit entfernt davon, von einer »islamischen Republik« zu träumen, er wünschte sich nur – wie die übrigen Geistlichen – eine andere, eine »islamische« Monarchie.

1928 heiratete Ruhollah ein elfjähriges Mädchen, die Tochter eines wohlhabenden Geistlichen aus Teheran. Im Alter von dreizehn Jahren gebar sie ihm den ersten Sohn, Mustafa, ein weiterer sollte folgen, Achmed (beide entschieden sich später für die Laufbahn des Geistlichen), außerdem noch drei Töchter. Mit dieser Heirat konnte er sich endlich aus der drückenden Armut lösen, die bisher Studium und Karriere in Ghom belastet hatte.

Um 1930 nahm Ruhollah den Beinamen Khomeini an. Dies geschah allerdings nicht freiwillig. Beamte des Schahs waren nach Ghom gekommen, um aufgrund eines neuen Gesetzes jeder Familie einen Nachnamen zu verleihen; die Maßnahme sollte dazu dienen, zukünftig die Bürger leichter in einer Steuerliste erfassen zu können. Nachnamen aber waren bisher ungewohnt in Persien, denn die Moslems nannten sich allein beim Vornamen und setzten diesem einen Namen des Vaters hinzu. Khomeini hieß bis dahin Ruhollah Musawi. In einer ersten Reaktion beschlossen Ruhollah und seine beiden Brüder, nach dem väterlichen Vorbild den Beinamen »Hendi« (»Inder«) anzunehmen. Hierbei war ihnen der Vorwurf iranischer Nationalisten gleichgültig, als »Nicht-Iraner« diffamiert zu werden; derartige Vorwürfe galten in ihrer streng orthodox-schiitischen Familie als absurd, stand doch ihrer Meinung nach nicht die Zugehörigkeit zu einem Volk an vorderster Stelle, sondern zur »richtigen Religion«. Als aber die Beamten drohten, ihnen die Würde des schwarzen Turbans abzusprechen, falls sie auf diesem so »uniranischen« Namen beharrten, beugten sie sich dem nationalistischen Druck und nannten sich nach ihrem iranischen Heimatort. Es war das erste und letzte Mal, daß sich Ruhollah dem Druck eines Schahs beugte.

Khomeini machte steile Karriere an der geistlichen Hochschule von Ghom. Rascher als viele seiner ehrgeizigen Mitbewerber durchlief er die übliche Hierarchie vom einfachen Mullah bis hinauf zum Ajatollah. Mitte dreißig erwarb er bereits den akademischen Rang eines geistlichen Hochschullehrers, den eines Modschtahed, eines »Urteilsfinders« in religiösen Fragen. Fünf Jahre danach durfte er sich bereits Ajatollah, »Zeichen Allahs«, nennen. Seine Vorlesungen über islamisches Recht waren stark besucht, ja es gelang ihm, während der folgenden zwei Jahrzehnte zu einem der beliebtesten Hochschullehrer von Ghom zu werden. Er soll – so heißt es in späteren Berichten, als er längst zum Revolutionsführer aufgestiegen war – nicht nur durch Vorlesungen, sondern auch als Mensch stark auf die Studenten gewirkt haben. Anders als viele ranghohe Geistliche seiner Zeit lebte er betont einfach, so wie einst sein Vater, und damit entsprach er ganz dem Idealbild jener Modschtaheds, wie sie während des 18. Jahrhunderts gepriesen wurden: auf alle weltlichen Genüsse verzichtend, nicht anfällig für die Versuchungen von Wohlleben und Besitz. Außerdem setzte er sich stark für die unterdrückten Bauern ein und forderte für sie mehr Gerechtigkeit, auch hier ganz dem Stil seines Vaters verpflichtet. Dies war ungewöhnlich und aufsehenerregend an einer geistlichen Hochschule, wo es bisher üblich gewesen war, soziale Probleme totzuschweigen.

Wieviel an solchen Berichten bloße Propaganda späterer Gefolgsleute, wieviel Wahrheit ist, läßt sich nicht in allen Einzelheiten nachprüfen. Tatsache aber ist, daß Khomeini zu einem der gesuchtesten Lehrer an der berühmtesten geistlichen Hochschule des Iran geworden ist; er hat im Lauf seines Lebens über 1500 Anwärter auf das Amt des Modschtahed ausgebildet. Und materiell bedürfnislos wohnte er auch dann noch im selben schmucklosen Haus in Ghom, nachdem er ein gefeierter und umstrittener Revolutionsführer geworden war, ein Mann, dem seine Gegner reine Machtgelüste nachsagten. Privat führte er ein in jeder Hinsicht unauffälliges und bescheidenes Leben. So ist es für ihn auch bezeichnend, daß er, obwohl ihm nach geltendem Recht vier Frauen zugestanden hätten, zeit seines Lebens mit nur einer einzigen Frau zusammenlebte und ihr strikt treu blieb.

Wie sich sein Weltbild im Verlauf der ersten Jahrzehnte geformt hat, läßt sich rekonstruieren, hat er doch seine Gedanken in über dreißig Büchern festgehalten, teils in wissenschaftlichen Abhandlungen, teils aber auch in leicht verständlichen Schriften für den gebildeten Laien, in den letzteren oft mit politischer Absicht. Khomeini hatte tatsächlich schon in frühen Jahren gegen die Mißstände im Staat gewettert, so daß Schah Reza Pahlevi seine Vorlesungen zeitweilig verbieten ließ. Und als der Schah 1941 das Land für immer verlassen mußte, da wandte sich der streitbare Ajatollah zum erstenmal mit einer politischen Schrift an die Iraner: »Junge Freiheitskämpfer, liebe Moslems, die ihr für die verlorene Ehre kämpfen wollt! Liebe Religiöse, die ihr für die Unabhängigkeit engagiert seid!«, formulierte er dort in ungewöhnlicher Schärfe, »es ist Gottes Gebot und die religiöse Aufgabe jedes Moslems, seine Heimat von den fremden Ausbeutern und ihren inländischen Verbündeten zu reinigen und zu befreien!« So geschrieben in der vielbeachteten Streitschrift von 1941, *Die enthüllten Geheimnisse*. In ihr stellte Khomeini den Schah und seine Beamten auf eine Stufe mit den europäischen Eindringlingen, sie alle galten ihm als »Feinde des Volkes«. Derart entschieden hatte bisher noch kein Ajatollah geurteilt, obwohl es längst zur Tradition gehörte, den Einfluß »ungläubiger Imperialisten« zu verdammen.

Derselbe Khomeini wandte sich in anderen Schriften strikt gegen alle Korangelehrten, die den Islam mit Erkenntnissen der modernen

Welt in Einklang zu bringen suchten. Er wollte im 20. Jahrhundert unverändert die sozialen Vorschriften des Korans gelten lassen, die einst Mohammed für die Nomaden- und Bauerngesellschaft Arabiens geschaffen hatte: angefangen von den drakonischen Strafen (Dieben die rechte Hand abschlagen, Ehebrecher auspeitschen und im Wiederholungsfall steinigen . . .) bis hin zu den frühmittelalterlichen Satzungen des Handels- und Erbrechts. Alle davon abweichenden Gesetze verwarf er als ungültig.

Ende der fünfziger Jahre gehörte Khomeini endgültig zu den berühmtesten Ajatollahs des Iran. Er war in die Reihe der auserwählten Religionsführer gerückt, die den Titel »Ajatollah al-uzma« (»Groß-Ajatollah«) tragen. Dies war eine bedeutsame Auszeichnung, denn nur wenigen ist sie vergönnt – ihre Zahl schwankt zwischen sechs und zwölf im Iran. Nun konnte er sich Hoffnung machen, in das höchste Führeramt gewählt zu werden, das seit 1920 bestand: »Mardscha-i Taqlid«, »Quelle der Nachahmung«. Der Gewählte durfte für sich in Anspruch nehmen, am besten den Willen des Verborgenen Imams zu kennen; er galt wie sonst keiner als ausersehen, bei besonders schwierigen Fragen das letzte Wort zu sprechen. Ihm beugten sich im Zweifelsfall auch die ranghöchsten Ajatollahs – und mit ihnen die Masse der Gläubigen. Seit 1946 war Groß-Ajatollah Hussein Bururdscherdi dieser Auserwählte. Er wohnte wie Khomeini in Ghom. Sonst aber verband die beiden Männer nur wenig Gemeinsames. Bururdscherdi war Khomeini an religiösem Wissen bei weitem überlegen, auch dachte er um vieles differenzierter, weshalb er die Ajatollahs der verschiedensten Denkschulen gleichermaßen zu beeindrucken vermochte, aber er war ein stiller, in sich gekehrter Mann, eine Gelehrtennatur. Er sah die Aufgabe des religiösen Führers nur darin, die heiligen Schriften richtig zu interpretieren und die Gläubigen gewissenhaft zu unterrichten, das Handeln wollte er den Politikern überlassen. Dabei äußerte er sich privat zuweilen äußerst scharf gegen den Schah, schrieb zuweilen auch mahnende Briefe an den kaiserlichen Hof, schwieg jedoch in der Öffentlichkeit, denn er hoffte, den Schah auf friedlichem Weg zu »islamischer Gesetzgebung« zu bewegen. Mullahs, Modschtaheds und Ajatollahs warteten vergeblich auf ein Zeichen aus Ghom. Und Khomeini war nicht der Mann, der dieses Zeichen zum offenen Widerstand hätte geben dürfen. Noch nicht.

1961 starb Bururdscherdi im Alter von 86 Jahren. In Ghom trafen die Ajatollahs aus allen Teilen des Iran zusammen, um einen Nachfolger zu bestimmen. Drei Kandidaten rückten in die engere Wahl: die Groß-Ajatollahs Kazim Schariat Madari aus Täbris, Mohammed Milani aus Mesched und Khomeini aus Ghom. Vor allem der erstere und der letztere konnten Anhänger um sich scharen: Schariat Madari vornehmlich liberal denkende, Khomeini konservative oder gar reaktionär eingestellte Geistliche. Aber als die Begräbnisfeierlichkeiten vorbei waren, verließen die Ajatollahs die heilige Stadt wieder, ohne eine Wahl getroffen zu haben. Die nahezu tausend Wahlberechtigten hatten sich nicht mehrheitlich für einen Kandidaten entscheiden können, also mußte das begehrte Amt des Mardscha-i Taqlid unbesetzt bleiben.

Für die Schiiten bedeutete dies keine Katastrophe. Ja, sie sahen hierin nicht einmal eine Krise. Seit Jahrhunderten hatte es für sie keinen unumstrittenen religiösen Führer gegeben, meist fanden sich mehrere ranghohe Geistliche, die ähnlich großes Ansehen im Volk genossen, und der einfache Gläubige durfte ohnehin auf jenen Modschtahed oder Ajatollah hören, der seiner Meinung nach die heiligen Schriften besonders scharfsinnig auslegte. Niemals hatten die Schiiten eine unantastbare Hierarchie vorgesehen wie etwa die Katholiken, niemals eine Art Papst mit »unfehlbarer« Entscheidungsgewalt in Glaubensfragen; nach dem Verschwinden des zwölften Imams war dieser Anspruch unmöglich geworden. Die Ajatollahs hatten sich zwar 1920 dazu durchgerungen, zukünftig einen Mardscha-i Taqlid zu wählen, aber die ranghohen Geistlichen waren nicht gezwungen, sich auf ein Oberhaupt zu einigen. Es durfte Monate, ja Jahre dauern, bis sich die verschiedenen Gruppen einem einzigen Führer unterordneten. Man vertraute darauf, daß sich der »richtige Mann« im Verlauf der Zeit von selbst durchsetzen werde.

Wer aber war nach 1961 der »richtige Mann«?

Khomeini mußte sich damit abfinden, daß nach Bururdscherdis Tod nicht wenige Gläubige andere Ajatollahs als höchste Autorität vorzogen. Noch war nicht die Stunde für einen kämpferischen, aggressiven Schiitenführer gekommen, noch wirkte das Vorbild des milden, friedfertigen Religionsführers nach. Aber Khomeinis Chancen nahmen zu, je mehr Bauern und Basarhändler unzufrieden mit der

Regierung wurden, Männer aus jenen Schichten, die seit jeher in der Not zuerst einmal bei einem Geistlichen Zuflucht suchten. Sozialen Sprengstoff gab es um das Jahr 1961 genug. Die Krise wuchs.

## *Der Schah verkündet die »Weiße Revolution«*

Von Krise hatte man im Umkreis des Schahs lange Zeit nicht reden wollen. Im Gegenteil, man hatte keine Gelegenheit versäumt, auf den rasanten Fortschritt des letzten Jahrzehnts hinzuweisen.

Der Fortschritt erschien in der Tat eindrucksvoll – zumindest auf den ersten Blick. Seit die Erdölindustrie verstaatlicht war, floß mehr als das Sechsfache an Einnahmen in iranische Kassen, ein Reichtum, der sich bald im Erscheinungsbild der Großstädte bemerkbar machte. Besonders in der Hauptstadt Teheran. Dort schossen mehr als sonstwo die Häuserfronten der Banken, der Verwaltung und multinationaler Konzerne in die Höhe, teils monströse, schachtelförmige Bauten mit glitzernden Glasfassaden, die den einst so freien Blick zum winterlich schneebedeckten Elbursgebirge verstellten. Auf den Straßen drängte sich ein so dichter Autoverkehr wie in jeder westeuropäischen Millionenstadt, und abends flimmerte in den Geschäftsvierteln die bunte Neonreklame mit derselben Aufdringlichkeit wie in allen westlichen Industriestaaten. Die Moscheen hatten aufgehört, mit ihren blaugekachelten Kuppeln das Stadtbild zu beherrschen, sie wirkten oft verschüchtert niedergeduckt zwischen Hochhäusern aus Glas und Beton. Nicht wenige Iraner waren stolz auf die Veränderungen, die sich in ihrer Hauptstadt vollzogen, vor allem Söhne aus reichen Familien, die an westlichen Universitäten studiert hatten. Gerade sie zeigten demonstrativ ihre Verachtung gegenüber der eigenen Kultur und fanden es großartig, wenn enge winklige Gassen einer breiten Autostraße, traditionelle Kuppelbauten einem kastenförmigen Hochhaus, Basare mit ihren jahrhundertealten Verkaufsgewölben Supermärkten in amerikanischem Stil weichen mußten. Die neue Bildungselite des Iran wünschte nichts lieber, als daß ihr Land sich im äußeren Erscheinungsbild Europa und den USA anglich. Was in Europa von Kulturkritikern bereits als drohende »Unwirtlichkeit der Städte« und »Verlust der Tradition« beklagt wurde, begann man nun im Iran uneingeschränkt als »Fortschritt« zu feiern. Noch fanden Iraner kein Gehör, die vor der Zerstörung der eigenen Kultur warnten.

Erst ab 1968 sollte es ein Gesetz geben, das die unkontrollierte Bauwut eindämmte. Traditionsbewußte Iraner, bestärkt durch westliche Orientalisten und Kunsthistoriker, haben es dann endlich erreicht, daß »historisch besonders erhaltungswürdige Städte« unter Denkmalschutz gestellt wurden, allen voran Isfahan, Mesched, Ghom, Yasd, Kerman. Von nun an durfte in Sichtweite der berühmten Moscheen kein moderner Zweckbau mehr errichtet werden, der das organisch gewachsene Stadtbild mit seinen lehmfarbenen zweigeschossigen Häusern und zahlreichen Kuppeln beeinträchtige. Die Denkmalpfleger konnten in der dritten Schahgattin, Farah Diba, die in Paris Kunstgeschichte und Architektur studiert hatte, eine engagierte Fürsprecherin gewinnen. Aber diese ersten Rettungsversuche kamen fast zu spät, viele Schäden waren nicht mehr zu beheben.

Gott Erdöl regierte. Die Geschäftsleute und Techniker, Ausländer wie Einheimische, errichteten ihre Industrieanlagen und Verwaltungsbauten ohne Rücksicht auf kulturelle und religiöse Traditionen, Proteste taten sie nur allzu rasch als »rückständig« und »reaktionär« ab. Besonders sollten dies die Mullahs, Modschtaheds und Ajatollahs von Ghom zu spüren bekommen. Hatten Techniker schon in den dreißiger Jahren eine Eisenbahnlinie von Teheran an der heiligen Stadt vorbei zu den Erdölfeldern des Südens geführt, so begannen sie Anfang der fünfziger Jahre, nördlich von Ghom Öl zu fördern. Immer näher rückten neu erschlossene Ölfelder an die Stadt heran, bis man schließlich tagtäglich den Geruch von Petroleum sogar in den Moscheevorhöfen wahrnahm. Der Besucher, der Anfang der sechziger Jahre von Teheran auf einer gut ausgebauten Straße zur Residenz der ranghöchsten Ajatollahs fuhr, mußte zuerst einmal die nüchterne Silhouette von Bohrtürmen und qualmenden Schloten passieren, bevor er von einer Anhöhe aus auf die goldenen Kuppeln und die Minarette des Heiligtums blickte. Drohender und herausfordernder hätte sich »die neue Zeit« den Geistlichen der heiligen Stadt nicht bieten können.

»Die neue Zeit« – dies war das Schlagwort, mit dem der Schah, seine hohen Beamten, die gut verdienenden Kaufleute und Ingenieure die jähen Veränderungen während der fünfziger und sechziger

Jahre euphorisch charakterisierten. Aber Anlaß zum Jubeln gab es nur für wenige. Der Dollarstrom aus den Öleinnahmen erreichte allein die Regierungsbeamten in hohen Stellungen und die Geschäftsleute, die gute Beziehungen zum kaiserlichen Hof hatten anknüpfen können. Diese kleinen Gruppen strichen Millionengewinne ein und überwiesen sie auf Auslandskonten, weil ihnen das eigene Land nicht sicher genug erschien. Relativ zufrieden sein konnten vorerst auch die Industriearbeiter, eine ebenfalls kleine Gruppe, die sich von ihrem bescheidenen Lohn wenigstens einige der ausländischen Luxusgüter leisten konnte; das Transistorradio wurde zum Statussymbol dieser Schicht. Ein erträgliches Auskommen fanden zunächst auch die Basarhändler und Handwerker. Aber die übrigen?

Ärmlich lebten die meisten Staatsbeamten, angefangen vom Polizisten bis hin zum Lehrer, ganz zu schweigen von den rangniedrigen Bürokraten; ihr Gehalt war im wahrsten Sinn des Wortes ein Hungerlohn. Erst recht ärmlich fristeten die Gelegenheitsarbeiter in den Städten, vor allem aber die Bauern und Tagelöhner in den 42000 Dörfern des Iran ihr Dasein. An ihrem Leben änderte sich überhaupt nichts, sie blieben nach wie vor der bloßen Laune ihrer reichen Dienstherren ausgeliefert. Nicht wenige von ihnen litten an Unterernährung – und dies in einem Land, das damals über eines der größten Bruttosozialprodukte der Welt verfügte.

Scharen von verarmten Bauern und besitzlosen Landarbeitern strömten in die großen Städte, besonders nach Teheran, weil sie über den angeblichen Massenwohlstand dort Märchenhaftes gehört hatten. Aber sie fanden dort nur mit Glück eine Arbeit als miserabel bezahlte Tagelöhner, meist standen sie gleich vor verschlossenen Toren. Ernüchtert und hoffnungslos siedelten diese Ärmsten der Armen in ohnehin überfüllten Hüttenstädten und vergrößerten so noch die hohe Zahl der Elendsquartiere, errichtet aus Wellblech, Kartons, zerfetzten Autoreifen, den Abfallprodukten unserer modernen Zivilisation. Innerhalb von fünfzehn Jahren schwoll die Einwohnerzahl Teherans auf das Doppelte an, von einer auf zwei Millionen. Die Hälfte dieser Menschen vegetierte nicht unweit der glitzernden Hochhausfassaden, litt unter Hunger und Krankheiten; viele von ihnen empfanden ihr Dasein erbärmlicher als zuvor in den Dörfern, wohin es für die Entwurzelten kein Zurück mehr gab. Nicht zufällig sollte in diesen Slumbewohnern Khomeini seine treueste Gefolgschaft finden.

Anfang der sechziger Jahre erkannte der Schah endlich die Gefahr. Zu Tausenden waren Lehrer durch Teherans Zentrum geströmt und hatten in Sprechchören eine bessere Bezahlung gefordert. Diese Demonstration war nur der Beginn gewesen. Ebenfalls zu Tausenden zogen bald darauf Studenten durch Teheran und legten den Autoverkehr der Hauptstraßen lahm, sie forderten eine gerechtere Sozialordnung für alle. In den Elendsvierteln begann es unruhig zu werden, Polizei marschierte drohend auf und vertrieb die Demonstranten. Weitere Unruhen würden folgen – falls nicht etwas Grundlegendes geschah. Amerikanische Ratgeber schreckten den Schah mit der Bemerkung auf, eine Revolution sei unvermeidlich, wenn er nicht bald eine glaubwürdige Reformpolitik einleite. Vor allem sei es nötig, den verarmten Bauern zu helfen, um eine weitere Abwanderung in die Städte zu verhindern; eine Landreform müsse notfalls gegen den Willen der Großgrundbesitzer und der Geistlichen durchgeführt werden. Schah Mohammed Reza Pahlevi stimmte dem zu, ja, er zeigte sich mit einem Mal entschlossen, den Iran durch eine Radikalkur zu »heilen«. Eine »Sozialrevolution« großen Stils wollte er herbeiführen, »zur Rettung des Landes und zur Einordnung des Iran in die Reihe der fortschrittlichen Völker und modernen Gesellschaften«, wie er offiziell verkünden ließ. Laut kaiserlichem Befehl sollten zuerst einmal weltliche und geistliche Großgrundbesitzer ihre wenig genutzten Ländereien an Bauern als Eigentum übergeben, dann sollte mit weiteren Maßnahmen das Los der übrigen Bevölkerung gebessert werden.

Diesen grundlegenden Wandel nannte der Schah aber bewußt eine »Revolution von oben«, später auch die »Weiße Revolution« – in deutlicher Abgrenzung zur »Revolution von unten«, der »Roten Revolution« der Kommunisten. Er allein, der Schah-in-Schah, hatte als Quelle der Inspiration zu gelten, nur von ihm selber konnten und durften grundlegende Denkanstöße kommen. In althergebrachter Manier persischer Gottkönige glaubte er zu wissen, was in der Stunde der Not »gut für das Volk« sei, und deshalb, so äußerte er in einem Interview vor westlichen Journalisten, brauche der Iran »keinen Vermittler zwischen Schah und Volk«, man müsse »verhindern, daß jemand zwischen uns tritt«. Dies bedeutete wieder einmal eine klare Absage an das Parlament, das für den »König der Könige« nur zu existieren hatte, um von ihm beschlossene Gesetze zu bestätigen. Kritik an Details verbat er sich sowohl von den Abgeordneten als auch von seinen Ministern. Zweifel liberaler Abgeordneter tat er als »kommunistisch« ab, seinen Ministerpräsidenten Amini entließ er, als dieser ihm zu widersprechen wagte. Um das Parlament vollends auszuschalten, ordnete der Schah eine Volksabstimmung über seine Reform an. Die Fragen hierbei waren denkbar einfach: Wollt ihr aus dem Joch der Großgrundbesitzer befreit werden – ja oder nein? Wünscht ihr ein verbessertes Wahlrecht und mehr Mitbestimmung?

Mohammed Reza Pahlevi versprach sich viel von dieser Abstimmung. Zum einen konnte er damit »das Volk« gegen die Abgeordneten ausspielen, zum andern durfte er auf den Beifall der Auslandspresse, insbesondere in den USA, rechnen, da er sich musterhaft »demokratisch« verhielt. Ja, er stellte gar das Wahlrecht für Frauen und nichtmoslemische Iraner in Aussicht, um so die Volksabstimmung noch eindrucksvoller zu gestalten. Wer konnte ihn da noch für »despotisch« oder gar »reaktionär« halten? Das Datum für den Wahltag setzte er auf den 26. Januar 1963 fest.

Daß ihm die Geistlichen besonders heftig widersprechen würden, erwartete der Schah. Denn ihnen drohte der Verlust großer Ländereien, außerdem mußte ihnen das Wahlrecht für Frauen und Nichtmoslems eine unerträgliche Herausforderung bedeuten. Aber der Schah fürchtete den Widerstand der Ajatollahs nicht. Bereits sein Vater hatte sie erfolgreich eingeschüchtert, und er, der Sohn, würde ihre Macht jetzt vollends brechen. Dies schien eine einfache und ganz logische Schlußfolgerung.

Es war der verhängnisvollste Irrtum seines Lebens. 1962 ließ er sich sorglos auf das Duell mit einem Mann ein, dem er nicht gewachsen sein sollte: Ajatollah Khomeini. Im November des Jahres trat Khomeini politisch ins Licht der Öffentlichkeit. Er war sechzig Jahre alt.

Scharf wandte sich Khomeini gegen die geplante Volksabstimmung. Mit diesem Protest machte er zum ersten Mal den Schah auf sich aufmerksam. Im November sandte der Ajatollah an Ministerpräsident Alam folgendes Telegramm: »Die Ulema erklärte öffentlich, daß das Frauenwahlrecht und der Verzicht auf die Bedingung, nur als Moslem das aktive und passive Wahlrecht ausüben zu dürfen, im Gegensatz zum Islam und zur Verfassung stehen. Wenn Sie glauben, Sie könnten den heiligen Koran durch das Awesta der Zarathustrier, die Bibel oder sonstige fehlgeleitete Bücher ersetzen, befinden Sie sich im Irrtum. Wenn Sie glauben, Sie könnten mit Hilfe Ihres illegalen Gesetzes die Verfassung, die die Souveränität und die Unabhängigkeit dieses Landes sichert, schwächen, irren Sie sich.«

Fünf Tage vor dem geplanten Volksentscheid brachen im Basar von Teheran Unruhen aus. Händler, Handwerker und Lastträger, Männer der Mittelschicht und Unterschicht, strömten zu Tausenden auf die modernen Verkehrsstraßen des Stadtzentrums und riefen in Sprechchören zum Kampf gegen »die Feinde des Islam«. Polizei trieb die Aufrührer auseinander, ließ etliche von ihnen festnehmen, darunter auch Mullahs. Es herrschte wieder Ruhe in Teheran. Der Volksentscheid am 26. Januar verlief ohne Zwischenfälle und brachte dem Schah die erwartete Zustimmung. Eindeutig sei den »Reaktionären« eine Absage erteilt worden, so hieß es tags darauf in den regierungstreuen Zeitungen. Die Auslandspresse übernahm die Version, der Schah könne nun nach der »demokratischen Abstimmung« mit seinem »Reformwerk« beginnen.

Fünf Ziele proklamierte der Schah für seine »Weiße Revolution«: Die letzten Reste der Leibeigenschaft mußten aufgelöst, der Waldbesitz verstaatlicht, die Frauen und Nichtmoslems zu Wahlen zugelassen, die Arbeiter am Profit der Fabriken beteiligt, das Analphabetentum entschieden bekämpft werden. Dies waren glänzend formulierte Ziele, die von einer Opposition nicht so leicht in ihrem Propagandawert geschmälert werden konnten.

Am einfachsten hatten es noch die iranischen Sozialisten und Kommunisten. Sie äußerten den Verdacht, daß es der Schah gar nicht so ernst meine, das Elend zu beseitigen. Er wolle unter dem Vorwand einer Landreform nur die Macht der Großgrundbesitzer und der Geistlichen brechen, um selber um so absoluter regieren zu können; habe er dieses Ziel erst einmal erreicht, so werde er die sogenannte »Weiße Revolution« zum Stillstand bringen.

Schwerer hatten es die Geistlichen mit ihrer Kritik, erst recht die Großgrundbesitzer. Sie mußten fürchten, von allen Seiten als »fortschrittsfeindlich« verdammt zu werden. Beide konnten nur betonen, die Reform verstoße »gegen den Geist des Islam«, »gottlos« sei es, Eigentum gewaltsam wegzunehmen. Großgrundbesitzer und Geistliche schlossen sich in dieser Frage eng zusammen, was niemanden zu überraschen brauchte, denn sie besaßen einen Großteil der 42 000 Dörfer des Iran und ihrer Felder: die Großgrundbesitzer weit mehr als die Hälfte, die Geistlichen in Form von religiösen Stiftungen mehr als ein Viertel des kultivierten Landes. Nur ein Zehntel aller Bauern konnte auf eigenem Acker arbeiten und im eigenen Haus wohnen, alle anderen standen als Pächter oder gar noch als Leibeigene im Dienst eines Feudalherrn oder eines Ajatollahs. Die meisten Geistlichen hießen dies als »gottgewollte Ordnung« gut – aus verständlichen Gründen, erhielten sie doch ihr Brot überwiegend von Großgrundbesitzern.

Khomeini predigte nichts anderes, ja, er machte sich zu einem besonders eifrigen Sprecher dieser Anschauung. Dies überrascht, zumindest auf den ersten Blick, denn sein Vater war ermordet worden, weil er gegen die Willkürherrschaft von Großgrundbesitzern aufbegehrt hatte. Auch Khomeini dachte nicht viel anders als sein Vater, ja, er konnte gar mit gutem Recht behaupten, dessen Kampf fortzuführen. Er kritisierte die Großgrundbesitzer, die von den Bauern einen zu hohen Pachtzins forderten oder sie auch noch hungern ließen, dies sei nicht mit den Geboten der Nächstenliebe vereinbar; dagegen hatte er nichts gegen Patriarchen einzuwenden, die ihrer »Fürsorgepflicht« gegenüber den Pächtern nachkamen. Khomeini bejahte damit eine reformierte Feudalordnung, und gerade auf diese Weise konnte er zahlreiche Anhänger unter den verarmten Bauern auf dem Land, unter Händlern, Handwerkern und Tagelöhnern in den Basarvierteln, unter Arbeitslosen in den Großstadtslums gewinnen – meist Menschen, die zu unwissend waren, um sich eine andere Ordnung überhaupt vorzustellen. Aber auch Großgrundbesitzer, die ihre Pächter nicht zu sehr ausbeuteten, fanden Gefallen an dem streitbaren Ajatollah. Ihnen erschien ein Mann wie Khomeini als ein besonders glaubwürdiger, »maßvoller« Kritiker und damit als wirksamster Verteidiger der Feudalgesellschaft.

Khomeini erkannte seine Chance. Wenn er sich jetzt energisch genug in den Vordergrund spielte, vermochte er Führer dieser Volksbewegung zu werden. Mehr noch: Er konnte dann alle anderen Ajatollahs überragen. Und damit wäre er seinem großen Ziel um ein beträchtliches Stück nähergerückt, nach Jahren der Verzögerung doch noch ranghöchster Ajatollah zu werden – Mardscha-i Taqlid, »Quelle der Nachahmung«.

Seine Chance nutzte er am 4. Juni 1963. Es war der zehnte Tag des Trauermonats Muharram, die »Ashura«. Schwarze Fahnen hingen in allen iranischen Städten von den Minaretts, schwarze Tücher kleideten das Innere der Moscheen aus und verdeckten die farbenprächtigen Fayencen an den Wänden. Man beging in düsterer Feierlichkeit den Todestag Husseins, des dritten Imams und großen Märtyrers der Schiiten. Dicht gedrängt standen die Gläubigen an den Gebetsplätzen, und vielerorts lauschten sie an diesem 4. Juni 1963 derselben Predigt: der des Groß-Ajatollah Khomeini. Der Schiitenführer aus Ghom hatte schon Wochen zuvor an alle maßgeblichen Geistlichen das Manuskript seiner Rede verteilen lassen, damit sie es am Ashura-Tag in den großen Moscheen des Iran der versammelten Volksmenge vorlasen. Es war eine mitreißende, aufputschende Predigt, genau berechnet auf die ohnehin aufgewühlten Gemüter an diesem hohen religiösen Feiertag. Khomeini verglich in verschlüsselter und doch leicht durchschaubarer Form das Volk mit dem Märtyrer Hussein, den Schah mit dessen Mörder Yesid.

»Hussein! Hussein! . . .«, »Allahu akbar! Allahu akbar! . . .« Die Versammelten antworteten in Sprechchören, hoben die Fäuste, strömten aus den Moscheen und zogen zu Tausenden, in großen Städten wie Teheran zu Zehntausenden durch die Hauptstraßen, viele von ihnen in weiße Leichentücher gehüllt, symbolisch bereit, wie Hussein für eine gerechte Sache zu sterben. »Hussein! Hussein! . . .« Geißeln klatschten auf entblößte Rücken, Blut floß zur Buße, weil einst die Gläubigen den kämpfenden Imam im Stich gelassen hatten. Ein Ritual mit düsteren Praktiken brach sich wieder Bahn, die die Regierung schon vor Jahren als »nicht mehr zeitgemäß« verboten hatte. Aber an diesem 4. Juni 1963 ließen sich die Prozessionsteilnehmer durch kein Verbot hemmen, im Gegenteil, sie steigerten sich in Raserei. »Tod dem Kalifen Yesid!« Mullahs mit lautstarken Megaphonen heizten die Stimmung an, indem sie aus Khomeinis Predigt einprägsame Schlagworte wiederholten. »Kalif Yesid!« der Ruf bekam einen gefährlichen Klang. Allen Grund aufzuhorchen hatten die Soldaten, die aus Panzerautos die Prozessionen beobachteten, und die zahlreichen Geheimdienstbeamten des Savak, die sich unter das Volk gemischt hatten. Diese Beobachter mußten beunruhigt feststellen, daß sich die diesjährige Ashura-Feier stark von denen vergangener Jahrzehnte unterschied.

Einen Tag später war Khomeini verhaftet. Mitten in der Nacht hatten ihn Savak-Polizisten aus der Wohnung geholt und ins Gefängnis nach Teheran gebracht. Aber genau damit taten sie das Falsche. Sie hatten unterschätzt, wie sehr der Groß-Ajatollah aus Ghom mit seiner Predigt den Nerv des Volkes getroffen hatte und von einem Tag auf den anderen zum Idol geworden war. Kaum wurde seine Verhaftung bekannt, rotteten sich in Ghom und Teheran die Volksmassen zusammen und zogen abermals in Prozessionen durch die Straßen, dieses Mal in Sprechchören die Freilassung Khomeinis fordernd. Wieder fuhren Panzerwagen auf, nun aber in wesentlich größerer Zahl, die Soldaten nahmen eine drohende Haltung ein. Zwei Tage Nervenkrieg: Die Demonstranten zerstreuten sich, kamen wieder, und jedesmal waren es einige Tausend mehr; die Soldaten gaben Warnschüsse ab.

Am 8. Juni, drei Tage nach Khomeinis Verhaftung, konnte Mohammed Reza Pahlevi vom Fenster seiner Sommerresidenz aus beobachten, wie im Zentrum Teherans dunkle Rauchwolken aufstiegen, es brannten Hochhäuser, Banken, Supermärkte, Regierungsbüros und Polizeistationen. Die Volksmenge raste. Tagelöhner und Arbeitslose aus den Slums, verarmte Handwerker und Kaufleute aus den Basaren, Zuwanderer und Entwurzelte aus den Dörfern, Jahre hindurch um ihre Hoffnung betrogen – sie fanden sich zusammen, um ihren lang angestauten Zorn zu entladen. Der Schah gab Schießbefehl. Am nächsten Tag berichteten die regierungstreuen Zeitungen von einigen Hundert Toten. In der internationalen Presse las man es anders, dort bezweifelte man die offizielle Zahl und schätzte nach Angaben von zahlreichen Augenzeugen acht- bis zehntausend Tote. Angeblich starben allein in Ghom an die dreitausend Demonstranten, darunter viele Mullahs, die im weißen Totenhemd den Soldaten entgegengetreten waren, bereit, im Sinne Husseins als Märtyrer zu enden.

Khomeini blieb zehn Monate im Gefängnis, dann entließ man ihn mit der Auflage, in Zukunft jede »aufrührerische Tätigkeit« zu unterlassen. Er kehrte nach Ghom zurück, von seinen Anhängern jubelnd begrüßt. Nun war er endgültig landesweit bekannt, kein anderer Ajatollah konnte sich in der Hinsicht mit ihm messen. Allerdings versagte ihm noch immer eine Reihe ranghoher Ajatollahs die Gefolgschaft, besonders sein Erzrivale Schariat Madari. »Quelle der Nachahmung«, unantastbare Autorität aller Schiiten, konnte Khomeini daher noch immer nicht werden, aber das einfache Volk verehrte ihn als seinen Helden.

In Europa und den USA blieb Khomeini weiterhin unbekannt. Sein Name fand noch keinen Eingang in die Schlagzeilen der Weltpresse, bestenfalls wurde er in Randspalten erwähnt, um dann gleich wieder vergessen zu werden. Auch über die Unruhen vom Juni 1963 machte man sich im Ausland wenig Gedanken, zumal man die Zahl von zehntausend Toten wieder in Zweifel zu ziehen begann und als »unbewiesenes Gerücht« verharmloste. Kenner des Iran neigten überwiegend zu der Ansicht, der Schah werde mit seinem modernen Reformprogramm endgültig die Macht der rückständigen Geistlichen und Großgrundbesitzer brechen können.

Am 4. November 1964 geschah etwas, das diese Vermutung zu bestätigen schien. Ohne Aufsehen konnte bei Morgengrauen ein kleiner Militärtrupp in Ghom Khomeini verhaften, der sich nicht an das Redeverbot gehalten hatte. Ein Militärlastwagen brachte den Gefangenen zum Teheraner Flugplatz, und erst an Bord einer Düsenmaschine erfuhr der Gefangene, wohin die Reise ging: ins Exil; die Türkei zeigte sich bereit, den Verbannten aufzunehmen. Keine nennenswerten Unruhen brachen aus, als die Nachricht durchsickerte, Khomeini sei aus dem Iran abgeschoben worden. Das hieß, der Schah hatte sein Land wieder fest unter Kontrolle.

In westlichen Zeitungen erschien ein halbes Jahr später nur vereinzelt die Randnotiz, Khomeini sei ins Exil nach Nedschef, dem schiitschen Wallfahrtsort im Irak, übergesiedelt. Aufgeschreckt reagierte die Weltpresse nur, als im Januar 1965 ein Attentäter Irans Ministerpräsidenten Mansur erschoß; der Gesinnungstäter gab sich als treuergebener Anhänger Khomeinis zu erkennen. Aber dies wurde – im

Iran wie im Ausland – nur als das letzte Rückzugsgefecht eines Fanatikers gewertet, der keine Chancen für die Zukunft besaß. Die Zukunft schien dem Schah zu gehören, einem »aufgeklärten Monarchen«, der wie ein westlicher Technokrat dachte.

### *Die düstere Bilanz der »Weißen Revolution«*

Hätte die »Weiße Revolution« auch nur einige der hochgespannten Erwartungen erfüllt, die der Schah und seine Berater in sie setzten, der Despot Mohammed Reza Pahlevi wäre wohl von vielen als »weitblickender Staatsmann« eingestuft worden, gegen den ein Korangelehrter aus Ghom für alle Zeiten hätte unrecht haben müssen. Doch es kam anders. Die Landreform scheiterte. Sie scheiterte aus Gründen, weshalb in vielen Ländern der Dritten Welt ähnliche Vorhaben kläglich enden. Sie war nur mangelhaft geplant, nicht an den wirklichen Bedürfnissen der Bauern orientiert.

Viele Pächter erhielten zwar den Boden, den sie seit Generationen im Dienst von steinreichen Grundherren bearbeitet hatten, aber sie konnten über ihr gewonnenes Eigentum nicht recht froh werden. Denn viele von ihnen mußten auf zu kleinen Gütern wirtschaften und sahen keine Chance, aus der ausgelaugten Erde ohne fremde Hilfe auch nur das Notwendigste herauszuholen. Selten nur erhielten sie von der Regierung ein zinsloses Darlehen oder gar eine Beihilfe, um neue Bewässerungsgräben anzulegen, Saatgut oder etwa Dünger zu kaufen; sie mußten sich das nötige Geld meist von den einstigen Großgrundbesitzern borgen, zusätzlich das Ackergerät, das sie bisher von ihren Gebietern kostenlos erhalten hatten, und damit waren sie schon wieder von den Feudalherren abhängig. Nicht wenige von ihnen hungerten – wie vor der »Befreiung« auch.

Noch schlechter erging es den Landarbeitern und Tagelöhnern. Sie, die Ärmsten, waren vom Schah und seinen Beratern ohnehin als unwichtig angesehen und daher vergessen worden; demnach erhielten sie kein Land und blieben auch von dem Recht ausgeschlossen, sich Geld zu leihen. Weiterhin waren sie darauf angewiesen, für einen Hungerlohn bei einem Grundherrn zu arbeiten. Ja, ihre Lage verschlechterte sich noch. Denn da sie nach dem neuen Gesetz keine Leibeigenen mehr waren, sondern »frei«, fühlte sich keiner ihrer ehemaligen Gebieter mehr verpflichtet, nach islamischem Gebot für sie, die sozial Schwachen, zu sorgen. Hatten sie bisher bei allem Elend wenigstens noch ein dürftiges Dach über dem Kopf gehabt und ein kärgliches Essen, so konnte ihnen nun auch noch das wenige verlorengehen, falls sie auf den Gütern der besitzenden Bauern keine Arbeit mehr fanden. Aus Leibeigenen mit geringen Rechten wurden vogelfreie Proletarier ohne jegliches Recht.

Diese Bedauernswerten hatten nun erst recht allen Grund, ihre Dörfer möglichst rasch zu verlassen, um in den Industriebezirken ein besseres Auskommen zu suchen, nur allzuoft eine trügerische Hoffnung. Ihnen folgten bald auch Bauernsöhne, die nicht wußten, wie sie die Bewässerung auf ihren neugewonnenen Gütern bezahlen sollten. Mehr denn je strömten verzweifelte Familien in Großstadtslums, wo die Zahl der Unzufriedenen und Entwurzelten wuchs, statt abzunehmen. Die Hauptstadt Teheran, in den fünfziger Jahren schon sprunghaft von einer Million Einwohner auf das Doppelte gewachsen, sprengte nun innerhalb der nächsten fünfzehn Jahre jedes bisher vorstellbare Maß: Aus zwei Millionen wurden fünf Millionen Zuwanderer, die meisten von ihnen zusammengepfercht in Elendshütten. Um das Jahr 1960 – zwei Jahre vor dem Beginn der »Weißen Revolution« – hatten nur 15 Prozent der Iraner in den Städten gelebt, aber 1978 – kurz vor dem Ausbruch der »Islamischen Revolution« – waren es bereits über 50 Prozent.

Die Folgen für die Dörfer waren katastrophal. Da dort zunehmend die Menschen fehlten, zerfielen viele der einst mühsam angelegten Bewässerungskanäle; zuvor fruchtbare Landstriche verödeten oder wurden gar zur Wüste. Und so sah sich die Regierung gezwungen, einen Teil der Lebensmittel einzuführen. Der Iran, der sich durch zweieinhalb Jahrtausende stets hatte selbst ernähren können, mußte nun 80 Prozent des benötigten Weizens und 50 Prozent des Reises im Ausland kaufen. Eine beschämende Bilanz der so großspurig angekündigten Landreform.

Die Schäden gingen aber noch tiefer. Nicht nur die Wirtschaft des Landes litt. Folgenreicher noch sollte werden, daß viele Iraner aus ihrer bisherigen Lebensordnung herausgeworfen waren, ohne eine neue zu finden. In zahlreichen Dörfern hatten sich die Großfamilien aufgelöst, weil viele Männer auf Arbeitssuche in den Städten waren. Meist fehlte das Oberhaupt, das wirkungsvoll die Sippe regiert hätte.

Anarchie folgte. Nun hatten es die Mullahs leicht, in den verödeten Dörfern und erst recht in den Großstadtslums zu predigen: Eine »gottlose Regierung« habe all das Elend verursacht; man müsse zu den »islamischen Traditionen« zurückkehren, um wieder zu gesunden . . .

Der Schah und seine Ratgeber achteten wenig auf die drohenden Signale. Daß seine Landreform schlecht durchdacht war, leugnete Mohammed Reza Pahlevi mit der ihm üblichen Arroganz: Ein »von Gott auserwählter und inspirierter« Herrscher konnte nicht irren. Im übrigen lagen ihm die Bauern sowieso nicht besonders am Herzen, er sah die Zukunft seines Landes – wie so viele »fortschrittlich« denkende Politiker der Dritten Welt – zuerst einmal in der Industrialisierung. Das Geld hierzu besaß er. Seit es den Ölstaaten nach dem Nahostkrieg von 1973 gelungen war, die Erdölpreise um das Fünffache zu steigern, flossen Milliarden in die iranische Staatskasse. Dieser Reichtum machte es dem Schah leicht, das Scheitern der Landreform als Nebensache abzutun. Großzügig stellte er den Fabrikanten Staatskredite zur Verfügung; für die verarmten Bauern wären ihm solche Summen nicht sinnvoll erschienen. Er bestellte in Frankreich gleich acht Atomkraftwerke auf einmal – fest davon überzeugt, daß eine hochentwickelte Technik alle Probleme seines unterentwickelten Landes lösen werde. Aus der Bundesrepublik Deutschland forderte er drei schlüsselfertige Brotfabriken an – ohne zu bedenken, daß er damit Tausenden von Kleinbäckern die Existenz raubte.

Einen weiteren folgenschweren Fehler beging der Schah, als er seinen Günstlingen, ohnehin reichen Geschäftsleuten, erlaubte, das Wirtschaftsmonopol im Staat anzustreben. Um diese Machtkonzentration zu erreichen, mußte die Clique um den Schah vor allem die Basarkaufleute in ihrer ökonomischen Substanz entscheidend schwächen. Erste Signale hatten die geschäfts»tüchtigen« Schahgünstlinge bereits während er fünfziger Jahre gesetzt, indem sie den Getreidehandel der Aufsicht des Basars entrissen. Anfang der siebziger Jahre gingen sie daran, mit massiver staatlicher Unterstützung Industriebetriebe zu errichten, die die »veralteten« Strukturen des traditionellen Basargewerbes weitgehend ersetzen sollten. Dieser Vorstoß aber machte die Basaris vollends zu Gegnern des Schahs. Ja, sie wurden während der folgenden Jahre zu seinen gefährlichsten Feinden, denn noch besaßen sie Geld genug, um die Mullahs und Ajatollahs in ihrem Widerstand gegen den »gottlosen« Herrscher zu unterstützen. Die Basaris sollten zu den maßgeblichen Finanziers der »Islamischen Revolution« von 1978 und 1979 werden.

Millionen Iraner mußten über den modernen Kahlschlag, den die Schah-Technokraten »Fortschritt« nannten, erschrecken. Hineingezwungen in eine industrielle Arbeitsdisziplin, die ihnen ungewohnt war, herausgerissen aus einer ärmlichen, aber doch vertrauten Umwelt und bei all dem rasanten Wandel weiterhin bettelarm geblieben: dies war für viele die bedrückende Bilanz dieser Jahre. Der Fortschritt brachte nur den ohnehin Vermögenden Glück, den Fabrikanten, Großgrundbesitzern und einflußreichen Regierungsbeamten. Im Iran vollzog sich besonders drastisch, was für viele Entwicklungsländer typisch ist – die Reichen wurden noch reicher, die Armen noch ärmer. Der Wille zu einer wirklichen sozialen Reform, zu einer gerechteren Verteilung des Eigentums, fehlte.

Der Schah dachte kaum anders als seine Vorgänger. Für ihn war das Volk nur Material, um »Großes« zum eigenen Ruhm zu schaffen. Er fühlte sich als Meister, in dessen Händen sich das Volk willenlos kneten lassen mußte, und am Ende würde dann das die Zeiten überdauernde Werk stehen, *sein* Werk. Er wollte der gottgesandte Erlöser sein, auf den man bedingungslos zu vertrauen hatte. Bildnisse und Reiterstandbilder, die er in großer Zahl von sich anfertigen ließ, demonstrieren dies aufdringlich in immer derselben Pose: Er in glitzernder Uniform hebt gebieterisch und mahnend zugleich die Hand, als habe er den gewöhnlichen, weit unter ihm stehenden Sterblichen eine große Botschaft zu verkünden. Entsprechend pathetisch war auch die Sprache. Seinen Rang hat er folgendermaßen beschrieben, um damit den Staatsmännern der übrigen Welt eine Lektion zu erteilen: »Der Schah ist nicht einfach als der politische Führer seines Landes zu sehen. Er ist auch der geistige Führer. Von ihm wird nicht nur erwartet, daß er seiner Nation Brücken, Straßen und Dämme baut, er muß auch den Geist, die Gedanken und die Herzen seines Volkes leiten.«

Große Worte. Sie standen in krassem Gegensatz zum Elend der Nation. Nicht nur die Landreform mißlang ihm, sondern auch der industrielle Aufbau. Denn Mitte der siebziger Jahre hatte der reiche Erdölstaat Iran sechs Milliarden Dollar Auslandsschulden – eine Folge der schlecht arbeitenden Industrie mit ihren mangelhaft angelernten Arbeitern. Betriebe mußten geschlossen, Arbeiter entlassen werden, worauf ein weiteres Heer von Unzufriedenen in die Großstadtslums strömte. Aber dem selbsternannten Gottkönig modernen Zuschnitts fehlte es auch weiterhin nicht an großen Worten. In 25 bis 30 Jahren werde der Iran zu den fortgeschrittensten Staaten der Welt gehören, eine Großmacht, mit der man rechnen müsse, so belehrte er westliche Journalisten in Interviews.

An diese »Große Zivilisation« nach iranischem Muster aber wollte man im Westen nicht mehr so recht glauben. Gar zu offensichtlich war die Krise für viele europäische und amerikanische Beobachter geworden. Man fürchtete die Revolution. Die USA stellten weitere Wirtschafts- und Militärhilfe in Aussicht, um das bedrohte Regime zu retten. Selbst wenn man im Westen den autoritären und zuweilen brutalen Regierungsstil des Schahs nicht billigte, so schätzte man den Herrscher doch als verläßlichen Erdöllieferanten und als »Bollwerk gegen den Kommunismus«.

Eine Revolution konnte nur »von links« kommen, dies galt noch Mitte der siebziger Jahre für viele westliche Politiker als ausgemacht, ja auch für den Schah selber. Argwöhnisch achtete man auf jede Regung der kommunistischen und sozialistischen Untergrundbewegungen, ohne zu begreifen, daß diese Gruppen keinen starken Rückhalt beim Volk besaßen – nicht besitzen konnten, denn vielen überzeugten Moslems mußten Revolutionäre im Namen einer atheistischen, ja selbst bloß einer säkularen Ideologie genau so untragbar erscheinen wie die verhaßte »ungläubige« Regierung des Schahs. Längst forderten Mullahs und Ajatollahs in den Großstadtslums und den ruinierten Dörfern eine Revolution im Namen Allahs: Der Koran müsse wieder zur alleinigen Richtschnur des Lebens werden. Zwar konnte es der stets wachsamen Geheimpolizei nicht entgehen, wie begierig sich Zuhörer gerade um solche Prediger scharten, aber man verstand die Signale nicht zu deuten. Es fehlte den Regierenden wie auch den ausländischen Ratgebern noch die Phantasie, sich die Dynamik einer solchen Bewegung vorzustellen. Noch gab es keinen Modellfall.

Dieser Modellfall wurde der Iran selbst. Mitte der siebziger Jahre zeigten sich die ersten Vorboten der Revolution. Statt des vielzitierten, immer wieder als Gefahr beschworenen Kommunismus sollte im Iran schrittweise die so ganz anders geartete Bewegung des

»Khomeinismus« Platz greifen. Khomeini, ihr Führer, steuerte die Aktivitäten vom Exil aus.

### *Ursprung und Chancen des Fundamentalismus*

»Die Menschen sind entwurzelt. Ihr einziger Halt sind die Religion, die Moschee und die Mullahs. Die Leute wenden sich vor allem deshalb an uns, weil sie spüren, daß die Modernisierung und die so hochgepriesene Entwicklung keinen Seelenfrieden bringen.« Auf diese Weise urteilte Mitte der siebziger Jahre Groß-Ajatollah Schariat Madari, Khomeinis liberaler Gegenspieler im Anspruch auf die geistliche Führungsrolle. Er formulierte ein Unbehagen, für das Khomeini selber kaum andere Worte gefunden hätte. Und das zeigt, daß eine solche Grundstimmung keinesfalls nur strikt rückwärtsgewandte, modernitätsfeindliche Moslems erfaßte.

»Fortschritt« . . . »modern« . . . Die meisten Iraner hatten diese Schlagworte nur durch den Schah und seine Technokraten kennengelernt – ein Regime, das »Fortschritt« und »Entwicklung« allein an steigenden Produktionsziffern der Industrie und an den Erdöleinnahmen, nicht am Wohlbefinden des Einzelnen maß. Je mehr die sozial Benachteiligten unter dem Erdölboom zu leiden hatten, statt von ihm auch nur in bescheidenen Ansätzen zu profitieren, um so rascher wuchs bei ihnen die Neigung, hinter dem Propagandagetöse von »Fortschritt« nichts anderes als brutalen Erfolgsegoismus und »Materialismus« zu sehen.

Westliche Politiker und Geschäftsleute trugen das Ihre dazu bei, um den Affekt zu schüren. Zwar traten sie offiziell durchweg mit dem Anspruch auf, dem »unterentwickelten« Iran die Segnungen westlicher Zivilisation zu bringen, aber viele von ihnen demonstrierten in der Praxis vorrangig nacktes Macht- und Profitinteresse: Sie machten genau mit jenen einheimischen Politikern, Fabrikanten und Großgrundbesitzern die besten Geschäfte, die nach westlicher Einschätzung als »inhuman« und »undemokratisch« gelten mußten. Aus der Perspektive der sozial Ohnmächtigen waren damit die Repräsentanten hochentwickelter Industriestaaten kaum von einheimischen, »rückständigen« Ausbeutern zu unterscheiden. Mehr noch: Je auffälliger westliche Industriekonzerne in Erscheinung traten, um so mehr setzte sich der einheimische Despot in den Augen der Bevölkerung dem Verdacht aus, nur Handlanger, ja nur Marionette westlicher Wirtschaftsinteressen zu sein. Und um so mehr ließ sich eben dieser »Westen«, der alle Fäden der Macht in der Hand zu halten schien, dämonisieren. Das Schlagwort vom »Satan Amerika« entstand. Kein Zufall: Vor allem die USA waren als ausländische Wirtschaftsmacht im Iran immer mehr in den Vordergrund gerückt.

Der Iran bot nur ein besonders herausragendes Beispiel gefährlich zugespitzter Emotionen. Letztlich aber braute sich unter ähnlichen Vorzeichen auch in anderen »Entwicklungsländern« – und nicht allein in islamischen – eine explosive antiwestliche Stimmung zusammen.

Religion spielte anfangs für die Ideologen solcher Abwehrbewegungen keine entscheidende Rolle, selbst nicht in islamischen Staaten. Gerade der Iran belegt dies: Die erste wirksame, für den Westen beunruhigende Protestbewegung kam ja mit Mossadegh 1951 bis 1953 von einem nicht religiös, sondern sehr weltlich denkenden, nationalistischen Ideologen. Dasselbe ließ sich während der fünfziger und sechziger Jahre quer durch die islamische Welt beobachten. Zwar hatten sich in verschiedenen Ländern, wie etwa in Ägypten, Syrien und Pakistan, schon damals fundamentalistisch-religiöse Protestbewegungen formiert, aber die Volksmassen strömten vorrangig den nationalistischen Führern zu: in Ägypten Gamal Abd al Nasser, dem charismatischen Tribunen eines panarabischen Nationalismus, in Algerien der FLN, einer nationalen Befreiungsbewegung, in Syrien und dem Irak den Führern des panarabischen Baath-Sozialismus.

Indem diese Nationalisten vehement forderten, man müsse den »westlichen Einfluß« zurückdrängen, setzten sie die Akzente noch ganz anders als die Fundamentalisten. Den Fortschritt nach westlichem Vorbild bejahten sie auf etlichen Sektoren entschieden. Schließlich war der Nationalismus selber eine aus Europa übernommene Ideologie und ersetzte die traditionell gewohnte Formulierung »Gemeinschaft der Gläubigen« durch den neuen, ideologisch aufgeladenen Begriff »Volk«: eine Gemeinschaft der gemeinsamen Sprache und Kultur, nicht der Religion. Außerdem propagierten die Nationalisten den »säkularen Staat«, in dem der Einfluß der Korangelehrten auf die Politik erheblich verringert werden sollte; hier stand ebenfalls (wenn auch abgeschwächt) das westliche Vorbild

Pate. Die Nationalisten kritisierten an europäischen Kolonialmächten wie den USA nicht grundsätzlich das moderne Denken, sondern die koloniale Bevormundung und Ausbeutung der Völker der sogenannten Dritten Welt. Sie wollten das, was sie am Westen als »Errungenschaft« begriffen, übernehmen, und das, was sie als »Fehler« einstuften, zurückweisen.

Der weithin spürbare Stimmungsumschwung kam erst während der siebziger Jahre. Damals zeigte sich quer durch die islamische Welt immer deutlicher, daß viele der nationalistischen, »antiwestlichen« Politiker eher an der Erweiterung ihrer Macht interessiert waren, als wirksam die sozialen Mißstände zu bekämpfen. Und damit unterschieden sie sich in der Praxis nicht grundsätzlich von den vielgescholtenen »Lakaien des westlichen Imperialismus« (etwa dem Schah). Je mehr dann im Volk die Enttäuschung auch über die Heilspropheten ihres Typs wuchs, konnten die antiwestlichen Fundamentalisten in Konkurrenz zu den antiwestlichen Nationalisten treten. Nun erst vermochten ultra-orthodoxe Moslems breites Gehör zu finden mit ihrer Auffassung: Alle Politik, selbst wenn sie sich nur in Teilaspekten an westlichen Vorbildern orientiere, sei zum Scheitern verurteilt, denn die Gesetze des »Westens« seien ausschließlich von Menschen gemacht und als solche naturgemäß dem Irrtum unterworfen. Wenn aber die Moslems sich wieder kompromißlos an den von Gott selbst gemachten Gesetzen orientierten, wie sie allein im Koran verkündet seien, und wenn sie sich auch noch von halbherziger, falscher Koranauslegung lossagten, dann erst könnten die Gläubigen aus der gegenwärtigen Krise finden. Mehr noch: Dann könnten die Moslems bald wieder in Staaten von jener Macht und Größe leben, wie sie unter der Aufbruchstimmung zur Zeit Mohammeds und der ersten Kalifen entstanden seien.

Der geistige Ursprung des Fundamentalismus reicht allerdings tiefer, auch ist er keineswegs an die Ausgangsbedingungen der islamischen Welt gebunden. Wir im Westen kennen schließlich das Phänomen, daß manche Christen nicht minder gegen einen »sogenannten Fortschritt« wettern und eine Abkehr von allen »sogenannten modernen« Idealen fordern.

Fundamentalisten – und dies gilt für Christen wie für Moslems – zeigen sich mehr als andere Gläubige verunsichert durch den modernen Bewußtseinswandel, sie verkraften es am wenigsten, altgewohnte Denkvorstellungen mit den Erkenntnissen neuerer Wissenschaften zu konfrontieren. Besonders neigen sie dazu, den Verlust des Gewohnten als eine Erschütterung zu begreifen, an deren Ende nur das »Chaos« stehen könne. Um so entschiedener plädieren sie dafür, sich auf das unverrückbare »Fundament« religiöser Überlieferung jenseits aller modernen Relativierung und »Aufweichung« zurückzuziehen. Der Begriff »Fundamentalismus« ist zu Anfang des 20. Jahrhunderts in den USA entstanden und von dort nach Europa gekommen; erst Jahrzehnte später haben wir ihn auf geistig verwandte Haltungen im Judentum und Islam übertragen.

Moslemische Fundamentalisten erscheinen auf den ersten Blick fortschrittlicher als christliche, denn viel entschiedener prangern sie abergläubische Praktiken wie Amulettzauber, Dämonenaustreibung und Wunderheilung innerhalb ihrer Religion an, viel entschiedener wollen sie den Glauben reinigen von allen irrationalen Zusätzen einer degenerierten »Volks«frömmigkeit. Aber ihr Bedürfnis zu »reinigen« geht eben weit über einen solchen Ansatz hinaus. Rigoros verwerfen sie Philosophen und Korangelehrte, die im Verlauf der Jahrhunderte jeweils moderne Zeitströmungen in ihr Denken einbezogen haben und damit den Islam angeblich »falsch« interpretierten. Nicht anders als christliche Fundamentalisten sind sie bereit, einen Großteil ihrer Geistesgeschichte als ketzerisch, ja teils als unreligiös oder gar atheistisch zu verwerfen. Diese innere Verwandtschaft ist radikal-islamischen Ideologen bewußt, sie können daher durchaus lobende Worte für christliche Fundamentalisten finden und sie als die »wahren Christen« bezeichnen, weil auch jene dem »Relativismus der Werte« auf das heftigste den Kampf angesagt haben.

In westlichen Industriegesellschaften ist nach mehr als zwei konfliktreichen Jahrhunderten eine pluralistische Staatsordnung durchgesetzt. Die islamische Welt steht aber erst am Anfang einer solchen Auseinandersetzung – und gerade dies verleiht den fundamentalistischen Bewegungen dort ein ungleich größeres Gewicht.

Nach übereinstimmender Schätzung westlicher wie einheimischer Beobachter dürften allerdings moslemische Fundamentalisten nicht mehr als 10 bis 15 Prozent der Gesamtbevölkerung ausmachen. Sie fallen nicht durch die Masse ihrer Anhänger auf, sondern durch die aggressive Militanz, mit der sie als Minderheit missionierend auftreten und die im traditionellen Gewohnheitstrott dahinlebenden Gläubigen für ihre Ziele aktivieren, radikalisieren wollen. Minderheiten jedoch haben schon oft historische Prozesse entscheidend beeinflußt. Eben weil eine sogenannte schweigende Mehrheit sich immer wieder manipulieren läßt.

### *Khomeinis extreme Position*

Khomeini war bislang der einzige Radikal-Fundamentalist, dem es gelang, sich als uneingeschränkter Regent an die Spitze eines Staates zu stellen. Dies mutet um so erstaunlicher an, als der Korangelehrte von Ghom doch eine Staatsideologie entwickelte, die selbst unter den Fundamentalisten als extrem angesehen wird.

Khomeinis Gedanken finden sich am treffendsten zusammengefaßt in dem Buch mit dem Titel *Welayat-e fakih,* sinngemäß übersetzt mit »Das Königreich der Rechtsgelehrten«; bei uns im Westen ist es unter dem Namen »Islamische Regierung« bekannt geworden. Khomeini hatte in Arabisch, der klassischen Sprache des Koran, geschrieben, um auch außerhalb des Iran, von arabischen Schiiten wie von Sunniten, gelesen zu werden. Seine Gedanken sollten, so wünschte es der Autor, die ganze islamische Welt erfassen.

Das Buch war Anfang der siebziger Jahre im irakischen Exil entstanden. Seit 1965 hatte Khomeini 150 Kilometer südlich von Bagdad in Nedschef gelebt, der »heiligen Stadt« mit der Begräbnisstätte des Kalifen Ali, des ersten Imams der Schiiten. In einem bescheidenen Zimmer mit Ausblick auf die goldene Kuppel der Grabmoschee arbeitete der Ajatollah Tag für Tag an einigen seiner wichtigsten Bücher, sonst fand man ihn im Gebäudekomplex der Moschee, wo er Schülern Unterricht erteilte. Er hatte viele Schüler, denn sein Ruf als revolutionärer Korangelehrter war ihm vorausgeeilt. In der westlichen Welt allerdings nahm man ihn noch immer nicht zur Kenntnis, und in Regierungskreisen des Iran glaubte man eine Zeitlang, sein Elan habe nachgelassen.

Dann erschien sein Werk »Islamische Regierung«. Zuerst nur von Geistlichen gelesen, schließlich auch in persischer Übersetzung im Iran, begann das Buch alsbald Diskussionsstoff zu liefern. Es war ein zutiefst schiitisches Buch – und doch sprengte es die Tradition der letzten Jahrhunderte. Weit ging Khomeini über das hinaus, was er

1941 in seiner ersten politischen Kampfschrift, »Die enthüllten Geheimnisse«, gedacht hatte. Damals war er noch der Ansicht gewesen, ein Religionsgelehrter könne eine weltliche Regierung dulden, solange diese nach »islamischen« Gesetzen handle. Damals hatte er nicht viel anders gedacht als die übrigen Ajatollahs: Der »ungerechte« Herrscher solle durch einen »wahrhaft islamischen Sultan« (»Herr der weltlichen Gewalt«) ersetzt werden, einen Regenten, der sich als »Statthalter des Verborgenen Imams« betrachtete und auf die Ratschläge seiner ranghohen Geistlichen hörte.

Jetzt allerdings, drei Jahrzehnte später, sagte Khomeini in seinem neuen Buch: »Staat im Islam heißt, die Gesetzgebung, die Gott dem Propheten übertragen hat, zu verwirklichen und sich ihr zu unterwerfen. Nun ist aber der Prophet tot. Er stand an der Spitze des Staates. Wer hat seinen Auftrag übernommen? Die al-Fikh-Kenner [Kenner des göttlichen Rechts].« Religiöse und weltliche Herrschaft müßten wieder wie zu Mohammeds Zeiten in einem Amt vereint werden, forderte Khomeini. Und da das Gesetz direkt von Gott komme, dürfe über seine Inhalte nicht diskutiert werden, man habe vielmehr bedingungslos dem Mann zu gehorchen, der am besten den Willen Gottes zu interpretieren vermöge: dem ranghöchsten Geistlichen, dem irdischen Vertreter des Verborgenen Imams. Niemals, so lehrte jetzt Khomeini, dürften religiöse Rechtsgelehrte einen weltlichen Politiker für würdig halten, als Statthalter des Verborgenen Imams zu regieren, denn damit würden sie selber ihre »Reinheit« verlieren, würden sie sich anpassen und korrumpieren lassen. Khomeini fällte ein hartes Urteil über die Modschtaheds und Ajatollahs der Vergangenheit, die meist einen lauen Kompromiß mit den Schahs der Safawiden, der Kadscharen und der Pahlevi geschlossen hätten, anstatt zur Revolution aufzurufen.

Dem westlichen Beobachter will es scheinen, daß sich Khomeini mit derart extremen Folgerungen allein auf islamische Denktraditionen haben stützen können. Genau das ist nicht der Fall. Khomeini berief sich zwar zuallererst auf den Koran, leugnete aber nicht, gerade in der letzten Konsequenz seines Denkens auch von abendländischer Philosophie inspiriert oder wenigstens bestärkt worden zu sein. Anläßlich seines Todes 1989 las ich in einem Nachruf der *Time* vom 12. Juni, Khomeini habe sich unter anderem auch mit klassischer griechischer Philosophie, besonders mit Platon, beschäftigt. Ein solches Interesse ist ja selbst für einen radikal-orthodoxen Moslem statthaft, sofern sich der Gläubige einer Philosophie ohne »zersetzende« Tendenz widmet. An Platon faszinierte Khomeini speziell die Staatslehre, »Politeia«; hier sah er eine Parallele zu seinem eigenen Ansatz: Der Staat dürfe nicht von gewöhnlichen Politikern, sondern nur von »Philosophen« oder philosophisch gut gebildeten »Königen« regiert werden, da sie allein eine tiefere Einsicht in das Wesen und Wirken der Dinge besäßen. Anstelle der Philosophenkönige setzte Khomeini die islamischen Rechtsgelehrten.

Khomeini konnte mit solchen Gedanken bei ranghohen Ajatollahs vorerst nicht allzuviel Beifall finden, denn keinem wäre es bisher eingefallen, dem geistlichen Gremium der Ulema ein so ausschließliches Recht einzuräumen. Erst recht mußte Khomeini bei den Sunniten auf Zweifel stoßen. Zwar gab es in vielen sunnitischen Staaten nach wie vor eine Ulema, nirgends jedoch hätten ihre Geistlichen den Anspruch erhoben, eine weltliche Regierung ersetzen zu wollen. Auch sunnitische Fundamentalisten äußerten sich ablehnend, so Libyens Revolutionsführer Muammar al Gaddafi, so Pakistans damaliger Regierungschef Sia ul Hak, erst recht etliche Scheiche der Golfstaaten oder gar der saudi-arabische König. Sie alle betonten zwar, die Ulema solle möglichst umfassend die Regierung in allen Entscheidungen beraten und sämtliche Beschlüsse auf »islamische Rechtmäßigkeit« hin prüfen – und hier stehen sie in schroffer Gegenposition zur säkularen Ideologie moslemischer Nationalisten –, keinesfalls aber zeigten sie sich bereit, ihre Macht an die Ulema abzutreten, ja ein solcher Schritt käme ihnen absurd vor. Auch die Moslembruderschaft sowohl in Ägypten wie in Syrien blieb in diesem Sinn skeptisch.

Khomeini warf andersdenkenden Fundamentalisten vor, sie würden bloß den halben Weg gehen, sie würden nicht tatsächlich auf die »Ursprünge« zurückgreifen, sondern erst eine »spätere Tradition« zum Ideal des wahrhaft islamischen Staates erklären. Von Anfang an lagen somit Khomeinis Anhänger mit den übrigen radikal-islamischen Bewegungen im ideologischen Widerstreit. Aber auch die vielen anderen Gruppierungen stritten untereinander – bis zur offenen Fehde – um den »richtigen Weg«. In solchem Ausschließlichkeitsdenken mit aller schroffen Abgrenzung selbst gegenüber geistig eng verwandten Richtungen offenbart sich durchaus eine fundamentalistische Konsequenz: Da ja nur eine *richtige* Auslegung heiliger Texte möglich sei, konnte nur eine der vielen Gruppierungen für sich in Anspruch nehmen, im Besitz der ganzen Wahrheit zu sein. Hier brach eine ähnliche Rivalität aus wie unter christlichen Sekten.

Wenn allerdings Khomeini vorgab, die islamische Gesellschaft in ihrer reinsten Form wiederherzustellen, so rekonstruierte er keineswegs exakt das Staatsgebilde Mohammeds und seines Schwiegersohns, des Kalifen Ali. Denn einen etablierten Klerus mit ausdifferenzierter Hierarchie hatte es damals noch nicht gegeben, nun aber wollte Khomeini gerade einem derartigen Klerus die ganze Macht überantworten. Khomeini brachte auf diese Weise eine Staatsverfassung ins Spiel, wie sie es bis dahin nie gegeben hatte. Gerade das erst macht das Einmalige – oder wenn man so will: das Revolutionäre – seiner Ideologie aus. Khomeini beschritt innerhalb der fundamentalistischen Bewegungen einen Sonderweg, den man, weil unlösbar mit seiner Person und Ideologie verknüpft, als »khomeinistisch« bezeichnen kann.

Daß ausgerechnet die »Khomeinisten« als erste unter den Fundamentalisten einen Staat regieren sollten, dazu auch noch einen mächtigen Erdölstaat, gehört zu den großen Überraschungen. Keiner der Orientexperten hat während der siebziger Jahre an einen Sieg und gleich gar nicht an ein längeres politisches Überleben der Radikal-Schiiten geglaubt. Im nachhinein weiß man es natürlich besser. Da sieht man die Tatsache als entscheidend an, daß im Iran wesentlich mehr Geistliche als in jedem anderen islamischen Land in fundamentalistische Radikalität getrieben wurden. Nirgends sonst haben die Politiker dem Klerus derart viel demonstrative Verachtung entgegengebracht. Schah Reza Pahlevi hatte sich ja schließlich in äußerster Zuspitzung der Lage dazu hinreißen lassen, einen prominenten Ajatollah öffentlich zu prügeln. Um so verführerischer mußte es dem herabgewürdigten Klerus erscheinen, wenn nun ein Ideologe die ranghohen Geistlichen als die eigentlichen »Könige« über alle Politiker hinaushob, und um so bedingungsloser scharten sich Mullahs und Ajatollahs um die willensstarke, charismatische Führerpersönlichkeit Khomeini, solange es einen Schah aus der Dynastie Pahlevi zu stürzen galt.

Nach dem Sieg der »Islamischen Revolution« 1979 sollten aber, wie wir später sehen werden, gerade prominente Ajatollahs sofort wieder auf Distanz zur Ideologie des »Khomeinismus« rücken. Das erst zeigt, wie falsch es wäre, selbst den religiös motivierten Widerstand gegen den Schah als einen ideologisch geschlossenen Block zu betrachten.

### *Ali Schariati, der Revolutionär zwischen den Fronten*

Der religiös-revolutionäre Protest bekam sogar, und dies übersehen wir im Westen nur allzuoft, eine fortschrittliche, moderne Variante. Der Anstoß dazu ging von einem schiitischen Denker aus, der neben Khomeini maßgebenden Einfluß auf die Gläubigen nehmen sollte: Ali Schariati. Daß dieser zweite, wesentlich liberalere Revolutionär den Gang der Geschichte nicht entscheidender bestimmen konnte, gehört zur Tragödie der »Islamischen Revolution«.

Schariati deckte sich in wesentlichen Grundideen mit dem revolutionären Ajatollah aus Ghom, in manchen Gedanken jedoch setzte er sich deutlich von ihm ab. Schariati erst gab der sich anbahnenden islamischen Revolution die letzte Schwungkraft, ohne aber je ein Gefolgsmann Khomeinis zu werden. Gerade dadurch bietet er das lebendige Beispiel, daß sich die Revolution nicht aus einer einzigen geistigen Quelle gespeist hat. Im Iran hat Schariati legendären Ruhm erlangt, im Westen ist er dagegen weitgehend unbekannt geblieben. Erst das 1981 erschienene Jahrbuch »Religion und Politik im Iran«, herausgegeben vom Berliner Institut für vergleichende Sozialforschung, macht die Bedeutung dieses Mannes nun auch für uns deutlich.

Ali Schariati hat in Herkunft und Lebenslauf wenig mit Khomeini gemeinsam. Er wurde 1934 in der Provinz Chorassan als Sproß einer alten Gelehrtenfamilie geboren und studierte in der heiligen Stadt Mesched persische Literatur. Sein Vater hatte schon ein »Islamisches Revolutionszentrum« begründet, wo er sich erste Anregungen zur eigenen Theoriebildung holte. Als Student begeisterte er sich für die Revolutionsbewegung von Mossadegh und schloß sich später der Nationalen Widerstandsbewegung gegen den Schah an. 1960 ging er zum Studium nach Paris und erwarb dort den Doktorgrad in Soziologie und islamischer Geschichte.

An der Sorbonne studierte Schariati die Schriften europäischer

Orientalisten ebenso wie die Werke persischer Klassiker; er holte sich in Europa eine bessere Kenntnis der islamischen Vergangenheit, als er sie im zeitgenössischen Iran hätte bekommen können – bezeichnend für den Niedergang der einst großen Kulturnation Iran. Selbstverständlich setzte er sich mit den Schriften eines anderen großen persischen Denkers der Moderne auseinander, mit Dschemal ad Din al Afghani, und ließ sich wesentlich von ihm beeinflussen. Hinzu kam seine Freundschaft mit dem französischen Revolutionstheoretiker Frantz Fanon, der 1968 mit seinem antikolonialistischen Buch »Die Verdammten dieser Erde« berühmt geworden ist. Ganz im Sinne von Afghani und Fanon suchte er nach einem Weg, wie sich die Völker der Dritten Welt aus der Bevormundung durch westliche »Imperialisten« befreien könnten. Und wie Afghani sah er die Ursachen der Misere zuerst einmal im Zerfall der eigenen Kultur, in verkrusteten Traditionen, die sich erst später herausgebildet hatten: angefangen vom starr dogmatischen Denken vieler Korangelehrter bis hin zur würdelosen Unterdrückung der Frau. Niemals könnten sich die Moslems aus der selbstverschuldeten Knechtschaft gegenüber den westlichen Industriestaaten lösen, solange sie sich nicht auf die dynamischen Kräfte der eigenen Kultur besinnen würden.

Scharf kritisierte Schariati, der selbst ein gläubiger Schiit war, den rückständigen Klerus des Iran – und bezeichnenderweise griff er mit dieser Kritik vor allem wissenschaftliche Erkenntnisse europäischer Orientalisten auf. Mullahs, Modschtaheds und Ajatollahs hätten sehr viel dazu beigetragen, das Volk zu verdummen und irrezuführen, solche Männer hätten sich mehr an die Traditionen einer erstarrten Feudalgesellschaft gehalten als an die »revolutionäre Kraft« des Korans und der Imam-Überlieferung. Der schiitische Derwischstaat von Ardebil sei noch revolutionär und schöpferisch gewesen, die Modschtaheds als Gegner der Safawiden-Schahs bereits reaktionär und unschöpferisch. Man habe darauf verzichtet, die schlechten Verhältnisse ändern zu wollen, denn dies sei ja angeblich erst dem Verborgenen Imam, dem Mahdi, vorbehalten. Verschwunden sei der revolutionäre Schwung, um durch eigene Taten die Wiederkunft des Mahdi vorzubereiten. Einst habe Imam Hussein kühn den Herrschenden widersprochen und sei nicht davor zurückgeschreckt, als Märtyrer für seine Überzeugung zu sterben. Heute aber? Viele Schiiten würden während des Trauermonats Muharram und besonders am Ashura-Tag in den Prozessionen mitziehen, um den ermordeten Imam zu beweinen, anstatt den revolutionären Entschluß zu fassen, ihm nachzueifern. Ashura dürfe kein Tag der passiven Trauer sein, es müsse ein Tag des revolutionären Aufruhrs werden wie einst. Jeder Tag sei Ashura! Jeder Monat sei Muharram! Es sei heilige Pflicht, einem ungerechten Herrscher Widerstand zu leisten! Der Gläubige müsse wieder aktiv, die Religion wieder kämpferisch gelebt werden!

Mit diesen Ideen kehrte Schariati nach Teheran zurück. Seit 1965 wirkte er an einer religiösen Schule als Laienprediger – ein Jahr, nachdem Khomeini ins Exil gehen mußte. Die beiden Revolutionstheoretiker sind sich persönlich nie begegnet, wenngleich sie voneinander gewußt haben. Schariati zeigte sich von Khomeini beeindruckt, sah er doch in diesem streitbaren, unbeugsamen Ajatollah eine Ausnahme vom üblichen schiitischen Klerus. Gerade Khomeini war es ja gewesen, der mit seinen Parolen die Ashura-Prozession von 1963 gefährlich revolutionär aufgeladen hatte. Und wie Schariati zitierte Khomeini besonders gern den Satz aus der islamischen Überlieferung: »Ein gerechtes Wort an einen ungerechten Herrn zählt bei Gott mehr als hundert Jahre Gebet.« Schariati konnte auch völlig der beißenden Kritik zustimmen, die Khomeini in seinem Buch »Islamische Regierung« an den westlichen Industriestaaten übte: »Der Kolonialismus will von uns, daß wir nur beten und uns nicht mit ihm politisch auseinandersetzen. Der Kolonialismus will und sagt uns dies ganz eindeutig: Bete, solange du willst, wir wollen nur dein Erdöl. Was du in deiner Moschee betest, geht uns nichts an, wir wollen nur deine Bodenschätze, deine Märkte für unsere Produktion und unsere Investitionen geöffnet haben.«

Damit aber waren die Gemeinsamkeiten zwischen den beiden Revolutionstheoretikern erschöpft. Nicht zustimmen konnte Schariati dem utopischen Modell Khomeinis. Ihm erschien es undenkbar, zur Gesellschaftsform aus Mohammeds Zeiten zurückzukehren und alle späteren Entwicklungen kompromißlos abzulehnen, erst recht, daß ranghohe Geistliche weltliche Politiker in der Machtausübung ersetzen sollten. Der Islam, so meinte Schariati, habe sich im Verlauf seiner Geschichte immer wieder fremden Kulturen geöffnet, habe von ihnen übernommen, was ihm nützlich erschien, und abgelehnt, was ihm schadete. Gerade durch diese Weltoffenheit sei der

Islam besonders schöpferisch gewesen, von Nachteil sei es daher, dem Denken der westlichen Zivilisation grundsätzlich den Rücken zu kehren.

Schariati präsentierte sich als Leitfigur für den gebildeten Mittelstand und die Intellektuellen, die teilweise an westlichen Universitäten studiert hatten, sich aber mehr und mehr enttäuscht zeigten von der überstürzten und nur technokratisch ausgerichteten Reformpolitik des Schahs. Ja, er konnte für seine Ideen auch viele jener Mullahs und Ajatollahs gewinnen, deren Denken ebenfalls liberal und weltoffen orientiert war. Khomeini dagegen erreichte eher die konservativ oder radikalorthodox ausgerichteten Geistlichen, hier besonders den mittleren und unteren Klerus. Den entscheidenden Durchbruch errang Khomeini vor allem bei den Basarkaufleuten und – dank seiner volkstümlichen, mitreißenden Rhetorik – erst recht bei den ungebildeten Bauern und Slumbewohnern, die das westliche Fortschrittsdenken nur als zerstörerische Macht kennengelernt hatten.

Eine Kluft tat sich zwischen beiden Revolutionstheoretikern auf, aber gesehen wurde sie damals von den wenigsten. Und dies nicht ohne Grund, denn in den Anfängen war die zündende Parole wichtiger als die Diskussion über verschiedene Standpunkte; der gemeinsame Kampf schweißte – vorerst – die Schahgegner aller Richtungen zusammen.

»Jeder Tag Ashura!« Schariati hatte überwältigenden Erfolg mit Reden, die in solchen Parolen gipfelten; zu mancher öffentlichen Lesung kamen tausend und mehr Zuhörer, stets aber hunderte von Interessierten. Bald war er im Iran so bekannt wie Khomeini, seine Bücher wurden trotz Androhung von Gefängnisstrafen zu Hunderttausenden verbreitet. Auch die Regierung war längst auf ihn aufmerksam geworden, dies allerdings hatte, wie nicht anders zu erwarten, gefährliche Folgen. 1973 wurde Schariati verhaftet, eingekerkert und gefoltert. Im Mai 1976 gelang ihm die Flucht ins Ausland. Einen Monat später war er tot – Agenten des Schah-Geheimdienstes Savak hatten ihn, der inzwischen als große Gefahr für das Regime galt, in London aufgespürt und ermordet. Er wurde nur 42 Jahre alt.

Heute machen sich Iran-Kenner darüber Gedanken, was geschehen wäre, wenn Schariati Khomeinis Gottesstaat noch erlebt hätte. Hätte dieser relativ liberale Denker nicht auch von den regierenden Mullahs und Ajatollahs Ähnliches zu erwarten gehabt wie von den argwöhnischen Bürokraten des Schahs? Oder hätte er den Gang der Ereignisse völlig anders beeinflussen können?

### *Ein schiitischer Mythos als Motor der Revolution*

Der Schah achtete bei allem Mißtrauen nicht genug auf die Gefahr, die ihm von religiös gesinnten Revolutionären drohte. Denn sonst hätte er Mitte der siebziger Jahre nicht den provozierenden Entschluß fassen können, eine neue Zeitrechnung einzuführen. Im März 1976 mußte das Parlament auf seinen Druck hin beschließen, daß zukünftig ein »monarchischer Kalender« zu gelten habe: Gezählt werden sollte vom Regierungsantritt Kyros' des Großen an, nicht mehr von der Hedschra des Propheten Mohammed. Instinktloser hätte der Schah nicht handeln können. Denn er setzte sich über die religiösen Gefühle von Millionen Untertanen hinweg, die eine solche Maßnahme als Gotteslästerung empfinden mußten; noch in keinem Moslemstaat war die islamische durch eine »heidnische« Zeitrechnung ersetzt worden. Mohammed Reza Pahlevi besaß ohnehin schon genug Gegner, jetzt rüttelte er die bisher noch Gleichgültigen auf. Er bewies damit, daß er längst nicht mehr wußte, wie aufgereizt die Stimmung im Land schon war. Umgeben von speichelleckerischen Hofschranzen, die ihn nur lobten, aber nie kritisierten, verlor er jeden Blick für das Mögliche und Nötige.

Ein Mord brachte die Stimmung im Volk vollends zum Gären. Savak-Agenten gelang es, als Pilger getarnt in der heiligen Stadt Nedschef Khomeinis ältesten Sohn Mustafa zu töten. Er, mit 49 Jahren eine anerkannte Autorität auf dem Gebiet des theologischen wie kanonischen Rechts, galt als besonders wichtige Stütze für den Vater; der Schah erhoffte sich durch seinen Tod eine wesentliche Schwächung der Opposition. Er erreichte das Gegenteil. Revolutionsführer Khomeini, der selber allen Anschlägen entgangen war, erklärte nach dem Attentat, dieser Mord bedeute das Signal zur letzten Phase im Kampf gegen die »gottlose« Regierung. Er verstärkte daraufhin seine Propaganda im Iran, indem er massenweise Revolutionspredigten auf Band sprach und die Kassetten durch treue Anhänger ins Land schmuggeln ließ.

Im Januar 1978 brachen Unruhen in der heiligen Stadt Ghom aus. Ajatollah Schariat Madari hatte zu einem Protestmarsch aufgerufen, nachdem in einer maßgeblichen Teheraner Zeitung ein polemischer Artikel über die schiitische Geistlichkeit erschienen war. Khomeini wurde darin auf plumpe Weise verdächtigt, homosexuell und »verrückt« zu sein. Nun gab es kein Halten mehr. Die Nachricht über den Protestmarsch von Ghom erreichte rasch die Hauptstadt, und schon zogen auch durch Teheraner Straßen Hunderttausende, um ihre Sympathie mit den Mullahs und Ajatollahs zu bekunden, aber mehr noch, um gegen die verheerende Armut, die steigende Arbeitslosigkeit, die gescheiterte Landreform und die überstürzte Modernisierung zu demonstrieren. Polizei in Panzerwagen versuchte, die aufgebrachte Menge zu zerstreuen, niemand aber leistete den Befehlen Folge, Schüsse fielen, es gab Tote . . . Hunderte, wie die offiziellen Zeitungen meldeten, Tausende, wie inoffiziell vermutet wurde. Die Unruhen griffen auf Provinzstädte über, auch dort fielen Schüsse, und wieder waren die Straßen mit Leichen übersät.

Nun erst begann der Schah zu begreifen, daß sein Regime in ernster Gefahr war. Aber bald schon neigte er wieder dazu, diese Bedrohung zu unterschätzen. Denn ihm gelang ein kurzfristiger Erfolg: Er konnte Saddam Hussein, den »starken Mann« in der Regierungsriege des Irak, dazu bewegen, über Khomeini in Nedschef zuerst Hausarrest zu verhängen und ihn schließlich, im Oktober 1978, auszuweisen. Der Schah glaubte, aufatmen zu können, als Khomeini nach zermürbenden Verhandlungen, von anderen moslemischen Staaten abgewiesen, eine neue Bleibe in der französischen Kleinstadt Neauphle-le-Château bei Paris fand, 2500 Kilometer von der Heimat entfernt. Nun schien der Hauptunruhestifter erfolgreicher isoliert zu sein als bisher. Aber Khomeini, kaum in Frankreich eingetroffen, setzte jetzt um so beharrlicher fort, was er schon im Irak erfolgreich an Propaganda praktiziert hatte: Er sprach flammende Revolutionspredigten auf Band und ließ die Kassetten massenweise durch anonyme Zwischenträger in den Iran bringen; kein Grenzposten vermochte auch jetzt, die Schmuggelware ausfindig zu machen. Und die Demonstranten marschierten . . .

Noch hatte das Militär die Lage unter Kontrolle, noch wollte der Schah sich der Hoffnung hingeben, er werde die Krise meistern.

Dann aber kam der kritische Tag, der jäh alle Hoffnungen begrub: der 11. Dezember 1978. Es war der zehnte Tag des Trauermonats Muharram – die Ashura!

Tage zuvor schon hatten die Mullahs überall im Land heftige Predigten gegen den Schah gehalten. In die Höfe und Gebetshallen der rund 80 000 Moscheen drängten die Menschen jedoch vor allem, um die Stimme jenes Mannes zu hören, der im fernen Neauphle-le-Château seine Predigten auf Tonband gesprochen hatte. Nun dröhnte in allen Provinzen des Iran diese Stimme aus den Minarettlautsprechern, durch die sonst nur der Muezzin zum Gebet rief. Keine Polizeitruppen wagten, in die Moscheen einzudringen, um die erregten Volksmengen zu zerstreuen, die Khomeini bereits unverhüllt zum »Heiligen Krieg« gegen einen »ungläubigen« Herrscher aufrief. In allen Epochen, so verhieß die Stimme aus den Lautsprechern, wiederhole sich das Drama vom gerechten Kampf des Imams Hussein gegen den tyrannischen Kalifen Yesid. Jetzt, in der Gegenwart, müsse das iranische Volk die Rolle Husseins übernehmen. Nieder mit Schah Yesid! Jeder Gläubige, der wie Hussein den Märtyrertod erleide, gelange sofort ins Paradies . . .

Gewaltige Energien religiös aufgeladener Opfer- und Kampfbereitschaft entluden sich am Tag der Ashura. Zehntausende zogen, in weiße Leichenhemden gekleidet, durch die Straßen aller iranischen Städte, »Hussein . . . Hussein . . . Hussein . . .!« ein Sprechchor aus unzähligen Stimmen, monoton und rhythmisch, wie seit Jahrhunderten am Tag der Ashura, erhitzte die Volksmassen. Aber dieses Mal waren die Männer und Frauen noch erregter als sonst, zum ersten Mal mischten sich in das religiöse Ritual der Totenklage andere Rufe, wie sie bis jetzt nur bei politischen Demonstrationen erklungen waren: »Nieder mit dem Schah! Tod dem Schah!« Und: »Schah Yesid . . . Schah Yesid . . .!« Die Marschierenden riefen bloßen Zuschauern und Beobachtern zu, sie sollten sich in den Zug der »Glaubenskämpfer« und »Märtyrer« einreihen, und immer wieder zitierten die Wortführer, so wissen Augenzeugen zu berichten, einen Kernsatz aus den Schriften von Ali Schariati: »Die den Opfertod sterben, übernehmen die Aufgabe Husseins . . ., alle andern verrichten das Werk des Yesid!«

Im fernen Neauphle-le-Château betete währenddessen Khomeini in seiner Zeltmoschee, daß diese Ashura-Prozession die endgültige

Entscheidung bringen möge. Den Versammelten verkündete er, es werde viel Blut fließen, aber nicht umsonst.

Er sollte recht behalten. Der Schah, nervös geworden, gab Feuerbefehl. In die Sprechchöre der religiös Entflammten mischte sich das Geratter von Maschinengewehren und -pistolen, reihenweise brachen die Demonstranten in vorderster Front zusammen, aber die Nachfolgenden im weißen Leichenhemd marschierten ungerührt weiter, bereit, wie Hussein zu sterben. Millionen von bettelarmen Menschen, die nichts mehr zu verlieren hatten, sahen in ihren Leiden plötzlich wieder einen Sinn, ihnen galt der Märtyrertod für eine gute Sache als der sichere Anfang zu einem besseren Leben im Paradies. Fanatisierte junge Männer – so berichteten Tage später Augenzeugen aus Teheran, Isfahan, Ghom und Mesched – rissen sich das Hemd über der Brust auf und stürmten mit dem Ruf »Allahu akbar!« waffenlos, todesmutig, todessüchtig in das Gewehrfeuer der Soldaten. Der Ashura-Tag von 1978 wurde ein Tag der Märtyrer wie kaum einer zuvor, an ihm flammte das alte Ideal islamischer Glaubenskämpfer mit furchteinflößender, unerwarteter Gewalt wieder auf. Khomeini und Schariati – zwei religiöse Denker ganz verschiedener Ausprägung – hatten mehr als alle anderen dazu beigetragen, daß sich diese Lawine in Bewegung setzte.

Angesichts dieser Ereignisse maßen Heilsprediger wieder einmal dem so oft gesprochenen Glaubensbekenntnis der Zwölfer-Schiiten eine besonders aktuelle Bedeutung bei: »Ich werde auf Dein Erscheinen warten und auf den Heiligen Krieg, der mit Deinem Kommen ausbricht. Dafür bin ich bereit, mein Leben herzugeben, mein Eigentum, meinen Sohn, meine Frau . . . O Meister aller Zeitalter, wenn ich den Tag Deines Kommens erlebe, dann stehe ich unter Deinem Befehl.« Angesprochen war der Mahdi, der »Rechtgeleitete«, der zwölfte Imam, der in der letzten Geschichtsepoche aus dem Verborgenen treten und die Menschheit endgültig erlösen werde. Kündigte sich etwa mit dem ekstatischen Ashura-Tag von 1978 diese letzte Epoche an? Nicht wenige Moslems neigten zu diesem Schluß. Neben anderen Vorzeichen schien für sie die Jahreszahl auf das baldige Kommen des »Erlösers« hinzudeuten: Sie befanden sich jetzt im Jahr 1399 moslemischer Zeitrechnung – mit 1400 könnte die lang verheißene Wende einsetzen.

Khomeini sprach im fernen Frankreich eine neue Predigt auf

Tonand, und wieder hallte seine Stimme aus vielen Lautsprechern iranischer Minarette: Der Verborgene Imam werde bald erscheinen, er, Khomeini, sei sein letzter Vorbote und Wegbereiter.

Dies waren die entscheidenden Worte, um die Volksmassen im Iran vollends aufzuputschen. Wieder verstand es der Volksheld von 1963, die Heilserwartungen der religiös gesinnten Iraner zu seinen Gunsten zu nutzen. Unbestreitbar galt er jetzt als Führer der Bewegung, auch wenn im Januar dieses Jahres sein Rivale Schariat Madari zur ersten Demonstration gegen den Schah gerufen hatte.

Khomeini befand sich noch im Exil, als am 16. Januar 1979 Schah Mohammed Reza Pahlevi den Iran verließ. Nur widerstrebend gab der Schah zu, daß er seine gutausgerüstete Armee allein um den Preis eines totalen Krieges gegen die fanatisierten Volksmengen hätte führen können. Auch die Schutzmacht USA erwartete von ihm keine Abhilfe mehr. Trotzdem sagte der Schah beim Abschied auf dem Flugplatz von Teheran zu den bestürzt blickenden Generalen: »Meine Herren, es dauert ja nicht lange.« Mit trotziger Zuversicht wollte er daran glauben, daß er bald wiederkehren werde – wie nach seiner Flucht 1953. Er kehrte nicht wieder. Eineinhalb Jahre später, im Juli 1980, starb er einundsechzigjährig im Exil in Kairo an Krebs. Das letzte Jahr verbrachte er einsam und verbittert. Bis zuletzt wollte er nicht begreifen, weshalb seine Träume von der »Großen iranischen Zivilisation« am Widerstand »rückständiger« Ajatollahs und Mullahs gescheitert waren.

Am 1. Februar 1979 kehrte Khomeini, nun 78 Jahre alt, in den Iran zurück. Bei Morgengrauen hatten ihn einst Polizisten ohne Aufsehen abschieben können; jetzt, nach fünfzehnjährigem Exil, jubelten ihm Millionen Iraner zum Empfang zu.

Überall im Land fielen die Reiterstandbilder des Schahs, die bisher selbst die Marktplätze von Kleinstädten protzig beherrscht hatten. Nun verschwanden auch aus dem letzten Amtszimmer die Bilder vom »König der Könige« und wurden auf der Straße von einer erregten Volksmenge zertreten. Der Haß gegen die Symbole der Kaisermacht ging so weit, daß fanatische Trupps von Revolutionären mit Bulldozern nach Persepolis fuhren, um dort die mühsam restaurierten Palastruinen mit ihren prachtvollen Reliefs zu zerstören, ebenso die Zeltstadt, die Mohammed Reza Pahlevi zur 2500-Jahr-Feier der iranischen Monarchie 1971 hatte errichten lassen. Aber den

Zerstörtrupps konnte die Barbarei nicht gelingen, denn die Einwohner der umliegenden Ortschaften verstellten ihnen mit Gewehren den Weg, aus gutem Grund: Jene hatten Jahrzehnte lang von einem gut florierenden Tourismus gelebt und wollten sich eine entsprechende Zukunft nicht ruinieren lassen. Die Eiferer zogen ab und kamen nicht wieder. Persepolis war gerettet. Allerdings: Dieser erste Siegesrausch von Fanatikern ließ ahnen, daß für den Iran nicht ohne weiteres bessere Zeiten anbrachen.

Für Khomeinis Anhänger aber enthüllte die Geschichte ihren gottgewollten Sinn. Gerade sie sahen dem neuen islamischen Jahrhundert mit besonderen Hoffnungen entgegen. Jetzt, nach dem Sturz des Schahs, schien die Verheißung von der unmittelbar bevorstehenden Wiederkehr des Verborgenen Imams um so überzeugender. Fanatische Gefolgsleute trugen durch Teherans Straßen ein Transparent mit der Aufschrift: »Wenn der Teufel geht, kommt der Engel.«

# V.
# Fundamentalisten und Pragmatiker

# 1. Der Gottesstaat und sein Scheitern

## *Khomeinis totalitäre Ideologie*

Seit dem Jahr 1979 kannten ihn alle, den lange unbekannt gebliebenen Ajatollah von Ghom, mit seinem energischen, meist düster ernst wirkenden Gesicht, dem silbergrauen Bart, dem dunkelbraunen Umhang eines Geistlichen und seinem schwarzen Turban, dem würdevollen Abzeichen eines Prophetennachkommen. Aber noch Jahre nach dem siegreichen Durchbruch der »Islamischen Revolution« fiel es der westlichen Welt schwer, sich an den Gedanken zu gewöhnen, daß ein asketisch lebender Rechtsgelehrter des schiitischen Islam, aus einer ärmlichen Provinzstadt stammend, den Herrscher der stärksten Militärmacht im Mittleren Osten hatte stürzen können.

Eine irritierte Weltöffentlichkeit mußte Pressefotos zur Kenntnis nehmen, die gerade für die Verhältnisse in Teheran bisher undenkbar erschienen: Im Zentrum waren die hochhausgesäumten Straßen zur Zeit des Freitagsgebets angefüllt mit Tausenden von Gläubigen, die sich in Reih und Glied nach Richtung Mekka neigten und keinem Auto mehr die Chance zur Durchfahrt boten. In dieser Intensität hatte man solche Szenen bis dahin nicht einmal aus dem fundamentalistisch reglementierten Saudi-Arabien gekannt. Sämtliche Frauen waren nun mit Kopftuch zu weit wallenden Gewändern oder gar im strikt verhüllenden Tschador, der nur das Gesicht freiließ, zu sehen – und dies in einer Hauptstadt, wo vor kurzem noch auf den breiten Boulevards viele Frauen freimütig ihr Haar offen, bis zu den Schultern fallend, zur Schau getragen hatten und teils in Blue Jeans oder Minirock gegangen waren.

Der abrupte Wandel traf alle Lebensbereiche, öffentlich wie privat. Am folgenreichsten offenbarte sich der Einschnitt aber im Erziehungs-, Rechts- und Wirtschaftssystem. Kaum hatte Khomeini seine Macht gegenüber den politischen Gegnern festigen können, begannen seine Anhänger die Lehrpläne an Schulen wie an Universitäten von westlich »fehlgeleiteten« Inhalten zu säubern, räumten aus Bibliotheken Tausende Bücher mit »anti-islamischer Tendenz« hinweg, verjagten Tausende Lehrer und Professoren als »Lakaien westlicher Ideologie« aus ihren Ämtern, ja schlossen auf Jahre hinaus maßgebende Universitäten. Sämtliche westlich ausgebildete Juristen mußten ihren Dienst quittieren, sie wurden durch geistliche Rechtsgelehrte ersetzt, die allein nach den Grundsätzen der koranischen Scharia Gerichtsurteile verhängten. Die Banken herkömmlicher Form ließen die religiösen Eiferer schließen, da ursprünglich für die Moslems das Zinsnehmen verboten war. Auch hoben sie das moderne Steuersystem auf und ließen zukünftig nur den Zakat, die im Koran vorgeschriebene Almosensteuer, gelten. Dies waren erste Maßnahmen, den »Gottesstaat« zu schaffen, wie er, laut offizieller Bekanntgabe, unter der Regierung Mohammeds und später seines Schwiegersohns Kalif Ali bestanden habe.

Khomeini sah keine grundsätzlichen Probleme, in der komplex gewordenen Welt des 20. Jahrhunderts die Gesetze des 7. Jahrhunderts wiederzubeleben. Denn aus seiner Sicht trat ja an Stelle eines weltlichen, von Menschen erdachten und daher ohnehin vergänglichen Gesellschaftssystems nur die zeitlose, über alle Irrtümer erhabene »Ordnung Gottes«. Aus diesem Grund war es von zwingender Logik, wenn Khomeini sich als Vollstrecker eines welthistorisch einmaligen Auftrags fühlte. Zukünftig werde der Iran, so verkündete er voller Sendungsbewußtsein, wieder ein religiöses wie politisches Zentrum für die ganze islamische Welt sein. Vom Iran aus würden die Erneuerungsanstöße in alle Richtungen gehen, in den Osten über Pakistan bis nach Indonesien, in den Westen über den Irak, Syrien und Ägypten bis in die Maghrebstaaten, überall würden sich die Volksmassen vom revolutionären Modell des Gottesstaates inspirieren lassen und die korrupten, »unislamisch« gewordenen Staatssysteme beseitigen.

Mit einem derartigen Sendungsbewußtsein konnte sich Khomeini auf die in der traditionellen Bildungsschicht tief verwurzelte Überzeugung stützen, der Iran habe wie keine andere Kulturnation im Verlauf von vierzehn Jahrhunderten für den Islam die wichtigsten Erneuerungsanstöße gegeben. Khomeini vermied es zwar, an nationalistische Gefühle zu appellieren, wie es etwa die Schahs der Pahlevi-Dynastie ständig getan hatten – nie sprach er von »iranisch«, stets nur von »islamisch«, nie knüpfte er in seinen Reden betont an große Persönlichkeiten persischer Geschichte an, stets sprach er nur von Mohammed und den heiligen zwölf Imamen (die ihrer Herkunft nach Araber waren) –, trotzdem ließ er keinen Zweifel daran, daß mit der Begründung des Gottesstaates wieder einmal dem Iran die entscheidende Rolle in der Weltgeschichte zufalle. Solche Reden wirkten nach Jahrhunderten des Niedergangs und der Demütigung durch fremde Mächte wie eine Droge auf das geistig wie ökonomisch verunsicherte Kleinbürgertum und auf Millionen Entwurzelte in den Großstadtslums. Große Worte, pathetische Worte. Auch die Pahlevi-Schahs hatten von einer »glorreichen Zukunft« gesprochen – ohne allerdings die Ursachen des beklagten Niedergangs wirksam bekämpfen zu können. Nun war das Volk noch einmal aufgerufen, einem politischen »Erlöser« zu glauben ...

Am 1. April 1979 riefen Khomeinis Parteigänger die »Islamische Republik« aus, im Dezember desselben Jahres legten sie dem Volk eine entsprechende Verfassung zur Abstimmung vor. Wie sehr sich Khomeini zu diesem Zeitpunkt bereits gegenüber allen abweichenden Gruppierungen der Revolutionäre hatte durchsetzen können, zeigt das Abstimmungsergebnis, das an totalitäre Staaten des Ostblocks erinnerte: 98 Prozent aller Iraner stimmten für die neue Verfassung. Artikel fünf ist der wichtigste des gesamten Gesetzeswerks, wo es heißt: »In der Islamischen Republik Iran steht während der Abwesenheit des entrückten zwölften Imam – möge Gott, daß er bald wiederkommt – der Führungsauftrag und die Führungsbefugnis ... dem gerechten, gottesfürchtigen, über die Erfordernisse der Zeit informierten, tapferen, zur Führung befähigten Rechtsgelehrten zu, der von der Mehrheit der Bevölkerung als islamischer Führer anerkannt und bestätigt wurde. Falls kein islamischer Rechtsgelehrter eine solche Mehrheit findet, übernimmt ein Führungsrat islamischer Rechtsgelehrter ... die Führung.«

Ein derartiger Verfassungstext war einerseits ganz auf Khomeini zugeschnitten, zog aber andererseits veränderte Bedingungen nach seinem Tod in Betracht. Wohl in der Ahnung, daß bald einmal keine Symbolfigur mit charismatischer Ausstrahlung mehr zur Verfügung stehen würde, war ein Führungsrat ausersehen, Khomeinis Stelle einzunehmen. Zu seinen Lebzeiten dagegen bündelten sich allein bei ihm, dem »Imam«, die Fäden der Macht. Nur Khomeini konnte den »Rat der Wächter« ernennen, drei bis fünf ranghohe Geistliche, die sowohl dem Parlament als auch dem Staatspräsidenten wie dem Ministerpräsidenten übergeordnet waren. Sie überprüften alle Gesetze, und falls sie ihnen nicht »islamisch« genug erschienen, konnten sie diese durch ihr Vetorecht verhindern. Der »Imam« schließlich ernannte den höchsten Richter wie auch den Oberbefehlshaber der Armee; er konnte den vom Volk gewählten Staatspräsidenten jederzeit entlassen, falls er mit dessen Amtsführung nicht zufrieden war. Absoluter hätte die unantastbare Herrschaft des Imams in der Verfassung gar nicht formuliert sein können.

Imam ... Der Titel, mit dem sich Khomeini von seinen Untergebenen ansprechen ließ, hat in der westlichen Welt allerdings zu Fehleinschätzungen geführt. Dieser Titel ist nicht mit dem der zwölf heiligen Imame der Schiiten zu verwechseln, denn Imam darf sich jeder angesehene religiöse Führer nennen, ja Imam ist gar der Titel jedes ranghöchsten Geistlichen einer Moschee, bei Schiiten wie bei Sunniten. Daher wäre es abwegig, Khomeini zu unterstellen, er habe bewußt mit der Führung dieses Titels die Spekulation geschürt, daß er sich vielleicht doch noch als der verborgene zwölfte Imam, als der langerwartete Mahdi, zu erkennen gebe. Nach unbestätigten Meldungen erwarteten zwar fanatische Anhänger von ihm diese letzte messianische Botschaft, tatsächlich aber hatte sich Khomeini nie in diese Richtung geäußert. Möglicherweise hinderten ihn theologische Bedenken, den ungeheuerlichen Schritt zu wagen; schließlich waren im Verlauf der Jahrhunderte eine ganze Reihe Heilsprediger aufgetreten, die sich für den Mahdi ausgaben, um dann von den Ereignissen widerlegt zu werden. Vielleicht war Khomeini auch Realist genug, um zu spüren, daß seine Utopie vom Gottesstaat noch nicht die Beseitigung aller Probleme, aller Konflikte bot. Eine einmalige Stellung maßte er sich trotzdem an: Er betrachtete sich als den entscheidenden Führer, der mit seiner Form von »Islamischer Republik« dem zwölften Imam endgültig den Weg zur Wiederkehr bereitete.

Mit einem solchen Anspruch versuchte er gerade die Volksmassen auf seine Seite zu ziehen. Er war ja der Revolutionär gewesen, der unerschrocken wie kein anderer dem Schah getrotzt hatte. Er hatte es wie kein anderer verstanden, den entwurzelten Bauern in den verelendeten Dörfern wie in den Großstadtslums ein neues Selbstbewußtsein zu geben, eine »revolutionäre Würde«, wie er es selber nannte. In der Volksabstimmung vom Dezember 1979 nutzte Khomeini wieder einmal souverän seine Begabung, die iranischen Massen mit derartigen Parolen anzusprechen. Durch den Ausgang dieser »Volks«wahl erreichte er, was ihm durch die Wahl ranghoher Ajatollahs bisher nicht gelungen war: als geistliches Oberhaupt aller iranischen Schiiten betrachtet zu werden. Das Volk habe ihn in diesem Amt bestätigt, so argumentierte er gegenüber allen Bedenken aus den Reihen der Geistlichen und Intellektuellen. Von nun an sah es Khomeini gerne, daß man ihn »Erleuchteter Führer des Volkes« nannte. »Erleuchtet« bedeutete: Er stehe wie kein anderer mit Allah, Mohammed und den zwölf Imamen in Verbindung.

Wie der Schah sprach Khomeini davon, daß 98 Prozent des Volkes hinter ihm stünden. Er spüre genau, was gut für das Volk sei, und deshalb erfülle er, nur er, den wahren Willen des Volkes. Für parlamentarische Demokratie zeigte er Verachtung. In diesem Punkt war er dem Schah zum Verwechseln ähnlich, obwohl er das Prinzip der erblichen, dynastischen Nachfolge verwarf und für die »Republik« mit einem gewählten Führer plädierte. Grundsätzlich glaubte auch Khomeini, ein Staat mit einem »Erleuchteten« an der Spitze brauche keine Kontrolle der Macht, brauche keine frei gewählten Oppositionsparteien, denn ein »Erleuchteter« sei ohnehin vom richtigen Denken, vom richtigen Handeln geleitet.

Die »Islamische Republik« kennt allerdings ein Parlament, in dem mehrere Parteien sitzen. Aber was auf den ersten Blick nach Vielfalt in der Willensbildung aussieht, bleibt durch ein entscheidendes Kriterium eingeschränkt: Zugelassen waren nur solche Parteien, die sich rückhaltlos zur Verfassung des schiitischen Gottesstaates unter Führung Khomeinis bekannten. Eine solche Anordnung erinnerte fatal an Parteiengesetze in kommunistischen Ostblockstaaten, auch wich sie hier nicht von der Verfassung des Schah-Regimes ab.

Unwidersprochen konnten so in einem weiteren Schritt schon Anfang der achtziger Jahre Khomeinis Anhänger ihr Verständnis von »Partei« formulieren: Ein Gottesstaat kenne keine Parteien, sondern nur eine Partei der Gleichgesinnten, die »Hezbollah«, die »Partei Allahs«. Jeder, der als Moslem diese Einheit leugne, trage zur Zwietracht unter Moslems bei und reihe sich damit unter die Gegner des Islam ein. Eine eindeutige Warnung an Andersdenkende, besonders unter den Schiiten!

Wie sich Khomeini den idealen Staatsbürger seiner »Islamischen Republik« wünschte, zeigt eine Zeitungsnotiz in der englischsprachigen, staatlich gelenkten »Tehran Times« vom 10. Mai 1981. Dort definierte Ali Radschai (der wenig später in das Amt des Staatspräsidenten aufstieg, dann aber von Regimegegnern bei einem Attentat getötet wurde), was man unter einem Parteigänger Allahs zu verstehen habe: »Hezbollahis sind jene, die namenlos, selbstlos und ohne Erwartung einer Belohnung in der Arena des Kampfes präsent sind. Sie sind auch die Leute, die bis spät in die Nacht in den Fabriken und in den Büros kämpfen und arbeiten, bis selbst die Uhr müde wird. Hezbollahis sind jene, die sich auf Anordnung des Imams, wenn es notwendig ist, ruhig verhalten oder, wenn es erforderlich ist, laut ihre Stimme erheben. Die Hezbollahis sind jene, die die Revolution sichern. Sie sind die Wächter der Revolution . . . Hezbollah hat keine Organisation wie eine Partei. Hezbollah handelt auf Befehl des Imams und der der Sache verpflichteten Geistlichkeit.«

Solche Worte, von einem der radikalsten »Khomeinisten« formuliert, ließen abweichende Meinungen nicht einmal mehr im engen Feld der ohnehin fundamentalistisch denkenden Gläubigen zu. Und mit einem derartig totalitären Anspruch setzte sich die »Islamische Republik« bereits im zweiten Jahr ihres Bestehens der großen Zerreißprobe aus. Zu vielfältig war das geistige Spektrum jener, die im Gefolge der »islamischen Revolutionäre« gegen den Schah gezogen waren, als daß Khomeini mit seinen Anhängern widerspruchslos hätte die ganze Macht erobern können. Die Bandbreite der enttäuschten Mitkämpfer, die Seite an Seite mit den Mullahs und Ajatollahs dem Schah getrotzt hatten, reichte schließlich von westlich ausgebildeten Intellektuellen über »islamische Sozialisten« bis hin zu verschiedenen Gruppierungen schiitischer Fundamentalisten. Was aber die Lage für Khomeini besonders prekär machte: Auch unter der hohen Geistlichkeit regte sich bald verstärkt Widerspruch gegen sein Verständnis von »islamischer Ordnung« . . .

### *Widerstand bei revolutionären Mitkämpfern*

Am wenigsten in den rigorosen Gottesstaat einfügen ließen sich Kommunisten, Sozialisten und Liberale, und dies aus einleuchtenden Gründen. Die Kommunisten konnten wegen ihres Atheismus kein Verständnis finden, die Sozialisten und Liberalen wegen ihrer demokratischen Ziele nicht und alle zusammen nicht, weil sie in erster Linie wirtschaftlich und technokratisch dachten, also »westlich«, nicht religiös und theokratisch. Diese Schahgegner hatten sich ohnehin nie enger mit den Geistlichen anfreunden können und waren mit Khomeini nur ein Zweckbündnis eingegangen. Sie wollten, wenn der Schah erst einmal gestürzt war, die »fortschrittlichen« Teile des Volkes auf ihre Seite ziehen und dann eine zweite, eigene Revolution machen. Gemeinsam waren auch ihre Illusionen. Alle glaubten sie, das unterdrückte Volk werde nach der Revolution nur danach lechzen, endlich voll am Fortschritt der westlichen Zivilisation teilzunehmen. Wie enttäuscht aber mußten sie sein, daß die Massen zwar Brot, aber keine Demokratie, Frieden, aber kein Selbstbestimmungsrecht wünschten. Jetzt mußten die liberalen, »westlich« denkenden Schahgegner mit einem Mal erkennen, welch verschwindende Minderheit sie bildeten.

Khomeini und seine Gefolgsleute wußten besser, wie man mit völlig ungebildeten Bauern und Slumbewohnern sprechen mußte, allein sie, die radikalen Schiiten, hatten begriffen, welche irrationalen Erlösungssehnsüchte tatsächlich in den traditionsverhafteten Volksmassen schlummerten. Gerade dieses Gespür hatte Khomeini die überwältigende Zahl seiner Anhänger gebracht. »Ich schätze euch Slumbewohner sehr viel höher ein als alle diese Palastbewohner«, so ließ Khomeini im April 1981 in der »Tehran Times« verkünden, ». . . diese erhabene islamische Revolution ist den Mühen dieser Schicht, den Beraubten, den Slum- und Ghettobewohnern, zu Dank verpflichtet. Sie waren es, die diese Bewegung auf ihren Höhepunkt führten . . .« Aber: »Machten wir diese Revolution, um den Leuten Häuser und Arbeitsplätze zu geben? Nein, wir machten diese Revolution für Gott.« Wieder war der Iran um eine echte soziale Revolution betrogen worden.

Kein Wunder, daß Khomeini mit seiner Haltung bald auch islamisch gesinnte Sozialreformer herausforderte. Besonders folgenreich sollte seine Kampfansage an eine Gruppe werden, die sich »Mudschaheddin-i-Chalk« nannte. Der arabische Titel Mudschahed besitzt eine ehrwürdige Tradition, er bedeutet soviel wie »Krieger für die Sache des Glaubens«. So nennen sich zwar auch Khomeinis Revolutionäre, nur daß sie den Zusatz »Chalk« weniger betonen. Chalk heißt Volk. In den deutschen Sprachgebrauch ist diese Gruppe als »Volks-Mudschaheddin« eingegangen. Es gibt sie seit 1965, damals war sie als Widerstandsgruppe gegen den Schah gegründet worden.

Sie forderte, man müsse Islam und Sozialismus in Einklang bringen. Damit kam sie in Gegensatz zu Kommunisten und Sozialisten westlichen Zuschnitts, bald aber noch mehr zu Khomeinis verschwommenen Vorstellungen einer Sozialreform. Sie betrachtet sich laut Programm als »Partei Allahs, als Partei derer, die das höchste Wesen anbeten«. Allerdings, in der Art, wie sie über die Frömmigkeit der Khomeini-Fanatiker urteilen, ist durchaus noch der Einfluß westlichen Denkens zu spüren. So formulierten sie bezeichnenderweise in einer ihrer Propagandaschriften: »Das Hauptproblem an den kleinbürgerlichen religiösen Vorstellungen liegt darin, daß ihre Vertreter die Notwendigkeit, die gesellschaftlichen Widersprüche aufzuheben, nicht begreifen. Wir hingegen wissen sehr wohl, daß wir, wenn wir uns nicht auf die unterdrückten Klassen stützen, den höchsten Wert nicht erreichen können.« Ihr Führer Massud Radschawi konnte bereits zur Zeit des Schahs eine machtvolle Gefolgschaft aufbieten: Zehntausende von Jugendlichen aus Großstadtfamilien; sie waren aufgeschlossen für westliche Sozialideen und verdammten gleichzeitig einen westlichen »Imperialismus«, sie bezeichneten sich als tiefgläubige Schiiten und zeigten sich gleichzeitig mißtrauisch gegenüber konservativen Geistlichen.

Kaum war Khomeini aus dem Exil nach Ghom zurückgekehrt, forderte Radschawi bereits auch eine Gegenleistung für seine Mithilfe bei der Revolution. Er wünschte »eine gerechte und demokratische Landreform«, zinslose Darlehen für die Bauern und die Freiheit der Meinungsäußerung, alles Ziele, die unter der Schahregierung undenkbar gewesen wären. Aber er setzte sich auch für ein Gesetz ein, wie es Mohammed Reza Pahlevi schon schrittweise durchgesetzt hatte: die rechtliche Gleichstellung von Mann und Frau. Schroff wies Khomeini solche Forderungen zurück, er witterte in ihnen sowohl Einflüsse des »marxistischen« wie des »amerikanischen Imperialismus«.

Diese Absage hatte Folgen. Denn die Volks-Mudschaheddin ließen sich nicht von den schwerbewaffneten Revolutionsgarden Khomeinis einschüchtern, sie hatten selbst Waffen gehortet und waren im Partisanenkampf geschult. Ihre Antwort fiel ebenso schroff aus. Khomeini begehe »Verrat am Islam«, er leugne gerade die fortschrittlichen Ideale des Korans. Dann fielen die ersten Schüsse, ihnen folgten Straßenschlachten mit den Revolutionsgarden Attentate auf ranghohe Ajatollahs bildeten den aufsehenerregenden Höhepunkt. Das prominenteste Opfer: Ajatollah Mohammed Beheschti, der als Khomeinis Kronprinz galt; durch dieselbe Bombe starben im Juni 1981 über siebzig weitere Gefolgsleute – »lauter treue und wertvolle Diener der Revolution«, klagte Khomeini. Viele Attentäter scheuten sich nicht, ihr eigenes Leben bei den Anschlägen zu opfern, oft sprengten sie sich mit ihren Opfern selbst in die Luft, getreu der Losung »Sterben wie Märtyrer Hussein«. Anfang der achtziger Jahre wurden die Volks-Mudschaheddin zu Khomeinis mächtigsten und gefährlichsten Gegnern, die in allen größeren Städten ihre gut getarnten Widerstandsnester und Waffenlager besaßen. Sie traten mit dem Anspruch auf, sie erst würden die »wahre Islamische Revolution« verwirklichen. Ihre Anhänger lasen am eifrigsten die Schriften von Ali Schariati und behaupteten, der große islamische Revolutionstheoretiker hätte, wäre er noch am Leben, kaum eine geistige Heimat in Khomeinis reaktionärem Gottesstaat finden können. Beide, die Volks-Mudschaheddin und Schariati, waren sich in einem einig: daß der Prophet Mohammed eine »klassenlose Gesellschaft« gepredigt habe und sein Enkel Hussein für dieses Ideal gestorben sei. Khomeini blieb für die Klassenkämpfer im Namen Allahs ein Heuchler, der es mit der sozialen Frage nicht ernst nahm.

Widerspruch ernten mußte der »Erleuchtete Führer« auch bei zahlreichen konservativen Schiiten. Sogar solche begannen ihn zu kritisieren, die anfangs zu seinen überzeugten Anhängern zählten. Zu ihnen gehörten, um nur die prominentesten zu nennen, Mehdi Basargan und Abdol Hassan Banisadr. Der siebzigjährige Basargan, einst Staatssekretär unter Mossadegh, dann Führer der Nationalen Front gegen den Schah, ein anerkannter Erdölfachmann und ein frommer Schiit, war von Khomeini in das Amt des Ministerpräsidenten gerufen worden. Wie dieser hatte er die Ansicht vertreten, Religion und Politik dürften nicht zu trennen sein. Neun Monate später aber schied er bereits wieder aus dem Amt. Der Grund: Er, der etwas von Wirtschaft und Verwaltung verstand, wollte sich nicht ständig von Mullahs und Ajatollahs bevormunden lassen. Basargan konnte die ranghohen Geistlichen nur als »Ratgeber«, nicht aber als Regierende anerkennen; in der komplizierten Gesellschaftsstruktur des 20. Jahrhunderts könne kein Geistlicher einem Minister Anweisungen in Sachfragen geben, so verteidigte er sich. Ähnlich erging es

Banisadr, der in Paris Volkswirtschaft studiert hatte, in der »Islamischen Republik« zuerst Wirtschafts- und Finanzminister war und im Januar 1980 durch Wahl in das Amt des Staatspräsidenten berufen wurde. Auch er mußte bald auf Khomeinis Druck zurücktreten, ja gar ins französische Exil fliehen, weil er sich nicht zum willenlosen Werkzeug des Schiitenführers degradieren lassen wollte.

Nach dieser herben Enttäuschung sorgte Khomeini dafür, daß von nun an sowohl das Amt des Staatspräsidenten wie auch des Ministerpräsidenten nur noch von Geistlichen besetzt wurde. Allein auf diese Weise konnte er sicher sein, nicht mehr von der Eigenwilligkeit ziviler, auf »Sachverstand« pochender Politiker belästigt zu werden. Nun waren an den Schalthebeln der Macht endgültig Ajatollahs und Mullahs unter sich, und um so ungestörter vermochte sich jetzt nach dem Selbstverständnis radikaler Theokraten »Gottes Gesetz« in dieser unvollkommenen Welt durchzusetzen.

Keineswegs aber konnte Khomeini mit diesem Vorgehen auf breite Zustimmung auch aus den Reihen des hohen Klerus zählen. Gerade etliche ihrer einflußreichsten Denker lehnten – und lehnen bis heute – einen Gottesstaat ab, in dem das Amt des politischen Führers mit dem eines ranghohen Geistlichen vereint ist. Sie wollen die Herrschaft wieder an die Fachleute der Wirtschaft und der Verwaltung zurückgeben, die eine komplizierte Staatsmaschinerie auch lenken können. Selber möchten sie nur »Berater« sein und darüber wachen, daß die Regierenden auch nach den Grundsätzen des Islam handeln. Ihrer Meinung nach ist eine Staatsform wie zu Zeiten Mohammeds unmöglich, gar zu sehr hätten sich heutzutage die Bedingungen gewandelt, und dieser modernen Zeit müsse man Rechnung tragen. Anlaß zur Kritik gab es für diese einflußreichen Männer genug. Seit nur noch Geistliche Gesetze erließen und allen Rat von geschulten Fachkräften übergingen, trieb das Land dem wirtschaftlichen Ruin entgegen und drohte dem Volk bald mehr Elend und Hunger zu bringen als unter der krisenreichen Schahregierung. Zu Khomeinis prominentesten Kritikern zählten Ajatollah Schariat Madari, Rivale seit eineinhalb Jahrzehnten, und Ajatollah Taleghani, ein Korangelehrter und Philosoph, der vor allem die intellektuelle Jugend zu fesseln vermochte. Beide forderten eine parlamentarische Demokratie mit mehreren Parteien, möglichst liberale Gesetze, sofern sie »islamisch« seien, und ein liberales Wirtschaftsleben. Anfangs versuchte Khomeini, diese Geistlichen auf seine Seite zu ziehen, denn solange sie ihm widersprachen, konnte er niemals von den Ajatollahs in das höchste Amt des Mardscha-i Taqlid, der »Quelle der Nachahmung«, gewählt werden.

Als alles Werben nichts nutzte, regelte Khomeinis Gefolgschaft das Problem auf ihre Weise. Revolutionsgardisten entführten 1979 die Söhne Taleghanis, denen man Sympathien zu den Volks-Mudschaheddin nachsagte; daraufhin erlitt der hochbetagte Vater einen Schock und starb an einem Herzanfall. Zwei Jahre später wurde Schariat Madari verhaftet unter dem Vorwand, er habe eine Verschwörung gegen Khomeini angezettelt; der Imam setzte ihn vom Amt des Groß-Ajatollah ab und ließ ihn unter Hausarrest stellen. In Schariat Madaris Heimatprovinz Aserbeidschan folgten daraufhin Aufstände, Revolutionsgarden schlugen sie blutig nieder. Der entmachtete Groß-Ajatollah starb Mitte der achtziger Jahre, von den Regierenden bis zuletzt argwöhnisch überwacht, in Täbris.

Widerspruch mußte Khomeini auch in reinen Glaubensfragen ernten. Nicht wenige Ajatollahs bestritten, daß er der letzte und entscheidende »Wegbereiter des Verborgenen Imams« sei. Ja, etlichen maßgeblichen Korangelehrten, hier besonders Taleghani, erschien seine Lehre nicht nur zu radikal, sondern auch zu konservativ, vor allem aber zu eng. Die Kritiker stießen sich an vielen seiner rigorosen Verbote. So sahen sie es nicht für gerechtfertigt, Musik und Tanz zu ächten, nur weil Mohammeds Beduinen wenig davon hielten, auch wollten sie den Frauen mehr Rechte zugestehen, als es Khomeini für richtig hielt. Wie Ali Schariati trennten sie sorgfältig die zeitlosen, unveränderbaren Wahrheiten des Islam von den nur zeitbedingten Traditionen. Sie bemängelten, daß Khomeini zu unhistorisch denke und nur gelten lassen wolle, was schon zu Zeiten Mohammeds und Alis Bestand gehabt hätte. Damit aber stelle er alle nachfolgenden Entwicklungen in Frage, er verwerfe zuviel, was differenzierter betrachtet werden müsse, angefangen von der eigenwilligen Mystik der Sufis und Derwische bis hin zu den kühnen Spekulationen rationalistischer Philosophen.

Daß ranghohe Geistliche aus dem liberalen wie dem konservativen Lager den »Erleuchteten Führer des Volkes« offen kritisierten, machte seine Lage brisanter als alle Kritik von seiten westlich geschulter Intelligenz. Um die freie Diskussion nun auch noch innerhalb des Klerus weitgehend zu unterbinden, mußte Khomeini endgültig darangehen, einen lückenlos überwachenden Geheimdienst – ganz wie der Schah – aufzubauen. Nicht minder mußte er die Organisation seiner Revolutionsgarde perfektionieren. In Zukunft hatte die Garde nicht nur jene Untertanen strikt unter Kontrolle zu halten, die wegen ihrer westlichen Ausbildung oder einer »materialistischen« Grundhaltung ohnehin als latent »ungläubig« verdächtig waren, sondern selbst zutiefst religiöse Schiiten. Diese Garde, aus Zehntausenden arbeitsloser Slumbewohnern rekrutiert, außerhalb aller militärischen Hierarchie gestellt, von engsten Vertrauten Khomeinis befehligt, sollte bald zum gefürchtetsten Aufsichtsorgan des Regimes werden. Ihre Stoßtrupps konnten ohne richterlichen Befehl Wohnungen durchsuchen, sie verhafteten nach eigenem Gutdünken, nicht selten aus reiner Willkür, sie folterten oder prügelten Verdächtige oft auch nur zur Einschüchterung. Der »Erleuchtete Führer« verlieh ihnen den ehrenden Beinamen »Pasdaran«, »Wächter der Revolution«.

Unter Khomeinis Regierung füllten sich die Gefängnisse so rasch mit politischen Gegnern wie zu Zeiten Mohammed Reza Pahlevis, und bald arbeiteten die Henker noch schneller und unbedenklicher als vor dem Sturz des Schahs, ja nahmen die Folterungen an Brutalität und Vielfalt noch zu, wie aus einem Bericht der Organisation Amnesty International vom Dezember 1982 hervorging. 15 000 Hinrichtungen wegen politischen Widerstands wurden allein während der Jahre 1979 bis 1982 registriert. Der fragwürdige Erfolg dieses Staatsterrors ließ nicht allzulange auf sich warten: Mitte der achtziger Jahre war jeder nennenswerte Widerstand gegen das Regime niedergekämpft: die Gegner saßen entweder im Gefängnis oder waren getötet, oder sie flohen ins Ausland, wo sie selbst noch Anfang der neunziger Jahre vergeblich darauf warten, daß Khomeinis Nachfolger angesichts immer mehr sich verschärfender Widersprüche scheitern und die Volksmassen gegen sich aufbringen würden.

Zehn Jahre regierte Khomeini seinen »Gottesstaat« mit äußerster Härte, und während dieser Zeit wurde die Bilanz an Toten und politisch Verfolgten noch beklemmender. So war 1989 in einem Flugblatt, das Anhänger der Volks-Mudschaheddin in Deutschland und Österreich verteilten, zu lesen: Von 1979 bis 1989 habe es im Iran 90 000 Hinrichtungen und 150 000 Inhaftierungen politisch Verfolgter gegeben.

## *Der Märtyrerkult mit internationalen Folgen*

Ein Terrorregime hatte das andere abgelöst. Wann würde auch das jetzige zusammenbrechen? Diese Frage stellte man sich bereits Anfang 1980 immer häufiger in der westlichen Presse, aber auch in den benachbarten arabischen Ländern beobachtete man mit immer größerem Mißtrauen die Vorgänge im Iran. Nicht wenige gaben dem »fanatischen Alten von Ghom« gerade noch ein paar Monate, da sich die Attentate gegen seine Gefolgschaft häuften und das wirtschaftliche Chaos bedrohliche Ausmaße annahm.

Aber es kam anders: Khomeini blieb an der Macht. Und dies trotz eines Krieges, der plötzlich gegen sein Land geführt wurde. Wieder einmal waren die Vorgänge im Iran voreilig beurteilt worden, ohne genaue Kenntnis der Zusammenhänge.

Zu den ganz Voreiligen gehörte der irakische Regierungschef Saddam Hussein, der glaubte, bei Khomeinis geschwächter Revolutionsregierung sei endlich die Gelegenheit gekommen, dem Iran eine Rechnung wegen alter Grenzstreitigkeiten zu präsentieren. Im September 1980 gab er seinen Truppen den Befehl zum Einmarsch in das Nachbarland. Aber kaum waren die Siegesnachrichten nach den ersten Überraschungsangriffen verklungen, da sahen sich die Iraker einem Gegner gegenüber, der ihnen unheimlich erschien. Zu Tausenden stürmten ihnen schlechtbewaffnete Halbwüchsige mit dem Ruf »Allahu akbar!« entgegen, liefen ohne zu zögern in das Maschinengewehrfeuer, und über die Leichenberge stürmten besser bewaffnete Pasdaran, »Wächter der Revolution«, ihnen folgten reguläre Truppenverbände mit der modernsten Bewaffnung. Welle auf Welle von fanatischen Angreifern rollte heran, sie alle nur mit dem einen Ziel, die Gegner durch ihre Angriffe zu ermüden und damit den Nachfolgenden den Durchbruch in die feindlichen Linien zu ermöglichen. Es geschah etwas, das die Militärstrategen in West und Ost für unmöglich gehalten hatten: Die eher schlechtbewaffneten Iraner konnten das besser gerüstete Heer der Iraker zurückschlagen; im August 1982 standen die Iraner auf irakischem Boden. Und wieder stürmten die Angreifer ohne Rücksicht auf eigene Verluste nach vorne. Augenzeugen berichteten, oft seien Kinder vorausgeschickt worden, die ahnungslos auf die von den Irakern versteckten Minen traten und damit den Nachstürmenden einen gefahrloseren Weg ebneten – über die zerfetzten Körper hinweg.

»Sterben wie der Märtyrer Hussein!« Khomeini und seine Mullahs hämmerten in unzähligen Radioansprachen ihren »Glaubenskämpfern« die neue Parole ein: Jetzt gelte es, einen zweiten Yesid, den Staatschef des Irak, zu besiegen. Und: Auf nach Nedschef und Kerbela, die heiligen Stätten müßten von der Oberhoheit der Sunniten befreit werden. Noch einmal gelang es Khomeini, die Slumbewohner der großen Städte zum Glaubensfeldzug und Opfertod aufzurufen, so wie es ihm am Ashura-Tag von 1978 geglückt war. »Hussein! ... Hussein! ...« Mit dem zornigen Ruf des Ashura-Tages stürmten sie in die Schlacht, jeder Soldat hatte am Hals einen Schlüssel hängen, der ihm angeblich nach dem Märtyrertod sofort das Tor zum Paradies öffnen werde.

Wieder einmal verstand es Khomeini, eine Krise zu seinen Gunsten umzumünzen. Und Wahrheit wurde, was scharfsinnige Gegner über den greisen Schiitenführer von Ghom gesagt hatten: Khomeini brauche die Krise, um sich an der Macht zu halten.

Es war der Mythos des Ashura-Tages, der das Khomeini-Regime weiter am Leben erhielt. Dieser Mythos wurde reichlich strapaziert. Blättert man die englischsprachige Zeitschrift »Soroush – Botschaft der Islamischen Revolution« durch, die mehrmals im Jahr in Teheran erscheint und im Ausland für die Selbstdarstellung der Bewegung sorgen soll, so sieht man dies gerade dort bestätigt. Aus Anlaß des Ashura-Tages vom November 1981 wimmelte es in der hundert Seiten starken Zeitschrift von fettgedruckten Überschriften wie: »Reihen wir uns in die Armee Husseins ein, oder unterstützen wir die brutalen Gefolgsleute des Yesid?«, »Das Blut Husseins fließt rot von Kerbela nach Teheran«, »Märtyrertum – die höchste Form von Glück«, »Die Revolution begann in Kerbela«. Und ein Wort von Khomeini selber: »Es ist das Blut von Imam Hussein, das islamische Nationen anfeuert, sich zu erheben.« Eine Überschrift rückt gar den Schiitenführer in die Nähe des Prophetenenkels: »Husseins Blut fließt in Khomeinis Adern.«

Eine weitere, aus westlicher Sicht schaurige Steigerung erreichte der Märtyrerkult auf dem »Gräberfeld des Paradieses«, dem ausgedehnten Friedhof Behescht-i-Sahra südlich von Teheran an der Straße zur heiligen Stadt Ghom. Dort wurde Anfang 1984 ein riesiger Brunnen errichtet, über dessen zahllose Kaskaden pausenlos rot gefärbtes Wasser strömte – ein Symbol für das »Blut der Märtyrer«, das im »Heiligen Krieg« gegen alle »Feinde des Islam« vergossen wurde. Lautsprecherparolen hämmerten den Friedhofsbesuchern während des Kriegs ständig ein, den Eltern der gefallenen Helden gebühre kein Beileid, sondern Glückwunsch, denn die Toten weilten als Märtyrer längst schon im »Paradies«.

Seit 1984 verdichtete sich international der Verdacht, das Khomeini-Regime würde den Märtyrerkult gezielt dazu benutzen, um eine weitgefächerte Terrororganisation aufzubauen. Der Verdacht sollte sich während der folgenden Jahre erhärten. Schließlich wurde offenkundig, daß in einem Lager nicht weit der Kleinstadt Dezful, nahe der irakischen Grenze, der Iran Tausende Freiwillige aus allen Ländern des Nahen Ostens zu Terroristen ausbildete. Die Terror-Schüler, meist Angehörige schiitischer Minderheiten, wurden dazu angeleitet, Attentate auf prominente Politiker, Militärs und Botschafter verfeindeter Staaten zu verüben. Ins Visier der fanatischen Tötungsmaschinerie waren hierbei nicht nur die »westlichen Imperialisten« gerückt, sondern auch Moslems, die, wie es im Revolutionärsjargon hieß, mit den »Feinden des Islam« zusammenarbeiteten und daher als »Lakaien des westlichen Imperialismus« zu betrachten seien (»prowestliche« Politiker nach unserer Definition). Um die Aktion »todsicher« zu machen, sollten die Terroristen ihr eigenes Leben nicht schonen, sondern sogar bewußt »opfern«: etwa indem die Attentäter mit bombenbeladenen Lastwagen ins Ziel steuerten und sich dann, mit dem Feind Auge in Auge, selbst in die Luft sprengten. »Sterben nach dem Vorbild Husseins!« »Jeder Tag ist Ashura!« Schiitische Märtyrerideologie sollte auf diese Weise das Ihre dazu beitragen, die Nachbarstaaten zu destabilisieren und reif zu machen für die »Revolution« – genauer: für einen Gottesstaat nach khomeinistischem Vorbild. Khomeinis radikalste Anhänger, die eine derart religiös motivierte Schule des Terrors betrieben, konnten sich auf einen Märtyrermythos berufen, wie ihn neun Jahrhunderte zuvor der Perser Hasan as-Sabbah, geboren in Ghom (!), entwickelt hatte: Er hatte einst den furchteinflößenden schiitischen Terror-Orden der Assassinen gegründet.

Die Schulung im Trainingslager von Dezful sollte bald verheerende Auswirkungen zeigen. In verschiedenen Ländern des Vorderen

Orients trat jener neue Typ des Attentäters in den Vordergrund, der, das sichere »Paradies« vor Augen, nicht nur sein anvisiertes Opfer, sondern auch sich selbst in den Tod riß. Je weniger die Mörder sich scheuten, das eigene Leben zu vernichten, um so eher gelang ihnen die Aktion, um so erschreckender wuchs die Zahl der Getöteten. Besonderes Aufsehen erregten die Selbstmordkommandos im Libanon: so etwa Mitte der achtziger Jahre, als sich Lastwagenfahrer mitsamt ihrer Bombenladung in Beirut vor der US-Botschaft, dann vor dem Hauptquartier der amerikanischen und schließlich auch der französischen Truppen in die Luft sprengten; mehrere hundert Menschen starben damals innerhalb weniger Minuten.

Für uns Europäer ist eine derartige Todesverachtung nur schwer nachvollziehbar, dies um so weniger, wenn wir in einem solch fanatischen Drang zum Märtyrertum eine Art Todessehnsucht zu erkennen glauben. Diese Haltung als eine bloß pathologische Fehlentwicklung des schiitischen Islam zu erklären – oder gar zu behaupten, ein solch todessüchtiger Fanatismus liege den Moslems eben im »Blut« –, verfälscht das Problem entschieden. Zwar ist der Märtyrerkult gerade in der schiitischen Glaubenslehre angelegt, aber daß plötzlich Männer in blühender Jugend sich massenhaft danach drängen, ihr Leben zu »opfern« (was aus unserer Sicht nur »wegwerfen« bedeutet), ist ohne den sozialen Hintergrund kaum zu verstehen. Viele dieser Märtyrer-Terroristen kommen aus sozial desolaten Verhältnissen, aus den Slums der Ballungszentren oder aus Flüchtlingslagern, wo die Menschen ohne Zukunftsperspektive dahinvegetieren, verzweifelt, von untergründiger Aggression erfüllt gegen einen nur vage vorstellbaren Verursacher solcher Misere. Ideologen brauchen dem verschwommenen Feindbild nur scharfe Konturen zu geben, und schon vermag der angestaute Groll sich auf ein präzises Ziel hin zu entladen. Je auswegloser die Bewohner von Slums und Flüchtlingslagern sich in einer Atmosphäre ständiger Bedrohung und latenter Gewalttätigkeit verstrickt fühlen und je mehr sie getrieben sind, diesem tristen Dasein doch noch einen Sinn abzuringen – um so anfälliger werden sie für Parolen charismatischer Volksführer, die mit der Verheißung des »Paradieses« gerade dem gewaltsamen Tod einen tiefen Sinn zu geben verstehen. Dann wächst dem, der sich für eine Sache »opfert«, eine Würde zu, wie sie ihm bisher in seiner ziellosen Existenz undenkbar erschien.

Soziales Elend und kulturelle Entwurzelung – beide bilden einen fruchtbaren Boden für eine derartige Ideologie. Außerhalb der Elendsgebiete des Iran haben Schiiten im Libanon am radikalsten dieses Märtyrertum demonstriert – dort, wo die Mehrheit der Schiiten in nahezu auswegloser Armut lebt, durch libanesische Christen wie Moslems sunnitischer Konfession auf die unterste soziale Stufenleiter gedrückt.

### *Der »ungläubige« Saddam Hussein als Feindbild*

»Heiliger Krieg gegen die Ungläubigen!« Dieser Aufruf wird im Abendland nur allzuoft falsch eingeschätzt. Keineswegs ist es oberstes Ziel islamischer »Glaubenskämpfer«, Christentum und Judentum als Religionen völlig aus dem Vorderen Orient zu verdrängen. Jahrhundertelang hatten schließlich Christen und Juden unter moslemischer Herrschaft friedlich leben können, sofern sie sich nur loyal gegenüber der Regierung verhielten. »Islamische« Propaganda zielt zuerst auf die politische und kulturelle Bedrohung, die von den fremden Mächten ausgeht; abgewehrt werden soll der aggressive Expansionsdrang des »Westens« – und dies macht eine oft gebrauchte historische Anspielung deutlich: Bekämpft werden sollen »die Kreuzritter unserer Tage zur Unterwerfung islamischer Völker«, so hört man es in überraschender Einstimmigkeit sowohl von Nationalisten wie von Fundamentalisten.

In diesem Zusammenhang muß auf den ersten Blick allerdings irritieren, daß Khomeini auch den Krieg gegen den islamischen Nachbarstaat Irak als »Heiligen Krieg« ausgab. Mit dem gleichen Haß, wie er vom »Satan Amerika« sprach, konnte er sich über den »Satan Saddam« ereifern, ja, zeitweilig nannte er den irakischen Diktator in einem Atemzug mit dem amerikanischen Präsidenten. Aber nicht an der Terrorherrschaft Saddam Husseins entzündete sich zuallererst die Kritik, und wenn er sie äußerte, war sie rhetorischer Theaterdonner – schließlich kannte auch Khomeini keine Skrupel, politische Gegner massenweise hinzurichten. Die tiefe Ablehnung zielte auf das politische System im Irak, den Baath-Sozialismus – eine aus dem »Westen« importierte Ideologie, wie Khomeini anklagend formulierte. Vom Baath-Sozialismus gehe eine besonders große Gefahr aus, »islamische Werte« von innen her auszuhöhlen, daher sei es ein vorrangiges Ziel, den »Unglauben« bei Moslems selber zu bekämpfen.

Diese Anklage besaß trotz des extrem vereinfachenden, ja schiefen Vergleichs ihre innere Logik. Tatsächlich wäre die Baath-Ideologie ohne den Einfluß westlichen Denkens nicht vorstellbar. Der Gründer dieser Partei, Michel Aflak, ein griechisch-orthodoxer Christ aus Syrien, hatte Ende der zwanziger Jahre in Paris studiert und sich intensiv mit den antikolonialistischen Thesen von Karl Marx wie auch mit dem europäischen Nationalismus auseinandergesetzt. Aus beiden ideologischen Lagern hatte er sich Anregungen für die eigene Lehre geholt, die er auf arabische Verhältnisse zuschnitt. »Baath« heißt »Wiedergeburt«, spielt aber nicht auf ein Erstarken des Islam, sondern des arabischen Nationalismus an. Das einigende Dach ist nicht die Religion, sondern die arabische Sprache und Kultur; in dieser Gemeinschaft können sich neben Moslems mit gleichem Recht arabische Christen, ja letztlich auch religiös Gleichgültige heimisch fühlen (sofern sie diese Gleichgültigkeit nicht gar zu augenfällig demonstrieren). Die Baathisten verwahren sich allerdings strikt gegen Atheismus, mehr noch: Sie betonen rhetorisch ihre Nähe zum Islam, weil mehrheitlich Moslems zu ihren Anhängern zählen. Jedes ihrer Dekrete beginnt mit der Formel: »Im Namen Allahs . . .« Aber die Baath-Sozialisten propagieren den »säkularen Staat« und drängen den Einfluß der Koranschulen aus dem öffentlichen Leben zurück zugunsten einer »modernen«, »nationalen« Erziehung. Die Baath-Sozialisten bekennen sich offen zu einer »Erziehungs«diktatur, weil das »arabische Volk noch zu unwissend«, »noch nicht mündig« für eine »echte Demokratie« sei. Mit ihrem Modell greifen sie nicht wie Khomeini auf Traditionen orientalischer Despotie zurück, sondern richten sich an Lenin und Stalin aus, die ähnlich über das »noch nicht mündige Sowjetvolk« sprachen und den demokratischen Ansatz bei Marx außer Kraft setzten. Die Baath-Sozialisten, die den islamischen Fundamentalisten mit der Verachtung der Aufgeklärten gegenübertreten, hatten sich während der sechziger Jahre sowohl im Irak als auch in Syrien an die Macht geputscht, hier wie dort praktizieren sie Herrschaft im gleichen rigorosen Stil mit Verfolgung Andersdenkender, pflegen sie dieselbe Ideologie und sind doch miteinander verfeindet, weil sie – wie es unter Ideologen mit Absolutheitsanspruch nur allzuoft üblich ist – um die Vorherrschaft streiten.

Fundamentalisten, ob nun Schiiten oder Sunniten, mußten im Baath-Sozialismus irakischer wie syrischer Prägung eine gleich große Gefahr für das eigene »islamische« Wertesystem sehen. Aus ihrer Sicht konnte es nur logisch sein, daß die Baath-Diktatoren teils von westlichen Industriestaaten, teils von der Sowjetunion reichlich mit modernsten Waffen wie mit Wirtschaftshilfe versorgt wurden. Das Ziel solcher Hilfe von seiten der »Ungläubigen« konnte allein einen Sinn haben: Die Baath-Diktatoren hatten den »Imperialisten« und »Neo-Kolonialisten« als verlängerter Arm zu dienen, um den »Aufbruch des Glaubens«, die »Erneuerung des Islam« und den weiteren Siegeszug der Fundamentalisten zu verhindern.

Khomeini verdammte den Baath-Sozialismus grundsätzlich als »satanisch«, vermied es allerdings strikt, Syriens Diktator Hafis el Assad zu kritisieren. Denn Assad, sehr pragmatisch denkend, hatte ausgerechnet dem iranischen Gottesstaat Hilfe gegen den Irak angeboten, er schätzte jeden Feind des rivalisierenden Baath-Regimes im Irak als wertvollen Verbündeten. Khomeini war an der Hilfe so sehr gelegen, daß er seinerseits alle fundamentalistischen Grundsätze zurückstellte, die Ideologie seines ungeliebten syrischen Bündnispartners scheinbar vergaß und die flammende Polemik einzig und allein auf Saddam Hussein konzentrierte. Diese plötzliche Einseitigkeit des sonst so prinzipienfesten Schiitenführers von Ghom entsprang einer ganz konkreten Furcht: Saddam Hussein regierte den Nachbarstaat, und nur er konnte zur unmittelbaren Bedrohung für den Iran werden.

Wie sehr diese Furcht begründet war, zeigten ja die Ereignisse seit 1980. Die USA wie die Sowjetunion hatten ihre Waffenlieferungen an den Irak massiv verstärkt, als Saddam Hussein im September 1980 den Angriffsbefehl gegen den Iran gegeben hatte. Europäische, amerikanische wie sowjetische Politiker hatten damals nicht mit wohlwollenden Kommentaren gegenüber dem Diktator von Bagdad gespart, eben weil sie eine nationalistische, »westlich« inspirierte Herrschaftsideologie für weniger gefährlich hielten als einen islamischen, »antiwestlichen« Fundamentalismus. Viele westliche Beobachter, auch liberale, hielten Saddam Hussein schon deshalb für das kleinere Übel, weil er ganz in ihrem Sinn Khomeini verächtlich einen

»Steinzeit-Ajatollah« nannte. Der Zynismus dieser Parteinahme ist damals allen Beteiligten nicht ganz so offensichtlich erschienen, wie aus dem Rückblick der neunziger Jahre. Dabei wußte man in politischen Kreisen des Westens Anfang der achtziger Jahre bereits zur Genüge, daß Saddam Hussein nicht minder brutal und unbedenklich als Khomeini mit politischen Gegnern umsprang. Aber der Diktator von Bagdad ließ damals massenweise irakische Fundamentalisten (zudem auch noch Schiiten) hinrichten und empfahl sich damit als der natürliche Verbündete gegen den Gottesstaat im Iran. Um so leichter fiel es umgekehrt Khomeini, seinem Volk mit aller Kunst massenwirksamer Propaganda eine geistige Verwandtschaft zwischen dem »Imperialismus« des »gottlosen Westens« und dem »Imperialismus« des »gottlosen Baath-Regimes« von Bagdad zu konstruieren.

Die massiven Waffenlieferungen westlicher Industriestaaten wie der Sowjetunion, ebenso die logistische Unterstützung durch den amerikanischen Geheimdienst CIA machten es dem kriegserschöpften Irak schließlich möglich, den iranischen Vormarsch zum Stehen zu bringen. Überlegene Waffentechnik richtete unter Khomeinis fanatisierten Glaubenskriegern ein derartiges Blutbad an, daß trotz aller Durchhalteparolen an weitere Gefechte nicht mehr zu denken war. Beide Seien hatten ihre Kräfte zerschlissen.

Daß sich der »Heilige Krieg« gegen den Irak nicht gewinnen ließ, bedeutete für Khomeini einen schweren Schock. Dafür standen symbolträchtig jene Worte, mit denen er im September 1988, um eine größere Katastrophe für sein Land abzuwenden, einem Waffenstillstand zustimmte: »Diese Entscheidung zu treffen, war tödlicher als Gift zu nehmen. Ich unterwerfe mich dem Willen Allahs, ich nahm den Trank zu seiner Genugtuung.« Der Grund für eine derartige Bitterkeit lag aber weniger in der ganz persönlichen Feindschaft zwischen Khomeini und Saddam Hussein als in einer tiefgehenden prinzipiellen Ernüchterung. Khomeini hatte einst den Nachbarstaat Irak zum Testfall erkoren, wie rasch sich die »Islamische Revolution« über die iranischen Grenzen hinaus exportieren ließ: Die Niederlage des Baath-Regimes sollte eine Kettenreaktion auslösen, durch die während der folgenden Jahre auch die Regimes anderer »ungläubiger« Moslems stürzen würden. Dieses Wunschdenken war bereits am ersten Widerstand zerschellt.

Dabei wären gerade im Irak die Bedingungen günstig gewesen, so mußte es auf den ersten Blick erscheinen. Khomeini hatte seine ganze Hoffnung auf die Schiiten dort gesetzt, die mehr als die Hälfte der Gesamtbevölkerung ausmachen und seit Jahrhunderten von einer sunnitischen Oberschicht regiert werden. Khomeini hatte die irakischen Schiiten dazu aufgerufen, sich in einer »Revolution« gegen die »Fremdherrschaft ungläubiger Moslems« zu erheben. Er hatte erwartet, daß die arabischen Schiiten die iranischen Schiiten als Befreier begrüßen würden. Nichts davon. Damals zogen es die Schiiten des Irak mehrheitlich vor, unter dem Regime Saddam Husseins und unter dem Befehl sunnitischer Offiziere gegen den Iran zu kämpfen. In diesem Verhalten überwogen nicht nur tief eingewurzelte jahrhundertealte Ressentiments der Araber gegen die Perser sämtliche religiösen Gemeinsamheiten; bei allem Mißtrauen gegen das Baath-Regime schien damals unter irakischen Schiiten auch das Mißtrauen gegenüber einem Gottesstaat nach dem Vorbild Khomeinis noch viel stärker zu sein.

Daß Saddam Hussein blutig schiitische Fundamentalisten verfolgen ließ, bedeutete für die Iraker derselben Konfession noch lange nicht das Signal zum Widerstand – eben weil sie sich mit einer radikalen Minderheit nicht identifizieren mochten. Zudem war der Diktator von Bagdad Taktiker genug, daß er gerade in Kriegstagen die gemäßigte Mehrheit seiner schiitischen Untertanen geschickt umwarb: Er besuchte demonstrativ die Heiligtümer von Nedschef wie Kerbela und stellte großzügig Geld für die Renovierung ihrer Moscheen bereit.

### *Die sozialen Probleme bleiben ungelöst*

Nicht fundamentalistische Ideologie allein hatte Khomeini derart verbissen am Krieg gegen den Irak festhalten lassen. Es ist – zu Recht – viel darüber geschrieben worden, daß der Krieg dem Regime der Ajatollahs eine willkommene Gelegenheit bot, um von unbewältigten sozialen Spannungen abzulenken. Kaum war der Waffenstillstand geschlossen, ließ sich bei den Regierenden in Teheran auch schon die Hilflosigkeit nicht länger verbergen. Keiner der Geistlichen verfügte über ein Konzept, mit dem sich nun in Friedenszeiten die Krise hätte eindämmen, geschweige denn meistern lassen. Immer mehr zeigte sich, daß auch ohne den acht Jahre dauernden Krieg die »islamische« Regierung keine jener Fehlentwicklungen, wie sie unter den Pahlevi-Schahs eingesetzt hatten, in den Griff bekommen hätte.

Obwohl die Regierenden nach eigenem Verständnis in ihren Entscheidungen »allein von göttlichen Gesetzen geleitet« waren, gelang ihnen vor allem eines nicht: die soziale Zeitbombe Teheran zu entschärfen. Das bisher unkontrollierte Wachstum von Großstadtslums mit all ihrem unsagbaren Elend zu stoppen, die Folgeerscheinungen einer von westlichen Vorbildern inspirierten Politik zu korrigieren – gerade mit der Lösung dieser Aufgabe hatte Khomeini erfolgreich vorführen wollen, was es hieß, von der Einsicht in »göttliche Gesetze« geleitet zu sein. Teheran sollte wieder kleiner werden, sollte sich gesundschrumpfen, indem während der achtziger Jahre mindestens zwei Millionen entwurzelter Bauern in ihre Dörfer zurückkehrten. Teheran sollte seine Einwohnerzahl von fünf auf drei Millionen reduzieren, so lauteten die Vorgaben.

Um diese gewaltige Rückwanderung in Gang zu setzen, hätte es allerdings mehr als nur religiös-sozialrevolutionärer Rhetorik bedurft. Praktisch geschah nichts, was den Slumbewohnern eine Rückkehr in die Dörfer hätte schmackhaft machen können. Dabei hatten viele Mullahs und Ajatollahs unter der Schahregierung die Großgrundbesitzer kritisiert, sofern diese von den Bauern einen überhöhten Pachtzins forderten oder sie gar hungern ließen. Wie schon beschrieben, blieb aber ein Großteil der Geistlichen derart althergebrachten Ordnungsvorstellungen verhaftet, daß es ihnen undenkbar erschienen wäre, das Feudalsystem grundsätzlich in Frage zu stellen. Sie hatten nichts gegen Großgrundbesitzer einzuwenden, die ihrer patriarchalischen Fürsorgepflicht nachkamen, sie bekämpften nur grobe Auswüchse. Ein »gerechtes« Feudalsystem definierten sie als »islamisch« – alternative Modelle lehnten dagegen die meisten als »westlich beeinflußt« und »unislamisch« ab. Allen voran argumentierte in diese Richtung Revolutionsführer Khomeini. Und gerade damit war das Scheitern auch einer khomeinistischen Landreform vorprogrammiert.

Landreform auf der Grundlage des koranischen Rechts, »göttlicher Gesetze«, nicht bloß menschlichen Rechts! Solch tönenden

Schlagworten folgte eine Reform, die noch unzureichender war als jene, die der Schah unter dem Schlagwort »Weiße Revolution« in Gang gesetzt hatte. Nur solche Großgrundbesitzer mußten ihre überdimensional großen Ländereien abtreten, die ihr Vemögen gar zu offensichtlich der Günstlingswirtschaft Mohammed Reza Pahlevis zu verdanken hatten. Weitere Enteignungsanträge einiger weniger sozialrevolutionär gesinnter Mullahs scheiterten am Vetorecht des »islamischen« Wächterrats. Nur eine einzige Neuerung konnten die Reformer gegen den Widerstand der mehrheitlich feudalistisch denkenden Geistlichen durchsetzen: Brachliegendes, ungenutztes Land durfte Großgrundbesitzern weggenommen und an Kleinbauern verteilt werden. Stolz präsentierte die Revolutionsregierung 1983 die Zwischenbilanz einer Erfolgsstatistik. Seit 1979 seien über 20000 Dörfer an das Stromnetz angeschlossen, seien Tausende von neuen Schulen gebaut worden. Eindrucksvolle Neuerungen, gewiß. Aber Fortschritte dieser Art hatte der Schah einst auch bewirkt, ohne die Probleme grundsätzlich zu lösen.

Während die geistlichen Rechtsgelehrten über Jahre hinaus um die richtige Anwendung »islamischer« Gesetze für die Landreform stritten und bürokratische Planer hier und da vereinzelt sinnvolle Maßnahmen in die Wege leiteten, darbten die meisten Kleinbauern und Pächter weiterhin in der Abhängigkeit von Großgrundbesitzern, ja hungerten. Und so strömten, vergeblich auf Hilfe wartend, weiterhin notleidende Bauern auf Arbeitssuche in die Städte – die meisten in das ohnehin schon krebsartig wuchernde Ballungszentrum Teheran. Mit verheerenden Folgen. War Teheran bereits durch die verfehlte Politik unter Mohammed Reza Pahlevi während der Jahre 1950 bis 1978 von einer Million auf fünf Millionen Einwohner gewachsen, so brauchte die Stadt unter der Herrschaft Khomeinis von 1979 bis 1989 nur zehn Jahre, um von fünf auf über neun Millionen anzuschwellen. 1991 zählte Teheran schon an die elf Millionen Menschen! Innerhalb von nur zwölf Jahren seit dem Sturz des Schahs gab es in der Hauptstadt sechs Millionen Bürger zusätzlich, ein Zuwachs von nahezu der Einwohnerzahl der Schweiz. Nun drängte sich mehr als ein Drittel aller Bewohner in Elendshütten aus rohem Backstein, Brettern, Wellblech und Sackleinen.

Teheran wuchs derart schnell nicht nur durch Zuwanderer aus Dörfern und Kleinstädten, sondern noch rascher durch die Zahl jener

Kinder, die in den ohnehin übervölkerten Wohnvierteln, besonders den Slums, geboren wurden. Was der amerikanische Bevölkerungsexperte Samuel Preston in einer Studie von 1980 insgesamt als ein Charakteristikum für überlastete Ballungszentren der Dritten Welt feststellte, gilt mehr oder weniger auch für Teheran: 60 Prozent aller neuen Einwohner sind Neugeborene, und je ärmer die Wohnviertel, um so höher die Geburtenzahl. Das Bett des Elends ist fruchtbar, dieser schon seit Jahrzehnten häufig zitierte Satz trifft gerade für Teheran zu. Geschlechtsverkehr erscheint für die Ärmsten der Armen das einzige Vergnügen, das kostenlos und deshalb leicht zu haben ist. Und wo der Staat Sozialfürsorge nur unzureichend entwikkelt hat oder es gar völlig an ihr fehlen läßt, ganz zu schweigen von einem Rentensystem, dort drängen besonders die Ärmeren auf eine große Zahl Kinder, von denen sie die nötige Versorgung im Alter erwarten.

Schon unter dem Schah war seit den sechziger Jahren die Bevölkerung rascher gewachsen als in früheren Jahrzehnten. Eine bessere medizinische Versorgung bei gleichzeitig ausbleibender Sozialreform hatte – wie in vielen Ländern der Dritten Welt – einen solchen Prozeß in Gang gesetzt. Damals schon waren die meisten Familien darauf bedacht, nun um so mehr Kinder zu zeugen, damit die Altersversorgung in einem möglichst zahlreichen Klan durch viele junge Arbeitskräfte besser als früher gewährleistet sei. Ein an sich logischer Gedanke. Fatal nur, wenn Millionen Menschen mit höherer Lebenserwartung als bisher ebenso dachten.

Aber erst unter dem Regime Khomeinis ist aus dem Bevölkerungsboom eine Bevölkerungslawine geworden. Die Mullahs taten am Anfang alles, um die Iraner zur Zeugung von möglichst vielen Kindern zu ermutigen, schließlich brauchte ein »starker Staat« ihrem Verständnis nach Massen an Menschen, die sich gegen die Feinde von außen mobilisieren ließen, sei es als Soldaten, sei es als »Märtyrer« (Kanonenfutter, so nennen wir es aus der mitteleuropäischen Perspektive von heute). Das Ergebnis war durchschlagend. Zählte der Iran noch Mitte der fünfziger Jahre erst 18 Millionen Einwohner, so waren es zwei Jahrzehnte später gegen Ende der Schahregierung an die 36 Millionen. Dann aber, im Gottesstaat, brauchte es nur noch ein einziges Jahrzehnt, um die Zahl auf 53 Millionen hochschließen zu lassen. Die Wachstumsrate beträgt derzeit pro Jahr 3,9 Prozent, der Iran liegt mit einem solch fragwürdigen Rekord in der Spitzenkategorie der Entwicklungsländer. Gehen wir hierbei um nur ein Jahrhundert in der Geschichte des Iran zurück, so können wir erst die eigentlich maßlose Dimension des Wachstumssprungs ermessen. 1880 zählte die Bevölkerung 7,6 Millionen (1991 aber weist bereits die Hauptstadt Teheran um 3 Millionen Menschen mehr auf, als damals das ganze Land!). 1902, im Geburtsjahr Khomeinis, war die Bevölkerung mit 9,5 Millionen registriert. Und so brauchte es nur die 87jährige Lebenszeit dieses einen Revolutionsführers, von 1902 bis 1989, daß der Iran seine Bevölkerung um mehr als das Fünffache vermehrte.

1989, im Todesjahr Khomeinis, entschloß sich die Regierung zu einer dramatischen Kehrtwendung und ließ Mullahs in den Moscheen wie im Radio und im Fernsehen von den Segnungen der Geburtenkontrolle predigen. Sie hatte nämlich erkannt, daß das jäh ansteigende Bevölkerungswachstum jeden Ansatz zur Sozialreform gefährdete. Die Mullahs predigten bisher allerdings vergeblich. Zu wundern braucht der gescheiterte Versuch einer Trendumkehr nicht. Denn Anfang der neunziger Jahre ließ eine tiefgreifende Sozialreform nach wie vor auf sich warten. Weiterhin setzten daher gerade die ärmeren Familien auf möglichst viele Kinder als die einzige Hoffnung auf Altersversorgung.

Nach zehn Jahren Gottesstaat ging es der Masse der Iraner keinesfalls besser als unter der Regierung Mohammed Reza Pahlevis. Im Gegenteil. Noch immer, so verriet eine Statistik des iranischen Finanz- und Wirtschaftsministeriums aus dem Jahr 1989 in erstaunlicher Offenheit, befanden sich 75 Prozent des Volkseinkommens in den Händen von nur 20 Prozent der Bevölkerung. 40 Prozent der Iraner konnten 1989 pro Tag nur 330 Rial ausgeben, doch soviel kostete bereits ein Kilo Kartoffeln. Die Miete für eine eher ärmliche Wohnung in Teheran entsprach bereits dem doppelten Monatseinkommen eines Arbeiters. Um so mehr waren die Einwohner gezwungen, in billige Randbezirke der Hauptstadt zu übersiedeln und täglich einen stundenlangen Arbeitsweg auf sich zu nehmen. Die Inflation betrug um die 40 Prozent.

Für ausländische Geschäftsleute war Teheran während dieser Zeit zur teuersten Stadt der Welt geworden. Die iranische Metropole galloppierte nun, wollte man einen Lebensstil nach westlichem Standard pflegen, an Teuerung noch vor Tokyo, ja, unter solchen Umständen gab man in Teheran doppelt soviel Geld wie in New York aus. Um so krasser die Diskrepanz zu den weitausgedehnten Slums am Südrand der Stadt.

Wird im Iran der Verelendungsprozeß nicht bald gebremst, dann droht den Ideologen des »Gottesstaates« gegenüber dem enttäuschten Volk eine tiefe Glaubwürdigkeitskrise – ähnlich kraß wie einst den Ideologen der »Verwestlichung« unter dem Schah. Diese Schwäche erschien Khomeinis Fundamentalisten um so schmerzlicher, als sie doch ein Jahrzehnt zuvor mit dem Anspruch angetreten waren, ihr Staat würde einen Kristallisationspunkt ohnegleichen in der islamischen Welt bilden, ein Zentrum, von dem aus Erneuerungsanstöße in alle Richtungen gehen würden.

Ranghohe Fundamentalisten trugen das ihre dazu bei, um die gärende Unzufriedenheit im Volk anzuheizen. Denn eine weitere Klasse von Neureichen erregte immer mehr Neid und Ärger gerade bei den Armen und sozial Deklassierten: Mullahs und Ajatollahs selber. Sie, die einst gegen korrupte Politiker und Funktionäre des Schahs wetterten, weil jene ihre Machtstellung dazu nutzten, um sich schamlos auf Kosten des Volkes zu bereichern, sie, die Ankläger im Namen einer »islamischen« Moral, begannen nun ihren Einfluß zu nutzen, um bei jeder Vergabe von Exportlizenzen und Bauaufträgen ein entsprechend fettes Bakschisch vom Verhandlungspartner einzustreichen. Zehn Jahre Gottesstaat genügten, daß viele Mullahs und Ajatollahs, die in Städten und Landbezirken Regierungsämter ausübten, zu ansehnlichem Reichtum gelangten.

Khomeini selber zeigte sich über jede Versuchung, Geld zu raffen, erhaben; er blieb bis zu seinem Lebensende der bedürfnislos lebende, asketische Religionsgelehrte, weshalb ihn das einfache Volk um so mehr verehrte. Er hatte allerdings keine wirksamen Maßnahmen getroffen, um dem Machtmißbrauch Einhalt zu gebieten. Khomeini reagierte auch nicht, als sein designierter Nachfolger, Groß-Ajatollah Hussein Montaseri, im Herbst 1987 sich mit einem offenen Brief an ihn, den »Imam«, wandte und sich über die gehäufte Korruption unter den Geistlichen mit folgenden Worten beklagte: »Wieso fahren manche Mullahs inzwischen die teuersten japanischen und deutschen Autos? Wieso wohnen jetzt Mullahs in Villen, die früher der Schahfamilie gehörten?« Man weiß nicht, ob Khomeini schwieg, weil er seine Macht eben auch auf diese immer reicher werdende Funktionärsschicht von Geistlichen stützte. Möglicherweise hatte er, 1987 schon durch Alter und Krankheit sichtbar gezeichnet, den Kontakt zur politischen Realität verloren.

Ein Gottesstaat, der angeblich allein auf »göttliche« Gesetze ausgerichtet ist? Wenn es derart »menschelte« wie unter der immer korrupter werdenden Führungsschicht, dann drohte eine baldige Glaubwürdigkeitskrise um so mehr. Der Selbstreinigungsprozeß kam unter Khomeini, diesem strengen, unbestechlichen Oberherrn, so gut wie nicht in Gang.

## *Khomeini – historisch eingeordnet*

Am Samstagabend, dem 3. Juni 1989, starb Khomeini im Alter von 87 Jahren an Darmkrebs in seinem Teheraner Wohnsitz.

»Die edle Seele des Führers der Moslems und freier Menschen überall«, so verkündete sein Sohn Achmed über Rundfunk an das Volk, »Seine Exzellenz, der Imam Khomeini, ist in den Himmel aufgefahren, und sein Herz, das voll war von der Liebe zu Gott und für die Unterdrückten der Menschheit, hat aufgehört zu schlagen.«

Die Hysterie, die sich drei Tage später während des Staatsbegräbnisses bei den Volksmassen entlud, war beispiellos. An die vier Millionen Trauernde bewegten sich in der sengenden Junihitze aus Teheran und der weiteren Umgebung zum fast dreißig Kilometer entfernten Märtyrerfriedhof Behescht-i-Sahra, dem »Gräberfeld des Paradieses«. Ein düsteres, für Europäer kaum faßbares Bild: Wohin auch die Fernsehkameras ihr beobachtendes Auge richteten, schlugen sich schwarzgekleidete Iraner wie in Trance mit den Fäusten gegen die Brust und die Stirn; der Ruf »Allahu akbar«, »Gott ist am größten«, »Nichts geht über Gott«, brandete ständig aus der Menge. Als der Sarg auf dem Friedhof aus dem Hubschrauber gehoben wurde, gab es bei den Menschen kein Halten mehr, sie drängten nach vorne, rissen die Sperren nieder, jeder wollte das Leichentuch zu fassen bekommen, von dem die heilende Kraft des »großen Imam« ausgehen sollte. Im Gedränge brach der Sarg auseinander, der Leichnam stürzte zu Boden und konnte, nachdem Wächter der Revolutionsgarde aus ihren Maschinenpistolen Warnschüsse abgegeben hatten, mit Mühe wieder im Hubschrauber geborgen und zurück ins Kühlhaus geflogen werden. Dutzende von Toten, zertrampelte, vom Hitzschlag getroffene, von der Erregung überwältigte Menschen soll die Massenhysterie gefordert haben, dazu an die 11000 (!) Verletzte, so berichteten iranische Zeitungen am Tag nach dem Begräbnis.

Eine Hysterie, deren Nachwirkungen bald verblassen würden?

Am Jahrestag von Khomeinis Tod, dem 3. Juni 1990, versammelten sich um das inzwischen prachtvoll gebaute Mausoleum schätzungsweise acht Millionen (!) Trauernde zum Gedenken (wenn man den Nachrichten glauben darf) – fast soviel Menschen, wie damals Teheran Einwohner zählte, mehr als Österreich Einwohner hat.

Das ist ein Signal. Wir dürfen Khomeini nicht nur aus der Distanz des westlichen Beobachters, mit den Maßstäben unseres ganz anders gearteten kulturellen Umfelds bewerten. Wir müssen auf das Bewußtsein jener Millionen Iraner abheben, die teilweise schon seit Generationen in übervölkerten Großstadtwohnvierteln, in Slums und verelendeten Dörfern leben – sie alle unter dem Druck wachsender Verelendung aus ihrem traditionellen Ordnungssystem herausgerissen. Diese Millionen, direkt oder indirekt vom Sog der Entwurzelung bedroht, hatten unter der Regierung der Pahlevi-Schahs teilweise mehr verloren als die gewohnte Sicherheit fest verankerter, bisher meist unreflektiert gelebter Normen – sie hatten auch ihr Selbstbewußtsein verloren, und um so mehr war bei ihnen die Sehnsucht nach einem Führer, einem Erlöser mit politischer wie religiöser Ausstrahlung gewachsen, der ihnen erneut Halt wie Selbstbewußtsein bieten sollte. Khomeini habe ihnen die »Würde« wiedergegeben, so war (und ist) übereinstimmend von vielen dieser »Entrechteten« zu hören.

Khomeini hat Slumbewohner wie verelendete Bauern, so scheint es, vom Minderwertigkeitskomplex befreit, ständig nur zu den verachteten Randgruppen, zu den ewigen Verlierern gezählt zu werden. Khomeini hatte ja stets vor ihnen seine rhetorische Verbeugung gemacht. Etwa, wenn er, wie bereits zitiert, sagte: ». . . die erhabene islamische Revolution ist den Mühen dieser Schicht, den Beraubten, den Slum- und Ghettobewohnern zu Dank verpflichtet. Sie waren es, die diese Bewegung auf ihren Höhepunkt führten.«

Welch ein Kontrast zum Schah: Von dessen Regierung fühlten sich die Entwurzelten in ihrer Orientierungslosigkeit allein gelassen, übergangen, als bloße Versager eingestuft, die nun mal als unvermeidbare Opfer des »Fortschritts« unter die Räder kamen. Khomeini schaffte es zwar ebensowenig wie der Schah, den sozial Deklassierten ihr Los zu verbessern, wohl aber hatte er sie spirituell enorm aufgewertet, er hatte sie unter die eifrigsten, die besten Moslems eingereiht, er hatte sie, die Habenichtse, zu den wertvollsten Wegbereitern einer besseren Zukunft erklärt. Mehr noch: Er hatte ihnen das Gefühl gegeben, mit ihrer Glaubenskraft und ihrem Opfermut sogar dem gefürchteten, gehaßten und insgeheim bewunderten »Westen« überlegen zu sein. Die Macht der Barfüßigen und Zerlumpten gegen all die hochentwickelte Technik und geballte Wirtschaftsmacht ausländischer »Imperialisten«! Je stärker der Glaube der Armen und Ausgebeuteten, um so eindrucksvoller würde am Ende der Sieg über die »nur materielle« Macht des Gegners sein!

Wie hohl und fragwürdig eine solche Perspektive aus unserer Sicht auch sein mag – da das Ziel unter Umständen doch nur hieß, »Märtyrer des Islam« zu sein, mit »Würde« zu sterben, wenn es sich schon nicht mit Würde leben ließ –, eine derartige Zielgebung hat die Massen angefeuert. Nicht nur Iraner, sondern auch sozial Benachteiligte anderer islamischer Länder, nicht nur Schiiten, auch Sunniten ließen sich von derartigen Parolen mitreißen.

Eine beängstigende Parallele finden wir nur wenige Jahre später bei einer anderen Erschütterung im Nahen Osten. Nun war es der irakische Diktator Saddam Hussein, der sich demagogisch mit Pathos an die »entrechteten« und »erniedrigten« Palästinenser wandte und als ihr Vorkämpfer auftrat. Er wurde – wenigstens einige Monate lang, von Mitte 1990 bis Anfang 1991 – zum umjubelten Führer dadurch, daß er unerschrocken gegen die Großmacht USA den »Heiligen Krieg« ausrief und erklärte: Was dem Irak an High Tech der Waffen fehle, werde er durch überlegene Glaubensstärke und Kampfmoral seiner Soldaten mehr als wettmachen. Auch von ihm hieß es dann, er habe den Moslems ihre »Würde«, ihren »Stolz« wiedergegeben, er habe sie (und so kommentierten es weniger schmeichelhaft westliche Journalisten) von dem tiefsitzenden Komplex befreit, gegenüber dem »Westen« nur die ewigen Verlierer zu sein. Die Illusion ist kurz gewesen, wir wissen es längst, Saddam Husseins Verehrer sind beträchtlich ernüchtert, ja verstört.

Zu denken geben muß über die Paradebeispiele Khomeini und Saddam Hussein hinaus, daß sich ein derartiger Mechanismus im islamischen Orient immer wieder – bei nur wechselndem Führeridol – in Gang setzen läßt. Radikaler könnte die Kulturkrise für Moslems nicht zutage treten, die zugleich auch eine Selbstbewußtseinskrise ist. Im Kollektivbewußtsein unbewältigt erscheint noch immer der Schock, die einst bahnbrechende Führungsrolle in der Kultur wie in der Politik an das rivalisierende Abendland verloren zu haben. Zweifellos hat von allen »Volks«führern während der achtziger Jahre Khomeini am besten den Ton getroffen, um frustrierte Volksmassen mit einem aufputschenden Gegenmittel von diesem Schock abzulenken und ihnen, einer Droge gleich, das Gefühl trügerischer Stärke zu vermitteln. Gerade das mag seinen durchschlagenden Erfolg bei sozial Deklassierten und Gedemütigten erklären.

Der Schock abendländischer Moderne bedeutet aber auch für so manchen moslemischen Intellektuellen ein unlösbares Problem, und so braucht es nicht zu wundern, daß das Phänomen Khomeini eine Faszination selbst auf gebildete, nachdenkliche Moslems ausübt. Naturgemäß bleiben liberale, weltoffene Moslems bei ihrer schroffen Ablehnung. Aber selbst einige von ihnen, die dem Fundamentalismus grundsätzlich nichts abgewinnen können, finden vorsichtige, einschränkende Worte der Anerkennung. Zu meiner Verblüffung habe ich dies bei Gesprächen in den verschiedensten Ländern, von Marokko bis Indien, immer wieder feststellen können. Intellektuelle Kritiker, sofern sie gläubige Moslems sind, Schiiten wie Sunniten, stufen Khomeini zwar in seiner Auslegung heiliger Schriften als einseitig, ja als zu eng ein, aber sie betonen gleichzeitig: Khomeini sei trotzdem ein ernstzunehmender Koranexperte – und das werde im Westen nur allzuoft unterschätzt –, ihm gegenüber brauche es viel Kenntnis, um seine Thesen auf der Grundlage des Glaubens zu erschüttern, erst recht, sie zu widerlegen. Und gerade deshalb habe er es, bei seiner volkstümlich packenden Sprache, geschafft, massenwirksame Bewegung in das erstarrte Geistesleben des Islam zu bringen. Khomeini habe die Moslems in aller Welt erfolgreich provoziert, endlich grundsätzlich über ihre Religion nachzudenken, herauszubrechen aus dem dumpfen Gewohnheitstrott und klar in Für und Wider Stellung zu beziehen. Seit Khomeini seien Gläuige in großer Zahl aufgerüttelt, nun ernst zu machen mit der bisher nur vage geäußerten Forderung, man solle sich nicht nur ökonomisch und politisch, sondern auch kulturell von unkritischer Anpassung an den »Westen« lösen. Khomeini habe es immerhinn wie kaum sonst ein politischer Führer fertiggebracht, dem »Westen« die Stirn zu bieten. Wenn er hierbei auch viele Fehler gemacht habe, so ermutige er doch andere, das gleiche Ziel mit viel differenzierterem Denken anzustreben. Khomeini stehe am Anfang einer epochalen Neurorientierung nicht nur des Iran, sondern der ganzen islamischen Welt.

Männer, die ich so sprechen hörte, können teilweise mit guten Kenntnissen aus der europäischen Geschichte aufwarten. Besonders während der ersten Jahre, als Khomeinis Gottesstaat noch von revolutionären Unruhen erschüttert wurde, sind Vergleiche wie solche geäußert worden: Zwar fließe gegenwärtig viel Blut im Iran, aber das sei doch während der Französischen Revolution auch nicht anders gewesen. Niemand könne leugnen, daß die Revolution von 1789 eine neue, zukunftsweisende Epoche eingeleitet habe.

Khomeini wird sich in all seiner Widersprüchlichkeit dauerhaft in das Gedächtnis der Moslems, ja der Welt eingraben. Dies ganz im Gegensatz zu seinem Widersacher im Nachbarstaat, Saddam Hussein. Der Diktator von Bagdad bot mit seinem Auftreten nur eine flüchtige Episode, erschreckend zwar in der Zerstörungswut, belanglos aber in der geistigen Substanz. Saddam Hussein war in seiner Ideologie zu oberflächlich, zu sprunghaft: So schlüpfte er in die Rolle des glühenden Nationalisten und verspottete die Fundamentalisten als »rückständig«, solange sie ihm hinderlich waren; er wechselte aber sofort die Rhetorik und fing in aller Öffentlichkeit zu frömmeln an, als er sich auf die politische Hilfe radikal-orthodoxer Moslems angewiesen sah. Saddam Hussein identifizierte sich mit keiner Ideologie, er benutzte Ideologien austauschbar, sein einzig unverrückbares Ziel blieb die Macht, die ganze Macht. In diesem Sinn war Saddam Hussein sehr »modern«, dem machiavellistischen Typ eines westlichen Politikers näher als dem eines islamischen »Glaubenskämpfers«, für den er sich zuletzt im Golfkrieg von 1991 ausgab. Um so weniger konnte er, der wendige, letztlich prinzipienlose Gewaltmensch, dauerhaft von den Volksmassen als ein überzeugendes Vorbild verehrt werden.

Aus unserer westlichen Sicht neigen wir zu dem Urteil – und auch moslemische Kritiker äußern sich teilweise ähnlich –, Khomeini sei ein gerissener Taktiker gewesen und habe sich nur religiöser Phrasen bedient, um zur Macht zu gelangen. Ein Machtmensch im Gewand des Klerikers also. Mir scheint es genau umgekehrt: Als zutiefst religiöser Mensch glaubte Khomeini nach der Macht greifen zu müssen, um religiöse Gesetze gegen den Widerstand einer irrenden Mehrheit durchzusetzen. Ideologische Schwenks und Kehrtwendungen, wie sie Saddam Hussein ständig vollzog, sind Khomeini zeitlebens fremd geblieben; unbeugsam hielt er an seinen Prinzipien fest, auch auf die Gefahr hin, von seinen anfangs überlegenen Gegnern des Schah-Regimes getötet zu werden. Märtyrer zu sein, bedeutete ja seiner innersten Überzeugung nach keine Niederlage, sondern getreu in der Nachfolge des Prophetenenkels Hussein Sieg auf andere Weise. Entlarvten sich bei Saddam Hussein alle Bekenntnisse als bloß taktisches Kalkül, so glaubte Khomeini an das, was er sagte – und dies mit furchterregender Konsequenz.

Die Unterschiede zwischen beiden Despoten zeigten sich schon im Lebensstil. Obwohl Khomeini mit einer vermögenden Frau verheiratet war und ihm seine spätere Machtstellung zusätzlich alle Quellen der Bereicherung eröffnet hätte, wohnte er weiterhin spartanisch einfach, verzichtete er auf jeden persönlichen Luxus. Wenn er von sich sagte, Vorkämpfer für die »sozial Entrechteten« zu sein, so konnte er immerhin nicht einer Heuchelei bezichtigt werden wie der »Sozialrevolutionär« Saddam Hussein: Jener hatte schließlich Milliardensummen von den Erdöleinnahmen des Irak abgezweigt und auf private Bankkonten im vielgeschmähten »imperialistischen« Ausland verschoben. Um so überzeugender repräsentierte Khomeini den materiell bedürfnislosen Imam, der abgeschieden von allen politischen Niederungen über die großen Fragen einer religiös geprägten Gesellschaftsordnung nachdachte und nur, wenn nötig, durch sein klärendes Urteil in das Alltagsgeschehen eingriff. Um so überzeugender erschien er auch abgehoben von aller Tyrannei und Willkür, die die Revolutionsgarden in seinem Namen ausübten. So konnte bei vielen Iranern der Eindruck entstehen, Khomeini selber habe – anders als Saddam Hussein im Irak – mit den negativen Folgeerscheinungen seines Regimes wenig oder gar nichts zu tun, das Schlechte müsse man hauptsächlich fehlgeleiteten Parteigängern anlasten. Ähnlich hatten einst Stalinisten über ihr Idol Stalin geurteilt.

Daß dieser meditierende Ajatollah ein waches Gespür für Propaganda und politische Massenbetörung besaß, hat er allerdings zur Genüge bewiesen. Doch wenn man ihm auch unterstellen mag, er habe die Rolle des materiell bedürfnislosen, streng idealistischen Revolutionärs nur vollendet gespielt, so kann man in seiner ganzen Politikerlaufbahn keine andere Rolle entdecken als diese, und das bedeutet dann eben doch Identifikation. Auch der Terror, den er zweifelsohne selber angeordnet hatte, stand aus seiner Sicht nicht im Gegensatz zum idealistischen Revolutionär. Khomeini war Überzeugungstäter, und als solcher hatte er nie Skrupel gezeigt, Widerstrebende auf dem Altar seiner Ideen zu opfern. Aber: Ihm fehlte der Zynismus jener Diktatoren, die die Macht als Selbstzweck genießen, daher ist er weder mit Saddam Hussein zu vergleichen noch mit Hitler. Beide Vergleiche, oft genug geäußert, zielen am Kern von Khomeinis Terror vorbei. Khomeini blieb bei allem Blutvergießen einer jener fragwürdigen Weltverbesserer, die sich berufen fühlen, ihre Zeitgenossen notfalls mit unnachsichtiger Härte auf den von ihnen erkannten Pfad der Tugend zu führen. Dies erinnert an den nicht minder großen Fanatiker der Französischen Revolution: Robespierre.

Die treffendste Parallele zu Khomeini in der abendländischen Geschichte finden wir allerdings – und dies ist naheliegend – im Mittelalter. Khomeini ähnelt im Ansatz dem unerbittlichen Bußprediger Savonarola, der Ende des 15. Jahrhunderts das Fürstentum Florenz mit revolutionärer Gewalt zu einem Gottesstaat umfunktionierte und, die Volksmassen mitreißend, seinen Bannfluch gegen »sittenlose«, »ungläubige« Politiker, Geschäftsleute und Geistliche schleuderte. Der Asket von Florenz wie der Asket von Ghom handelten gleichermaßen aus dem Bewußtsein, am Beginn eines radikalen Zeitumbruchs zu leben – der Endzeit vor der entscheidenden Stunde der »Erlösung«: Savonarola sah die Wiederkunft Christi unmittelbar bevorstehen, Khomeini die Wiederkunft des Mahdi, des zwölften Imam. Beide versuchten sie in dieser letzten Phase, die bedrohten Werte eines betont religiös geprägten Zeitalters gegen den Vormarsch einer weltlichen Moderne, gegen einen immer stärkeren Pluralismus von Wertvorstellungen zu retten. Beide wollten sie durch ihr Bemühen dem nahenden »Erlöser« in ihrem eigenen politischen Wirkungskreis bereits die »gereinigte« Welt präsentieren. Beide schreckten sie bei der »Reinigung« nicht vor Blutvergießen zurück. Durch Khomeinis Willen sind allerdings um viele Tausende mehr »Fehlgeleitete« umgekommen als unter Savonarola, Khomeini besaß die größere Macht.

Aus der historischen Distanz betrachtet fällt uns heute das Urteil leicht, Savonarolas Nachwirkung sei zu einer Fußnote in der Weltgeschichte verkümmert. Der Regent des christlichen Gottesstaates von Florenz hatte die Moderne nicht aufhalten können. Wie wird es bei Khomeini sein? Noch hält der »Erlösungs«mythos des »großen Imam« sozial und religiös frustrierte Moslems in Bewegung, und daran wird sich nur wenig ändern, solange Fundamentalisten aus den ungelösten Problemen des Orients demagogisch Kapital schlagen können. Aber soviel läßt sich heute schon sagen: Khomeini hat den Anspruch, sein Modell des Gottesstaates in die ganze islamische Welt zu exportieren, nicht einlösen können; im Gegenteil, der Khomeinismus ist – losgelöst von der persönlichen Ausstrahlung seines charismatischen Begründers – nur eine neben vielen anderen fundamentalistischen Bewegungen geblieben. Vor allem aber hat Khomeini den Iran nicht aus der vielbeklagten Religions- und Kulturkrise befreit. Im Gegenteil: Er selber repräsentierte gerade mit seinem Verhalten nur eine neue Variante der Religions- und Kulturkrise.

## 2. Der Iran nach Khomeinis Tod

### *Die Hierarchie verschiebt sich bei der Nachfolge*

Bereits 1985 war in Teheran ein Gremium von 83 Religionssachverständigen zusammengetreten, um einen Nachfolger für Khomeini zu bestimmen. Die Wahl ging wie erwartet aus, das Gremium ernannte den Groß-Ajatollah Hussein Ali Montaseri zum Wali Fakih, dem obersten religiösen Führer. Khomeini hatte zuvor den entscheidenden Wink gegeben, es war eine Wahl ganz in seinem Sinn, schließlich galt Montaseri als der einzige unter den ranghöchsten Geistlichen, der dem »großen Imam« persönlich sehr nahestand.

Im März 1989 aber, wenige Monate vor Khomeinis Tod, verzichtete Montaseri »freiwillig« auf die Nachfolge, indem er bekanntgab, sich nach Ghom zurückzuziehen und dort nur noch »religiöse Studien« zu pflegen. Nicht ganz freiwillig, wie für jeden politischen Beobachter klar war. Denn der designierte Nachfolger hatte es gewagt, am Sinn der Massenhinrichtungen politischer Gegner zu zweifeln, und so beugte sich Khomeini dem Druck der Radikalen, Montaseri zu stürzen. Lange hatte Khomeini gezögert, bis er nachgab; die genauen Motive kennen wir nicht. Dafür um so besser die Motive der Hintermänner dieser Einflüsterung. Vielen Mullahs und Ajatollahs war Montaseri ein lästiger Mahner gewesen, den man nur nicht loswerden konnte, solange Khomeini ihn stützte. Montaseri hatte schon Jahre zuvor öffentlich gesagt, in der Regierung säßen zu viele inkompetente, unterwürfige Geistliche. Was ihn bei einer ganzen Reihe politisch etablierter Ajatollahs und Mullahs besonders verhaßt gemacht hatte, war seine (bereits erwähnte) Kritik an der Korruption. Der Sturz dieses Mannes signalisierte, wie wenig viele maßgebende Geistliche zu einer durchgreifenden Erneuerung bereit waren.

In der Nacht, als Montaseri die Macht verlor, habe der »Imam« mehrmals geweint, verkündete später Khomeinis Sohn Achmed. Der »Imam« hatte allen Grund zum Weinen. Nicht nur, weil hier eine langjährige Freundschaft durch einen Machtkonflikt zerbrach. Mit Montaseri verschwand der einzige Groß-Ajatollah von der politischen Bühne, der auf Khomeini bedingungslos eingeschworen war.

Und damit war jenes Konzept ins Wanken gebracht, das Khomeini ein wesentliches Anliegen bedeutete: Der religiöse wie politische Führer des Gottesstaates sollte möglichst aus dem ranghöchsten Klerus hervorgehen. Keiner der verbleibenden Groß-Ajatollahs hätte nach strikt fundamentalistischen Maßstäben das Vertrauen der Führungsclique rund um Khomeini gewinnen können, denn selbst die konservativsten unter ihnen standen im Verdacht, Khomeinis Modell eines Gottesstaates mit Distanz zu beurteilen. Alle kritisierten sie, daß sich Khomeini durch die Verfassung zum »Stellvertreter des Verborgenen Imam« und damit zu einer unantastbaren geistlichen Autorität habe erklären lassen. Der »Gottesstaat« durfte ihrer Meinung nach erst ausgerufen werden, wenn der Mahdi selber als der unantastbare Regent, als der verheißene »Herr aller Zeiten«, den Gläubigen erscheine.

Khomeinis Sohn Achmed kam für die Nachfolge von vornherein nicht in Frage. Eine erste Hürde bedeutete die Tatsache, daß er als Geistlicher nicht den Titel des Ajatollah (»Zeichen Allahs«) erreicht hatte, sondern in der Mullah-Hierarchie eine Stufe tiefer mit dem Titel Hodschat-al-Islam (»Autorität des Islam«) stehengeblieben war. Schwerer aber wog, daß Sohn Achmed nichts von den Führungsqualitäten, nichts vom politischen Gespür seines Vaters mitbekommen hatte, er war und blieb eben als Sohn des »großen Imam«, nicht als Persönlichkeit mit eigenem Profil respektiert.

Wer aber sollte die Nachfolge antreten? Schon einen Tag nach Khomeinis Tod trat das Gremium der 83 Religionssachverständigen zusammen und wählte mit dem 48jährigen Ali Khamenei einen Mann in das Amt des religiösen Führers, der acht Jahre lang Staatspräsident gewesen war. Die Wahl ging sehr rasch vonstatten, und dies läßt den Schluß zu, daß Khomeini selbst noch diesen Nachfolger bestimmt hatte. Ali Khamenei allerdings entsprach nur bedingt den strengen Anforderungen an das hohe Amt, denn er bekleidete wie der Sohn Khomeinis lediglich den Titel eines Hodschat-al-Islam – ein Makel, den die Wahlversammlung sofort korrigierte, indem sie dem neuen religiösen Führer des Gottesstaates den Rang eines Ajatollah verlieh. Seine sonstigen Qualitäten: Er galt als bedingungsloser Gefolgsmann Khomeinis, am ehesten geeignet, das politische Erbe des »großen Imam« gegen alle liberalen Abweichungen zu bewahren. Vom Charisma seines Vorgängers hatte er nichts. Bezeichnenderweise ging auf ihn auch nicht die Weihe über, »Stellvertreter des Verborgenen Imam« zu sein. In dieser Hinsicht hatte Khomeini selber schon 1987 sein politisches Testament abgeändert, wohl wissend, daß nach seinem Tod kein religiöser Führer auch nur annähernd das Amt mit derart viel Autorität führen könne wie er. Der Nachfolger war nicht mehr mit denselben diktatorischen Vollmachten ausgestattet wie der »große Imam«, er mußte all seine Entscheidungen mit einem »islamischen Führungsrat« abstimmen.

Entscheidender für die politische Zukunft des »Gottesstaates« sollte die Wahl des neuen Staatspräsidenten werden. Aussichtsreichster Anwärter war der bisherige Parlamentspräsident Ali Akbar Haschemi Rafsandjani, 55 Jahre alt. Auch er hatte in der Mullah-Hierarchie nicht den Titel eines Ajatollah, sondern nur den eines Hodschat-al-Islam erreicht. Aber er war ein wendiger, tatkräftiger, nüchtern auf Praxis hin orientierter Politiker, der geschickt zwischen dem gemäßigten und radikalen Flügel der Khomeinisten zu taktieren verstand. Damit erwies er sich noch am ehesten als Garant, die explosive Spannung zwischen den ideologischen Fronten wie auch die verschärfte soziale Krise zu meistern. Eine Probe seines taktischen Geschicks bot er sofort mit dem geglückten Versuch, beim Parlament durchzusetzen, daß das Amt des Staatspräsidenten mit dem des Regierungschefs vereint werde – und damit konnte er, kaum ins neue Amt gehoben, unangefochtener als die Vorgänger Sachfragen der Politik angehen. Abhängig blieb er allerdings vom Schiedsgericht des religiösen Führers und dessen »islamischem« Führungsrat, so daß es für die kommenden Jahre viel taktischen Geschicks bedurfte, um Kritik aus radikal-fundamentalistischen Reihen abzufangen.

Offiziell hatte sich an der Verfassung einer »Islamischen Republik«, wie sie von Khomeini ins Leben gerufen worden war, nichts geändert. Ganz nach dem Willen des »großen Imam« blieben sämtliche Schaltstellen der Macht mit Geistlichen besetzt, blieben zivile Fachleute der Politik und Verwaltung von allen bedeutsamen Entscheidungen ausgeschlossen.

Trotzdem hatten sich die Gewichte seit Khomeinis Tod entscheidend verschoben. Nun war der hohe Klerus endgültig aus der Politik verschwunden und nur noch in Moscheen wie geistlichen Hochschulen präsent. Es regierte der mittlere Klerus. Mehr noch: Nun begann sich in vagen Umrissen jene Zweiteilung der Macht anzubahnen, wie sie viele Jahrhunderte für jeden traditionellen Islam-Staat üblich gewesen war. Auf der einen Seite stand der praxisorientierte Politiker und Staatspräsident Rafsandjani (er konnte als solcher gelten, obwohl er den Turban eines Geistlichen trug), auf der anderen Seite das geistliche Schiedsgericht, das über die »islamische« Rechtmäßigkeit der Politik zu wachen hatte (vertreten durch den religiösen Führer Ali Khamenei).

In einem weiteren Entwicklungsschritt wäre durchaus denkbar, daß das Amt des Staatspräsidenten in späteren Jahren wieder einmal ein weltlicher Politiker ausfüllen könnte, so wie es am Anfang von Khomeinis Herrschaft gewesen ist. Unter den veränderten Bedingungen der nach-khomeinischen Ära allerdings, wo Führungskräfte mit »Sachverstand« für Wirtschaft und Verwaltung stärker gefragt sind, würde ein solcher Politiker außerhalb des geistlichen Standes die Machtfülle eines Rafsandjani behalten. Solange der »islamische Rat« als Kontrollinstanz weiterhin ein starkes Gegengewicht bildet, würde diese Entwicklung noch immer – zumindest für gemäßigte Fundamentalisten – dem Ideal eines »islamischen Staates« nahekommen.

### *Ideologen und Pragmatiker im Widerstreit*

Rafsandjani, 1934 als Sohn eines wohlhabenden Pistazienbauers in der ostiranischen Stadt Rafsandjan nahe Kerman geboren, war von seiner ganzen Mentalität her mehr auf die praktischen Belange von Politik und Wirtschaft konzentriert als auf religiös-dogmatische Fragen. Er hatte zwar schon als Vierzehnjähriger bei Khomeini in Ghom das Studium des geistichen Rechts begonnen, hatte sich früh als »islamischer« Aktivist gegen die »gottlose« Schah-Regierung betätigt und war deshalb mehrmals im Gefängnis. Aber während seines Aufstiegs in Khomeinis Umgebung hatte er stets auch umsichtig für weltliche Bedürfnisse gesorgt. In Teheran war er etliche Jahre erfolgreich als Immobilienmakler tätig gewesen, mit dem gleichen Geschäftssinn vergrößerte er den ererbten Landbesitz. Nachdem er 1981 als treuer politischer Weggefährte Khomeinis zum Parlamentspräsidenten aufgerückt war, konnte er nun bedeutsame Kontakte knüpfen, um zum reichsten Großgrundbesitzer von Pistazienhainen im ganzen

Iran zu werden. Zur weiteren Absicherung der Macht schleuste er seine Brüder in politisch einflußreiche Ämter.

Dem neuen Staats- und Regierungspräsidenten eilte der Ruf voraus, ein »Pragmatiker« zu sein. Dieses Image wäre zu Lebzeiten Khomeinis noch ein Hindernis gewesen, um eine steile Karriere bis an die Regierungsspitze anzustreben. Aber je krasser sich die wirtschaftliche Lage im Iran zuspitzte – die Inflation war 1989 auf über 40 Prozent, 1991 schließlich auf 60 Prozent angestiegen, die Großstadtslums wuchsen weiterhin bedrohlich unter dem Zustrom arbeitsuchender, hungernder Bauern –, um so eher standen die Zeichen günstig für einen Regierungschef mit den Fähigkeiten Rafsandjanis. Keiner war im Volk so beliebt wie er; zu seinen Freitagspredigten strömten regelmäßig Hunderttausende von Menschen; er verstand in volkstümlichem Stil seine politischen Leitlinien zu verkünden, wobei er geschickt mit revolutionären Parolen die Radikalen bediente und mit versöhnlichen Appellen sich an die Gemäßigten wandte. Gerade seine Wendigkeit und Popularität gestatteten ihm, gegen den Widerstand der Radikalen nüchtern und rational, jenseits aller fundamentalistischen Ideologismen, die drängenden Wirtschaftsprobleme anzugehen.

Mehr als jeder andere in der Regierungsriege hatte Rafsandjani begriffen, daß sich mit steigenden Erdöleinnahmen allein der Aufschwung nicht finanzieren ließ. Mehr als allen anderen war ihm auch klar, daß das Land, nur auf die eigenen Führungskräfte in Wirtschaft und Verwaltung gestützt, die Misere nicht bewältigen konnte. Und so setzte er 1990 erste vorsichtige Schritte, um den Iran nach langer selbstgewählter Isolation wieder dem Ausland zu öffnen. Das dann auffälligste Signal bedeutete seine Haltung im Golfkrieg von 1991. Zwar unternahm er nichts dagegen, wenn radikale Mullahs forderten, der Iran solle an der Seite der Iraker gegen die »ungläubigen« Amerikaner kämpfen. Aber seine Regierung hielt strikt an der Neutralität fest und bot sich sogar als Vermittler zwischen dem Irak und den Alliierten unter Führung der USA an. Was Radikale nun weiterhin an Parolen mit aufputschenden Reden in den Moscheen oder den Medien verbreiteten, verblaßte zu rhetorischem Theaterdonner angesichts der tatsächlichen Richtlinien der Politik.

Hinter allem vorsichtigen Taktieren kristallisierte sich immer klarer das eigentliche Ziel heraus: Rafsandjani wollte den Iran auf dem internationalen Parkett wieder salonfähig machen – besonders in Richtung »Westen«. Anders als Khomeini sprach er von »Marktwirtschaft«; anders als Khomeini versuchte er Firmen aus westlichen und ostasiatischen Industriestaaten zu Joint-Venture-Projekten ins Land zu holen; anders als Khomeini (und hier verstieß er in der Tat gegen eine geheiligte Regel des »großen Imam«) gab er zu erkennen, daß er auf dem westlichen Kapitalmarkt Geld borgen wolle. »Satan Amerika«, dieses von den Radikalen noch immer häufig gebrauchte Schimpfwort, vermied Rafsandjani möglichst. Dagegen bemühte er sich, die vor dem Mullah-Regime geflohenen iranischen Fachkräfte, Techniker, Ärzte, Lehrer, Wissenschaftler und Geschäftsleute wieder ins Land zurückzuholen.

Um aber für westliche Firmen wie für die Exil-Iraner wieder attraktiv zu werden, mußte Rafsandjani mehr als nur rhetorische Zeichen setzen. Er mußte im eigenen Land beginnen, ein liberaleres Klima zu schaffen. So lockerte er, wenn auch kaum durchgreifend, die Zensur und ließ dem Volk mehr Freiraum für seine kulturellen Bedürfnisse. Duldete die Regierung schon während der letzten Lebensjahre Khomeinis stillschweigend, daß die Iraner in ihrer Wohnung Musik hörten, ohne die Polizei fürchten zu müssen, so gab Rafsandjani offiziell die Erlaubnis für den als »unislamisch« verpönten Genuß (wenn er auch weiterhin darauf bestand, daß Musik in aller Zurückgezogenheit gehört wurde). Auch ließ er, sehr zum Mißfallen der Radikal-Orthodoxen, in Freitagspredigten verlauten, besser wäre es, die »zu strengen« Vorschriften in der Beziehung von Mann und Frau zu lockern. Auch ließ er es ohne Tadel geschehen, daß sich die Iraner mit persischer Geschichte aus vorislamischer Zeit beschäftigten.

»Normalisierung«, dies war ein Schlagwort, mit dem der pragmatisch denkende Rafsandjani gegenüber dem Westen zu operieren anfing. Tatsächlich aber hatten die Iraner entgegen aller Beteuerung ihres Staatschefs Anfang der neunziger Jahre teilweise immer noch mit drakonischen Strafen zu rechnen – hier und da Peitschenhiebe für Frauen, die es mit der Körperverhüllung nicht ganz so genau nahmen, wie es besonders strenge Sittenwächter für richtig hielten; Gefängnis für jene, die »anstößige« Bücher lasen, was auch immer die Richter unter dem Begriff des Unerlaubten summieren mochten; längere Haft und Folter erst recht für jene, die in den Verdacht gerieten, geheime Opposition zu treiben. Gefürchtet blieb vor allem die Revolutionsgarde der Pasdaran, sie war weiterhin ungehindert in Gruppen unterwegs, um jederzeit, nahezu überfallartig, »Feinde des Islam« dingfest zu machen.

Rafsandjani konnte eine »Normalisierung« nicht vorantreiben, solange die Garde unabhängig von seiner Befehlsgewalt operierte. Ursprünglich begriffen sich ja die Pasdaran – von Khomeini als eine Sondertruppe zum »Schutz der Revolution« außerhalb der Armee- und Polizeieinheiten geschaffen – nur als eine dem »Imam« ergebene Leibgarde. Zu Recht fürchteten nun die Gemäßigten seit Khomeinis Tod, die so stark gewordene Truppe könnte eine unentbehrliche Schutzmacht gerade für den radikalen Parteiflügel werden. Anzeichen für ein Nahverhältnis der Pasdaran zu den Radikalen gab es genug. Rafsandjani sah sich wachsendem Druck ausgesetzt, als Ali Khamenei, der religiöse Führer und formell Khomeinis eigentlicher Nachfolger, 1990 zum Flügel der Radikal-Orthodoxen überschwenkte. Khamenei gestattete es Rafsandjani nicht, die Pasdaran regulären Armee- oder Polizeieinheiten einzugliedern. Weiterhin waren so die Pasdaran im wörtlichen Sinn als »Wächter der Revolution« zu verstehen – eine mögliche Keule in der Hand der Radikalen gegenüber den Gemäßigten. Dieser entscheidende Faktor sei in Iran-Analysen oft außer acht gelassen worden, so gab im Juli 1990 der pakistanische Islamwissenschaftler Khalid Dhuran zu Recht zu bedenken. Ohne feste Kontrolle über die Pasdaran konnte Rafsandjani den Kurs des Regimes nicht grundsätzlich neu bestimmen.

Die Pasdaran, überwiegend aus dem Lumpenproletariat der Teheraner Slums rekrutiert, sahen keinen Vorteil darin, westliche Industriekonzerne zur Zusammenarbeit ins Land zu holen. Denn bisher, so zeigten die Erfahrungen gerade der sozial Benachteiligten, hatten solche Prozesse nur einigen wenigen Reichen genutzt. Und sollte es in Zukunft anders sein? Schließlich war es auch unter dem Regime der Ajatollahs und Mullahs einer ganzen Reihe politisch einflußreicher Geistlicher gelungen, sich durch allerlei lukrative Nebeneinnahmen zu bereichern (Rafsandjani selber nicht ausgenommen). Unverhältnismäßig reich geworden war zudem ein Teil der Basarkaufleute, vor allem, wenn sie mit Mullahs oder Ajatollahs verschwägert waren. So konnte es kein Zufall sein, daß gerade Basaris ganz im Sinn von Rafsandjani auf »Normalisierung«, auf eine Öffnung hin zu Handelskontakten mit dem »Westen«, besonders Europa, drängten. Um so entschiedener sperrten sich all jene, die von einer solchen Liberalisierung keine Besserung ihrer tristen sozialen Lage erwarteten.

Mitte April 1991 ging dann überraschend die Nachricht durch die Weltpresse, Rafsandjani sei es gelungen, die Pasdaran ihrer Sonderstellung als »Wächter der Revolution« zu entkleiden; er konnte die viele Tausende zählende Truppe dem Armeekommando unterstellen. Aber ohne Zustimmung der Radikal-Orthodoxen, den ideologischen Gegenspielern innerhalb seiner eigenen Partei, hätte der Regierungsschef diesen Coup niemals bewerkstelligen können. Was war geschehen? In zähen Verhandlungen hatte Rafsandjani die Gegner jeder Reform durch harte Fakten überzeugen können. Falls er weiterhin nicht größere Unterstützung für seine Reformpolitik bekäme als bisher, dann würde die soziale Lage für einen beträchtlichen Teil der Iraner bald so bedrohlich, daß ein Aufstand losbrechen könne – diesmal aber gegen die Mullahs und Ajatollahs. Eine Liberalisierung der Wirtschaftspolitik hieße dagegen noch lange nicht, die religiösen Grundsätze der »Islamischen Republik« aufzuweichen. Die Radikalen unter den Geistlichen mußten schockiert gewesen sein über die düster geschilderte Lage, sonst wären sie niemals bereit gewesen, eine derartige Schwächung der Revolutionsgarde zu akzeptieren. Offenbar begriffen sie, daß, wenn sie nicht rechtzeitig einen Teil ihrer Macht abgaben, sie vielleicht in nicht allzuferner Zeit – unter der Explosion gärender Unzufriedenheit im Volk – die ganze Macht verlieren könnten.

Rafsandjani setzte nach diesem Erfolg zu einer weiteren Maßnahme an, die er zuvor niemals gegen den Willen der Radikal-Khomeinisten hätte durchsetzen können: Er gestattete den Kaufleuten, nach mehr als zehn Jahren striktem Verbot wieder englische und amerikanische Waren in den Iran zu importieren. Nichts könnte mehr seinen Zuwachs an Stärke auf der innenpolitischen Bühne demonstrieren, als daß er nun grünes Licht für eine weitere Öffnung hin zum »Westen« – auch zum bis dahin vielgelästerten »Satan Amerika« – geben konnte.

»Normalisierung«. Rafsandjani wehrte sich allerdings in Interviews mit ausländischen Journalisten vehement gegen die Auffassung, er wolle wieder zu einer »Öffnung« zurückkehren, wie sie unter dem Schah bestanden hatte. Seine Regierung wolle nicht den

Fehler begehen, sich in eine derart einschnürende Abhängigkeit vom Ausland zu begeben wie einst der Schah. Daher wolle er auch nur sehr zurückhaltend Kredite auf dem internationalen Finanzmarkt aufnehmen. Man dürfe nicht vergessen, der Iran lebe nach »islamischen Grundsätzen«, und an diesem eigenständigen Weg halte er fest.

Eine Balancepolitik. Die Radikal-Khomeinisten halten sich zurück. Wieweit sie es auf die Dauer tun, hängt davon ab, ob es Rafsandjani während der nächsten Jahre gelingt, die sozialen Spannungen im Iran beträchtlich zu verringern.

### *Christenverfolgung im Gottesstaat?*

In einem der östlichen Stadtteile von Teheran gab es bis zum April 1990 den renommierten Kultur- und Sportclub Sipan, er wurde von christlichen Einheimischen geleitet. Dann aber, von einem Tag auf den anderen, waren die Tore verriegelt, die Clubräume und die Turnhalle leer. Pasdaran, die gefürchteten »Wächter der Revolution«, hatten ohne Ankündigung die Sportschule besucht und prompt entdeckt, was ihnen Denunzianten zugetragen hatten: Jungen und Mädchen turnten nicht, wie es die rigide Moral der »Islamischen Republik« vorschrieb, in getrennten Räumen, sondern gemeinsam. Mehr noch: Die Mädchen mit christlichem Glaubensbekenntnis brauchten während der Übungen nicht einmal ein den ganzen Körper verhüllendes Gewand und Kopftuch zu tragen. Die Revolutionswächter verhafteten die vier verantwortlichen Lehrer, allesamt Christen, und bestraften sie mit jeweils 74 Peitschenhieben wegen Verstoßes gegen die »iranische Verfassung«. Dies geschah kaum ein Jahr nach Khomeinis Tod, nachdem es Rafsandjani noch nicht gelungen war, die Macht der Revolutionsgarde zu brechen.

Die Information über das brutale Vorgehen gegen die christliche Sportschule in Teheran verdanken wir dem jährlichen UNO-Bericht über religiöse und ethnische Intoleranz, der im März 1991 der Menschenrechtskommission in Genf vorgelegt wurde. Am Bericht war nicht zu zweifeln, ja, derartige Vorkommnisse nahmen sich anhand vieler anderer Details des alltäglichen Terrors nicht einmal besonders kraß aus. Skeptisch zu beurteilen ist eher die Interpretation, die dann wenige Tage nach dieser Meldung verschiedene westliche Medien dem Ereignis unterlegten. So konnte ich sogar in der für ihre linksliberale Position bekannten Frankfurter Rundschau vom 13. März 1991 einen Kommentar von der Art lesen: Besonders Christen würden gegenwärtig der staatlichen Repression im Iran zum Opfer fallen, und noch schlechter ergehe es nur noch den Baha'i, die mit Gefängnis oder sogar dem Tod dafür bestraft würden, daß ihr Glaube nicht jener der Schiiten sei.

Solche Kommentare, typisch für unsere westliche Betrachtungsweise des islamischen Fundamentalismus, werfen mehr Fragen auf, als sie beantworten. Folgt man dieser Argumentation, bleibt die Tatsache ungeklärt, weshalb die radikal-schiitischen Machthaber unter Khomeini zehn Jahre lang die Sportschule unangetastet wirken ließen, obwohl ihre Lehrer auch damals Christen waren. Mit keinem Wort wird auf die Tatsache eingegangen, daß im Parlament der »Islamischen Republik« neben den Vertretern verschiedener Parteien die iranischen Christen mit zwei Abgeordneten vertreten sind, darüber hinaus die iranischen Juden wie die Zarathustrier mit je einem Abgeordneten. Aus unserer westlichen Sicht erregt eine derartige Freizügigkeit ausgerechnet bei einem totalitären Regime Erstaunen, sind wir doch von kirchlicher Herrschaft in der Vergangenheit gewohnt, daß Andersgläubige allein schon wegen ihrer abweichenden religiösen Überzeugung unterdrückt werden. In der von Khomeini genehmigten Staatsverfassung ist dagegen Christen wie Juden und Zarathustriern (die zusammen kaum ein Prozent der Gesamtbevölkerung ausmachen) die Glaubensfreiheit garantiert – dies in Berufung auf den Koran, daß allen monotheistischen Religionen Respekt zu erweisen sei. Zu überraschen braucht eine derartige Freizügigkeit der fundamentalistischen Diktatur nicht. Khomeini setzte hier nur jene Tradition fort, wie sie in der islamischen Geschichte seit jeher bestanden hat und auch von einem korantreuen Fundamentalisten nicht durchbrochen werden darf. Anders gegenüber den Baha'i. Deren Gemeinschaft gilt ja nach orthodoxem Verständnis von vornherein als verwerflich, weil der Koran alle Propheten schroff ablehnt, die nach dem Auftreten Mohammeds eine neue Offenbarung Gottes predigen. Aus diesem Grund sind Baha'is auch nicht im iranischen Parlament vertreten.

Nehmen wir an, der Sportclub Sipan wäre nicht von Christen geleitet worden, sondern von Schiiten. Wie hätten sich die »Wächter der Revolution« verhalten, wenn sie dort Mädchen und Jungen gemeinsam hätten turnen sehen? Die Lehrer hätten genauso ihre 74 Peitschenhiebe bekommen, die Schule wäre genauso geschlossen worden. Wir wissen aus zahlreichen Berichten seit 1979, daß Tausende Schiiten wegen Verstoßes gegen »islamische Moral« ausgepeitscht und eingekerkert wurden. Christen werden in einem solchen Fall nicht anders behandelt als Moslems. Entscheidend ist in diesem Fall für die Machthaber nicht die unterschiedliche Religion, sondern der Verdacht, Iraner opponierten mit ihrem Regelverstoß gegen die bestehende Herrschaft. Regimefreundliche Christen und Juden haben weniger von der Regierung zu fürchten als regimekritische Moslems – diese Grundhaltung, wie sie jahrhundertelang den islamischen Staat kennzeichnete, ist auch bestimmend für das fundamentalistische Regime der Ajatollahs im Iran. Ein solcher Grundsatz hat ähnlich unter der Herrschaft der Pahlevi-Schahs gegolten: Andersgläubige waren als Abgeordnete im Parlament vertreten, ohne daß das Regime über diese Glaubensfreiheit hinaus Denkfreiheit gestattet hätte. Die grausame Verfolgung traf oppositionelle Christen wie Moslems ohne Unterschied.

Christen mögen nur insofern rascher als jeder Moslem verdächtigt werden, Khomeinis Gottesstaat kritisch gegenüberzustehen, weil ihr Glaube identisch ist mit der Religion »ausländischer Imperialisten«. Christen im Iran, mögen es nun Perser, Armenier oder Assyrer sein, sehen sich aus diesem Grund ständig der Frage ausgesetzt, ob sie mit der »islamfeindlichen« Politik der USA oder europäischer Großmächte sympathisieren. Genauso müssen Juden im Iran immer wieder erneut versichern, den »Zionismus« Israels schroff abzulehnen. Christen wie Juden sind demnach gut beraten, auffälliger als jeder Moslem zu demonstrieren, daß sie loyale Untertanen des iranischen Gottesstaates sind.

### *Wandel in der »islamischen« Kleiderordnung?*

Zurück zu »islamischer« Sitte! Weg von »westlicher« Überfremdung!

Für uns im Westen ist der Tschador zum beklemmenden Symbol solcher Forderungen geworden. Tschador bedeutet wörtlich übersetzt »Zelt«, durchaus passend angesichts des langen, vom Scheitel bis zu den Fußknöcheln reichenden Umhangs. Jede Frau habe einen solchen Tschador zu tragen, und dabei dürfe das Tuch nicht einmal eine Haarsträhne am Kopf sichtbar lassen, andernfalls habe die ertappte Frau mit einer hohen Geldstrafe oder mit Peitschenhieben zu rechnen, so und ähnlich lauten seit 1979 die Informationen in den Medien.

Dazu paßt die weitere Meldung, wie sie 1986, gestützt auf einen Bericht der iranischen Parteizeitung, durch die westlichen Medien ging: Die Bekleidungsvorschriften waren noch verschärft worden. Von nun an hatten Frauen bereits bei der Anreise im Flugzeug nach »islamischer« Sitte gekleidet zu sein – nicht nur Iranerinnen, auch Europäerinnen und Amerikanerinnen –, andernfalls sollte ein im Flughafen installiertes Schnellgericht Strafen gegen jene Einreisenden verhängen, die in ihren Kleidungsgewohnheiten »westliche Kultur fortsetzen«. Sittenwächter wie sie forderten allerdings nicht generell den Tschador, sie ließen auch, speziell bei Ausländerinnen, ein den ganzen Körper verhüllendes Gewand und ein Kopftuch gelten.

Ein derartiger Verhüllungs-Fanatismus ist nicht von der besonderen Situation des Iran zu trennen. Er bedeutet einen radikalen Gegenschlag gegen jene »Emanzipation«, wie sie Schah Mohammed Reza Pahlevi mit viel Propaganda und doch nur halbherzig und inkonsequent eingeleitet hatte. 1963 hatte er zwar das allgemeine Wahlrecht für Frauen gesetzlich verankert und 1967 außerdem ein besseres Scheidungsrecht zugunsten der Frauen ausarbeiten lassen. Aber er hatte sich wenig darum gekümmert, ob diese Reformen über die schmale Oberschicht hinausdrangen und auch breiten Volksschichten zugute kamen. Ja, er hatte niemals versucht, den Wandel von starrer Geschlechts- und Sexualmoral hin zu einer größeren Freizügigkeit dem Volk insgesamt mit schrittweiser und behutsamer Aufklärungsarbeit nahezubringen. Um so größer mußte dann der Schock für Kleinstädter und Bauern, ja auch für die vielen Großstadtbewohner winkeliger Altstadtbezirke, ärmlicher Vororte und Slums sein, wenn sie plötzlich auf den Boulevards der modernen Stadtzentren »entblößte« Frauen in kurzen Röcken und kurzärmeligen Blusen antrafen, womöglich Arm in Arm mit ihrem Freund. Es war ein Verhalten, das bisher offiziell als »hurenhaft« eingestuft war, ein Verhalten, das die Aggressionen all jener anstachelte, denen eine solche »Freizügigkeit« verwehrt und letztlich auch unverständlich blieb. Um so leichter hatten es prüde Mullahs und Ajatollahs, »Emanzipation« als eine »Sittenlosigkeit« aus dem »Westen« anzuprangern, als eine »Gefahr« für die »Moral«. In der Tat: Wo zuvor die Verhüllung sexuelle Reize in der Öffentlichkeit dämpfte, mußte der rasche, gar zu rasche Wandel im Erscheinungsbild die Männer um so mehr aufreizen. Die Zudringlichkeit gegenüber »entblößten« Frauen nahm zu. Um so überzeugender klang für viele das Argument von Geistlichen: Die Verhüllung bedeutete »Schutz« sowohl für Frauen wie für Männer.

Anfang der neunziger Jahre aber häuften sich Pressefotos, die belegten, daß auf den großstädtischen Boulevards, besonders Teherans, die Frauen es mit den strengen Verhüllungsvorschriften nicht mehr ganz so genau nahmen. Keineswegs dominierte in den Hauptgeschäftsstraßen der Tschador; viele Frauen und Mädchen trugen lange Kleider westlichen Zuschnitts, hierzu ein Kopftuch, das manche nach hinten geschoben hatten, damit über die Stirn und teils auch an der Seite das Haar sichtbar blieb. In ihrem ganzen Habitus und Auftreten waren sie als Frauen der Oberschicht zu identifizieren.

Aus westlicher Sicht mag der Eindruck entstehen, unter dem Regime des »Pragmatikers« Rafsandjani böten sich erste Anzeichen, daß sich die Kleiderordnung und in ihrem Gefolge der gesamte Sittenkodex »ent-islamisiere«. Dieser Betrachtungsweise liegt ein falscher Ausgangspunkt zugrunde. Der Tschador oder gar die »Verschleierung« ist den iranischen Frauen nicht zwingend vorgeschrieben, eine Abweichung von dieser »Sitte« bedeutet daher noch lange nicht eine Absage an eine konservative Form der »Islamisierung«. Tatsächlich ist die Haltung khomeinistischer Fundamentalisten zu »Islam« und »Tradition« differenzierter, als wir sie im Westen meist kolportieren. Wenn auch die Gesetzgeber der »Islamischen Republik« die Rechte der Frau wieder zurückgestutzt haben auf die strikte Unterordnung unter die männliche Vorherrschaft, so zeigt sich doch schon an der Kleiderordnung, daß es in der Auslegung von Gesetzen einen gewissen Spielraum gibt.

Khomeini als die wegweisende Autorität äußerte sich beispielsweise über den bei uns so bekannten Tschador folgendermaßen: »Der Tschador ist eine nichtislamische, altiranische Sitte. Es gibt im

Gegensatz zur Kopfbedeckung keine Vorschrift, ihn zu tragen.« Und damit eröffnete er selber offiziell für Frauen aus großstädtisch-bürgerlichen Schichten die Chance, zum Kopftuch ein Kleid oder einen Mantel westlichen Zuschnitts anzuziehen, sofern nur Arme und Beine genügend bedeckt sind, sofern der Schnitt nicht sexuell aufreizend die Körperformen betont. Gleichwohl hatte Khomeini nichts gegen den Tschador einzuwenden, verhüllte der weite Umhang ja besser als jede andere Kleidung den Frauenkörper. Daher dämpfte er nicht den Eifer jener Sittenwächter, denen besonders am Tschador gelegen war und ist. Aber ihm blieb klar, daß der Tschador ein Merkmal kleinstädtischer und bäuerlicher Mentalität – der »Provinz« – war, und er versuchte keineswegs, diese Tracht der Großstadtbevölkerung aufzuzwingen. In Teheran selber ist der Tschador bis heute vor allem ein Kennzeichen jener Millionen Frauen geblieben, die aus ländlichen Bezirken in die Metropole zugewandert sind.

Rafsandjani erläuterte diesen spannungsvollen Gegensatz im März 1991 gegenüber westlichen Journalisten des Nachrichtenmagazins »Der Spiegel« mit folgenden Worten: »Es gibt bei uns zwei Strömungen, die eine radikal, die andere gemäßigter. Die einen wollen die Frauen mehr verhüllt haben, die anderen weniger. Was der Islam vorschreibt, liegt in der Mitte dieser beider Strömungen; jedem ist es möglich, diese Vorschriften zu beachten . . . Was in meinem Land derzeit praktiziert wird, übertrifft an Strenge die Vorschriften des Islam. Unsere persischen Traditionen sind rigoroser als das, was der Islam lehrt und vorschreibt.“ Rafsandjani selber machte kein Geheimnis daraus, daß er für eine »gemäßigte Verhüllung« eintrat, mehr noch, auch insgesamt die Beschränkungen im Verhaltenskodex von Mann und Frau gelockert haben wollte. Für solche in Freitagspredigten immer wieder geäußerte Ansichten war er allerdings bei einem Teil des Klerus und der radikalen Fundamentalisten wiederholt auf Unwillen gestoßen.

Uns im Westen mag es allerdings verblüffen, wenn nicht einmal die Radikalen unter den Khomeinisten von den Frauen fordern, die untere Gesichtshälfte mit einem Schleier zu bedecken. Hätten sie nicht Anlaß? Diese Sitte war schließlich bei der Kleinstadtbevölkerung, teil auch in größeren Städten, bis in unser Jahrhundert herein relativ verbreitet gewesen. Erst unter Schah Reza Pahlevi hatte sich daran einiges geändert, als er während der dreißiger Jahre energisch Stellung bezog, 1936 gerade den Gesichtsschleier verbieten ließ und die Polizei anwies, jeder Frau bei Nichtbeachtung des Gesetzes den Schleier herunterzureißen. Als der Schah 1941 gestürzt wurde, sind die Frauen zwar teilweise wieder demonstrativ zum Schleier zurückgekehrt, aber seither hat sich im Iran eine großstädtisch-bürgerliche Schicht fortwährend für eine Abschaffung dieser »reaktionären Sitte« eingesetzt, und während der folgenden Jahrzehnte ist der Gesichtsschleier mehr und mehr auch aus dem Straßenbild kleinerer Städte verschwunden; geblieben ist allerdings der Tschador. Für die Fundamentalisten hätte sich nach dem Sieg der »Islamischen Revolution« 1979 die Chance geboten, nun wieder die Radikalverschleierung zu fordern, zumal ja ein Schah, der die Geistlichkeit oft genug mit »gottlosen« Gesetzen provoziert hatte, das Verbot einst ausgesprochen hatte. Nichts geschah. Im Gegenteil betonte Khomeini für diesen Fall erst recht, es handle sich um eine »altiranische Tradition«.

Anders als den Tschador lehnte Khomeini den Gesichtsschleier ab. Der Gesichtsschleier war ja, wie an anderer Stelle schon beschrieben, bereits Jahrhunderte vor der islamischen Epoche im Reich der Sassaniden üblich gewesen. Haremsfrauen der Fürstenhöfe trugen den Schleier bei öffentlichen Auftritten, damit ihre Gesichter gewöhnlichen Untertanen verborgen blieben. Diese elitäre Gepflogenheit hatte in späteren Jahrhunderten auch an islamischen Fürstenhöfen Einzug gehalten und war erst während des 17. und 18. Jahrhunderts unter veränderten Bedingungen teilweise im Volk üblich geworden, indem nun die Männer auch unterer Schichten prinzipiell ihre Frauen vor den Blicken fremder Männer gänzlich verborgen haben wollten. Khomeini verwarf aus diesen ihm sehr wohl bekannten Gründen das Tragen eines Gesichtsschleiers als eine »feudalistische«, vom Volk unreflektiert nachgeahmte Sitte. In diesem Sinn äußerte er sein Befremden über die rigorose Verschleierung in Saudi-Arabien und etlichen Golfscheichtümern, ebenso Afghanistan sowie dem Jemen und betonte, die dortige Kleiderordnung habe nichts mit »islamischer Vorschrift« zu tun.

Gerade in dieser Hinsicht blieb Khomeini beweglicher als manche radikal-orthodoxen Fundamentalisten anderer moslemischer Länder, beweglicher auch als so mancher iranische Traditionalist. Man wird daher im iranischen Gottesstaat kaum einmal eine Frau antreffen, die etwa ein Tuch über Mund und Nase gezogen hätte, es sei denn, sie sieht eine Kamera auf sich gerichtet. Wenn wir in der westlichen Presse trotzdem immer wieder vom strikten »Schleierzwang« im Iran lesen – und dabei in beigefügten Fotos doch nur Frauen mit unverhüllten (!) Gesichtern im Tschador oder mit Kopftuch sehen –, so macht gerade das unseren nachlässigen, vorurteilsfördernden Sprachgebrauch deutlich.

Auch für Männer existiert im Iran eine »islamische« Kleiderordnung. Und auch diese Bestimmungen sind geeignet, manche unserer liebgewordenen Vorstellungen über den »rückwärtsgewandten« Fundamentalismus zu relativieren. Mitte der achtziger Jahre verbot die Regierung Khomeini nicht nur den Iranern, sondern ebenso ausländischen Besuchern, zum Anzug eine Krawatte zu tragen, denn sie galt nach offizieller Verlautbarung als »Ausdruck dekadenter westlicher Kultur«, genauso Hemden mit kurzen Ärmeln und T-Shirts. Nicht verboten wurden allerdings Blue Jeans. Aus unserer Sicht muß das erstaunen, gilt doch gerade diese Hosenmode als ein Symbol des »american style«. Die iranischen Fundamentalisten sehen das anscheinend anders. Blue Jeans trugen zum Teil selbst jene »Wächter der Revolution«, die in Demonstrationen immer wieder lautstark gegen den »Satan Amerika« und seine »dekadente Zivilisation« protestierend durch Teherans Straßen zogen.

Keineswegs wollen Fundamentalisten mit dem Schlagwort »islamisch« in den Bekleidungsvorschriften durchweg traditionelle Mode konservieren. Mag der Tschador für viele Iraner auch emotional eine Bedeutung haben, weshalb nicht wenige auf dieser Tradition bestehen, so lehnen eben viele Stadtbewohner diesen grauen Umhang – mit der Billigung von Geistlichen – ab. Größeren Teilen der Bevölkerung ist jeder Bezug zum persischen Turban oder Kaftan verlorengegangen. Und angesichts dieser Tatsache fällt es nicht einmal den reaktionärsten Fundamentalisten ein, aus Protest gegen »westliche Überfremdung« die westliche Konfektionskleidung wieder abschaffen zu wollen. Khomeini, vor allem aber Rafsandjani, die als Geistliche selber Turban und Kaftan tragen, ordnen Turban wie Kaftan, soweit sie profane Alltagskleidung sind, grundsätzlich einer austauschbaren »Tradition«, nicht einer unveränderlichen »islamischen Ordnung« zu.

Dieselbe Haltung finden wir bei Fundamentalisten in der Türkei, dort, wo seit den zwanziger Jahren durch die Reformen Atatürks die meisten Moslems ihre gefühlsmäßige Bindung zur traditionellen Mode verloren haben. Anders in Nordafrika, anders in Pakistan und Indien. Dort hat sich westliche Kleidung bisher nur bei einer »westlich« denkenden Oberschicht durchsetzen können – und dort bietet sich Fundamentalisten ein Anlaß, sowohl Turban als auch Kaftan, Djellabah und Burnus zur politischen Demonstration gegen »westliche Überfremdung« optisch wirksam einzusetzen und ständig im Alltag, auch innerhalb der verwestlichten Großstadtzentren, zu tragen. Mit religiöser Substanz hat allerdings auch dieser Protest nichts zu tun, so beurteilen den Sachverhalt Fundamentalisten in allen Teilen der islamischen Welt mehr oder weniger gleich.

### *Eine neue Form der »Iranisierung«*

Seit den späten achtziger Jahren finden wir im Iran unter der bürgerlichen Bildungsschicht der Großstädte, besonders unter der akademischen Jugend, eine Vorliebe für »iranische« oder »persische« Kleidung: ornamentbestickte Jacken und Blusen, farbenprächtige Röcke und Pumphosen, buntgemusterte Kopftücher, dazu handgearbeiteten Hals- und Armschmuck, Kleidung und Schmuck, wie sie die Landbevölkerung und Nomadenstämme oft noch an Feiertagen, teils auch noch im Alltag tragen. Es ist genau jenes orientalisch angehauchte Flair, das Touristen aus Europa in den Orient aufbrechen und dort das »Ursprüngliche« suchen läßt. Die Iraner selber beginnen nun vereinzelt dieses »Ursprüngliche« zu entdecken, was nicht selten darin mündet, daß Großstädter ihren Konfektionsanzug oder ihre Jeans zeitweilig demonstrativ mit »iranischer« Mode vertauschen. Dieselben zeigen sich zufrieden, wenn in Kleinstädten und erst recht in Dörfern der Trend gestoppt sei, zu »westlicher« Kleidung überzuwechseln. Großartig sei es, daß sich die Iraner wieder verstärkt zur heimischen Tracht bekennen.

Ein derartiger Rückgriff auf »Tradition« hat wenig mit dem der Fundamentalisten gemeinsam. Im Gegenteil. Bei Gesprächen mit Angehörigen dieser bürgerlichen Bildungsschichten habe ich immer wieder feststellen können, daß sie sich strikt gegen das Mißverständnis wehren, sie zeigten etwa in der Mode Sympathie für »islamische« Tradition. Zu »islamisch« fällt ihnen vor allem der Tschador oder das

Kopftuch ein, und gerade die Erwähnung solcher Attribute quittieren sie oft mit Verlegenheit, ja mit Ablehnung. Ihnen liegt an einer Renaissance der »iranischen«, »persischen« Kultur (wobei manche von ihnen beide Nationalbezeichnungen, vor allem wenn sie deutsch sprechen, austauschbar verwenden).

Sie kritisieren jene »Verwestlichung«, wie sie die Schahs der Pahlevi-Dynastie »zu forciert» betrieben hätten. Bis Ende der siebziger Jahre habe im staatlich gelenkten Kulturleben der Einfluß nicht nur der westlichen Mode, sondern auch der westlichen Literatur, Kunst, Musik und Philosophie dominiert, erst recht bei den Unterhaltungsprogrammen in Rundfunk und Fernsehen. Gar zu oft hätten die Repräsentanten dieser »neuen« Kultur versucht, viele der einheimischen Traditionen als »unmodern«, als »veraltet« lächerlich zu machen. Hier habe die »islamische Revolution« positiv gewirkt, indem sie gerade diese Tendenz gestoppt habe. Je mehr dann die intellektuelle Jugend gezwungenermaßen vom Kontakt mit westlicher Kultur abgeschnitten gewesen sei, um so mehr habe sie unter der strengen Aufsicht des Khomeini-Regimes einen geistigen Freiraum innerhalb der eigenen Kultur suchen müssen – und habe ihn gefunden. Vor allem Studenten in Teheran, Isfahan und Schiras, den kulturellen Zentren des Landes, zeigten sich inzwischen interessiert an einer Wiederbelebung, einem »Erwachen« von »persischer« Literatur, Kunst und Folklore. Dieser Tendenz stünden zwar viele Mullahs sehr mißtrauisch gegenüber, aber seit Rafsandjani regiere, könne man relativ ungehindert solchen Bedürfnissen nachgehen. Im Radio wie im Fernsehen würden nun oft Dichtungen von Firdusi, Saadi, Hafis und anderen Größen der persischen Klassik zitiert; das habe es unter Khomeini viel zu wenig gegeben, auch sei es für die Zeit unter dem Schah nicht typisch gewesen.

Auskünfte wie jene zeigen, daß parallel zur »Islamisierung«, wie sie die Mullahs und Ajatollahs fördern, eine »Iranisierung« an Boden gewinnt. Nationalistisch im chauvinistischen Sinn ist diese Bewegung keinesfalls, ebensowenig »antiislamisch«; höchstens entwickelt sie sich in Distanz zum Fundamentalismus, läßt sie ihr Interesse an »Tradition« nicht durch das Korsett radikal-islamischer Orthodoxie beschneiden. Ihre Befürworter erhoffen sich von »Pragmatikern« wie Rafsandjani (und später von ähnlich gearteten Nachfolgern) eine weitere Liberalisierung des Kulturlebens.

Kritisch eingestellt bleiben sie durchweg gegenüber jener »Iranisierung«, wie sie einst die Pahlevi-Schahs betrieben haben. Reza Pahlevi wie auch sein Sohn Mohammed Reza Pahlevi hätten im Grunde wenig Kenntnis von den tatsächlichen kulturellen Wurzeln ihres Landes gehabt, sie hätten sich auch nie für die Bandbreite »iranischer«, »persischer« Kultur interessiert. »Iranisierung« sei ein Schlagwort an der Oberfläche geblieben, in Wirklichkeit hätten sie nur »Verwestlichung« betrieben, und auch das oberflächlich. Vorwürfe dieser Art könnten westlich geschulte Orientalisten ähnlich geäußert haben, die sehr früh beklagten, die Pahlevi-Schahs walzten im Namen eines falsch verstandenen »Fortschritts« gar zu unbedenklich historisch gewachsene Strukturen nieder und schafften dadurch ein gefährliches kulturelles Vakuum.

Nicht zufällig wächst inzwischen in bildungsbürgerlichen Kreisen des Iran das Interesse an den Forschungsmethoden der Orientalistik wie der Ethnographie. Ich habe mir von iranischen Studentinnen in Wien sagen lassen, in heimischen Universitäten hätten die entsprechenden Studienfächer einen bisher ungewohnten Zulauf. Ebenso nimmt in der Abteilung für Film und Fernsehen der Teheraner Universität die Zahl jener Absolventen rapide zu, die als Themen ihrer Filme und künstlerisch gestalteter Fotoserien das traditionelle Basarleben, das Kunsthandwerk, die jahrhundertealte Architektur und das bunte Brauchtum von Bauern und Nomaden wählen.

Eine Parallele zur abendländischen Entwicklung scheint gegeben. In Europa sind in jenem Moment Trachtenvereine entstanden, als die moderne Konfektionskleidung mit ihrem Siegeszug auch das letzte Dorf zu erreichen drohte, Ämter für Denkmalschutz, als eine ganze Reihe Kulturdenkmäler schon unrettbar zerstört war, Naturschutzparks, als die Natur vielerorts schon schwere Schäden zeigte. Solchen Gegenbewegungen haftet bis zu einem gewissen Grad etwas tragisch Vergebliches an, weil sie meist erst Beschädigtes vor weiterer Zerstörung retten können, weil sie Verschüttetes unter dem Schutt des Eingestürzten ausgraben müssen. Oft wird Tradition eben erst in dem Moment als »wertvoll«, ja als unersetzlich empfunden, wenn ihr Verlust beinahe schon unabwendbar erscheint. Solche Gegenbewegungen sind trotzdem unerläßlich, weil sie wenigstens im letzten Moment Kräfte mobilisieren und die Sinne für den Wert des Bedrohten schärfen. Wenn auch solche Bewegungen in Gefahr kommen, zeitweilig in musealen Provinzialismus abzugleiten, vermögen sie doch andererseits auf lange Sicht Bewußtseinsveränderungen von beträchtlichem Ausmaß einzuleiten: einen neuen, differenzierteren Bezug zwischen Modernisierung und Bewahrung herzustellen, die Ideologie des »Fortschritts« selbstkritischer zu betrachten. Das Abendland ist hier bereits erste Schritte gegangen.

Die Tragik des Iran besteht darin, daß – weil die Gegensätze um vieles extremer zugespitzt sind – zuerst einmal eine fundamentalistische Revolution mit ihrer rabiaten Rückbesinnung auf »Tradition« über das Land hinwegfegen mußte.

### *Gottesstaat und Technik*

In einer Hinsicht sind islamische Fundamentalisten »modern«: sie halten Technik für sehr wichtig. Keineswegs streben die Ideologen des iranischen Gottesstaates weg von den technischen Errungenschaften, im Gegenteil. Rafsandjani erregt nicht einmal bei Radikal-Orthodoxen Widerspruch, wenn er von »Modernisierung« spricht (und damit nur eine perfekte Technisierung meint). Der Argwohn regt sich erst, sobald der »Pragmatiker« auch dem damit verbundenen westlichen Denken Einlaß gebieten will. In diesem Sinn hat Khomeini die eindeutige Vorgabe geliefert. Ausdrücklich wünschte er Handelskontakte mit dem »Westen« – nach der Devise: Industrie und modernste Waffen kaufen wir gerne, einen Import von westlichem »Geist« wünschen wir jedoch nicht. Dem deutschen Journalisten Wilhelm Dietl gegenüber formulierte er in einem Interview 1982 diesen Standpunkt folgendermaßen: »Es soll nach unserer Auffassung eine von Ost und West unabhängige Richtlinie, basierend auf dem islamischen Wertsystem, geben. Aber was Technologie und Wissenschaft betrifft, da sind wir frei für den Fortschritt. Wir wollen die Technologie einführen, die wir für die Erfüllung unserer Bedürfnisse für notwendig halten.«

Diese einseitige Aufgeschlossenheit für alles Technische in der Fortschrittsideologie – bei gleichzeitig heftiger Polemik gegen den »Fortschritt« – teilt Khomeini mit vielen Fundamentalisten. Ja, etliche Führer radikal-islamischer Bewegungen sind von ihrer beruflichen Ausbildung her ausgesprochene Technokraten, ohne einen Widerspruch zu ihrer antimodernistischen Ideologie zu sehen. Um nur das prominenteste Beispiel zu nennen: Necmettin Erkebatan, Führer der türkischen »Heilspartei«, lehrte als Professor für Maschinenbau und nahm 1973 nach seinem Wahlerfolg den Kabinettsposten eines Industrieministers in der Koalitionsregierung mit der konservativen »Gerechtigkeitspartei« ein. Die Türkei solle eine führende Stellung unter den Industrienationen der Welt anstreben, aber alle gesellschaftlichen und philosophischen Ideale aus dem »Westen« schroff zurückweisen, so lautete seine werbewirksame Doktrin. Ingenieur ist auch Gulbuddin Hekmatjar, Führer der radikalsten Fundamentalisten Afghanistans, er sieht ebenfalls keinerlei Widerspruch zwischen einem technologisch forcierten Marsch ins 21. Jahrhundert bei gleichzeitiger Rückkehr zur »ewigen Ordnung« jener Staatsform, wie sie unter Mohammed im 7. Jahrhundert bestanden hat. Wie sollte er auch? Hekmatjar hat modernste Waffen im Kampf gegen die Sowjetarmee schätzen gelernt. Ähnlich steht es mit den Fundamentalisten Saudi-Arabiens und anderer Erdölstaaten: Technische Berufe schätzen sie ebenso wie das Know-how westlicher Industriestaaten, High-Tech-Waffen ebenso wie die neuesten Produkte der elektronischen Unterhaltungsindustrie. Nur modernste Technik garantiert ihnen schließlich Wohlstand und den Erhalt ihrer Macht, letztlich ihrer mittelalterlichen Feudalordnung. Um so mehr aber wettern die Geistlichen gegen den »Sittenverfall« und die »Kulturlosigkeit« eben dieses »Westens«, aus dem die begehrten Produkte kommen.

Wie sollte Khomeini ein Gegner technischer Erfindungen aus dem »geistig und moralisch dekadenten Westen« sein? Khomeini hätte die Volksmassen des Iran ohne Tonbandkassetten, ohne Fernsehen, ohne Video nie derart wirksam beeinflussen können. Die modernsten Massenmedien mit Ton und Bild boten ihm, dem begabten Agitator, das beste Instrument, um in kürzester Zeit die Distanz zu Menschen zu überspringen, die teils weder lesen noch schreiben können. Auch profitierte er enorm davon, einen Erdölstaat zu regieren: Mit Erdöl als Waffe ließ sich auf westliche Industriestaaten Druck ausüben, mit dem Besitz von Erdöl blieb ihm internationale Aufmerksamkeit gewiß.

Islamische Fundamentalisten unterscheiden sich in ihrer zwiespältigen Grundeinstellung zu Technik und »Moderne« kaum von Fundamentalisten aus dem christlichen Lager. Besonders Heilsprediger aus den USA finden es ja selbstverständlich, modernste Elektronik einzusetzen, um möglichst effizient ihren Bannfluch gegen den »Geist der Moderne« im Volk zu verbreiten. Ähnlich verhielten sich aber auch die Faschisten: So rückwärtsgewandt ihr ideologisches Repertoire gewesen ist, zeigten sie sich stets aufgeschlossen für die neuesten Erfindungen der Technik. Denn diese Art von Aufgeschlossenheit garantierte ihnen erst das, was ihnen besonders wichtig war: Macht.

# Ausblick:
# Zu neuen Ufern?

## *Iran und Irak – die Spannung bleibt*

Der Golfkrieg im Januar und Februar 1991 hat die politischen Gewichte im Nahen Osten erheblich verschoben. Seit der irakische Diktator Saddam Hussein seinen Einmarsch in das Erdöl-Emirat Kuwait mit einer vernichtenden Niederlage gegen die geballte Militärmacht der USA und ihrer Verbündeten bezahlt hat, ist die Bilanz für den Irak erschreckend: Ein Großteil der Industrie und Infrastruktur ist zerstört, auf viele Jahre hinaus wird sich das Land von diesem Schlag nicht mehr erholen. Um so mehr wuchern die Spekulationen, welcher der Nachbarstaaten nun das aufbrechende Machtvakuum am ehesten zu seinen Gunsten nützen könnte.

Kaum war der Krieg zu Ende, wurden in westlichen Medien die Befürchtungen laut, vor allem der Iran werde vom Niedergang des bisher rivalisierenden Nachbarstaates profitieren und zur künftig bestimmenden Großmacht am Golf aufsteigen. Diese Furcht erhielt ihr besonderes Gewicht durch die Vermutung, nun könne dem Regime in Teheran gelingen, was Khomeini wenige Jahre zuvor noch verwehrt war: die »islamische Revolution« in den Irak zu exportieren – und damit eine antiwestliche Allianz zweier fundamentalistisch regierter Staaten von gefährlicher politischer Sprengkraft zu schaffen. Die ersten Nachkriegstage schienen diese Auffassung vordergründig durchaus zu bestätigen. Nachdem sich die Nachricht von der Niederlage Saddam Husseins im Land verbreitet hatte, brandete auch schon ein Aufstand der irakischen Schiiten los und erfaßte, einem Flächenbrand gleich, Städte und Dörfer südlich von Bagdad. Und schon meldete ein Ajatollah seinen Anspruch auf die Nachfolge im Amt des Regierungschefs an, ein irakischer Fundamentalist, der 1983 vor der Verfolgung durch die Baath-Sozialisten ins Exil nach Teheran geflohen und dort zum engen Vertrauten Khomeinis geworden war: der 52jährige Mohammed Bakr el Hakim, Sproß einer berühmten Klerikerfamilie.

Die Amerikaner sahen sich nun mit dem Gespenst eines zweiten

»Gottesstaates« – unter iranischer Vormundschaft – konfrontiert, und sie reagierten entsprechend. Hatten sie während des Krieges noch die Iraker zum Aufstand gegen den »blutrünstigen«, »menschenverachtenden Diktator« aufgerufen, so gab Präsident Bush nun den im südlichen Irak stationierten Truppen den Befehl, sich »neutral« zu verhalten und nicht in den Bürgerkrieg einzugreifen. Ungehindert konnten so die Republikanergarden des geschlagenen Diktators in Sichtweite amerikanischer Panzer nach Süden vorstoßen und in Basra einrücken, wo der Aufstand der Schiiten am heftigsten tobte. Ungerührt ließ es die US-Regierung geschehen, daß Saddam Husseins Garden mit bestausgerüsteten Panzern, Geschützen und Hubschraubern die Aufständischen zu Tausenden abschlachteten. Mit einem Mal erschien es, als ob die Amerikaner und ihre Verbündeten den bisher vielgeschmähten »Schlächter von Bagdad« eher noch an der Macht wünschten als etwa Vorkämpfer einer »Islamischen Republik«. Mit demselben Zynismus sahen sie zu, wie die Republikanergarden den Aufstand der Kurden im Norden des Irak niederschlugen, in diesem Fall, weil sie fürchteten, die Forderung nach einem eigenen Kurdenstaat würde auf Jahre hinaus die Region in Unruhe halten. Daß diese zynisch »realpolitische« Haltung bei den Betroffenen, Schiiten wie sunnitischen Kurden, neue antiwestliche Ressentiments wecken würde – gerade das, was wir im Westen so häufig beklagen – bedarf keines Kommentars.

Den Befürchtungen fehlt jede Realität, daß der Irak bald nach dem Vorbild eines khomeinistischen Gottesstaates von schiitischen Fundamentalisten regiert werden könne. Anders als im Iran leben im Irak an die 40 Prozent Sunniten, die sich kaum einer bisher ungewohnten schiitischen Regierung beugen würden, besonders dann nicht, wenn sich Verbindungslinien zum bisher feindlichen Nachbarstaat Iran abzeichneten. Zudem ist Ajatollah Hakim als Befürworter eines radikalen Gottesstaates nicht einmal die anerkannte Autorität für die Mehrzahl der irakischen Glaubensbrüder, viele von ihnen halten Distanz zum Fundamentalismus – sonst wäre es Khomeini Jahre zuvor gelungen, die Schiiten zum Aufstand gegen die säkulare Baath-Partei Saddam Husseins zu bewegen. Im Irak stehen sich gegensätzliche Kräfte, ethnische wie religiöse, in relativ großen Gruppierungen gegenüber, und sollten die Konflikte einzig mit Gewalt ausgetragen werden, so ist nicht wie im Iran von 1979 ein eindeutiger

Umsturz zu erwarten, sondern eher ein länger andauernder Bürgerkrieg zwischen vielfältigsten Parteiungen: nicht nur Schiiten gegen Sunniten, sondern auch Araber gegen Kurden, und diese religiösen wie ethnischen Gruppen untereinander aufgespalten in Befürworter eines säkularen oder fundamentalistisch regierten Staates. Der Irak könnte dann auf viele Jahre zerrissen sein wie der Libanon.

Auf einem anderen Blatt steht allerdings, ob der Iran als Nachbarstaat während kommender Jahre kräftig in Bürgerkriegskonflikten mitschüren würde – nicht in der Illusion, doch noch einen »Gottesstaat« im Irak schaffen zu können, sondern in einer nüchtern realpolitischen Absicht: Je stärker irakische Schiiten irakische Sunniten in ihren Kräften binden, um so weniger Bedrohung muß der Iran von einem geschwächten Irak erwarten. Der Westen besitzt kein moralisches Recht, eine derartige »Realpolitik« zu verurteilen, hat er doch selber in jenem Jahr 1991 genug an machtpolitischem Zynismus gegenüber der islamischen Welt bewiesen.

Tief eingewurzelte Gegensätze zwischen Iran und Irak, durch Jahrhunderte der Entfremdung noch radikalisiert, tragen das Ihre dazu bei, daß beide Staaten kein engeres Bündnis eingehen. Ethnische wie nationalistische Affekte überwiegen alle Gemeinsamkeiten in der Religion wie der Kultur. Wenn man heute mit Iranern über den Irak spricht und sie nach ihren Vorbehalten fragt, wird man – so ist zumindest meine Erfahrung – aus der Kritik gegen verschiedene politische oder religiöse Abweichungen meist die gleiche Grundhaltung heraushören können: Die Iraker sind Araber. Der Affekt gegen alles »Arabische« sitzt tief im Iran, ja er wird, so habe ich mir von Iranern sagen lassen, sogar im Schulunterricht, zuerst unter dem Schah, jetzt unter den Mullahs, systematisch geschürt. Man könne einen Iraner sehr kränken, wenn man ihn in der Wesensart einem Araber gleichsetze oder wenn man gar den Iran aus Unwissenheit zum arabischen Kulturkreis rechne. Zwar hätten die Araber als erste den Islam verbreitet, so argumentieren viele Iraner, sie hätten aber auf ihren Eroberungszügen sehr viel an alter persischer Kultur zerstört. Die Araber seien im Grunde kein Kulturvolk, sie hätten im Verlauf ihrer Geschichte mehr zerstört als aufgebaut, mehr an Kultur übernommen als selber Kultur entwickelt. Den Iranern sei es vorbehalten gewesen, den Islam zu jener Höhe zu führen, durch die er lange Zeit hindurch als die führende Kulturkraft der ganzen Welt gegolten habe. Wenn auch das Arabische über Jahrhunderte die am weitesten verbreitete Gelehrtensprache der Welt gewesen sei, so hätten doch die Iraner hierzu erst die vielfältige Ausdrucksfähigkeit geschaffen.

Ein derartiger Stolz auf »iranische« Kultur erweckt verständlicherweise bei Arabern nur Empörung. Bei Arabern finden wir dagegen umgekehrt die Neigung, das sogenannte »goldene Zeitalter des Islam« vom 8. bis zum 13. Jahrhundert ausschließlich mit »arabisch« gleichzusetzen und den iranisch-persischen Beitrag zur Kulturleistung vergleichsweise zu bagatellisieren. Eifersucht und Abneigung schaukeln sich gegenseitig hoch – ein unbewältigtes Trauma von 1400 Jahren gemeinsamer Geschichte.

An der Grenzlinie von Iran und Irak ist diese gegenseitige Anziehung, Durchdringung und Abstoßung zwischen persischem und arabischem Kulturraum besonders anschaulich greifbar. So sehr auch die Iraner sich mit wichtigen Stätten auf irakischem Boden religiös wie historisch verbunden fühlen – allen voran mit Nedschef, wo Kalif Ali seine Grabstätte hat, und mit Kerbela, wo dessen Sohn Hussein begraben liegt, Zentren schiitischer Glaubenssehnsucht mit Moscheen im persisch beeinflußten Stil –, so sehr bleibt ihnen das »Arabische« fremd. Diese Scheidelinie markiert für alle Zukunft die Barriere, über die hinweg der Iran in der arabischen Welt nur begrenzt wird Einfluß nehmen können.

### *Iran und sowjetische Moslems – eine Zeitbombe?*

Jene Bilder vom Januar 1990, wenige Jahre zuvor noch unvorstellbar, bleiben im Gedächtnis: Im sowjetischen Aserbeidschan kamen viele tausend Menschen in Marschkolonnen, in Bussen oder auf Lastwagen zur Grenze und forderten in Sprechchören Reisefreiheit, freien Zugang zu ihren Brüdern und Schwestern im Iran. Dann riß die erregte Menge Grenzschilder, Stacheldrahtzäune und Wachtürme nieder, manche stimmten radikalere Parolen an: Das »islamische« Aserbeidschan solle sich aus dem Verband der Sowjetunion lösen, solle wiedervereinigt werden mit der Provinz Aserbeidschan auf iranischer Seite. Tage später riefen fundamentalistische Schiiten in Lenkoran, der südlichsten Stadt in sowjetisch Aserbeidschan, die

»Islamische Repulik« aus und schwenkten Khomeini-Bilder. Bewaffnete Iraner, von Mullahs und Ajatollahs in Täbris aufgeputscht, strömten über die Grenzen, um ihren Glaubensbrüdern bei der »Revolution« gegen eine »gottlose« Regierung mit allen Mitteln, notfalls auch mit dem Einsatz als »Märtyrer« zu helfen. Drei Tage dauerten die Unruhen, bis die sowjetische Armee in Lenkoran einmarschierte, zur Grenze vorrückte und die aufrührerischen Volksmassen mit Waffengewalt verscheuchte.

Eine alte, nicht vernarbte historische Wunde war hier aufgebrochen. Erst 1828 war ja der nördliche Teil Aserbeidschans durch den Einmarsch der Russen vom Iran abgetrennt worden, gleichwohl haben die dortigen Bewohner nie die Zugehörigkeit von einst vergessen. In vielen Häusern hängen, so schildern journalistische Beobachter der letzten Jahre, immer noch Bilder von Schah Fath Ali, dem Verlierer von 1828, außerdem aber von Khomeini. Gerne wird Radio Teheran gehört, das auch auf Aseri, der Turksprache der Aserbeidschaner, sendet. Aber für die Menschen mit der gleichen Sprache und Kultur beiderseits der Grenze ist es seit der Herrschaft Stalins immer schwieriger geworden, Verwandte und Freunde im Nachbarstaat zu besuchen – eine Art eiserner Vorhang hatte sich zwischen dem kommunistisch und dem islamisch regierten Teil Aserbeidschans gesenkt.

Für den Iran ist die Sowjetunion seit dem Jahr 1828 eine Bedrohung geblieben. Das Trauma einer weiteren Annektion drohte sich während des Zweiten Weltkriegs mit ähnlich verheerenden Folgen zu wiederholen, als die Sowjetarmee von Norden, die britische Armee vom Süden im Iran einmarschierten, um den deutschfreundlichen Schah Reza Pahlevi zu stürzen. 1946 versuchte Stalin die innere Schwäche des Nachbarstaates zu nutzen und weigerte sich, seine Truppen aus dem iranischen Aserbeidschan abzuziehen. Hätten die USA nicht massiv mit dem Einsatz von Atombomben gedroht, so wäre auch das restliche Aserbeidschan vom Iran losgerissen und der Fremdherrschaft unterworfen worden – jene Provinz, in der vor fast fünf Jahrhunderten die Geburtsstunde des schiitisch regierten Iran geschlagen hatte. Auch Ardebil, die nationale und religiöse Gedenkstätte, wäre damit an die Sowjetunion verlorengegangen.

Eine Bedrohung erschien den iranischen Moslems darüber hinaus die aggressiv atheistische Herrschaftsform der Sowjets. Unter Stalin hatten die Kommunisten in allen fünf orientalischen Provinzen des Sowjetreichs einen beispiellosen Propagandafeldzug gegen den Islam als eine »antiwissenschaftliche, reaktionäre Weltanschauung« begonnen und ließen, sobald sie die Macht dazu besaßen, handfesten Terror folgen. Sie wandelten massenweise Moscheen in Lenin-Institute, Büchereien und Kinos um oder ließen sie gar niederreißen, so daß schließlich in den fünf moslemischen Sowjetrepubliken von rund 24000 Moscheen nur noch an die 250, etwa ein Prozent, übrigblieben. Für die Moslems im Iran bedeutete eine derartige Barbarei gegenüber Glaubensbrüdern um so mehr ein Trauma, als sämtliche dieser Gebiete durch persische Kultur geprägt sind – allen voran Usbekistan mit den einst so glanzvollen kosmopolitischen Zentren Samarkand und Buchara.

Aber seit Mitte der achtziger Jahre, da in der wirtschaftlich wie politisch geschwächten Sowjetunion viele der Teilrepubliken nach Unabhängigkeit streben, eröffnen sich für den Iran völlig neue Perspektiven. Schon knapp über 50 Millionen Menschen leben in der orientalischen Sowjetregion, ein gewaltiges Potential an Menschen, die zunehmend gegen die »koloniale Bevormundung« durch die Kommunisten protestieren. Schluß solle sein mit dem allein auf das Russische zentrierten Schulunterricht, die junge Generation solle wieder an das bisher unterdrückte kulturelle »islamische« Erbe herangeführt werden. Letztlich hieß das: eine Rückbesinnung auf die Gemeinsamkeiten mit dem benachbarten Iran.

Würde die Sowjetunion während des nächsten Jahrzehnts auseinanderbrechen, so könnte sich gerade die moslemische Region – dort, wo die Geburtenrate besonders hoch ist und man bis zur Jahrtausendwende mit an die 100 Millionen Menschen rechnen muß – zu einem Machtfaktor mit unabsehbaren Folgen entwickeln. Diese geballte Masse an Moslems würde sich, von den europäisch geprägten Republiken der Sowjetunion losgelöst, nahezu zwangsläufig dem islamischen Raum im Süden annähern. Ob nur im Bewußtsein gemeinsamer Kultur oder auch in politischen Bündnissen, das hängt von vielen, zunächst völlig unsicheren Faktoren ab. Noch ist nicht abzusehen, ob in den orientalischen Sowjetrepubliken der Fundamentalismus weiter an Boden gewinnt – vorerst scheint es eher so, als ob gemäßigte Kräfte die Oberhand behalten und auf eine säkulare Staatsverfassung drängen. Noch ist auch nicht abzusehen, wie im

Iran selber sich die politischen Gruppierungen während des nächsten Jahrzehnts gestalten. Nichts deutet zwar darauf hin, daß eine breite Opposition sich formieren und die »Islamisierung« zurückdrängen könnte, aber möglicherweise könnten Pragmatiker aus den Reihen der »islamischen« Partei konsequent einen gemäßigten Kurs fortsetzen und so den Kontakt mit gemäßigten Parteien anderer Islamstaaten erleichtern.

Die Ereignisse im sowjetischen Aserbeidschan von 1990 zeigen die Doppelläufigkeit der Entwicklung. Zwar rief Groß-Ajatollah Abdul Kassem Khoy, der geistige Führer der schiitisch-iranischen Aserbeidschaner, die Gläubigen dazu auf, den »moslemischen Brüdern in Zentralasien zu helfen, das Joch der Tyrannei abzuschütteln«. Aber Staatspräsident Rafsandjani beeilte sich, der Regierung in Moskau zu versichern, der Iran strebe »keine Veränderung der sowjetisch-iranischen Grenze« an; seiner Regierung gehe es nur darum, daß von den Sowjets die Rechte ihrer moslemischen Bürger auf Glaubensfreiheit respektiert würden.

Mit der Absage an alle Expansion ging es Rafsandjani nicht um ein taktisches Manöver. Er meinte, was er sagte. Schließlich war es ihm darum zu tun, den Iran international als eine friedliebende, konzessionsbereite Macht zu präsentieren, als einen Partnerstaat, mit dem sich in Zukunft verläßlich Handel treiben ließ. Eine aggressive Außenpolitik, ja selbst nur rhetorische Radikalität würden gerade solche Bemühungen um verbesserte Auslandskontakte zunichte machen. Besonders von daher war zu verstehen, daß Rafsandjani alle unversöhnlichen Äußerungen radikaler Parteigänger sofort in ihrer Bedeutung herunterspielte, wenn nicht gar dementierte. Aber der Staatspräsident hatte noch ein weiteres Motiv, jedem Nationalismus energisch entgegenzuwirken. Würde seine Regierung versuchen, ethnische Minderheiten in Nachbarstaaten aufzuputschen, dann könnten die Iraner mit solchen Parolen unfreiwillig bald auch im eigenen Vielvölkerstaat verschiedene Minderheiten zum Aufstand ermuntern: Die Kurden würden möglicherweise nicht nur wie bisher begrenzte Autonomie fordern, sondern ganz vom Iran wegstreben wollen, die Araber der iranischen Provinz Khusistan könnten sich dem Irak anschließen wollen (wenn sie sich bisher auch loyal zum Iran bekannten), die Turkmenen könnten sich bald mehr zu den Turkvölkern Zentralasiens hingezogen fühlen als zum Iran. Rafsandjani, klug genug, handelte hier nach der Devise: Man sollte nicht mit Steinen werfen, wenn man selber im Glashaus sitzt.

Der Gedanke an eine Wiedervereinigung mit dem iranischen Kernland liegt ohnehin nur für die geteilte Provinz Aserbeidschan nahe. Allein dort sind diesseits und jenseits der Grenze Volk, Kultur, Sprache und islamische Konfession lückenlos identisch. Anders verhält es sich mit den übrigen persisch geprägten Regionen. Die einst herausragende Residenz Buchara – wo die Dynastie der Samaniden ein wichtiges persisches Kulturzentrum schuf und wo Avicenna wie Firdusi mit ihrem Wirken begannen – hatte sich schon während des Mittelalters als ein selbständiges Fürstentum aus dem Iran gelöst, ebenso Samarkand. Hier wie dort leben vorwiegend Turkmenen, die bis zum Einmarsch der Russen 1868 stolz auf ihrer politischen Selbständigkeit beharrten und sich aller Rückgliederung in den Iran verweigerten; sie sind in ihrer Mehrheit auch Sunniten geblieben. Aus ähnlichen Gründen hat Afghanistan, wo einst Firdusi am Hof von Ghazni das große persisch-iranische Nationalepos verfaßte, trotz weitgehend gemeinsamer Sprache und Kultur mit dem Iran Mitte des 18. Jahrhunderts ein unabhängiges Königreich ausgerufen. Afghanistan hat seitdem erfolgreich seine Selbständigkeit gegenüber dem Iran behauptet.

Ein strikt orthodoxer Islam verwirft ohnehin jeden Nationalismus als einen modernen Sündenfall. Die »Umma«, die Gemeinschaft der Gläubigen, habe Vorrang vor allen ethnischen und nationalen Sonderinteressen. Hier empfinden orthodoxe Moslems nicht anders, als es orthodoxe Christen während des Mittelalters taten. In diesem Sinne verurteilte Khomeini den Nationalismus im eigenen Land, wie ihn besonders die Schahs der Pahlevi-Dynastie gefördert hatten. Nicht Iraner zu sein, sollte die Menschen mit Stolz erfüllen – sondern Schiiten zu sein mit dem »recht verstandenen Glauben«, und allein dieser fundamentalistische Islam sollte über die Grenzen hinauswirken. Politisch in Unruhe stürzen konnte eine derartige Forderung den Orient allerdings mit ähnlich schwerwiegenden Folgen wie ein übersteigerter Nationalismus, dies haben die achtziger Jahre zur Genüge bewiesen.

An der Schwelle zum 21. Jahrhundert steht der Iran – wie der ganze persische Kulturraum über Afghanistan bis weit in den sowjetischen Orient hinein – in Aufbruchstimmung. Es ist ein Aufbruch mit tiefgehenden Erschütterungen, wie sie jeden Versuch einer Neuorientierung, einer schwierigen Selbstfindung begleiten. Im Verlauf seiner 2500 Jahre alten Geschichte hat der Iran viele solcher Aufbrüche und Umbrüche erlebt, die oft an den Rand der Auflösung führten, bevor es zu einem kraftvollen Neuanfang kam. Sternstunden der Weltgeschichte sind dem Iran während dieses dramatischen Auf und Ab mehrmals beschieden gewesen, wo er wie kaum eine andere Kulturnation zu einer Drehscheibe für religiöse, kulturelle und politische Impulse zwischen Orient und Abendland, zwischen Ost und West, werden konnte. Angesichts der gegenwärtigen Krisen scheint eine solche Sternstunde in illusionäre Ferne gerückt.

Je mehr sich die Iraner allerdings differenziert mit ihrer eigenen Kultur auseinandersetzen – nicht im Stil eines überzogenen, geschichtsklitternden Nationalismus wie unter den Schahs der Pahlevi-Dynastie, nicht mit einer Scheuklappenperspektive wie unter den Fundamentalisten –, um so mehr werden sie sich aus der Identitätskrise befreien können. Noch stehen sich Ideale wie »Verwestlichung« und »Re-Islamisierung« als scheinbar unversöhnliche Gegensätze gegenüber. Der Versuch, auch kulturell zu einer Eigenständigkeit gegenüber dem »Westen« – ohne Ressentiments – zurückzufinden, zeichnet sich erst in vagen Umrissen ab. Aber das ist nicht nur ein Problem des Iran. Diesen bisher ungelösten Konflikt kennen wir, in nur verschiedenen Varianten, quer durch die Länder der sogenannten »Dritten Welt«.

# Zeittafel

*Um 3200 bis 2400 v. Chr.:* Die Sumerer, ein Volk unbekannter Herkunft, wandern in Mesopotamien ein und bilden die erste Hochkultur des alten Orients. Um 3000 entwickeln sie die Keilschrift.

*Nach 3000:* Die Akkader, arabische Semiten, kommen nach Mesopotamien und vermischen sich mit den Sumerern. Von etwa 2400 bis 2200 erste Hochblüte der Dynastie von Akkad.

*Um 2500:* Das Reich von Elam mit der Hauptstadt Susa entsteht. Dieses Volk (Herkunft unbekannt) schafft die erste hochentwickelte Kultur im Gebiet des späteren Iran. Um 2200 errichten sie in ihren Städten die ersten Kuppelbauten der Menschheitsgeschichte.

*Um 2100:* Abraham verläßt mit seinem Stamm Mesopotamien und läßt sich in Kanaan nieder. Ihm schreiben später die Juden, Christen und Moslems zu, als erster den Monotheismus gepredigt zu haben.

*Um 2200:* Arische Stämme aus Zentralasien beginnen, über das Elbursgebirge nach Süden vorzudringen. Die eroberten Gebiete nennen sie »Iran«, »Land der Arier«. Weitere arische Stämme erobern seit 1900 Teile Nordindiens und errichten dort ab 1500 die Kastenordnung der Hindus.

*1728 bis 1686:* Hochblüte des Babylonischen Reiches. König Hammurabi verfaßt ein vorbildliches Gesetzeswerk. Davon werden die Ägypter, später auch Moses und schließlich der persische Großkönig Dareios I. beeinflußt.

*Um 1250:* Die Aramäer, arabische Semiten, die seit 2000 nach Mesopotamien eindrangen, gründen Kleinstaaten an Euphrat und Tigris. Seit dem 8. Jahrhundert ist ihre Sprache Verkehrssprache in Vorderasien und wird erst 900 Jahre später durch das Koran-Arabisch verdrängt. – Das Reich von Elam erreicht seine höchste Blüte, erstmals ist im Gebiet des heutigen Iran eine Hochkultur zu verzeichnen. Elam erstreckt sich vom südlichen Iran bis nach Mesopotamien hinein.

*Um 1000 oder 900:* Die arischen Stämme der Meder und Perser wandern aus Südrußland ein und siedeln westlich des heutigen Täbris.

*Um 800:* Die Perser lassen sich im Gebiet des heutigen Schiras nieder und machen es zu ihrem Stammland »Parsa«.

*708:* Deiokes begründet das Mederreich mit der Hauptstadt Ekbatana.

*Um 700:* In der iranischen Landschaft Parsa entsteht unter Achämenes die Dynastie der Achämeniden.

*636:* Die Assyrer zerstören das Reich von Elam.

*635:* Die Meder erobern große Teile des Iran, die Perser werden ihre Vasallen.

*Um 630:* Zarathustra wird bei Bakra (Afghanistan) geboren.

*612:* Die Meder zerstören das Assyrerreich.

*Um 610:* Zarathustra begibt sich zur Meditation in die Einsamkeit und begründet während der folgenden zwei Jahrzehnte seine Religion.

*604 bis 562:* Blüte des Neubabylonischen Reiches unter Nebukadnezar.

*590:* Zarathustra muß aus seiner Heimat Baktrien fliehen.

*588:* Zarathustra bekehrt König Vishtaspa von Chorasmien (Chorassan).

*587:* Nebukadnezar zerstört Jerusalem und führt große Teile des jüdischen Volkes in die sogenannte »Babylonische Gefangenschaft«. Dort empfängt das Judentum neue religiöse Impulse (zum Beispiel durch die Sintflutsage und den Schöpfungsmythos).

*559:* Kyros II. wird Herrscher der medischen Provinz Parsa.

*Um 553:* Zarathustra stirbt (vermutlich als Märtyrer).

*550:* Kyros erobert die medische Hauptstadt Ekbatana. Mit dem Sieg über die Meder beginnt der glanzvolle Aufstieg der Achämeniden zu den Herrschern des frühesten Weltreiches der Geschichte.

*546:* Kyros verleibt Kleinasien seinem Reich ein.

*540:* Kyros erobert Belutschistan und Baktrien, Zarathustras Heimat.

*539:* Kyros erobert Babylon. Persien wird Weltmacht.

*538:* Kyros entläßt die Juden aus der Babylonischen Gefangenschaft. Während der folgenden Jahrhunderte kommen die Juden als Untertanen Persiens mit dem Gedankengut Zarathustras in Berührung und übernehmen von ihm die Vorstellung an ein Jenseits und ein Jüngstes Gericht.

*530:* Kyros fällt im Kampf gegen die Skythen. Nachfolger wird sein Sohn Kambyses II.

*525:* Kambyses II. unterwirft Ägypten.

*522 bis 486:* Dareios I. regiert. Unter seiner Herrschaft wird die Ostgrenze bis zum Industal (512) ausgedehnt. Zu seiner Regierungszeit ist zum ersten Mal die persische Verehrung Zarathustras nachweisbar. Dareios sorgt für eine straffe Staatsorganisation, die vorbildlich für spätere Weltreiche wird. Außerdem führt er nach medischem Vorbild das Gottkönigtum ein. Residenzstädte sind Susa (für Verwaltung) und Persepolis (für Zeremonien).

*508/507:* Kleisthenes schafft die Grundlagen zur attischen Demokratie.

*490:* Die Athener besiegen die Truppen des Dareios bei Marathon.

*486 bis 465:* Xerxes I., Sohn des Dareios, regiert.

*480:* Die Perser unter Xerxes siegen gegen die Griechen in der Schlacht an den Thermophylen und zerstören Athen mit der Akropolis. Aber in der Seeschlacht von Salamis und bei Platäa (479) siegen die Griechen.

*479:* Die Griechen siegen bei Platäa abermals über die Perser.

*472:* In Athen wird die Tragödie des Aischylos »Die Perser« uraufgeführt. Sie stellt die erste geistige Aufarbeitung des Triumphes über die persische Großmacht dar.

*465 bis 424:* Unter Artaxerxes I. zerfällt Persiens Macht im Westen.

*449:* Die Athener besiegen die Perser in der Doppelschlacht von Salamis auf Zypern. Ende der Perserkriege.

*Um 438:* Die Zeremonienstadt Persepolis wird nach acht Jahrzehnten Bauzeit fertiggestellt. – Im selben Jahrzehnt wird in Athen der Parthenon vollendet. Zur Regierungszeit von Perikles erreicht Griechenland den Höhepunkt seiner klassischen Epoche.

*Um 433:* Herodot, weit gereist im Vorderen Orient, verfaßt seine Geschichte der Perser.

*423 bis 404:* Dareios II. regiert. Ägypten kann sich durch einen Aufstand von Persiens Herrschaft befreien.

*333 bis 323:* Alexander »der Große« zerstört das persische Großreich. Mit der Ermordung von Dareios III. erlischt 330 die Dynastie der Achämeniden. 333 Sieg bei Issos, 331 Eroberung von Babylon und Susa, 330 Zerstörung von Persepolis, 325 Vorstoß bis Indien, 323 Tod Alexanders in Babylon.

*323 bis 280:* Nachfolgekämpfe unter den Generalen Alexanders um die Herrschaft im eroberten Weltreich. 312 gelangen die Seleukiden in der Osthälfte zur Herrschaft. Unter ihrer Regierung wird die Hellenisierung Persiens vorangetrieben.

*250 v. Chr. bis 225 n. Chr.:* Der iranische Stamm der Parther besiegt die Seleukiden. Die Parther begründen die Dynastie der Arsakiden. Unter ihrer Herrschaft bleibt der hellenische Einfluß bestehen.

*225 bis 651 n. Chr.:* Die persischen Sassaniden besiegen die Parther und errichten das »Neupersische Reich«. Bewußt knüpfen sie an die Tradition der Achämeniden an, übernehmen die Herrschaftsform des Gottkönigtums und fördern verstärkt die Religion Zarathustras. Hauptstadt ist Ktesiphon nördlich von Babylon.

*260:* Der Sassanide Schapur I. nimmt in der Schlacht von Edessa den römischen Kaiser Valerian gefangen und erobert Mesopotamien.

*273:* Der Religionsstifter Mani wird in Ktesiphon hingerichtet.

*Um 500 bis 529:* Mazdak fordert eine Reformation der Zarathustrareligion und predigt kommunistische Ideale. Bauernunruhen erschüttern das Sassanidenreich.

*527 bis 565:* Der oströmische Kaiser Justinian führt, angeregt vom Gottkönigtum der Sassaniden, eine Herrschaftsform mit ähnlichen Attributen im Byzantinischen Reich ein.

*531 bis 579:* Unter Chosru I. erreicht das Sassanidenreich seine größte Ausdehnung: von Mesopotamien bis zum Indus. Höhepunkt sassanidischer Kultur. Seide aus China und das Schachspiel aus Indien gelangen zum ersten Mal in den Westen.

*Um 570:* Mohammed wird in Mekka geboren.

*602 bis 627:* Persien und das Byzantinische (Oströmische) Reich führen Krieg, aus dem beide Großmächte sehr geschwächt hervorgehen.

*610:* Mohammed beginnt in Mekka zu predigen.

*622:* Mohammed muß mit seinen Anhängern von Mekka nach Medina fliehen. Die »Hedschra« (= Auswanderung) markiert den Beginn der islamischen Zeitrechnung.

*632:* Mohammed stirbt. Arabien ist dem Islam unterworfen.

*632 bis 634:* Kalif (= Nachfolger) Abu Bekr unternimmt erste Eroberungszüge nach Syrien und Persien.

*634 bis 644:* Kalif Omar erobert Syrien, Palästina und weite Teile Persiens. Unter seiner Führung besetzen die Araber 637 Ktesiphon, 642 besiegen sie die Perser entscheidend bei Nihawend.

*644 bis 656:* Kalif Osman (Othman) legt 653 die erste schriftlich fixierte Ausgabe des Korans vor.

*651:* Yesdegerd III. wird auf der Flucht ermordet. Damit endet das Geschlecht der Sassaniden. Ihr Großreich ist fast völlig den Arabern unterworfen.

*656 bis 661:* Ali, Vetter und Schwiegersohn des Propheten, ist Kalif. Unter seiner Regierung bahnt sich die islamische Religionsspaltung an.

*661 bis 680:* Nach Alis Ermordung wird Muawija Kalif und begründet die Dynastie der Omaijaden. Er macht Damaskus zu seiner Residenz. Die Araber dringen im Westen weit nach Nordafrika, im Osten bis nach Baktra vor.

*680:* Alis Sohn Hussein meldet nach Muawijas Tod Thronansprüche an. Muawijas Sohn Yesid aber läßt Hussein bei Kerbela (Irak) töten. Nach dem Tod am Prophetenenkel ist die Religionsspaltung nicht mehr aufzuhalten. Während der zwei folgenden Jahrhunderte bilden sich zwei unversöhnliche Gruppierungen: Sunniten und Schiiten.

*711/712:* Die Araber erobern im Westen Spanien und dringen im Osten in das Indusgebiet ein.

*743:* Kalif Walid II. übernimmt als erster moslemischer Herrscher aus Persien den Brauch des Harems. Streng abgeschlossene Haremsgemächer waren zuvor im Islam unbekannt.

*749/750:* Die Dynastie der Omaijaden wird durch Sunniten und Schiiten aus Persien gestürzt. Die arabisch-persische Dynastie der Abbasiden kommt zur Macht, bekennt sich zum sunnitischen Glauben und bekämpft die Schiiten.

*754 bis 775:* Kalif Mansur wird zum eigentlichen Begründer der Abbasidendynastie. Er macht 762 Bagdad zu seiner Residenz und führt das persische Hofzeremoniell der Sassaniden ein. Der arabische Einfluß geht zurück, Perser bestimmen zunehmend die Entwicklung des Islam.

*762:* Ismail, der umstrittene 7. Imam der Schiiten, stirbt. Ein Teil der Schiiten will mit seinem Tod die Reihe der Imame beendet wissen und spaltet sich während der folgenden Jahrzehnte mit der Bewegung der »Siebener-Schiiten« ab.

*773:* Kalif Mansur läßt das indische Rechensystem in seinem Reich einführen. Die Zahlen werden während des 13. Jahrhunderts in Europa als »arabische Zahlen« bekannt.

*786 bis 809:* Harun al Raschid, ein Zeitgenosse Karls des Großen, macht Bagdad zur prächtigsten Stadt der damaligen Welt.

*793:* Die in China erfundene Papierherstellung gelangt über Samarkand nach Bagdad. Erst um 1280 entsteht die erste Papierfabrik im christlichen Abendland (Italien). 1390 wird erstmals in Deutschland Papier hergestellt (Nürnberg).

*813 bis 833:* Mamun, Harun al Raschids Sohn, führt das Abbasidenreich zur höchsten kulturellen Blüte. Islamische Wissenschaftler und Philosophen beginnen, intensiv persische und griechische Werke zu studieren. Aristoteles wird zum vielgelesenen Philosophen, lange bevor ihn das christliche Europa zur Kenntnis nimmt.

*821 bis 873:* Die Dynastie der Tahiriden herrscht in Chorassan. Nominell ist sie noch den Abbasiden untergeordnet, regiert aber faktisch selbständig. Mit ihr beginnt schrittweise die politische Loslösung Persiens vom Abbasidenreich.

*Um 825:* Der Perser Al Khwarizmi entwickelt in Bagdad die Algebra und das Rechnen mit Logarithmen.

*Seit 833:* Unter Kalif Mutasim beginnt der politische Zerfall des Abbasidenreiches. Türkische Gardetruppen kommen zunehmend zu Einfluß und schwächen die Macht der Kalifen.

*864 bis 999:* Die sunnitische Dynastie der Samaniden steigt auf und wird um 900 zur beherrschenden Macht im östlichen Iran. Ihre Hauptstadt ist Buchara. Dort werden seit Beginn des 10. Jahrhunderts altpersische Chroniken studiert. Ein nationalpersisches, antiarabisches Bewußtsein bahnt sich an. Die Samaniden leiten ihre Herkunft von den Sassaniden ab.

*868:* Die Bewegung der »Siebener-Schiiten« entfacht unter Ali ibn Mohammed den ersten Sklavenaufstand gegen die Abbasidenkalifen.

*874:* Mohammed al Muntasar, der zwölfte Imam der Schiiten, wird unter ungeklärten Umständen ermordet. Jahrzehnte nach seinem geheimnisvollen Verschwinden bildet sich die Lehre vom »Verborgenen Imam«. Die Bewegung der »Zwölfer-Schiiiten« entsteht.

*899:* Hamdan Qarmat, Sozialrevolutionär aus der Bewegung der Siebener-Schiiten, entfacht den zweiten großen Sklavenaufstand gegen die Abbasiden und gründet am Persischen Golf einen Staat mit kommunistischen Eigentumsidealen (besteht bis etwa 940).

*Um 930:* In Bagdad entstehen große Teile von »Tausendundeiner Nacht«.

*Um 930 bis 1055:* Die Buijden, »Zwölfer-Schiiten«, beginnen Teile Persiens zu erobern und bleiben ein Jahrhundert lang eine bestimmende Macht.

*936:* Der Gardeführer Mohammed ibn Raiq nimmt den Abbasidenkalifen vollends die politische Macht. Von 936 bis 1258 besitzt das Kalifat von Bagdad für die Sunniten nur noch religiös-symbolische Bedeutung.

*940:* Firdusi wird in Tus (Provinz Chorassan) geboren.

*969 bis 1171:* Die schiitischen Fatimiden regieren in Ägypten und Syrien. Ihre Kalifen bedrohen das sunnitische Kalifat von Bagdad. Die geistige Einheit des islamischen Kulturraums ist für alle sichtbar zerrissen.

*977 bis 1186:* Die sunnitische Dynastie der Ghaznaviden beherrscht von Ghazni aus große Teile des östlichen Iran. Ihr machtvollster Sultan wird Mahmud von Ghazni (998 bis 1030).

*978:* Firdusi beginnt, in Buchara an seinem »Königsbuch« zu arbeiten.

*980:* Avicenna (Ibn Sina) wird bei Buchara geboren.

*998:* Firdusi wechselt an den Hof des Mahmud von Ghazni über und stellt dort 1012 sein »Königsbuch« fertig.

*1021:* Firdusi stirbt in Tus.

*1937:* Avicenna stirbt in Hamadan. Die Seldschuken erobern Chorassan.

*1045:* Omar Chaijam wird in Neischapur (Chorassan) geboren.

*1051:* Der Seldschukenfürst Togrul macht Isfahan zur Residenz seines Reiches.

*1055:* Togrul rückt in Bagdad ein und wird »Schutzherr des Kalifen«.

*1071:* Die Seldschuken erobern Anatolien, das zur Keimzelle eines späteren Großtürkischen Reiches (unter den Osmanen) wird.

*1080:* In Anatolien begründet der Seldschukenführer Suleiman das eigenständige Sultanat von Rum mit Konya als Hauptstadt. Der persische Einfluß bleibt beträchtlich.

*Um 1090:* Hasan as-Sabah, ein Siebener-Schiit, begründet den Orden der Assassinen.

*1096 bis 1270:* Das Zeitalter der Kreuzzüge.

*1122:* Omar Chaijam stirbt in Neischapur.

*1184:* Saadi wird in Schiras geboren.

*1194:* Die Seldschuken verlieren ihre Macht in Persien, autonome Kleinfürstentümer entstehen.

*1220:* Die Mongolen unter Dschingis-Khan erobern Persien. Ein Jahrhundert der Verwüstung folgt.

*Um 1230:* Über Sizilien und das maurische Spanien gelangen zum erstenmal Schriften islamischer und altgriechischer Autoren ins christliche Europa, ebenso die »arabischen« Zahlen.

*1256:* Die Mongolen vernichten den Orden der Assassinen.

*1258:* Die Mongolen zerstören Bagdad. Ende des abbasidischen Kalifats. Nach der Vernichtung dieses überragenden islamischen Kulturzentrums hört das Arabische auf, die völkerverbindende Gelehrtensprache aller Moslems zu sein. Das Persische und bald auch das Türkische werden zur Konkurrenz.

*1258 bis 1336:* In Persien regieren die mongolischen Il-Khane.

*1282:* Saadi stirbt in Schiras.

*1301:* Der sunnitische Derwischscheich Safi ad Din gründet den Orden von Ardebil.

*1309:* Der Il-Khan Oltschaitu tritt zum schiitischen Glauben über.

*1316:* Oltschaitus Nachfolger Abu Said wechselt zum sunnitischen Islam. In den nächsten Jahrzehnten folgen fast alle mongolischen Fürsten diesem Beispiel, damit bleibt in Persien weiterhin die Vorherrschaft des sunnitischen Islam bestehen.

*1326:* Hafis wird in Schiras geboren. Die Osmanen erobern Bursa und machen die Stadt zur Residenz ihres aufstrebenden Reiches.

*1369 bis 1405:* Der Mongolenkhan Timur fällt in Persien ein und begründet die Dynastie der Timuriden. Hauptstadt ist Samarkand, ein neues Kulturzentrum des Islam.

*1380 bis 1501:* Die Timuriden regieren in Persien. Unter ihrer Herrschaft kommt die Technik der bunten Fayenceverkleidung und die Miniaturmalerei zu besonderem Glanz.

*1390:* Hafis stirbt in Schiras.

*1392:* Der Derwischorden von Ardebil wendet sich unter Hodscha Ali den Zwölfer-Schiiten zu und wird sozialrevolutionär.

*Um 1450:* Der Ordensstaat von Ardebil organisiert sich militärisch und erlangt großen Einfluß im nordwestlichen Iran und in Ostanatolien.

*1453:* Die Osmanen erobern unter Sultan Mehmed II. Konstantinopel. Ihr Reich ist damit endgültig die beherrschende Großmacht des Islam.

*1453 bis 1478:* Türkische Lokaldynastien in Nordpersien schwächen die Macht der Timuriden entscheidend. Persien ist in zahlreiche Fürstentümer zersplittert.

*1501 bis 1524:* Ismail, der Ordensführer von Ardebil, erobert Persien und den Irak. Er führt den Glauben der Zwölfer-Schiiten als Staatsreligion ein. Innerhalb eines Jahrzehnts bekennen sich alle Kernprovinzen Persiens zur Schia (bis heute). Die nicht eroberten persisch geprägten Fürstentümer Turkestans (Samarkand und Buchara) bleiben sunnitisch, ebenso Teile des Irak und Afghanistans.

*1501 bis 1722:* Die von Ismail begründete schiitische Dynastie der Safawiden regiert. Sie belebt die altpersische Tradition des Gottkönigtums wieder.

*1514:* In der Schlacht von Tschaldiran unterliegen die Perser dem sunnitischen Osmanensultan Selim I. Den weiteren Eroberungen der Schiiten ist Einhalt geboten.

*1516:* Die Osmanen unter Selim I. erobern Syrien und Ägypten.

*1524 bis 1576:* Unter Ismails Nachfolger Tamasp verlieren die Perser den Irak an die sunnitischen Osmanen.

*1526:* Babur, ein Nachkomme des sunnitischen Mongolenkhans Timur, erobert vom nördlichen Afghanistan aus Nordindien und begründet die Dynastie der Moguln (1526 bis 1857).

*1587 bis 1629:* Nach einem Jahrzehnt der Thronwirren wird Abbas I., »der Große«, Schah. Unter seiner Regierung erreicht das Safawidenreich die höchste Blüte. Glanzvolle Residenz ist seit 1590 Isfahan (bis 1722).

*1616:* Abbas erobert den von den Türken besetzten Irak zurück und renoviert die schiitischen Hauptheiligtümer Nedschef und Kerbela. In Persien selbst fördert er die Nationalheiligtümer. Mesched und Ghom werden während der folgenden Jahrzehnte zu bedeutenden Pilgerzentren, Ghom außerdem zur wichtigsten Ausbildungsstätte für Geistliche.

*1629 bis 1722:* Unter Abbas' schwachen Nachfolgern verliert das Amt des Schahs stark an Ansehen. Der Einfluß der schiitischen Geistlichkeit auf die Politik nimmt zu.

*1638:* Die Osmanen erobern den Irak zurück, der bis 1918 von ihnen beherrscht wird. Die schiitischen Hauptheiligtümer Nedschef und Kerbela bleiben unter sunnitischer Oberhoheit (bis heute).

*1722:* Sturz der Safawiden durch die afghanische Dynastie von Kandahar.

*1730 bis 1747:* Nadir vertreibt 1729 die Afghanen und läßt sich zum Schah krönen. 1739 erobert er Teile Indiens und bringt aus Delhi den berühmten »Pfauenthron« der Moguln nach Persien. Nach seiner Ermordung herrscht Anarchie.

*1747:* Afghanistan löst sich von dem geschwächten Persien und begründet ein nationales Königreich. Der Nationalstaat existiert bis heute.

*1771:* Der französische Orientalist Anquetil-Duperron übersetzt als erster den »Awesta« und weckt damit für Europa das Interesse an Zarathustras Lehre. Bereits 1776 ins Deutsche übertragen.

*1794 bis 1797:* Nach langen Machtkämpfen gelangt in Persien Mohammed Kadschar auf den Thron und begründet die Dynastie der Kadscharen.

*1794 bis 1925:* Unter der Dynastie der Kadscharen gelangt Persien zunehmend unter das Diktat europäischer Mächte. Despotische Herrscher und fortschrittsfeindliche Mullahs verhindern jede durchgreifende Reform. Persien wird »Entwicklungsland«.

*1796:* Teheran wird Hauptstadt Persiens.

*1825 bis 1828:* Nach einem verlorenen Krieg muß Persien an Rußland den Kaukasus mit Baku, Teile von Aserbeidschan und Georgien abtreten.

*1844:* Die religiöse Sekte der Babi, der späteren Baha'i, entsteht.

*1848 bis 1864:* Verfolgung und Vertreibung der Babi. Hinrichtung ihres Führers Seyyid Ali Mohammed 1850 auf Veranlassung des Schahs Nasir ad Din (1847–1896).

*1863:* Aus der Sekte der Babi geht die Bewegung der Baha'i hervor. Nach der Vertreibung ihrer Führer aus Persien wird Haifa in Palästina ihr Zentrum.

*1856/1857:* Persien versucht, Afghanistan zurückzuerobern. Aber die Briten greifen militärisch ein und zwingen den Schah Nasir ad Din, die Unabhängigkeit Afghanistans anzuerkennen.

*1868:* Die Russen erobern Turkestan mit Buchara und Samarkand. Diese einst glanzvollen persischen Kulturzentren bleiben unter russischer Herrschaft (bis heute).

*1872:* Die bankrotte Regierung unter Schah Nasir ad Din überläßt Großbritannien einen Teil seiner Bodenschätze gegen relativ geringe Gewinnbeteiligung.

*1878:* Die Kosakenbrigade als Truppenteil der persischen Polizei wird geschaffen. Sie steht unter dem Kommando russischer Offiziere. Damit verstärkt sich der russische Einfluß. Reza Pahlevi wird in der Provinz Masanderan geboren.

*1889:* Die persische Regierung unter Schah Nasir ad Din tritt an Großbritannien das Recht ab, wichtige Vorkommen an Edelmetallen auszubeuten.

*1890 bis 1892:* Iranische Nationalisten und Ajatollahs schüren einen Volksaufstand und zwingen Schah Nasir ad Din, seinen Vertrag mit den Briten über das Tabakmonopol zu annullieren.

*1892:* Nietzsches »Also sprach Zarathustra« erscheint.

*1896:* Schah Nasir ad Din wird von einem persischen Nationalisten erschossen.

*1897:* Die systematische Ausgrabung von Susa beginnt unter der Leitung französischer Archäologen.

*1901:* Die Konzession für Erdölbohrungen in Persien wird von Schah Muzaffar ad Din an die Briten vergeben.

*1902:* Khomeini wird in Khomein, nahe Ghom, geboren.

*1905/1906:* In Teheran bricht eine Revolution aus. Protestiert wird gegen die unfähige Regierung und die rasche Zunahme des ausländischen Einflusses. Schah Muzaffar ad Din muß der Bildung eines Parlaments und einer konstitutionellen Monarchie zustimmen.

*1908:* Schah Mohammed Ali löst das Parlament auf und befiehlt, seine Führer hinzurichten. Den darauf folgenden Volksaufstand läßt er blutig niederschlagen; russische Truppen helfen ihm. Erste Erdölfunde in Persien.

*1909:* Die Anglo-Persian Oil Company wird gegründet, um die persischen Erdölfelder auszubeuten.

*1909:* Aufständische zwingen 1909 Achmed Schah, das Parlament wieder einzusetzen. Er regiert seitdem in einer konstitutionellen Monarchie (bis 1925).

*1911:* Das persische Parlament löst das Justizministerium auf, das unter geistlichem Einfluß steht. Ein bürgerliches Gesetzbuch nach französischem Vorbild wird ausgearbeitet.

*1918:* Nach dem Ende des Ersten Weltkriegs nimmt der britische Einfluß in Persien noch weiter zu. Persiens Wirtschaft steht völlig unter Kontrolle der Briten.

*1919:* Das persische Parlament billigt die Einführung von Mädchenschulen, bisher für Persien undenkbar. Scharfer Widerstand der Geistlichkeit. Mohammed Reza Pahlevi, Persiens letzter Schah, wird in Teheran geboren.

*1921:* Reza Khan, Kosakenoffizier, stürzt durch einen Militärputsch die Regierung in Teheran. Formell bleibt Achmed Schah im Amt. Tatsächlich aber regiert Reza Khan.

Der neunzehnjährige Khomeini beginnt sein religiöses Studium bei einem Ajatollah in Arak.

*1922:* Das Osmanenreich, nach dem verlorenen Weltkrieg 1918 auf sein Kernland Türkei geschrumpft, bricht zusammen. Der letzte Osmanensultan Mehmed VI. geht ins Exil, während Atatürk die Macht ergreift.

Der zwanzigjährige Khomeini wechselt an die Hochschule von Ghom über.

*1923:* Reza Khan wird Premierminister. Daraufhin hält sich Achmed Schah »zur Kur« in Europa auf und kehrt nicht zurück.

*1924:* Atatürk unterbindet allen Einfluß islamischer Rechtsgelehrter auf die Politik und läßt die Koranschulen schließen.

*1925:* Reza Khan erklärt Achmed Schah für abgesetzt. Damit endigt die Kadscharen-Dynastie. Reza Khan besteigt als Schah Reza Pahlevi den Thron.

*1925 bis 1979:* Die Dynastie Pahlevi regiert absolut. Das Parlament besteht zwar formell weiter, darf aber keine demokratische Kontrolle ausüben. Unter den Pahlevi wird der Iran energisch und rücksichtlos zugleich modernisiert. Atatürk ist das erklärte Vorbild. Neue Spannungen mit der Geistlichkeit, aber auch mit den ärmeren Volksschichten entstehen.

*Seit 1925:* Die islamische Zeitrechnung, in Mondjahren gerechnet, wird nach westlichem Vorbild durch eine Rechnung nach Sonnenjahren ersetzt. Ausgangspunkt der Zählung bleibt aber die Hedschra, 622 n. Chr.

*1927:* Reza Pahlevi prügelt in Ghom öffentlich einen Ajatollah, der seine Reformen zu kritisieren wagt. Die Kluft zwischen Regierung und Geistlichen ist seitdem nicht mehr zu überbrücken.

Teheran erhält einen Flugplatz mit Anschluß an das internationale Flugnetz.

*1928:* Atatürk läßt sämtliche religiöse Formeln aus der Verfassung streichen und erklärt die Türkei offiziell zum »säkularen Staat« mit einer strikten Trennung von Politik und Religion.

Reza Pahlevi schließt, von Atatürk inspiriert, islamische Rechtsgelehrte von allem Einfluß auf Politik und Religion aus.

In Kairo gründet Hassan al Banna als Reaktion auf den »Verrat am Islam«, wie er die Verwestlichung in der Türkei und in Persien nennt, die Moslembruderschaft. Damit beginnt die Entwicklung der »modernen« radikal-islamischen Bewegungen, Jahrzehnte vor Khomeini.

*1931:* Die Ausgrabungen von Persepolis beginnen unter der Leitung amerikanischer Archäologen.

*1934:* Reza Pahlevi weist die Universität von Teheran an, von nun an auch Studentinnen aufzunehmen.

Ali Schariati wird in der Provinz Chorassan geboren. Rafsandjani wird in Rafsandjan (Provinz Kerman) geboren.

*1935:* Reza Pahlevi läßt die amtliche Bezeichnung »Persia« (Persien) durch »Iran« ersetzen. Die Regierung setzt sich verstärkt für eine Rückbesinnung auf »iranische Traditionen« ein.

*Um 1935:* Khomeini erwirbt in Ghom den höchsten akademischen Grad. Seine Vorlesungen über islamische Moral finden regen Zulauf.

*1936:* Reza Pahlevi verbietet gegen den heftigen Widerstand der Geistlichen die Verschleierung der Frau (sein Nachfolger hebt 1941 das Verbot auf Druck konservativer Kreise wieder auf).

*Um 1940:* Khomeini wird Ajatollah.

*1941:* Großbritannien und die Sowjetunion besetzen den Iran. Reza Pahlevi muß aufgrund seiner Parteinahme für die Deutschen im Zweiten Weltkrieg abdanken und dem zweiundzwanzigjährigen Sohn den Thron überlassen. Nach dem Sturz Reza Pahlevis schreibt Khomeini sein erstes politisches Buch gegen die Dynastie Pahlevi.

*1941 bis 1979:* Mohammed Reza Pahlevi regiert.

*1944:* Reza Pahlevi stirbt im Exil in Johannesburg (Südafrika).

*1946:* Die Sowjets weigern sich, ihre Truppen aus Aserbeidschan abzuziehen. Nur die Drohung mit dem Einsatz von Atomwaffen von seiten der USA kann Stalin daran hindern, die iranische Provinz der Sowjetunion einzugliedern (1828 war bereits der Nordteil Aserbeidschans von den Russen annektiert worden).

*1949:* Die neue Verfassung ermächtigt den Schah, das Parlament »im Notfall« aufzulösen.

*1951 bis 1953:* Mohammed Mossadegh ist Premierminister. Er verstaatlicht die Ölindustrie und zwingt die Briten, den Iran zu verlassen. 1953 muß der

Schah fliehen, kann jedoch zurückkehren, nachdem loyale Truppen Mossadegh gestürzt haben. Die Ölindustrie bleibt verstaatlicht, Großbritanniens Einfluß ist beschnitten. Dagegen erlangen die USA durch gezielte Wirtschaftshilfe vorrangigen Einfluß (bis 1979).

*1957:* Die Savak, die gefürchtete Geheimpolizei des Iran, wird gegründet.

*1961:* Nach dem Tod des Schiitenführers Ajatollah Bururdscherdi können sich die maßgebenden Geistlichen des Iran auf kein neues Oberhaupt einigen. Ajatollah Khomeini steht in der vorderen Linie der Bewerber.

*1962:* Der Schah sieht sich durch die zunehmende Verelendung der Bauern veranlaßt, eine Bodenreform durchzuführen. Die Reform ist der liberalen und sozialistischen Opposition zu »kapitalistisch«, den Geistlichen zu »unislamisch«.

*1963:* Der Schah verkündet das Wahlrecht der Frauen. Dieses neue Gesetz und die Bodenreform, die er jetzt »Weiße Revolution« nennt, stoßen bei der Geistlichkeit auf heftigen Widerstand. Im Juni kommt es zu schweren Unruhen. Zum ersten Mal tritt Khomeini politisch hervor. Der Schah läßt den Aufstand mit brutaler Härte niederschlagen.

*1964:* Khomeini wird wegen seiner politischen Aktivitäten aus dem Iran verbannt. Bis 1965 lebt er im Exil in Bursa (Türkei), dann übersiedelt er nach Nedschef (Irak).

*1965:* Ali Schariati kehrt nach seinem Studium in Paris in den Iran zurück und wirkt als Buchautor, Lehrer und Redner bis zu seiner Verhaftung 1973.

*1967:* Im Iran wird das Scheidungsrecht zugunsten der Frau verändert. Der Mann kann seine Gattin nicht mehr ohne Angabe von Gründen verstoßen.

Mossadegh stirbt in Teheran.

*1968:* Durch einen Putsch erringt im Irak die Baath-Partei, die bereits seit 1963 beträchtlichen Einfluß ausübt, die Alleinherrschaft. Stellvertreter des Partei- und Regierungschefs Hassan el Bakr wird Saddam Hussein.

*Um 1970:* Die sogenannte »Islamische Wiedergeburt« als Massenbewegung nimmt ihren Anfang. Immer mehr moslemische Staaten beginnen, die »Verwestlichung« öffentlich abzulehnen, und fordern die Rückbesinnung auf die traditionellen Werte des Islam.

Mitte der siebziger Jahre beginnen im Westen die Medien von »Fundamentalismus« zu sprechen.

*1971:* Der Schah feiert mit geladenen Gästen aus aller Welt bei Persepolis das »2500. Jahr der iranischen Monarchie« (seit Kyros). Die Feierlichkeiten können aber nicht vollständig von der Schattenseite der iranischen Wirklichkeit ablenken: Der rasante technische Fortschritt bringt Wohlstand nur für wenige, dagegen bleiben die Massen im Elend und leiden unter der Zerstörung ihrer traditionellen Strukturen.

*Um 1971:* Khomeini verfaßt in Nedschef sein wegweisendes Buch *Das Königreich der Rechtsgelehrten.*

*1976:* Der Schah verkündet per Gesetz eine »iranische« Zeitrechnung, beginnend mit Kyros dem Großen. Aber Volksunruhen unter Führung der Geistlichen zwingen ihn, wieder zur islamischen Zählung zurückzukehren.

Ali Schariati gelingt die Flucht ins Ausland. Im Juni wird er von Savak-Agenten in London ermordet.

*1977:* In Nedschef ermorden im November Savak-Agenten Khomeinis ältesten Sohn Mustafa.

*1978:* Im Januar beginnen im Iran Volksunruhen von bisher nicht gekannter Heftigkeit gegen den Schah.

Die Regierung des Irak, vom Schah unter Druck gesetzt, verweigert Khomeini ein weiteres Exil. Khomeini übersiedelt nach Neauphle-le-Château bei Paris und schürt von dort weiterhin durch Propaganda die Unruhen im Iran.

Düstere Bilanz der Ära Pahlevi seit den fünfziger Jahren: Teheran ist von einer Million auf 5 Millionen Einwohner gewachsen, viele der Zuwanderer vegetieren in Slums.

*1979:* Schah Mohammed Reza Pahlevi verläßt am 16. Januar den Iran. Ende der Dynastie Pahlevi. Khomeini kehrt am 1. Februar in den Iran zurück. Nach einer Volksabstimmung im März wird am 1. April die »Islamische Republik« ausgerufen.

Im Juni wird Saddam Hussein, seit Jahren schon der »starke Mann« der Baath-Partei, unumschränkter Diktator des Irak.

Im November besetzen radikale Studenten die amerikanische Botschaft in Teheran und nehmen 63 Botschaftsangehörige als Geiseln, um von den USA die Auslieferung des Schah zu erzwingen. (Erst Anfang 1981 kann die »Geiselaffäre« beigelegt werden.)

Mehdi Basargan muß bereits neun Monate nach Amtsantritt als Ministerpräsident im November wegen Differenzen mit Khomeini zurücktreten. Im Dezember wird die Verfassung der »Islamischen Republik« durch eine Volksabstimmung legitimiert. Die politischen Richtlinien gehen nun offiziell allein von geistlichen Führern aus.

Ende Dezember besetzen sowjetische Truppen Afghanistan, um das dort 1977 an die Macht gekommene prokommunistische Regime gegen Aufständische zu schützen. Seither kommt Afghanistan, durch Bürgerkriegsunruhen erschüttert, nicht mehr zur Ruhe.

*1980:* Banisadr, vom Volk im Januar in das Amt des Staatspräsidenten gewählt, muß im selben Jahr auf Druck Khomeinis weichen und ins Exil fliehen.

Mohammed Reza Pahlevi stirbt Ende Juli im Exil in Kairo an Krebs.

Zur Tausendjahrfeier des Geburtstags von Avicenna lädt die Regierung der Teilrepublik Usbekistan (Sowjetunion) ein internationales Publikum in das Heimatdorf des großen Gelehrten bei Buchara zu Feierlichkeiten.

Im September beginnt Saddam Hussein den Krieg gegen den Iran, um die Vorherrschaft im Schatt el Arab zu erringen.

*1981:* Ajatollah Beheschti, mächtigster Politiker nach Khomeini, wird Ende Juni zusammen mit 72 anderen geistlichen Politikern bei einem Bombenattentat durch die oppositionellen Volks-Mudschaheddin getötet. Rafsandjani wird neuer Parlamentspräsident, Ali Khamenei wird Staatspräsident.

*1982:* Khomeini entmachtet seinen größten geistlichen Widersacher, Ajatollah Schariat Madari. In der Folge gelingt es Khomeinis Parteigängern, vollends jegliche Opposition auszuschalten.

*1985:* Ajatollah Montaseri wird von Khomeini offiziell zum Nachfolger bestimmt.

*1988:* Im Mai beginnt der sowjetische Truppenabzug aus Afghanistan. Aber der Bürgerkrieg zwischen dem prokommunistischen Regime und den Mudschaheddin geht weiter.

Im September endet der Krieg zwischen Iran und Irak, wobei keine der beiden Seiten Vorteile erringen konnte. Der drohende wirtschaftliche Ruin zwingt beide Staaten zum »Waffenstillstand«.

*1989:* Khomeini verkündet im Februar das Todesurteil gegen Salman Rushdie. Ajatollah Montaseri, zum unbequemen Kritiker geworden, muß sich im März auf Druck von Rivalen aus der Politik zurückziehen.

In den moslemischen Sowjetrepubliken, vor allem Aserbeidschan und Usbekistan, gewinnen die Unabhängigkeitsbestrebungen an Gewicht; antirussische Ausschreitungen.

Am 3. Juni stirbt Khomeini in Teheran an Darmkrebs. Massenhysterie bei seiner Beerdigung am 6. Juni. Nach Khomeinis Tod wird Khamenei als Nachfolger in das Amt des religiösen Führers gewählt. Rafsandjani übernimmt das politisch gestärkte Amt des Staatspräsidenten und Regierungschefs. Er tritt ein schweres Erbe an: Unter der Ära Khomeini hat sich für viele Iraner das Elend noch vergrößert; Teheran ist von 1979 bis 1989 von

5 Millionen auf 9 Millionen Einwohner gewachsen; die Slums dehnen sich unter dem Druck der Zuwanderer unaufhaltsam weiter aus.

*1990:* Im Januar rufen schiitische Fundamentalisten in Lenkoran (Sowjetisch-Aserbeidschan) die »Islamische Republik« aus und fordern den Anschluß an den Iran. Sowjetische Truppen schlagen die Unruhen nieder.

Am ersten Jahrestag von Khomeinis Tod versammeln sich an seinem Mausoleum bei Teheran an die 8 Millionen Menschen.

Am 2. August besetzt Saddam Hussein Kuwait.

*1991:* Am 16. Januar beginnt der Krieg der Allianz unter Führung der USA gegen den Irak, nachdem Saddam Hussein einen Rückzug aus Kuwait kategorisch abgelehnt hat. Am 28. Februar muß Saddam Hussein nach einer totalen militärischen Niederlage einem Waffenstillstand zustimmen. Im März bricht im Irak der Aufstand der Schiiten wie der Kurden gegen Saddam Hussein los. Im Verlauf der Kämpfe werden Nedschef und Kerbela, die heiligen Städte der Schiiten, schwer verwüstet. Da die US-Truppen den Aufständischen alle Hilfe verweigern, setzt katastrophales Flüchtlingselend ein.

Im April gelingt es Rafsandjani, die Revolutionsgarde der Pasdaran in ihrem Einfluß entscheidend zu beschneiden. Seine Politik der »Öffnung« gegenüber dem »Westen« macht Fortschritte.

Mitte Juni besucht der österreichische Bundespräsident Kurt Waldheim als erstes westliches Staatsoberhaupt seit dem Sieg der »Islamischen Revolution« den Iran. Er legt am Sarkophag Khomeinis einen Kranz nieder. Seine Visite bildet den Auftakt für weitere erstmalige Besuche ranghoher Politiker aus anderen westeuropäischen Staaten.

# Literaturhinweise

*Cahen, Claude:* Der Islam. I. Vom Ursprung bis zu den Anfängen des Osmanenreiches. (Fischer Weltgeschichte, Bd. 14) Frankfurt 1968.

*Dietl, Wilhelm:* Heiliger Krieg für Allah. Als Augenzeuge bei den geheimen Kommandos des Islam. München 1983.

*Frye, Richard:* Persien. Zürich 1962.

*Gallas, Klaus:* Iran. Kulturstätten Persiens zwischen Wüsten, Steppen und Bergen. Köln 1978, Neuauflage.

*Gehrke, Ulrich,* und *Mehner, Harald* (Hrsg.): Iran. Tübingen und Basel 1975.

*Glasenapp, Helmuth von:* Die nichtchristlichen Religionen. Frankfurt 1957.

*Godard, André:* Die Kunst im Iran. Berlin 1964.

*Grunebaum, Gustave Edmund von* (Hrsg.): Der Islam. II. Die islamischen Reiche nach dem Fall von Konstantinopel. (Fischer Weltgeschichte, Bd. 15) Frankfurt 1971.

*Hicks, Jim:* Die Perser. Die Frühzeit des Menschen. Reinbek bei Hamburg 1978.

*Hottinger, Arnold:* Die Araber. Zürich 1960.

*Hunke, Sigrid:* Allahs Sonne über dem Abendland. Unser arabisches Erbe. Stuttgart 1960.

*Italiaander, Rolf* (Hrsg.): Die Herausforderung des Islam. Ein ökumenisches Lesebuch. Göttingen 1987.

*Kaempfer, Engelbert:* Am Hofe des persischen Großkönigs. 1684–1685. Hrsg. v. Walter Hinz. Tübingen und Basel 1977.

*Konzelmann, Gerhard:* Die Schiiten und die islamische Republik. München 1979.

*Mazaheri, Ali:* Der Iran und seine Kunstschätze. Meder und Perser. Die Schätze der Magier. Die Iranische Renaissance. Genf 1970.

*Nußbaumer, Heinz:* Khomeini. Revolutionär in Allahs Namen. Biographie. München, Berlin 1979.

*Nutting, Anthony:* Von Mohammed bis Nasser. Wien und München 1964.

*Religion und Politik im Iran;* »mardom nameh« – Jahrbuch zur Geschichte und Gesellschaft des Mittleren Orients. Redaktion: Kurt Greussing. Hrsg. vom Berliner Institut für vergleichende Sozialforschung. Frankfurt 1981.

*Renz, Alfred:* Geschichte und Stätten des Islam von Spanien bis Indien. München 1977.

*Romein, Jan:* Das Jahrhundert Asiens. Geschichte des modernen asiatischen Nationalismus. Bern 1958.

*Schweizer, Gerhard:* Abkehr vom Abendland. Östliche Traditionen gegen westliche Zivilisation. Hamburg 1986.

*Schweizer, Gerhard:* Die Derwische. Heilige und Ketzer des Islam. Salzburg 1980.

*Schweizer, Gerhard:* Ungläubig sind immer die anderen. Weltreligionen zwischen Toleranz und Fanatismus. Stuttgart 1990.

*Soroush. The message of the Islamic Revolution;* »Die Botschaft der Islamischen Revolution«. Nr. 9 u. 10. Teheran 1981.

*Stierlin, Henri:* Isfahan. Spiegel des Paradieses. Zürich und Freiburg 1976.

*Taeschner, Franz:* Geschichte der arabischen Welt. Stuttgart 1964.

*Taheri, Amir:* Chomeini und die Islamische Revolution. Hamburg 1985.

*Tibi, Bassam:* Der Islam und das Problem der kulturellen Bewältigung sozialen Wandels. Frankfurt am Main 1985.

*Widengren, Geo:* Die Religionen Irans. Stuttgart 1965.

# Personenregister

Lizenzausgabe für die Büchergilde Gutenberg
Frankfurt am Main, Wien
mit freundlicher Genehmigung der
Verlagsgemeinschaft Ernst Klett Verlag –
J. G. Cotta'sche Buchhandlung

Bei den Kapiteln I.1 bis IV.1 handelt es sich um eine
überarbeitete Neufassung der entsprechenden Kapitel in:
Gerhard Schweizer, *Persien,* Düsseldorf 1983
Einbandgestaltung Helmut Schade, Frankfurt am Main
Druck und Bindung Röck, Weinsberg
Printed in Germany
ISBN 3 7632 4034 9

Historische Karte des Iran

Ausdehnung des Sassaniden-Reiches vom 3. bis zum 6.

Diese Grenzen decken sich *ungefähr* mit den Einflußgebieten persisch gep
schaft und Kultur über viele Jahrhunderte der islamischen Epoche.